PRESCRIÇÃO PENAL

Temas Atuais e Controvertidos

— Doutrina e Jurisprudência —

ALEXANDRE MARCELO AUGUSTO

F284p Fayet Júnior, Ney

Prescrição penal: temas atuais e controvertidos: doutrina e jurisprudência / Ney Fayet Júnior, Marcela Fayet, Karina Brack. – Porto Alegre: Livraria do Advogado Editora, 2007.

192 p.; 23 cm.

ISBN 978-85-7348-509-7

1. Prescrição da pena. I. Fayet, Marcela. II. Brack, Karina. III.Título.

CDU – 343.291

Índice para o catálogo sistemático:

Prescrição da pena

(Bibliotecária responsável: Marta Roberto, CRB-10/652)

NEY FAYET JÚNIOR
Marcela Fayet
Karina Brack

PRESCRIÇÃO PENAL
Temas Atuais e Controvertidos

— Doutrina e Jurisprudência —

livraria
DO ADVOGADO
editora

Porto Alegre, 2007

Capa, projeto gráfico e diagramação
Livraria do Advogado Editora

Revisão
Rosane Marques Borba

Pintura da Capa
Casas Vermelhas e Amarelas em Tunes, 1914
Paul Klee

Direitos desta edição reservados por
Livraria do Advogado Editora Ltda.
Rua Riachuelo, 1338
90010-273 Porto Alegre RS
Fone/fax: 0800-51-7522
editora@livrariadoadvogado.com.br
www.doadvogado.com.br

Impresso no Brasil / Printed in Brazil

Agradecimentos

A Ney Fayet, pai, pelas críticas e sugestões valiosas (e sempre instigantes, como não poderiam deixar de ser, em tendo partido de quem tão bem soube conciliar admoestação e incentivo enquanto pai e mestre), muitas das quais incorporadas a este trabalho, para enriquecimento da obra e orgulho do filho.

À Clarinha Masieiro, pela ajuda, pela amizade.

Dedicatória

Ainda uma vez gostaria de dedicar este livro a todos meus alunos, aqui especialmente representados pelos jovens professores (Martha Ferreira, Pedro Adamy, Alexandre Curvelo e Fábio Pereira), com os quais mantenho inquebrantáveis laços de amizade e cumplicidade intelectual, inevitáveis quando o prefessor neles percebe o inextinguível e admirável entusiasmo de ensinar, que nos irmana como profissionais e seres humanos.

Es muy fácil observar en nuestra vida social, esta doble autonomía relativa del tiempo que señalan los relojes: su autonomía relativa como institución social y como aspecto de un movimiento físico.

Norbert Elias

Prefácio

Prefaciar uma obra é como radiografar seu conteúdo e seus autores. Como é bom fazer isso, quando se conhece bem seus criadores e se deleita com o tema.

Há muito tempo, acompanho o crescimento intelectual e profissional de Ney Fayet Júnior, Marcela Fayet, esta minha dileta e marcante ex-aluna, e Karina Brack, todos dignos do respeito e admiração da classe jurídica deste Estado, porque sabem querer e como querer na busca da concretização de seus ideais. Com particular atenção, nos trinta anos em que me encontro entre os gaúchos, sigo Ney Fayet Júnior, porque confirma a sabedoria popular, pela qual *os frutos não caem muito longe do pé da árvore.* Filho daquele que tenho como o maior penalista gaúcho, Dr. Ney Fayet, a quem sempre serei grato pela razão de estar hoje no Ministério Público do Rio Grande do Sul, o filho seguiu seu exemplo e, por próprio esforço, estudo e natural inteligência, na atualidade, desponta como respeitado cientista do Direito Penal, que, como é de se esperar de um jurista consciente e voltado para a realidade que o cerca, com firmeza, prega um apego maior ao dogmatismo pelos doutrinadores do Direito Penal, para evitar que o liberalismo inconseqüente enfraqueça a defesa social.

O título da obra revela sua importância – *Prescrição Penal: temas atuais e controvertidos*. Nada mais polêmico no Direito Penal do que a prescrição, porque, de um lado, é vista como fator de impunidade, e, de outro, como um imperativo para limitar o poder punitivo do Estado. Aliás, ao longo de minha atuação no magistério, tenho verificado que, no curso de graduação das Faculdades de Direito, pouca importância esse tema vem merecendo, pois, além de ser abordado em final de semestre, tempo exíguo é dispensado aos professores para seu exame. É de se lamentar, dada a importância do assunto para a liberdade humana.

Dentre tantas obras sobre a prescrição que conheço, nesta, finalmente, vejo que os autores centraram sua atenção nas maiores indagações que estão, há muito, em busca de uma posição mais segura da doutrina. E deram, corajosamente, sua valiosa e qualificada contribuição para essa definição, que, por certo, ensejará debate na doutrina brasileira, mas que será o caminho conducente a que sempre se opte pela liberdade e pela vida, como valores supremos, em torno dos quais gravitam todos os demais bens que o Estado tutela.

Os autores analisam, inicialmente, a prescrição no crime continuado, revelando, com excepcional clareza, o porquê de ter nosso legislador, quando da Reforma de 1984, previsto, no art. 119 do Caderno Penal, a necessidade de se verificar a extinção da punibilidade de crime por crime, abandonando a ficção do crime único, mas mantendo-se fiel à essência da continuidade delitiva, que é beneficiar o autor dos crimes parcelares. Outro não é o motivo que vem levando os tribunais pátrios a dizerem que o art. 72 do Código Penal é inaplicável ao crime continuado, causando perplexidade em alguns aplicadores da lei, em raciocínio diametralmente oposto, aqui valorizando a ficção.

Com a mesma eficiência, discutem o alcance da causa modificadora do prazo prescricional, prevista no art. 115 do Código Penal, referente à ancianidade. O fato de ter o réu mais de setenta anos de idade haverá de ser verificado quando da sentença, diz nossa lei penal. Mas e se o réu completar essa idade somente quando essa sentença, questionada por um recurso, for confirmada ou modificada pelos tribunais? É justo não aplicar a causa redutora do prazo prescricional? Sustentam um sentido mais amplo da palavra "sentença", contida no texto legal. Com isso, preconizam uma interpretação mais benéfica da lei penal para o ser humano na velhice, pensamento hoje preconizado pela Lei nº 10.741/03.

A seguir, abordam o tortuoso tema da prescrição diante do aditamento da inicial acusatória, sobre o qual reina omissão ou indefinição na doutrina tradicional. Como nossa lei penal, no art. 117, § 1º, diz que as causas interruptivas do prazo da prescrição da pretensão punitiva estender-se-ão a todos os "autores" do crime (na verdade, partícipes *lato sensu* do crime, em virtude de não mais adotarmos a teoria extensiva de autoria), não fazendo referência se, para tal, eles deverão figurar no mesmo processo ou não, como o faz em relação a existência de crimes conexos, os autores questionam, validamente, se, ao Ministério Público, no caso do surgimento de prova, no curso do processo, de que terceiro concorreu para ao crime denunciado, deve ser dado o poder de decidir sobre a interrupção da prescrição, aditando a denúncia ou ofertando-a separadamente.

Da argúcia dos autores, não escaparam aspectos outros, como a prescrição das medidas socioeducativas e das medidas de segurança.

O Estatuto da Criança e da Adolescência muito contribuiu para a diatribe doutrinária e jurisprudencial existente sobre o assunto, ao afirmar, no seu art. 226, que, aos crimes nele definidos (então, aos previstos nos arts. 228 a 244-A), aplicam-se as normas da Parte Geral do Código Penal, e, quanto ao processo, as do Código de Processo Penal, no que repete o teor de seu art. 152. Mas, partindo do princípio da isonomia, consagrado em nossa Carta Magna, muito bem esgrimido aliás, foi desenvolvida pelos autores uma sólida argumentação, que conclui pela viabilidade da prescrição (o que, recentemente, foi admitido pela Súmula nº 338 do Superior Tribunal de Justiça) sugerindo-se, no entanto e acertadamente, outra denominação – perda do objeto socioeducativo.

Em relação às medidas de segurança, o trabalho, apesar de admitir sua natureza não punitiva, mas curativa e medicinal, posto que visam a fazer com que a agressividade natural do ser humano, mas que ultrapassou o limite do socialmente tolerável, seja reduzida, a fim de que deixe de ser perigoso, enfrenta a possibilidade de sua prescrição com muita propriedade, defendendo, no que toca à prescrição retroativa, retroativa-intercorrente e executória da medida aplicada aos inimputáveis, que seu prazo seja buscado, levando em conta o mínimo da pena cominada ao crime, a fim de que não sejam eles tratados de maneira mais gravosa do que os semi-imputáveis. Como é importante um argumento bem elaborado e convincente em assuntos sobre os quais muitos doutos estão equivocados.

No que tange à prescrição dos crimes falimentares, questionam vários aspectos da Lei nº 11.101/05, em especial, o termo inicial do prazo prescricional, estabelecido pelo seu § 1º do art. 182, bem como discutem problemas suscitados pela sucessão de leis penais no tempo, cotejando este diploma legal com o Decreto-lei nº 7.661/45. O domínio da matéria é ímpar, o que lhes permite discordar fundamentadamente do legislador, o qual disciplinou o termo *a quo* da prescrição na lei, considerando o quanto o desaparelhamento crônico do Poder Judiciário e a quantidade de recursos e expedientes que a lei anterior viabilizava repercutia negativamente na punição dos crimes familiares, oportunizando a extinção da punibilidade.

Por fim, merece destaque o enfoque dado à prescrição antecipada, pela pena projetada. Apesar de se reconhecer sua importância para evitar ônus para o Estado com um processo natimorto, certo é que vem sendo repudiada, porque, como a prescrição da pretensão punitiva retroativa tem, por pressuposto, uma condenação, e, para a busca de seu prazo, deve-se tomar a pena concretizada na sentença condenatória, entendeu-se que admiti-la seria violar os princípios da ampla defesa, da presunção de inocência e do devido processo legal, assegurados pela Constituição Federal, com o pecado maior de atribuir-se *status* de condenado a quem sequer processado foi. Reconhecem os autores deste trabalho que mais correto tecnicamente será o arquivamento do inquérito policial, rejeição da denúncia ou queixa por falta de interesse de agir, uma das condições da ação penal. Nada mais coerente com profissionais que preferem a técnica jurídica às divagações românticas, que só desacreditam a justiça criminal.

Dirigindo-me, afinal, aos profissionais do Direito Penal em geral, em especial, aos meus alunos e ex-alunos, para os quais sempre quis dar o melhor de mim e, nessa senda, mostrar o que há de melhor, quero dizer que, sobre prescrição penal, pela riqueza e elegância da argumentação, esta obra será um referencial. A assertiva não é apenas um prognóstico, mas uma premonição que o tempo incumbir-se-á de confirmar.

Estão de parabéns os autores. Vocês mostraram que ser garantista é ter um olho voltado para o ser humano que existe no criminoso, mas o outro dirigido para a sociedade em que vivemos. Desse equilíbrio, advirá a paz social que tanto sonhamos. Sigam em frente, escrevam mais e mais, enriqueçam nossas letras jurídicas com essa originalidade, sinceridade e percuciência, porque, como bem disse Francisco Cândido Xavier: "*Embora ninguém possa voltar atrás e fazer um novo começo, qualquer um pode começar agora e fazer um novo fim*".

Porto Alegre, julho de 2007.

MARCELO ROBERTO RIBEIRO
Procurador de Justiça

Sumário

Introdução

O eixo temático desses estudos envolve (a análise de) uma causa de extinção (ou de obstáculo) da punibilidade[1] – a prescrição penal[2] –, que tem, sob todos os títulos, extremado orientações doutrinárias, tanto no plano nacional como no internacional.

A punibilidade, posto que não se constitua num dos caracteres perfectibilizadores do crime,[3] haja vista a sua insignificante função sistêmica,[4] é a conseqüência lógica e necessária da realização da conduta delituosa. Entretanto, ainda que se apresente como o efeito natural em face (da existência) do delito, a punibilidade pode ser excluída do cenário jurídico[5] (quer por causas de exclusão da punibili-

---

[1] Giuseppe Maggiore (Derecho penal. Traduzido por José J. Ortega Torres. Bogotá: Temis, 1954. v. II, p. 349) esclarece: "La potestad punitiva del Estado puede sufrir limitaciones, por renuncia parcial del titular de aquélla; (...) Pero esa misma potestad, por renuncia total, puede caer en la nada, o, como se dice con término tradicional, puede 'extinguirse'. El término 'extinción', desde tiempos bastante lejanos, fue adoptado por la ciencia del derecho penal para significar que, en ciertos casos y bajo determinadas condiciones, el Estado se desarma definitivamente del *ius gladii*, o de su ejercicio, al renunciar a la persecución del delito". Por outro lado, a prescrição tem como base um fato natural – a passagem do tempo, dentro da classificação ofertada por Ferrando Mantovani (Diritto penale: parte generale. Padova: Cedam, 1979, p. 739): "Le cause estintive sono state classificate in tre distinti gruppi, a seconda che si fondino: a) su un fatto naturale (morte, decorso del tempo); b) su un atto di clemenza (del Capo dello Stato, del potere legislativo, del giudice, dell'offeso); c) su un comportamento dell'autore successivo al fatto stesso (riparazione extrapocessuale, sottomissione in sede processuale)".

[2] Trata-se de causa de exclusão que se relaciona à passagem do tempo, sendo, sob todos os aspectos, entre as causas extintivas que se vinculam ao tempo, a mais relevante, na medida em que pode atingir, em regra, todos os ilícitos penais, tanto antes como depois da condenação.

[3] Eugenio Raúl Zaffaroni e outros (Derecho penal: parte general. Buenos Aires: Ediar, 2000, p. 838) anotam que "Cuando aún no se había descubierto la tipicidad como carácter específico del delito, era inevitable que su concepto se integrase con la punibilidad, pues era obvio que una conducta antijurídica y culpable es insuficiente como caracterización de éste. Tal era el estado de la dogmática anterior a Beling y, por ende, von Liszt debía hacer depender la admisión de la pena de la existencia de ulteriores condiciones de punibilidad, como cuarta y especial característica del crimen".

[4] Cf. COBO DEL ROSAL, Manuel; VIVES ANTÓN, Tomás. S. Derecho penal: parte general. 5. ed. Valencia: Tirant lo Blanch, 1999, p. 947, para quem, o delito é "siempre entendido como conducta punible, pero no, en absoluto, como conducta penada. Así, veíamos, que la 'punibilidad' constituía una necesidad lógica para la definición del delito, concebida como posibilidad legal (abstracta) de referencia y aplicación de la pena. No obstante, la punibilidad carecía de valor como elemento estructural del delito, debida a su insignificante función sistemática".

[5] Como enfatiza Raimundo Macedo (Da extinção da punibilidade. Rio de Janeiro: Forense, 1964, p. 17), "se, apesar do mal causado pelo crime, ocorrem circunstâncias que evidenciam a desnecessidade da punição, que não poderia produzir mais quaisquer efeitos úteis à coletividade, desaparece a razão de ser da pena, que, de então em diante, passaria a se considerar um mal injustificado a um membro da comunhão social, nela reintegrado pela

dade gerais – isto é, aquelas que se aplicam a todos os crimes –, quer por causas de extinção específicas – isto é, as que incidem somente em algumas hipóteses delitivas[6]), gerando a impunibilidade do ilícito penal, prestando, para além disso, *obsequium* aos princípios (muitos dos quais já inscritos na esfera constitucional) que determinam a utilização mínima do poder punitivo. A par disso, essas causas apenas excluem a punibilidade, mas não comprometem a existência do delito.[7] Trata-se, portanto, de situações excepcionais, nas quais a pena "carece de operatividad por razones que unas veces corresponden al derecho penal, y otras se hallan fuera de él, en el campo del derecho procesal penal".[8]

Nesse passo, a prescrição penal desponta como uma causa geral de extinção da punibilidade, que tem sido objeto de importantes e fecundas discussões doutrinárias, as quais confrontaram, historicamente, diferentes visões político-criminais.[9] Realmente, sob o aspecto penal, o instituto da prescrição tem uma longa

---

ocorrência de uma daquelas circunstâncias, que fazem cessar o direito de punir do Estado, ou, na linguagem do nosso Cód. Penal, extinguem a punibilidade".

[6] Ferrando Mantovani (Diritto penale: parte generale, p. 737-8) estabelece a separação entre as causas geral e especial de extinção da punibilidade da seguinte forma: "Le cause estintive della punibilità possono essere: a) generali, che sono previste nella parte generale del codice e sono applicabili a tutti o a un numero indeterminato di reati; b) speciali, che sono previste nella parte speciale o nelle leggi speciali e sono applicabili ad uno o più reati determinati".

[7] Realmente, apresenta-se, e já faz muitíssimos anos, superada a compreensão segundo a qual a punibilidade se colocaria entre os elementos do fato punível, e a sua ausência implicaria a própria inexistência do crime. Como sustentava Aníbal Bruno (Direito penal: parte geral. 4. ed. Rio de Janeiro: Forense, 1984. t. 3, p. 196), "Não se pode tomar a pena por momento constitutivo do atuar criminoso, mas ver nela somente a sua conseqüência jurídica específica. É um dado posterior à existência do crime e exige para manifestar-se que este se tenha inteiramente constituído. Quando se chega ao tempo de aplicar a sanção, é que o crime se acha com o seu conceito total perfeitamente integrado e não será a inaplicabilidade da sanção que poderá reduzi-lo a nada". No mesmo plano, Galdino Siqueira (Tratado de direito penal: parte geral. Rio de Janeiro: José Konfino, 1947. t. I, p. 553): "o crime é um fato punível, não assim um fato punido. Para a figura abstrata do crime é condição suficiente a cominação penal (punibilidade); não é, ao invés, essencial a efetividade na aplicação da pena em concreto". Como, por fim, sustenta o Professor Walter Coelho (Teoria geral do crime. 2. ed. Porto Alegre: Sergio Antonio Fabris e Fundação Escola Superior do Ministério Público do Rio Grande do Sul, 1998. v. I, p. 23), "a 'punibilidade' não integra a noção de crime; ela seria apenas o seu resultado, isto é, sua conseqüência jurídica. Inseparável dele no momento de sua cominação em abstrato (*nullum crimen sine poena*), pode, no entanto, faltar, em concreto, quando de sua aplicação. (...) De fato, a 'punibilidade' é conseqüência potencial do crime, sendo difícil aceitar que o efeito possa ser elemento integrante da causa".

[8] Cf. ZAFFARONI, Eugenio Raúl; *et al.* Derecho penal: parte general. Buenos Aires: Ediar, 2000, p. 838.

[9] Como demonstra Lorenzo Morillas Cueva (Teoría de las consecuencias jurídicas del delito. Madrid: Editorial Tecnos, 1991, p. 195-6), "por un lado, desde una postura crítica se le niega fundamento real y se considera que representa un premio a la habilidad y a la astucia; por otro, se elaboran una serie de teorías político-criminales que tratan de apoyarla". Adepto da primeira postura, Adolphe Prins (Ciência penal e direito positivo. Tradução de Henrique de Carvalho. Lisboa: Livraria Clássica Editora de A. M. Teixeira, 1915, p. 535) afirmava: "a prescrição é a impunidade pura e simples, e a impunidade é um mau exemplo para as massas, que não se entregam às considerações teóricas dos defensores da prescrição". E Cesare Beccaria (Dos delitos e das penas. Traduzido por José de Faria Costa. Lisboa: Calouste Gulbenkian, 1998, p. 129-30) se opunha à prescrição de 'delitos atrozes', aqueles "de que fica nos homens longa memória, quando se provam, não merecem qualquer prescrição em favor do réu que se escapou por meio da fuga", concedendo-a, entretanto, para os 'delitos menores e obscuros', a fim de "eliminar com a prescrição a incerteza da sorte de um cidadão, porque a obscuridade em que têm estado envolvidos por longo tempo os delitos apaga o exemplo da impunidade, mas permanece para o réu o poder de se tornar melhor".

tradição histórica,[10] cujo fundamento – que se foi ampliando e modificando – ainda não se encontra totalmente sedimentado na doutrina especializada,[11] tanto no que respeita à prescrição da pretensão punitiva quanto da pretensão executória.

Somente esses poucos aspectos já seriam, pensamos, suficientes para justificar a abordagem que se pretende fazer, na medida em que demonstram e realçam as extraordinárias polêmicas que estão à base da construção desse instituto; contudo, vamos priorizar, ao longo da apresentação dos temas, pontos específicos que têm sido objeto de polêmicas jurídicas. Nessas, sempre que necessário, para além de traçarmos os aspectos fundamentais, nos posicionamos, assumindo um ponto de vista, a fim de também nos comprometermos nesse cenário de discussão. Os estudos, portanto, têm a marca da polêmica – e talvez este tenha sido o critério de sua inclusão nessa obra –, alguns muito atuais (como se apresenta, por exemplo, o que se relaciona à matéria falimentar), e que, esperamos, possam ser úteis a todos quantos militam na *praxis* forense.

---

[10] Vincenzo Manzini (Tratatto di diritto penale italiano. Torino: Unione Tipográfico-Editrice Torinense, 1948. Volumen Terzo, p. 474) afiançava que "L'origine di questo complesso istituto non è facile a precisarsi nella storia di quegli ordinamenti giuridici ai quali si riconnette il moderno diritto penale". Entretanto, sugere que "L'ipotesi più soddisfacente è che ill concetto di prescrizione penale sia sorto attraverso le ingiunzioni romane d'ordine processuale, intese a ottenere che i processi penali non si protraessero soverchiamente. Dapprima quando le procedure di cognitio e d'accusa cominciarono a divenire eccessivamente prolisse, giudici , rispetto a queste ultime, fissarono all'accusatore un termine massimo entro il quale doveva esaurire la sua attività processuale. Sotto Costantino tale prassi giudiziaria diventò precetto di legge; il termine venne fissato ad un anno, e poi, da Giustiniano, fu portato a due. Accanto a queste norme concernenti le azioni pubbliche, il pretore stabilì, per le azioni penali private, il termine di decadenza di un anno dal giorno del reato. In seguito, per analogia della prescrizione estintiva della azioni fiscali, il termine di venti anni venne accolto per tutte le azione penali pubbliche, ad eccezione forse delle azioni di parricidio e di apostasia, e delle azioni penali private, ch'erano actiones perfectae, sottoposte alla prescrizione trentennale soltanto a partire dall'epoca di Teodosio II".

[11] A. MERKEL (Derecho penal. Traduzido por P. Dorado. Madrid: [s/d]. t. I, p. 350-51) descrevia que "El fundamento de la prescripción está en los cambios que el trascurso del tiempo trae consigo y que ejercen su influjo sobre los fines que la administración de justicia penal quiere conseguir. Se trata, en efecto, de cambios que han de ser tenidos en cuenta, de un lado, en lo que se refiere al desempeño de las funciones propias del derecho procesal, y de otro lado, en lo que se refiere á las funciones que se quiere que cumpla el derecho penal sustantivo". Contudo, outros motivos, que se colocam à base da explicação sobre o fundamento da prescrição, têm sido referidos pela doutrina, como o desaparecimento das provas ou dos efeitos do crime, a presunção de emenda do criminoso, o esquecimento social do fato punível, *etc*. Modernamente, Eugenio Raúl Zaffaroni e outros (Derecho penal: parte general, p. 844) passam a sustentar que o fundamento comum de toda a prescrição (tanto da pena imposta quanto da cominada) é a 'irracionalidade concreta da pena', "no porque antes fuera racional (conforme a cualquier discurso legitimante), sino porque el transcurso del tiempo pone de manifiesto una mayor crisis de racionalidad y, además, lo hace en acto (ejercicio material del poder punitivo). Transcurrido considerable tiempo entre el hecho y el juicio, la persona que está delante del tribunal no es exactamente la misma que cometió el hecho, y algo análogo sucede cuando ha transcurrido considerable tiempo entre la sentencia condenatoria y su ejecución: el sujeto que se halla ante la agencia de ejecución penal tampoco es el sujeto al que el tribunal condenó, como tampoco lo es el tribunal ni la agencia ejecutiva, ni los afectados y, sobre todo, el conflicto, que deja de ser vivenciado, para pasar a ser meramente histórico. La pena presupone un conflicto, peno no un conflicto con valor histórico o anecdótico, sino un conflicto que, si bien siempre debe ser pasado, debe seguir siendo vivenciado conforme a su esencia conflictiva, es decir, que debe tener vigencia el la vivencia de los que sufren sus consecuencias y, en general, de quienes lo protagonizaron. Si bien el poder punitivo no resuelve casi nunca los conflictos, está claro que – en el mejor de los casos – puede suspenderlos, pero sería demasiado irracional admitir que la pena quiera suspender un conflicto que ya está suspendido por el transcurso del tiempo". Esse quadro permite compreender, *grosso modo*, e exemplificativamente, os embates por intermédio dos quais as tendências político-criminais se vão organizando.

Tema I

Do crime continuado e a prescrição penal[12]

1. DA RELAÇÃO EXISTENTE ENTRE O CRIME CONTINUADO E A PRESCRIÇÃO PENAL

1.1. Do crime continuado: conceito e principais características

Em termos conceituais, a configuração do instituto da continuidade delitiva envolve a reprodutibilidade em série de condutas típicas homogêneas, que se realizam em condições fundamentalmente assemelhadas de tempo, lugar e modo. Além disso, o crime continuado materializa-se como uma fantasia jurídica – sem existência no plano ontológico –, por meio da qual se permite a unificação de diferentes condutas criminosas em um só crime, buscando resolver, de modo humanitário[13] e baseando-se em princípios de Política Criminal,[14] a questão da aplicação da pena (evitando-se a incidência da regra do cúmulo material) nas situações em que o agente tenha, em seqüência, realizado dois ou mais ilícitos da mesma espé-

[12] Esse tema já foi desenvolvido antes como um capítulo em: FAYET JÚNIOR, Ney. Do Crime Continuado. Porto Alegre: Livraria do Advogado, 2001. Contudo, ajustes e acréscimos se fizeram necessários, os quais foram realizados conjuntamente com a advogada Marcela Fayet.

[13] Atente-se aqui para o 'princípio da humanidade' – que se vincula à Política Criminal –, segundo o qual "todas las relaciones humanas que surgen del Derecho penal en su más amplio sentido deben ordenarse sobre la base de la solidaridad recíproca, de la responsabilidad social para con los reincidentes, de la libre disposición hacia la ayuda y la asistencia sociales, y de la decidida voluntad de recuperar a los delincuentes condenados" (JESCHECK, Hans-Heinrich. Tratado de derecho penal: parte general. 4. ed. Traduzido por José Luis Manzanares Samaniego. Granada: Comares, 1993, p. 23).

[14] Assumimos, nesse sentido, claramente a possibilidade de o Direito Penal ser interpretado à luz da Política Criminal, na medida em que a solução abstrata de um caso jurídico-penal, ainda que traduzindo uma perfeita adequação ao sistema, de pouco serviria se não fosse aceitável sob o enfoque político-criminal. Valham-nos as palavras de Américo Taipa de Carvalho ("Condicionalidade sócio-cultural do direito penal: análise histórica. Sentido e limites". Separata do número especial do Boletim da Faculdade de Direito de Coimbra – Estudos em Homenagem aos Profs. Manuel Paulo Merêa e Guilherme Braga da Cruz. Coimbra:1983, 1985, p. 9-10): "Reagindo contra a perspectiva tradicional que remetia o estudioso do direito penal para uma tarefa meramente técnica, dogmática e não interveniente, com todos os riscos que tal pensamento comporta e que a história recente já o demonstrou, a investigação jurídico-penal tende, hoje, embora com hesitações, a projectar-se para além da restrita dogmática, substituindo ou, mais correctamente, dando prioridade ao pensamento problemático face ao pensamento sistemático-dedutivo. Tal viragem significa consciência de que o sistema só logra sentido, e assim se legitima, quando ao serviço da justa resolução do caso concreto, perdendo todas as suas possíveis e necessárias virtualidades e convertendo-se, até, num obstáculo à realização da Justiça, quando se fecha sobre si mesmo, absolutizando-se, e, assim, desvirtua o existente. Esta metanóia de uma 'consciência' jurídica acrítica, neutra e hipotecada ao Estado e à sua lei numa autêntica (e autónoma) consciência jurídica, conduziu ao reconhecimento da indispensabilidade de um diálogo aberto entre a dogmática jurídico-penal, por um lado, e a política criminal e a criminologia, por outro. Abertura à política criminal, pela simples razão de que, sendo esta, a política criminal, uma necessária e adequada expressão da política social geral e, portanto, de uma determinada concepção do Estado e das relações deste com a sociedade e com a pessoa humana, os seus princípios – norteados pela eficácia e limitados pela validade – deverão penetrar na dogmática penal".

cie. É, portanto, a situação na qual, mediante duas ou mais condutas, se cometem (nas mesmas circunstâncias de tempo, lugar e modo e ainda outras assemelhadas) dois ou mais tipos penais homogêneos, de forma tal que o(s) subseqüente(s) deva(m) ser considerado(s) continuação do primeiro.

Em face desse breve conceito, percebe-se ser a estrutura do crime continuado desvinculada de categorias reais, na medida em que permite o entrelaçamento de várias condutas em uma única disposição penal como se houvesse apenas um só comportamento – *in casu* continuado; e esse aspecto relaciona-se à própria natureza jurídica do instituto, em que se adotou a doutrina da ficção jurídica, de cujo aspecto desponta a figura do crime continuado como uma unidade jurídica tendo por base um artifício legal, sem possuir existência no plano ontológico (*unità fittizia*).[15] Diante dessa circunstância, os diferentes fatos integrantes da cadeia continuada são, de *per se*, delitos – independentes e isolados – mas que, a partir da unificação que se lhes dá a fantasia legal em questão, passam a constituir – para os efeitos precipuamente relacionados com a aplicação da pena – uma unidade. Dessa sorte, no delito continuado, encontram-se diversos atos criminosos, os quais a lei, entretanto, declara como elementos configuradores de um só evento, ou seja, um só crime, e continuado.

A criação do delito continuado deve-se à necessidade de se afastar a regra do acúmulo de penas que, em muitos casos, se revela injusta e desumana. Essa foi a idéia que inspirou, na gênese do instituto, a sua criação (notadamente no que se refere ao terceiro delito de furto, que era, segundo as leis medievais, punido com a pena de morte). A evolução histórica do instituto bem acusa a carga extremamente benéfica que inspirou a sua criação (onde os práticos italianos modelaram e desenvolveram o instituto). Esse foi o início; mas a dogmática e, alguns séculos depois, o próprio Direito positivo alargaram bastante as fronteiras do conceito do crime continuado, projetando-o para todas as modalidades delitivas. Assim, reforça-se, o instituto jurídico do delito continuado coloca-se como alternativa concreta e legal para possibilitar, ao aplicador do Direito, o afastamento dos princípios estruturadores do concurso material de crimes.

O instituto do delito continuado, contudo, continua a encerrar extraordinárias polêmicas doutrinárias que se projetam para a jurisprudência – que, de sua parte, se modifica dinamicamente –, e, dessa forma, novas interpretações são aventadas e aplicadas à solução de lides penais que envolvem a figura da continuação deli-

[15] O ordenamento jurídico-penal brasileiro adotou a teoria da ficção jurídica, a qual entende ser o crime continuado uma ficção legal que, inspirada em razão de Política Criminal, determina a unificação de várias condutas puníveis, praticadas nas mesmas condições de tempo, modo, lugar e outras assemelhadas, para repercutir, na aplicação da sanção penal, com menor rigor repressivo. Segundo Maria T. Castiñeira (El delito continuado. Barcelona: Bosch, 1977, p. 17), essa teoria "parte de la base de que se trata de varios hechos delictivos que por determinadas razones, variables en cada ordenamiento, son tratados como si constituyeran un solo delito. No existe, según esta concepción, una realidad que pueda calificarse de delito continuado, sino que ante una realidad delictiva plural el derecho actúa como si se hallara ante un delito único". Desse modo, a sucessão de crimes é havida como um crime único, e os vários delitos perpetrados perfectibilizam um só delito. Podemos agregar as tais observações que, a par da polêmica doutrinária acerca da natureza jurídica do crime continuado, todas as doutrinas reconhecem-no como um crime único.

tiva. Com efeito, o instituto do delito continuado tem sido debatido há vários séculos pela ciência jurídico-criminal. Muitos são os pontos dessa figura penal que, desde seus primórdios conceituais, têm sido objeto de controvérsias doutrinárias (como, por exemplo, a prescindibilidade de um elemento subjetivo unificante, a exata conceituação de seus requisitos configuradores, a sua natureza jurídica, a sua razão de ser, a aplicabilidade em se tratando de bens jurídicos personalíssimos e outros de igual dimensão e importância), o que, em toda a evidência, bem demonstra a complexidade do *thema*.

Em outro quadrante, já faz alguns anos, notadamente no que diz respeito à jurisprudência criminal de nosso país, que a matéria tem sofrido significativas alterações, capitaneadas por segmentos das Cortes Superiores, que imprimiram à questão, podemos assim dizê-lo, um maior rigor repressivo. Como se tem como certo, a jurisprudência sobre o tema sói ser extremamente vacilante, cambiante, sofrendo a influência de diferentes visões criminológicas que se embatem em nosso meio jurídico, no qual extremam-se orientações conflitantes. Não bastasse isso, também no espectro da literatura jurídico-criminal, o tema, mais que qualquer outro, apresenta-se como sendo de difícil conceituação à luz das polêmicas que o cercam. Diante de tais circunstâncias, a matéria constitui-se, verdadeiramente, em um dos problemas – como se expressa José Cirilo de Vargas – "mais tormentosos de nossa Disciplina, tanto no Direito Comparado, quanto na Doutrina e na prática dos Tribunais".[16] E não são poucas as vozes que se opõem, vivamente, ao instituto,[17] destacando, em síntese, a falta de clareza e precisão dessa figura jurídica.

---

[16] VARGAS, José Cirilo de. Instituições de direito penal: parte geral. Rio de Janeiro: Forense, 1998. t. II, p. 66. Discorrendo sobre o delito continuado, afirma Eduardo Novoa Monreal ("El delito continuado en Chile: un fetiche jurídico". In: Revista de Ciencias Penales. Santiago do Chile, p. 139-53, enero-abril. 1964, p. 139) que "no hay concepto penal más confuso y anárquico. Grandes diferencias en las legislaciones penales, enormes discrepancias de parte de los tratadistas y una apreciación muy inestable de parte de la jurisprudencia de casi todos los países, son las notas dominantes a su respecto".

[17] Günter Strantenwerth (Derecho penal: parte general I. El hecho punible. Traducción de la 2. ed. alemana de Gladys Romero. Madrid: EDERSA, 1982, p. 353) refere-se ao tema como sendo acentudamente problemático: "Esta figura carece de todo fundamento en la ley. Inclusive desde un punto de vista político-criminal, consiste en un fenómeno altamente problemático. Pero si a pesar de todo se ha impuesto con firmeza es como consecuencia de su efecto de alivio para los organismos de persecusión penal en las grandes series de delitos de un mismo autor". A seu turno, Enrico Ferri (Princípios de direito criminal: o criminoso e o crime. Traduzido por Paolo Capitanio. Campinas: Bookseller, 1996, p. 537) opõe-se à ficção jurídica do crime continuado, mercê de suas dificuldades conceituais, ao dizer: "Esta figura do crime continuado, que foi imaginada pelos práticos medievais para subtrair à pena de morte o ladrão pela terceira vez, é porém uma ficção de favor ao delinqüente habitual ou de mister, ficção que não é admissível. À parte as questões para decidir quando é que, por ex., o ladrão – se, para roubar toda a mercadoria de um armazém, aí volta mais vezes para lhe tirar uma parte – executa realmente a 'mesma resolução' estabelecida desde o princípio ou não, antes modificada no decurso das operações, na realidade o crime continuado indica uma maior periculosidade criminal". Como relatam Eugenio Raúl Zaffaroni e outros (Derecho penal: parte general. Buenos Aires: Ediar, 2000, p. 825), "el rechazo del delito continuado no es nuevo. Schmidhäuser le atribuye más perjuicios que ventajas para una jurisprudencia racional, afirmando que para la pena del delito continuado se hace necesario el establecimiento de la prueba de cada uno de los actos particulares, y que nada obsta a que en el recurrente caso de los hurtos de la mucama se construya la pena única conforme a la regla del concurso real, estableciendo para todos los hechos una medida igual. Schultz afirma que esta figura debe ser rechazada, por contradecir el principio de culpabilidad y privilegiar indebidamente al autor del delito. Stratenwerth la critica por poco clara y Jescheck le reconoce su gran significado práctico, aunque destaca sus inconvenientes, por lo que afirma que no es de maravillar que aumenten las voces a favor del

De outro curso, Eugenio Raúl Zaffaroni entende que, com efeito, as críticas que se baseiam na escassa clareza do instituto do crime continuado são válidas, mas "rechazar el concepto por este fundamento es equivalente a negar la fiebre cuando el termómetro no funciona. La necesidad del concepto es elemental: nadie puede aceptar como mínimamente razonable que quien hurta un juego de cartas a una carta diaria tenga una escala penal de un mes de mínimo hasta ochenta años de máximo (reducido a veinticinco como máximo de la especie de pena). No parece recomendable que cada vez que aparece un concepto poco estable u oscuro se lo elimine, y se acepte con ello un poder punitivo totalmente irracional. Cabe pensar que lo correcto es perfeccionar el concepto".[18]

Sem dúvida alguma, estamos diante de um instituto criminal que alberga, de forma expressiva, um espaço muito grande de influência da criação jurisprudencial,[19] [20] haja vista ao fato de a figura do delito continuado se construir a partir de várias locuções (pressupostos configuradores) legais que devem,

abandono de la acción continuada". Igualmente, José Antonio Choclán Montalvo (El delito continuado. Madrid: Marcial Pons, 1997, p. 15) argumenta: "Si algo ha caracterizado la construcción de la acción continuada es la de su absoluta inseguridad jurídica". Destacando, ainda, as origens do instituto, prossegue Choclán Montalvo (El delito continuado, p. 16): "Si se tiene en cuenta que el delito continuado constituye en sus orígenes una construcción jurisprudencial no sólo sin base legal, sino, además, sin base dogmática, la inseguridad jurídica era la consecuencia necesaria".

[18] ZAFFARONI, Eugenio Raúl; *et al.* Derecho penal: parte general, p. 825.

[19] A criação judicial é ponto de capital importância, pois – como bem destacou Ricardo Antunes Andreucci (Direito penal e criação judicial. São Paulo: RT, 1989, p. 64 e 73) – "a jurisprudência tornou-se o Direito ela mesma, o que resulta de uma verificação, principalmente nos países latinos, demonstrado pelo crescente prestígio dos ementários e resenhas de decisões dos Tribunais. (...) Colesanti observou que a jurisprudência é órgão da consciência social e que, no desenvolvimento de tal função, aí diz na esteira de Welzel, exerce 'Justiça substancial', a qual é o ponto de convergência entre a Jurisprudência prática e a Jurisprudência teórica, que tende a se aproximar de uma nova Jurisprudência". Esclarece, por sua vez, Alberto G. SPOTA (O juiz, o advogado e a formação do Direito através da jurisprudência. Tradução, prefácio e notas por Jorge Trindade. Porto Alegre: Fabris, 1985, p. 29), quando comenta a formação do direito através da jurisprudência, que "se o direito deve ser considerado como algo vivo, fluente, flexível, ou seja, que não se cristaliza e não se separa da autêntica vida jurídica, então deverá aceitar-se que a jurisprudência constitui aquele meio pelo qual se evita que se crie um abismo entre esse direito e a lei. É certo que incumbe ao legislador preencher a lacuna que surgiria entre a lei e as exigências de um direito que se adapte à vida, às necessidades sociais e econômicas. Ainda mais: haveria que repetir o que expressou Kirchmann na conferência que pronunciou em Berlim no ano de 1848, ao sustentar que o direito carece de valor como ciência (*Die Wertlosigkeit der Jurisprudenz als Wissenschaft*): 'Três palavras corretivas ou retificadoras do legislador e bibliotecas inteiras caem convertidas em papéis sem valor'".

[20] Francisco Muñoz Conde (Introducción al derecho penal. Barcelona: Bosch, 1975, p. 164) põe em relevo os elementos abrangentes que compõem a atividade judicial: "La función del juzgador no es sólo importante en la subsuncíon de los hechos reales en la norma, sino también en la determinacíon de lo que rige en concreto la vida social. En esta materia hay que tener en cuenta, (...), también los elementos que se encuentram fuera de la ley, pero que condicionan su aplicación. Algunos de estos elementos proceden de la doctrina que ha creado diversas teorías que sólo mediatamente encuntran reflejo en la ley. (...) También la jurisprudencia ha creado por su parte teorías al margen de la ley o incluso en contra de ella. Entre las primeras se encuentra la teoría del delito continuado, según la cual se considera como un solo delito una pluralidad de acciones siempre que exista unidad de sujetos, de propósito lesivo, de ley violada, de tiempo y de ocasión, amén de la indeterninación procesal de tales acciones. De este modo se puede subsumir en este concepto y ser tratados como um solo delito una pluralidad de hurtos, de estafas o de apropiaciones indebidas que, en principio, deberían ser individualizadas y castigadas confome a las reglas del concurso de delitos".

isoladamente, ser interpretadas e explicadas, tornando-se o tema dificilmente configurável.[21]

2. O CRIME CONTINUADO: A RAZÃO DO INSTITUTO

2.1. As diferentes teorias

O fundamento teórico-dogmático do delito continuado também oferece pontos controvertidos. Um exame atento permite localizar três doutrinas ou critérios: a) o critério da benignidade; b) o critério da utilidade processual; e c) o critério da diminuição da culpabilidade. Vejamos, em breve resenha, os principais postulados de cada doutrina.

2.1.1. A teoria da benignidade

Benignidade – essa teoria se traduz na própria essência histórica[22] da constituição do instituto (criada pelos práticos italianos), na qual se buscava, por meio de unificação dos crimes, impedir a aplicação da pena capital. Visa, portanto, sob todos os modos, a obstaculizar a aplicação de penas criminais que importem elevadas condenações aos delinqüentes (impossibilitando, em razão da permanência de longos períodos no cárcere, a sua ressocialização).[23]

---

[21] Manuel Cavaleiro de Ferreira (Direito penal português: parte geral I. Lisboa: Editorial Verbo, 1982, p. 271) reforça que "A deficiência da regulamentação jurídica do crime continuado, do qual a praxe processual demonstra a utilidade, se não a necessidade, deixa largamente à jurisprudência uma função integrativa da lei. É, porém, necessário que essa criatividade não afecte o princípio da legalidade".

[22] Como perlustra Francesco Carrara (Programa de derecho criminal: parte general. Bogotá: Temis, 1998. v. I, p. 348): "Esto lo demuestra la historia de esta teoría y el motivo en que se inspira, que es el encontrar en los hechos que se continúan, no ya varias y diversas determinaciones criminosas, sino una sola".

[23] A jurisprudência agasalha esse entendimento, como se pode ler na decisão citada por Alberto Silva Franco (Código de Processo Penal e sua interpretação jurisprudencial. São Paulo: RT, 1999. v. 2, p. 3462-63): "A unificação de penas é construção jurisprudencial com nítido caráter de Política Criminal, objetivando-se, com a individualização executória, minorar o exagero punitivo do cúmulo material de penas, vez que o direito penal moderno busca, através de diversos institutos, abreviar a passagem do réu pelo cárcere e atingir a consecução do propósito de ressocialização do condenado, mitigando-se assim a imposição de cumprimento da pena pelo tempo fixado na sentença. Porém, a jurisprudência predominante repudia a aplicação da continuidade argumentando que seu reconhecimento requer a comprovação da unidade de desígnio e que a medida não se aplica a criminosos habituais, exigências estas, todavia, sem previsão legal. De fato, a condição subjetiva não era pesquisada sequer na vigência da Parte Geral do Código de 1940, cuja Exposição de Motivos expressamente adotava a teoria puramente objetiva, deduzindo o conceito de continuidade dos elementos constitutivos exteriores da homogeneidade, mesmo porque, segundo se preleciona, procurar um desígnio unificador, ou, um mesmo plano de ação delituosa, constitui superfluidade ou estéril pesquisa de conteúdo e sentido do elemento subjetivo. Mesmo assim a matéria não se pacificou e, na oportunidade da reforma da Parte Geral do Código ocorrida em 1984, momento apropriado para dirimir definitivamente a questão, a nova redação simplesmente repetiu a anterior, com o legislador reafirmando o emprego do critério puramente objetivo que acreditou não revelar na prática maiores inconvenientes, a despeito das objeções adversas. Registre-se mesmo que o legislador de 1984 deu maior amplitude ao texto anterior, permitindo a continuidade inclusive em infrações ofensivas a bens personalíssimos e, apesar disso, o tema continuou suportando divergências e oscilações, baseadas nas exigências de unidade de desígnio e de inexistência de habitualidade criminosa, buscando-se desse modo, como assinalado

2.1.2. A teoria da utilidade processual

Utilidade – a unificação dos crimes, à luz das regras que presidem a continuidade delitiva, teria como fundamento a conveniência prático-processual (ou, em outras palavras: economia processual), de forma a impedir a existência de uma sobrecarga para a Justiça, instruindo e julgando fatos iguais, evitando-se, ainda, a existência de "novos processos (Leone) cada vez que se descubra novo ato compreendido na continuação".[24]

2.1.3. A teoria da mitigação da culpabilidade

Mitigação da culpabilidade – deve-se a Mittermaier[25] a colocação do fundamento do delito continuado, não no critério da benignidade com fins humanitários, mas, sim, em razão da presença de uma culpabilidade menos censurável. Convém, inicialmente, referirmos que esta teoria se origina e se vincula à concepção psicológico-normativa da culpabilidade,[26] que apresenta, além dos elementos

---

pela doutrina, conceitos compatíveis com a teoria do crime, opondo-se requisitos não previstos na lei penal e resistindo-se a considerar a continuidade, simplesmente, como instituto de política criminal sujeito apenas às razões de oportunidade e conveniência. Como dispõe a corrente jurisprudencial minoritária, inexiste qualquer exigência que imponha, para fins de unificação de penas, a realização de quantidade máxima de ilícitos, assim como seu reconhecimento independe de qualquer qualificação do sujeito do delito, pouco importando, por último, a contradição entre o fundamento benigno do instituto – culpabilidade atenuada – e a repetição, reiteração ou habitualidade criminosa, mesmo porque é vedado distinguir onde a lei não distingue". (TACRIM-SP 10ª C. – RA 990.919/9 – j. 6/3/1996 – v.u. – Rel. Márcio Bárloli.)

[24] SZNICK, Valdir. O delito continuado. São Paulo: Lejus, 1994, p. 94.

[25] É o que informa José Antonio Choclán Montalvo (El delito continuado, p. 152-3): "El origen de esta idea se encuentra en Mittermaier, para quien el fundamento de la continuidad está ligado con la gravedad penal, reputándose, en general, que en el delito continuado la voluntad criminosa es menos intensa y grave que en el concurso real, ya que la actuación del agente se encuentra facilitada por el aprovechamiento de 'una cierta relación en la cual se colocó el delincuente'".

[26] De há muito a doutrina germânica (notadamente a chamada concepção normativa da culpabilidade, dita, também, psicológico-normativa ou complexa) – com R. Frank e J. Goldschmidt à dianteira – tem por assente que somente será possível reprovar a conduta quando o sujeito se tenha comportado de um modo, quando devia e podia comportar-se diversamente (a idéia de que se deve limitar a reprovação – a exigibilidade de outra conduta adequada ao direito – foi a grande contribuição doutrinária de Bertold Freudenthal à dogmática penal). Como descreve Hans-Heirich Jescheck (Tratado de derecho penal: parte general, p. 457): "No merece pena criminal alguna quien, según las circunstancias del hecho, no puede evitar su comisión". Se as circunstâncias se apresentarem de modo tal, que qualquer um teria agido como agiu o autor, não se faz qualquer reprovação de culpabilidade, uma vez que não se poderia esperar dele comportamento diverso do que desempenhou. Para que se possa formular o juízo de desvalor da *colpevolezza*, faz-se mister não só o comportamento desconforme ao direito, como ainda que o agente tenha se decidido pelo ilícito, do qual tinha plena consciência, embora pudesse comportar-se conforme ao direito. É hipótese clara daquilo que a Dogmática Criminal tudesca batiza de *Däfur-können*, ou seja, "la disposición contraria a la norma se revela cuando el sujeto há tenido la posibilidad 'exigible' de hacer algo distinto del injusto". (ZAFFARONI, Eugenio Raúl. Tratado de derecho penal: parte general. Buenos Aires: Ediar, 1987, p. 28.) Ora, qualquer pessoa – lançada nas mesmas condições em que este fato se desdobrou e nas mesmas circunstâncias – teria agido do mesmo modo que o acusado. Trata-se da dirimente inexigibilidade de conduta diversa. Nesse caso, não se pode censurar o comportamento do agente, em razão de não ser possível dele se exigir um atuar diverso. A exata noção de aplicabilidade do significado dessa dirimente é bem sintetizada pelo Professor Alberto Rufino (Estado de necessidade: um conceito novo de aplicações mais amplas. Rio de Janeiro: Forense, 1979, p. 256): "Não é culpado quem haja praticado o crime como meio único e absolutamente necessário para aplacar, em si ou em outrem, sério padecimento ou para afastar perigo grave e atual que ameaça bem próprio ou de terceiro, desde que, nas circunstâncias, não lhe é exigível conduta diversa".

biológicos e psicológicos, um outro elemento normativo, a saber: a exigibilidade de conduta conforme ao direito. Esse elemento normativo estabelece que a responsabilidade jurídico-penal do agente deveria ser aferida não somente em razão de sua responsabilidade moral, mas, igualmente, a partir de circunstâncias que lhe são externas, como, por exemplo, os motivos e as circunstâncias concomitantes ao fato que inspiraram a realização da conduta punível (os quais, muita vez, podem retirar do agente a possibilidade de agir de modo diverso). É a idéia segundo a qual se qualquer pessoa normal – a partir da análise destas circunstâncias exteriores ao fato – fosse colocada, nas mesmas circunstâncias em que se encontrava o agente no momento de sua ação, teria, de qualquer sorte, realizado o mesmo comportamento deste, a ordem jurídica não se sente autorizada a lhe lançar uma nota de censurabilidade jurídico-criminal. Deste ponto, como descreve Manoel Pedro Pimentel, "partiu a teoria da culpabilidade para explicar a benignidade do tratamento penal conferido ao autor de infrações continuadas 'em que, verificados certos outros pressupostos objetivos – realização do mesmo tipo fundamental de delito – se conclui do conjunto da situação que a reiteração de uma atividade foi levada a cabo por aproveitamento ou em virtude da mesma oportunidade. Esta relação psíquica justifica e torna compreensível uma punição atenuada das várias condutas, através da sua síntese numa unidade (continuação)'".[27]

Em síntese, poder-se-ia remarcar que, tendo o agente realizado uma vez o primeiro crime, se lhe torna muito mais fácil a realização de crimes sucessivos, o que, em toda a evidência, ensejaria "uma diminuição na intensidade da resolução criminosa, equivalente a uma sensível diminuição de culpabilidade",[28] o que recomendaria uma mitigação da culpabilidade. Também Francesco Carrara, valendo-se de uma complexa explicação, na qual trabalha com as (suas conhecidas) categorias: elemento moral (intenção) e elemento físico (ato externo), conclui que, no delito continuado, existe uma quantidade menor do elemento moral.[29]

De outra banda, é pacífica na doutrina a admissão de causas de exclusão da culpabilidade nas hipóteses de não-exigibilidade de outro comportamento. Assim, por exemplo, se há ações tipicamente ilícitas reconhecidas lícitas por exceção – qualquer das causas legais de exclusão da antijuridicidade – expressamente, e outras não definidas declaradamente, por simetria, também pode ser reconhecida a existência de causas de não-culpabilidade não tipificadas. São as compreendidas pela não-exigibilidade de outro comportamento.

[27] Cf. PIMENTEL, Manoel Pedro. Do crime continuado. São Paulo: RT, 1969, p. 102.

[28] Cf. SZNICK, Valdir. O delito continuado, p. 95.

[29] Francesco Carrara (Programa de derecho criminal: parte general, p. 351): "Mas no basta la unidad de la ley. Todo delito deriva su esencia de un elemento moral (intención) y de un elemento físico (acto externo). Cuando nos hallamos ante una pluralidad de actos externos violadores de una misma ley, tenemos una multiplicidad de elemento físico, pero para que haya pluralidad de delitos será necesaria también una pluralidad del elemento moral. Y esta no existe en el delito continuado, por una razón evidente. Cuando se imputa la primera acción, se imputa el elemento físico A, más el elemento moral B, constituído por la determinación criminosa. Cuando se procede a imputar la segunda acción, se imputa el elemento físico C, distinto del elemento físico A, y se imputa de nuevo el elemento moral B, porque siendo única la determinación, el elemento moral que se une con los elementos físicos A y C, es siempre el mismo elemento B. Por consiguiente, si damos una imputación integral a cada una de las dos acciones, caemos en injusticia, porque volvemos a imputar dos veces el mismo elemento moral cuya primera imputación ya había sufrido el acusado".

2.1.4. Críticas

O motivo do tratamento benigno ao autor de uma série continuada de delitos, apesar das discrepantes orientações doutrinárias, segundo nos transparece, é o mesmo que inspirou a criação do instituto pelos práticos italianos, ou seja, destinar um tratamento punitivo de menor impactação repressiva com vistas a impedir que houvesse, a partir da aplicação da regra do cúmulo material de delitos, penas excessivamente elevadas. Essa é a razão, que deita raízes, evidentemente, a uma orientação de política criminal. Sem dúvida, a adoção da teoria do delito continuado oferece vantagens de natureza processual, mas estas são, antes, conseqüência, que propriamente causa. Todavia, no que diz respeito à teoria da culpabilidade mitigada, essa se mostra sobremaneira artificial, e novamente tenta pôr em destaque aspectos de índole subjetiva que, segundo entendemos, são estranhos à configuração dessa entidade delituosa. Por outro lado, nenhum fator de economia processual poderia justificar a renúncia às conseqüências jurídico-penais que a realização de um delito importa.

3. DO CONCEITO DA PRESCRIÇÃO PENAL. DA PRESCRIÇÃO PENAL E DO DELITO CONTINUADO. DOS SISTEMAS. A OPÇÃO DA LEI BRASILEIRA.

3.1. Do conceito da prescrição penal

A prescrição penal, em essência, se traduz na extinção da pena (a ser ou já ter sido aplicada) pelo transcurso do tempo.[30] Cuida-se, pois, de uma autolimitação do *jus puniendi* estatal,[31] levada a efeito por inúmeras razões de ordem político-criminal, cuja mais significativa é a perda de interesse em se punir determinada conduta delituosa.[32]

---

[30] Tenha-se por norte o conceito de Guiseppe Maggiore (Derecho penal. Traduzido por José J. Ortega Torres. Bogotá: Temis, 1954. v. II, p. 363): "Se llama prescripción la cesación de la potestad punitiva del Estado al transcurrir un período de tiempo fijado por la ley. Esa cesación, según el concepto antes expresado, entra en el concepto de las renuncias. El Estado – ante la fuerza natural del tiempo que cubre de olvido los hechos criminosos, anula el interés represivo, apaga las alarmas sociales y dificulta la consecución de pruebas – abdica el ejercicio de su potestad punitiva y el derecho de aplicar la pena ya infligida".

[31] Como informa Carlos Fontán Balestra (Tratado de derecho penal: parte general. 2. ed. Buenos Aires: Abeledo-Perrot, 1970. t. III, p. 477), por meio da prescrição, "el Estado autolimita su soberano poder de castigar".

[32] Sobre a falta de interesse estatal, leia-se a lição de Roberto Lyra Filho e Luiz Vicente Cernicchiaro (Compêndio de direito penal: parte geral. São Paulo: José Bushasky, 1973, p. 271): "O Estado não tem interesse em prolongar indefinidamente os litígios. Deseja dirimi-los com brevidade, a fim de restituir a paz, ou impedir perigo para a sociedade. A inatividade para iniciar a ação penal, ou de exigir o cumprimento da sanção imposta geram presunção e desinteresse de ser efetivada a sanctio iuris". Ainda existem muitos outros fundamentos e justificativas para a adoção do instituto da prescrição penal, entre os quais se pode, ainda, ad exemplum, indicar: "La première justification de la prescription est la nécessité d'oublier. À mesure que le temps passe, le souvenir de la condamnation s'estompe de même que celui du trouble social causé par l'infraction. Le raviver en ramenant tardivement la peine à exécution serait donc davantage un facteur de désordre que d'apaisement. De plus, l'inexécution est souvent la conséquence de la négligence ou de la carence des autorités chargées de l'exécution, dont le condamné ne doit pas subir les

De outro giro, a prescrição, por ser matéria de ordem pública, não depende da vontade daquele em favor do qual existe, podendo ser admitida em qualquer fase do processo ou do inquérito, inclusive *ex officio* pelo juiz.[33]

3.2. Do cômputo da prescrição penal em se cuidando do delito continuado. Dos sistemas. A opção da lei brasileira.

A contagem do prazo prescricional, em se tratando do crime continuado, pode apresentar, basicamente, dois sistemas por meio dos quais se operaria a sua verificação.

O primeiro sistema leva em consideração o último crime da ação continuada como marco inicial da prescrição[34] ("prescrição plena da ação continuada"[35]), o outro; parte da avaliação isolada do prazo prescricional de cada um dos crimes que compõem a cadeia continuada ("prescrição parcelar da ação continuada"[36] ou 'sistema do paralelismo"[37]).

A lei brasileira adota o segundo sistema, entendendo, pois, que, dentro da cadeia dos crimes que compõem a continuação, cada um, isoladamente, será objeto do cômputo dessa causa extintiva da punibilidade.

---

conséquences. Enfin, la prescription suppose que, pendant la durée du délai, le condamné se soit dissimulé pour échapper aux poursuites. Cette existence clandestine prolongée constitue déjà en soi une sanction. Tels sont les principaux arguments avancés pour justifier la prescription de la peine" (DESPORTES, Frédéric; LE GUNEHEC, Francis. Le nouveau droit penal. Droit pénal général. 7. éd. Paris: Economica, 2000. t. 1, p. 888).

[33] Carlos Fontán Balestra (Tratado de derecho penal: parte general, p. 487) aduz: "Es carácter fundamental de la prescripción ser de orden público, por lo que puede ser declarada de oficio".

[34] Cf. QUINTERO OLIVARES, Gonzalo *et al.* Comentarios al nuevo Código Penal. 2ª ed. Navarra: Editorial Aranzadi, 1996, p. 653, "En cuanto a las previsiones especiales respecto de los delitos continuados y delitos permanentes, el legislador ha consagrado legalmente lo sostenido, de manera unánime, por doctrina y jurisprudencia (...) la prescripción de los delitos continuados comienza con la última acción incluida en los mismos". Trata-se, em essência, da consideração unitária substantiva do delito continuado, que considera a pluralidade de ações, para todas as finalidades, como um só delito, em face do que a prescrição, em se cuidando do delito continuado, começa a fluir "dal momento in cui cessa la situazione di illiceità" (Cf. MANTOVANI, Ferrando. Diritto penale: parte generale. Padova: Cedam, 1979, p. 741).

[35] (Nomenclatura que sugerimos.) Esse sistema tem a preferência da doutrina internacional, como informa CANTARERO BANDRÉS, Rocío. Problemas penales y procesales del delito continuado. Barcelona: PPU, 1990, p. 207): "Para una gran mayoría de la doctrina comparada el plazo de la prescripción empieza a correr desde la comisión del último eslabón de la continuación". Enrico Mario Ambrosetti (Problemi attuali in tema di reato continuato. Dalla novella del 1974 al nuovo codice di procedura penale. Pádua: Cedam, 1991, p. 13-4) ainda informa que: "(...) è interessante osservare come la soluzione adottata dal nostro codice penale, relativamente alla prescrizione del reato continuato, corrisponda a quella cui la giurisprudenza tedesca, pur nell'assenza di uno specifico disposto legislativo analogo all'art. 158 c.p., è giunta ormai da un secolo. Infatti, secondo il constante orientamento, dapprima del *Reichsgericht* ed ora del *Bundesgerichtshof*, nell'ipotesi di *fortgesetzte Handlung* il termine di prescrizione decorre da quando viene consumato l'ultimo dei singoli episodi criminosi. L'apparente deroga al principio sancito dal paragrafo 78a dello *Strafgesetzbuch* – per il quale il termine decorre dal momento di consumazione del fatto – si giustificherebbe, secondo le argomentazioni giurisprudenziali, in quanto nell'ipotesi di *fortgesetztes Verbrechen* i singoli episodi criminosi vengono a perdere di autonomia, costituendo cosí un fatto unitario che si perfeziona solamente con la consumazione dell'ultimo dei reati legati dal nesso di continuazione".

[36] Nomenclatura que sugerimos.

[37] Carlos Fontán Balestra (Tratado de derecho penal: parte general, p. 479) descreve: "La doctrina del *paralelismo* de la prescripción, para la que ésta se opera separadamente para cada uno de los delitos que se imputa al prevenido".

Tal solução não era consagrada na legislação penal anterior à reforma de 1984. À época, a prescrição era verificada – como anota Aníbal Bruno – do seguinte modo: "Nos crimes continuados, aquela seqüência de fatos puníveis autônomos que se reúnem na mesma unidade delituosa encerra-se com o último crime, e é a partir deste que corre o prazo da prescrição".[38] Essa solução, perfilhada anteriormente à reforma, inspirava o agente a preferir, no que tange ao cômputo da prescrição, a punição por meio do concurso material de crimes, de forma que cada delito, de *per se*, serviria de base à verificação da ocorrência dessa modalidade extintiva da punibilidade.[39]

Muitos julgados havia que já indicavam a incongruência de o agente, em determinadas situações concretas, pretender abandonar, por óbvios motivos, o critério que se lhe era destinado, em princípio, a produzir benefício.[40] José Frederico Marques propõe exemplo que bem demonstra essa evidente contradição: "Ora, se um réu que foi autor de três delitos continuados decididos separadamente, sofre, em cada um dos processos, penas que, pelo seu *quantum*, tragam como efeito a extinção da punibilidade por efeito da prescrição, claro está que, em *habeas corpus*, obterá, em relação a cada caso, que se declare extinto o *jus puniendi*. Todavia, se para beneficiá-lo o seu advogado requereu antes a unificação de penas, na forma prevista pelo art. 82 do Código de Processo Penal, a prescrição não poderá ser obtida, porque houve o acréscimo de 'sexto a dois terços' a impedi-lo? Adotar-se uma orientação discriminatória dessa ordem, seria absurdo dos maiores, que ninguém, de sã consciência, iria apadrinhar ou sufragar".[41]

---

[38] BRUNO, Aníbal. Direito penal: parte geral. 4. ed. Rio de Janeiro: Forense, 1984. t. 3, p. 215.

[39] Em linhas gerais, o principal argumento da doutrina, que seguia o comando normativo então vigente, era o seguinte: "É claro que a prescrição, não sendo concernente a cada ato, por si, corre de quando se tem por extinta aquela continuidade de ação. É o disposto na letra c do artigo em exame. O contrário seria contar-se de data anterior àquela em que o delito é havido como efetivado. Os atos são vistos em conjunto, para o efeito principal, que é a penalidade. Por que não o seriam, para um efeito condicionado àquele, como é a prescrição?" (CARVALHO FILHO, Aloysio de; ROMERO, Jorge Alberto. Comentários ao Código Penal. Arts. 102 a 120. 5. ed. Rio de Janeiro: Forense, 1979. v. IV, p. 375.)

[40] Anota Manoel Pedro Pimentel (Do crime continuado, p. 176-7) que: "Na verdade, em se tratando de uma forma especial do concurso material, não pode o aumento derivado da continuação ser levado em conta para os efeitos prescricionais. Estabelecido o benefício da continuidade em favor do réu, seria preferível para este que se lhe não outorgasse tal favor, no caso da prescrição, porque o quantum da pena não seria considerado se se tratassse de simples concurso material. Cada crime prescreveria por sua vez, no mesmo prazo, o que seria mais benéfico do que reconhecer-se a continuação com um aumento capaz de elidir a prescrição. Atentas a tais ponderações, a doutrina e a jurisprudência dominantes consideram que o lapso prescricional será calculado sempre a partir da pena imposta ao crime isoladamente considerado, sem o aumento da continuação. Este entendimento foi, inclusive, assentado pela jurisprudência do Supremo Tribunal Federal".

[41] Cf. MARQUES, José Frederico. "Prescrição e crime continuado". In: Revista Brasileira de Criminologia e Direito Penal. Rio de Janeiro: Instituto de Criminologia da Universidade do Estado da Guanabara, IV (13): 85-92 abr.-jun., 1966. Assim: "Se a denúncia refere-se a crime continuado, sendo que parte dos fatos foram alcançados pela prescrição, cumpre decretar-se a extinção da punibilidade dos que prescreveram, prosseguindo-se a apuração quanto aos demais. O crime continuado é uma ficção jurídica criada em benefício do réu, daí por que não pode prosperar o argumento do que a prescrição se dá com a prática do último fato, hipótese em que o favor legal acabaria sendo prejudicial ao acusado". (TRF 4ª Reg. – 1ª T. – Rec. – j. 20/6/1995 – v.u. – Rel. Vladimir Freitas – RBCCrim. 13/359.)

Também se aduz que "essa orientação vai de encontro à teoria que trata a continuidade delitiva como crime único", sendo que "a lei preferiu fazer tal exclusão a fim de beneficiar o réu, posto que nos crimes anteriores componentes da continuidade há fluência, desde já, do prazo prescricional, separadamente".[42] Esse critério, portanto, de verificar-se a prescrição para cada ato individual, com o que se desintegraria a construção unitária do crime continuado, visa a evitar as conseqüências punitivas para o autor. Naturalmente, a base plural de condutas típicas, sobre a qual se assenta o delito continuado, será desfeita apenas para essa finalidade, e cada componente típico parcial será objeto de apreciação prescricional isolada. Outra solução poderia implicar, em tese, a punibilidade de delitos já atingidos pela prescrição, na medida que os iniciais fatos puníveis poderiam, mais facilmente, alcançar a prescrição que os últimos.[43] Desse modo, em última análise, para os efeitos da prescrição, devem-se desconsiderar os limites da *fantasia* legal do crime continuado e entender que cada delito parcial prescreve de forma individual, "no pudiendo construirse un conjunto sobre elementos delictivos que, a efectos penales y procesales, no existen".[44]

4. A DESCONSIDERAÇÃO DO ACRÉSCIMO RESULTANTE DO CRIME CONTINUADO NO CÁLCULO DA PRESCRIÇÃO

Com efeito, a causa de majoração de pena, prevista para o delito continuado, não é computada,[45] para fins prescricionais, conforme orientação jurisprudencial

[42] Cf. SCHMIDT, Andrei Zenkner. Da prescrição penal. Porto Alegre: Livraria do Advogado, 1997, p. 83. A seu turno, Paulo José da Costa Júnior (Código Penal comentado. 9. ed. São Paulo: DPJ, 2007, p. 324), oferece forte argumento, dizendo que houve mudança legislativa, pois "a lei atual não fez menção alguma ao crime continuado, a exemplo da lei anterior (art. 111, inc. III). Conseqüentemente, cada delito terá o seu prazo prescricional calculado, isoladamente, a partir da consumação de cada um (art. 119)".

[43] De qualquer sorte, a solução não é pacífica na doutrina, como se pode ler em José Antonio Choclán Montalvo (El delito continuado, p. 406-7): "la idea de la unidad jurídico-material que preside la construcción de la acción continuada impide dividir la unidad en tantos hechos individuales como acciones realizadas a los efectos de prescripción, pues no es propósito del legislador permitir una libertad de aplicación de la continuidad y sus efectos, en función de las gravosas consecuencias para el autor". Desse modo, "la solución al problema del cómputo de la prescripción no podrá ser otra que la dispuesta legalmente, la que parte del momento de finalización del último acto parcial, aunque ello suponga, en la práctica, la derogación de los plazos de prescripción, y resulten consecuencias especialmente gravosas pela el autor". No mesmo sentido, entre nós, Edmundo Oliveira (Comentários ao Código Penal: parte geral. Rio de Janeiro: Forense, 1994, p. 482), para quem: "Seguindo a orientação do Código Penal italiano (art. 158, *fine*), nosso Código dizia no art. 111, letra c: 'A prescrição, antes de transitar em julgado a sentença final, começa a correr: nos crimes permanentes ou continuados, do dia em que cessou a permanência ou a continuação'. A Lei nº 7.209, de 11 de julho de 1984, deu nova redação àquela letra c, excluindo dela os crimes continuados e deixando os permanentes. Seguiu então a Lei nº 7.209 a opinião daqueles que entendem dever existir a prescrição de cada um dos crimes que compõem o crime continuado. A nosso ver, essa maneira de encarar o crime continuado o descaracteriza e o transforma num concurso material de crimes, ao menos para efeito de prescrição".

[44] Cf. CANTARERO BANDRÉS, Rocío. Problemas penales y procesales del delito continuado, p. 166.

[45] Essa posição é antiga na jurisprudência: "No sentido da opinião dominante pronuncia-se o nosso doutíssimo OSCAR STEVENSON ("Prescrição do crime e da pena em pedido de extradição". In: Parecer publicado na Revista Jurídica, nº 99, out.-dez. 1967, p. 763), com invocação de autorizada doutrina: 'Realmente, na estimativa

sumulada: "Quando se tratar de crime continuado, a prescrição regula-se pela pena imposta na sentença, não se computando o acréscimo decorrente da continuação" (Súmula 497 do Supremo Tribunal Federal).[46]

Não se pode conceber solução diversa, haja vista a inclinação benévola que o delito continuado deve encerrar. É o que também advoga Antônio Rodrigues Porto, quando justifica a prescrição delito a delito: "O crime continuado, cuja figura foi criada em benefício do agente, não pode redundar em seu prejuízo. Por isso, os delitos-membros devem prescrever separadamente e sem levar-se em conta a majoração na pena".[47] Em suma, a prescrição calcular-se-á sempre em face da pena imposta ao crime isoladamente considerado, sem o *quantum* de aumento da pena representado pelo delito continuado.

5. DA INDIVIDUALIZAÇÃO DA PENA, NA HIPÓTESE DE CONTINUIDADE DELITIVA, E A PRESCRIÇÃO

De outra linha, têm os tribunais decidido que, no momento da individualização da pena – em se tratando do crime continuado –, deve o juiz sentenciar, isoladamente, todos os ilícitos componentes da cadeia continuada, a fim de que se possa observar, em cada um, a ocorrência concreta da prescrição,[48] bem como para que se

---

da pena em abstrato não se pode contar o aumento oriundo do crime continuado, embora o art. 157, do Código italiano, mande alterar o prazo se houver agravantes. É que o delito continuado não constitui senão artifício jurídico, sem existência ontológica, mera unidade complexa de delitos ex vi legis. Não tem por isso a natureza de circunstâncias agravantes (...) Por identidade de razões, no cálculo da pena em concreto, para se precisar a prescrição extintiva da pena, faz-se de mister desintegrar-se a pena resultante do crime continuado e distribuí-la pelos delitos componentes'" (FRAGOSO, Heleno Cláudio (org.). Revista de Direito Penal. Rio de Janeiro: Borsoi, 2: 120, abr.-jun., 1971).

[46] "Prescrição – Crime continuado. Tratando-se de crime continuado, despreza-se, para efeito de cálculo da dilação prescricional, o acréscimo decorrente da prática sucessiva de delitos". (HC 73054/SP, Min. Rel. Marco Aurélio, 2ª Turma, DJ 24.11.95.)

[47] PORTO, Antônio Rodrigues. Da prescrição penal. São Paulo: RT, 1998, p. 48.

[48] Veja-se a esse propósito as decisões do Tribunal de Justiça do Estado do Rio Grande do Sul: "Crime continuado. Necessidade de se estabelecer a pena para cada um dos delitos, especialmente, se forem diversas, para que se possa aferir a ocorrência da prescrição. Inteligência do art. 119 do Código Penal. 'A utilização da pena mais grave, no caso de crime continuado, serve apenas de parâmetro para a aplicação do aumento previsto no art. 71, *caput*, do Código Penal, não eximindo o sentenciante de fixar a dos demais ilícitos, especialmente, se forem diversas, a fim de que se possa aferir a ocorrência da prescrição'". (Ap. Crim. nº 699307989, 8ª C. Crim., Rel. Des. Marco Antônio Ribeiro de Oliveira.) "Havendo continuação delitiva, deverá ser individualizada a pena de cada um dos crimes, o que possibilitará estabelecer a pena concretizada que irá reger a prescrição retroativa e a prescrição intercorrente, além de determinar a pena mais grave sobre a qual irá incidir o aumento pela continuação. Também é indispensável esse procedimento para verificar se a continuação é mais benéfica ao réu do que o concurso material e, em caso de recurso, absolvido o réu do fato que determinou a pena mais grave, possa o órgão recursal, sem suprimir um grau de jurisdição, determinar a pena que regerá a continuação ou mesmo afastá-la" (TJRS, Recurso 296039266, 4ª C. Crim., Rel. Des. Danúbio Egon Franco). "Ocorrendo o crime continuado, não se exime o juiz de fixar a pena correspondente a cada um dos delitos, para permitir possa apurar-se possível prescrição ou para verificar-se se o aumento determinado pelo concurso não acarretou apenamento maior do que o cabível se apenado isoladamente cada crime-membro" (TARGS, Ap. Crim., 4ª C., Rel. Juiz Luiz Carlos Ávila de Carvalho Leite). "NECESSIDADE DE SE ESTABELECER A PENA PRIVATIVA DE LIBERDADE PARA

possa avaliar se o aumento de pena (determinado pela incidência do fator de majoração trazido pelo delito continuado) não implicou apenamento superior àquele que seria obtido pela regra do cúmulo material, não sendo possível a utilização, exclusivamente, da pena mais grave dos crimes ligados pela continuidade delitiva.[49]

Com isso, na construção operacional da sentença – que reconhecer o crime continuado –, devem ser observados dois momentos: no primeiro, aplica-se a pena, de forma isolada, a cada um dos delitos parcelas componentes do concurso; no segundo, aplica-se a regra específica de apenamento do crime continuado. Como esclarecem Ada Pellegrini Grinover, Antonio Scarance Fernandes e Antônio Magalhães Gomes Filho, "havendo concurso formal, crime continuado ou *aberratio ictus*, o aumento deve operar depois de fixada a pena para cada crime concorrente, como se não houvesse o concurso. Isso permite verificar se a pena acrescida pelo crime continuado ou concurso formal não excede a soma das penas dos crimes-membros. Possibilita, ainda, em face da atual redação do art. 119, verificar se não houve prescrição em relação aos diversos crimes ligados pelo nexo da continuidade ou unidos pelo concurso formal".[50]

6. DA PRESCRIÇÃO ISOLADA DO *QUANTUM* DE MAJORAÇÃO DECORRENTE DO CRIME CONTINUADO

De outra banda, tem-se negado, no plano jurisprudencial, a tese segundo a qual se poderia considerar, para fins do cálculo prescricional, somente o *quantum* de acréscimo do crime continuado, como se pena isolada fora[51], partindo-se da

---

CADA UM DOS DELITOS, MORMENTE, SE FOREM DIVERSAS, PARA QUE SE POSSA AFERIR A OCORRÊNCIA DA PRESCRIÇÃO. Inteligência do art. 119 DO CÓDIGO PENAL. A utilização da pena mais grave, no caso de crime continuado, serve apenas de parâmetro para a aplicação do aumento previsto no art. 71, *caput*, do Código Penal, não eximindo o sentenciante de fixar a dos demais ilícitos, mormente, se forem diversas, a fim de que se possa aferir a ocorrência da prescrição. Inteligência do art. 119 do Estatuto Repressivo". (TJRS, Ap. Crim. nº 70000549238, 8ª C. Crim., Rel. Des. Marco Antônio Ribeiro de Oliveira.) "No concurso de crimes, a individualização da pena pressupõe a sua determinação para cada um dos delitos, pois esta é pena que servirá de parâmetro para determinar se o aumento será pelo que determina a regra do concurso (formal ou continuado) ou se prevalecerá a regra do concurso material por mais favorável. A pena de cada um dos crimes também regerá a prescrição, retroativa, intercorrente ou da execução. Daí a importância da sua individualização, cuja ausência importa em nulidade. Entretanto, quando os crimes são da mesma espécie, com igual pena cominada e iguais as circunstâncias judiciais, a pena-base de um será a de todos". (TJRS, RCRIM nº 70010133635, Segundo Grupo de Câmaras Criminais, Rel. Danúbio Edon Franco, j. 11.03.2005). "Em se tratando de crime continuado, a sentença deve cogitar da pena aplicável a cada fato delituoso, isoladamente, para aferir eventual ocorrência de prescrição, ou malferimento ao art. 71, parágrafo único, *in fine*, CP". (TJRS, Ap. Crim. nº 70004453650, 8.ª C. Crim., Rel. Des. Tupinambá Pinto de Azevedo, j. 20/08/2003.)

[49] Nesse sentido: TJRS, Ap. Crim. nº 7000549238, 8ª C. Crim., Rel. Des. Marco Antônio Ribeiro de Oliveira.

[50] Ada Pellegrini Grinover e outros. As nulidades no processo penal. 9ª ed. São Paulo: RT, 2006, p. 244.

[51] "Crime continuado – prescrição do acréscimo da pena – O acréscimo da pena, decorrente da continuidade delitiva, é parte de uma única sanção global, correspondente às ações unificadas pela continuação; não são penas autônomas, cuja imposição ou execução se possa frustrar pela prescrição calculada a partir da sua isolada consideração". (TJRS, Ap. Crim. nº 698436151, 3ª C. Crim., Rel. Des. José Eugênio Tedesco.) Damásio de Jesus (Prescrição penal. São Paulo: Saraiva, 1999, p. 99) indica decisão do Supremo Tribunal Federal: "HC 65.734,

idéia de que, como pontifica Mauro Otávio Nacif, se o crime continuado "é, então, dissociado em pena-base e exacerbação, para fins prescricionais, nada obsta que o acréscimo seja enxergado isoladamente, em relação aos mesmos objetivos".[52]

O posicionamento tem, inegavelmente, méritos, notadamente por trazer, em determinadas situações concretas, evidente opção em favor do réu, encartando-se, de tal sorte, nos objetivos que inspiraram a estruturação legal do instituto do crime continuado.

Nesse sentido, pode-se, perfeitamente, sustentar que o crime continuado tenha em seu acréscimo legal um ente com personalidade própria, desvinculado de sua base e devendo, portanto, nessa linha de intelecção, ser avaliado, para fins prescricionais, insuladamente do bloco ficcional unitário da continuação. Trata-se, evidentemente, de um alargamento interpretativo, absolutamente admissível, uma vez que *favor rei*, da Súmula 497 do Supremo Tribunal Federal.[53] A *thesi*, pouco a pouco, ganha força, projetando-se para a doutrina, como se pode ler em Damásio de Jesus: "de acordo com o caso concreto, é justo que o acréscimo seja desvinculado para efeito da prescrição da pretensão executória".[54]

7. DA VINCULAÇÃO ENTRE A CONTINUIDADE DELITIVA, A PRESCRIÇÃO E OS FATORES DE REDUÇÃO DOS PRAZOS PRESCRICIONAIS

Derradeiramente, pode-se debater o ponto de ligação que se estabeleceria entre o crime continuado, a prescrição penal e o fator de redução do lapso inscrito no artigo 115 do Código Penal, que trata da menoridade do acusado, nas hipóteses de ser atingida a maioridade durante a realização da continuidade delitiva.

De um lado, em se tratando da menoridade penal, na hipótese de uma série de delitos continuados, qual seria o limite além do qual a cláusula de redução do prazo prescricional não teria eficácia? Se, ao início da realização de uma cadeia continuada, o agente não contava com 21 anos de sua idade, mas, no seguimento da perpetração dos delitos, vem a atingir a maioridade penal, faria, ainda assim, *jus* à concessão do benefício legal?

2ª Turma, em 12-2-1988, v. un., Rel. Aldir Passarinho, DJU, 25 mar. 1988, p. 6374 e 6375. Ementa: 'Não há cabida para a pretensão ajuizada, que visa a obter que a prescrição incida sobre o acréscimo da pena decorrente da continuidade delitiva, considerando-se isoladamente tal acréscimo' (RTJ, 125:1085). No mesmo sentido: STF, HC 71.277, 1ª Turma, DJU, 3 jun. 1994, p. 13855".

[52] NACIF, Mauro Otávio. "Dois estudos de direito penal: da prescrição somente do acréscimo no crime continuado". In: Revista da Ajuris, Porto Alegre, ano II, nº 5, nov., 1975, p. 131-33.

[53] Conforme Mauro Otávio Nacif ("Dois estudos de direito penal: da prescrição somente do acréscimo no crime continuado". In: Revista da Ajuris, p. 133) "com a vista possibilidade de fragmentação do crime continuado, mesmo em relação à exacerbação, chegamos a uma conclusão altamente válida: a famosa e discutida Súmula 497, da Suprema Corte, de tão alto saber, teve sua interpretação ampliada".

[54] Damásio de JESUS. Prescrição penal, p. 99.

Ao se responder a esta indagação, poder-se-ia, em um primeiro momento, imaginar que haveria duas formas de se interpretar a questão: (i) de um lado, em uma interpretação restritiva, advogar-se-ia a não-implementação da cláusula de redução, salvo em relação aos crimes que foram praticados pelo agente ao tempo de sua menoridade relativa, na medida em que os demais crimes foram cometidos quando o agente já não teria mais o benefício;[55] de outro lado, em interpretação mais abrangente, e, sobretudo, levando em linha de conta os objetivos mediantes os quais a legislação penal prevê o instituto do crime continuado, poder-se-ia pugnar pela redução, ainda que parte dos crimes – dentro da cadeia continuada – tenha sido praticada ao depois de o agente ter atingido a maioridade penal. Fundamentalmente, deve-se considerar que, sob todos os aspectos, a ficção legal do crime continuado ostenta, como se tem remarcado, evidente conotação benéfica. E o que é mais importante, por definição, deve ser entendida como um delito único, o que implica, igualmente, unidade de sanção, a recomendar como possível a interpretação segundo a qual "o benefício legal que reduz o prazo prescricional tem aplicação mesmo na hipótese em que o réu atinge a maioridade no curso da continuidade delitiva".[56]

(Nem se precisa destacar, por óbvio, a necessidade de deslocamento dessa tese para a hipótese da prescrição e da ancianidade – artigo 115, *in fine*, do Código Penal[57] –, porquanto, nessa situação, não se leva em consideração o tempo do crime, mas apenas e tão-somente a data da sentença condenatória. Ora, para o agente ser beneficiado com a disciplina reducional dos prazos prescricionais, basta que tenha atingido a ancianidade antes da sentença penal condenatória. Com isso, pode ter sido realizada a cadeia continuada delitiva, integralmente, sem contar com 70 anos de sua idade; atingindo-os ao depois e antes de a sentença condena-

---

[55] "*Habeas corpus* – Crime continuado – Redução de prazo de prescrição por menoridade – Interpretação do art. 115 do CP. A expressão ao tempo do crime constante do art. 115 do CP tem de ser entendida, com relação ao crime continuado, como ao tempo de cada crime que integra essa modalidade de concurso de delitos, razão por que se afigura certo o entendimento segundo o qual a redução do prazo de prescrição por causa da menoridade só se dá quando aos crimes praticados antes de o agente completar vinte e um anos de idade. *Habeas corpus* indeferido" (STF, HC 72.690-9/SP, 1ª Turma, j. 5/9/1995, v.u., Rel. Moreira Alves, DJU 15/3/1996, p. 7.203). Jurisprudência citada por Alberto Silva Franco (Código de Processo Penal e sua interpretação jurisprudencial, p. 3468).

[56] "Crime continuado. Extinção da punibilidade pela prescrição. CP, art. 115 e art. 119. Segundo o cânon inscrito no art. 119, no concurso de crime, a extinção da punibilidade incidirá sobre a pena de cada um isoladamente, não dispondo o preceito sobre a prescrição na hipótese do crime continuado. Sendo o crime continuado um delito único, ao qual se impôs uma só sanção, o benefício legal que reduz o prazo prescricional tem aplicação mesmo na hipótese em que o réu atinge a maioridade no curso da continuidade delitiva. Recurso ordinário provido. *Habeas corpus* concedido". (RHC nº 10.182/SP, 6ª Turma, rel. min. VICENTE LEAL, j. 04.09.01, v.u., DJU 01.10.01, p. 246, in Boletim do IBCCRIM, ano 9, nº 110 – janeiro/2002, p. 577). A matéria é bastante polêmica. Luiz Flávio Gomes (Direito penal: parte geral – culpabilidade e teoria do crime. São Paulo: RT, 2005, p. 175) avalia: "Crime continuado: alguns cometidos antes dos vinte e um anos e outros depois: *Quid iuris*? A redução só incide nos crimes cometidos antes da maioridade".

[57] Esse ponto será objeto de uma investigação mais aprofundada exatamente no próximo ensaio, cujo tema versa sobre "A prescrição penal e a ancianidade: o real alcance do fator de redução dos prazos prescricionais previsto no artigo 115, *in fine*, do Código Penal", em cujo ponto, com vagar, procuraremos demonstrar a possibilidade de se amealhar o benefício legal ainda que se tenha atingido a idade de 70 anos depois da sentença penal condenatória, a par de destacarmos as polêmicas doutrinárias e jurisprudenciais que cercam este tema.

tória existir, ser-lhe-ão reduzidos os prazos de cômputo da prescrição de toda série continuada de delitos.)

8. CONCLUSÃO

Encerra-se esse primeiro ensaio com a noção segundo a qual a compreensão interpretativa da prescrição penal se deve deixar contaminar, em todos os pontos de interseção, pelos fundamentos benéficos do instituto do crime continuado. Isso pressupõe, em outras palavras, reconhecer, na dimensão benéfica dessa figura jurídica, o norte em relação ao qual se deve conduzir a solução de casos criminais a ela vinculados. Trata-se, portanto, da preservação dos objetivos inspiradores da estratificação do delito continuado, entre os quais se ressalta o do apenamento com menor rigor repressivo, impedindo-se a existência de censuras penais estribadas em elevadíssimos graus de privação da liberdade (que contrastam com os modernos postulados de um Direito Penal humanitário). E isso se torna mais evidente quando acoplado ao instituto legal da prescrição penal, que tem, em larga medida, óbvia e igualmente, uma acentuada vocação benéfica.

A prescrição penal e a ancianidade: O *real* alcance do fator de redução dos prazos prescricionais previstos no Artigo 115, *in fine*, do Código Penal[58]

1. A COLOCAÇÃO DO PROBLEMA: LIMITAÇÃO DO TEMA

O ordenamento jurídico-penal brasileiro estabelece fatores de redução dos prazos prescricionais que se vinculam a motivos fisiológicos e psicológicos, por meio dos quais se diminuiu o lapso de aplicação do *jus puniendi*.

Trata-se de fatores relacionados à idade do agente ativo e que se prendem diretamente à sua personalidade, permitindo ao criminoso menor de 21 anos (na data do crime) ou ao maior de 70 anos (na data da sentença) terem diminuídos de metade os prazos prescricionais, de acordo com o art. 115 do Código Penal.

Nesse ensaio, não teremos oportunidade de debater *in extenso* o tema da prescrição, tampouco de forma plena o da redução dos prazos prescricionais, na medida em que se vai privilegiar, apenas e tão-somente, a discussão dogmática sobre o *real* alcance interpretativo da expressão normativa "*na data da sentença*", que demarca o limite temporal (que permite a redução dos prazos de prescrição: art. 115, *in fine*, Código Penal) além do qual não haveria qualquer fator de diminuição, e os prazos seriam computados *in integrum* à base do art. 109 do Código Penal.

A questão refere-se, pois, à (assim denominada) *prescrição do velho*, na qual os prazos prescricionais são reduzidos de metade quando o criminoso era, na data da sentença, maior de 70 anos,[59] assumindo destacada importância esse

[58] O presente ensaio já foi publicado antes em Estudos críticos de direito e processo penal. (Orgs. Ney Fayet Júnior e Miguel Tedesco Wedy). Porto Alegre: Livraria do Advogado, 2004. Entretanto, ajustes e modificações se fizeram necessários, especialmente em face de alterações de significado jurisprudencial.

[59] Ao ensejo da publicação da Lei nº 10.741/03 (Estatuto do Idoso), vários doutrinadores se manifestaram no sentido de que esse fator reducional (art. 115, *in fine*, do Código Penal) teria sido alterado para os 60 anos (limite encampado pelo Estatuto) de idade do agente. Nesse rumo, Diego Viola Marty ("O Estatuto do Idoso, o Código Penal brasileiro e o princípio constitucional da igualdade: qual o 'o conceito de idoso' para fins penais?" In: Boletim IBCCRIM, Ano 13, nº 153, ago. 2005, p. 12) sugere: "a solução, entendemos, passa pela aplicação, aos artigos 65, I e 115, do novo 'conceito de idoso' trazido pelo Estatuto do Idoso, devendo os referidos artigos serem aplicáveis não mais àqueles maiores de setenta anos, mas sim a todos que tiverem sessenta anos ou mais. A hipótese, assim, é de sucessão temporal de leis penais, cuja nova (Lei nº 10.741), por ser mais benéfica ao acusado, deve ter aplicação imediata e retroativa. A medida,

estudo em razão de a jurisprudência se encaminhar para uma dicotomização, da qual parte admite um sentido interpretativo amplo (estendendo a incidência do dispositivo até o trânsito em julgado da decisão condenatória) e outra restringe o seu alcance (permitindo a sua aplicação até a data da publicação da sentença ou, no máximo, do acórdão).

A regra tem aplicação em todas as formas de prescrição: "da pretensão punitiva, com base na pena *in abstracto*; da pretensão punitiva com base na pena *in concreto* (retroativa ou não) e na pretensão executória (seja reincidente ou não o condenado)".[60] Igualmente, deve-se aplicar o referido comando legal quer se trata de crimes, quer se trata de contravenções, uma vez que a locução normativa *crime* há de ser interpretada de forma extensiva benéfica[61] – argumento *a maiori ad minus*.

Antes de iniciarmos o desenvolvimento desse ensaio, são importantes – a fim de serem clarificados os principais dados configuradores do tema – algumas considerações sobre os seguintes pontos: (i) o conceito da prescrição penal, (ii) o seu fundamento e (iii) a sua natureza jurídica.

Por fim, haveremos de destacar a recepção doutrinal e jurisprudencial acerca da questão, enfocando o atual entendimento que se extrai de seus domínios.

---

importa mencionar, harmonizará o Código Penal, uniformizando o 'conceito de idoso' para fins penais". No mesmo plano, Juarez Cirino dos Santos (Direito penal: parte geral. Curitiba: Lumen Juris, 2006, p. 681-2), quando asseverou: "na forma do art. 1°, da Lei n. 10.741/03 (Estatuto do Idoso), o limite etário de 70 (setenta) anos (na data da sentença), como fundamento para redução dos prazos prescricionais, deve ser alterado para 60 (sessenta) anos, pela mesma razão que determinou a fixação desse marco etário para definir o cidadão idoso, alterando expressamente a circunstância agravante do art. 61, *h*, CP, na hipótese de ser vítima de crime: a analogia *in bonam partem* é autorizada pelo princípio da legalidade penal e, portanto, constitui direito do réu". Igualmente Luiz Flávio Gomes (Direito penal: parte geral – culpabilidade e teoria do crime. São Paulo: RT, 2005, p. 175), para quem: "Quanto a idade de setenta (70) anos, ao contrário, por razões humanitárias (e de desnecessidade de prevenção), é sustentável que o Estatuto do Idoso tenha alterado o art. 115 do CP para beneficiar o agente com sessenta (60) anos ou mais na data da sentença. No momento de agravação da pena (CP, art. 61, II, *h*) vale essa idade. Para reduzir a prescrição deve prevalecer igual critério". Sem quaisquer outras considerações, a tese deve, por sua harmoniosa incidência ao sistema penal de garantias, ser, pouco a pouco, encampada, num primeiro momento, pela doutrina para, a seguir, ser incorporada pela jurisprudência. Agregaríamos, apenas, que o dispositivo legal trazido pelo Estatuto do Idoso implicou, em verdade, a revogação tácita do comando legal inscrito no art. 115, *in fine*, do Código Penal.

[60] Cf. ZAFFARONI, Eugenio Raúl; PIERANGELI, José Henrique. Manual de direito penal brasileiro: parte geral. 6. ed. São Paulo: RT, 2006, p. 649.

[61] Cf. COSTA, Álvaro Mayrink da. Direito penal: parte geral. Rio de Janeiro: Forense, 1998. v. I, t. III, p. 2083.

2. DO INSTITUTO DA PRESCRIÇÃO

2.1. Conceito

A prescrição penal[62] é uma modalidade jurídica que se relaciona ao transcurso do tempo,[63] com poder de eliminar a punição de um determinado comportamento dotado de criminosidade. José de Faria Costa[64] conceitua:

> Uma das mais importantes e eficazes armas que o Estado tem, para a realização da prossecução da justiça penal, está entrincheirada, sem dúvida alguma, no recanto normativo da prescrição. Quanto mais dilatados forem os prazos de prescrição maiores são, em abstracto, as possibilidades de o Estado prender e punir aqueles que tenham eventualmente praticado uma qualquer infracção penal.

---

[62] A prescrição não é propriamente um instituto de Direito Penal, na medida em que se inscreve em todo o cenário jurídico. Historicamente, não se tem como estabelecer, com exatidão, a origem desse instituto. Odin I. do Brasil Americano (Manual de direito penal: parte geral. De acordo com a Lei n. 7.209, de 11-7-1984. São Paulo: Saraiva, 1985. 1 vol, p. 496) sugere que "A origem do instituto da prescrição parece ter sido a necessidade da não-perpetuação da ação penal. Constantino fixou em um ano o prazo para o exaurimento da ação penal. A pena, todavia, seria imprescritível. A *Lex Julia de Adulteriis* estabeleceu o prazo de cinco anos para a prescrição. Há quem afirme que esse prazo, esse período de tempo foi fixado com fundamento nos banhos lustrais que se repetiam de cinco em cinco anos e que, então, teriam o efeito de apagar os vestígios dos crimes anteriores". No que respeita à evolução legislativa do instituto no Brasil, Raimundo Macedo (Da extinção da punibilidade. Rio de Janeiro: Forense, 1964, p. 127 e segs.) traça um panorama, por meio do qual informa: "No direito imperial, a prescrição (da ação somente) era regulada no Cód. de Proc. Criminal e nas leis que o completaram (lei nº 261, de 3 de dezembro de 1841, e regulamento nº 120, de 31 de janeiro de 1842). Os prazos de prescrição eram, no Cód. de Processo, de um, três, seis e 10 anos. Os dois primeiros aplicavam-se aos delitos e contravenções de julgamento definitivo dos juízes de paz, sendo o de um ano para os presentes e o de três anos para os ausentes, em lugar sabido. O de seis anos era para os crimes afiançáveis, estando o delinqüente presente, sem interrupção, no termo da culpa. Se, naqueles mesmos crimes, o agente estivesse ausente, em lugar sabido, dentro do Império, o prazo seria de 10 anos, prazo que, também, era estabelecido para a prescrição nos delitos inafiançáveis, estando o criminoso no lugar da culpa, durante todo o período prescritivo (arts. 54, 55 e 56). O art. 32 da lei nº 261 fixava o prazo de 20 anos para a prescrição nos delitos afiançáveis, estando o réu ausente, fora do Império, ou, dentro, em lugar não sabido. O art. 33 estabelecia o mesmo prazo, para os delitos inafiançáveis, estando o réu ausente em lugar sabido, dentro do Império, se ele se achasse em lugar ignorado, ou fora do País, não se verificaria a prescrição, em tempo algum. O regulamento nº 120 apenas consolidou os dispositivos do Código e da lei de 3 de dezembro. Como se vê, a prescrição, no regime monárquico, era muito restrita. O Código de 1890 estabeleceu seis prazos de prescrição, comuns à ação e à condenação, para as penas restritivas da liberdade e um para as penas pecuniárias. Aqueles primeiros iam de um a 20 anos. A pena pecuniária prescrevia em um ano (arts. 83 e 85). O dec. nº 4.780, de 27 de dezembro de 1923, desdobrou aqueles seis prazos em nove, mantendo os dois limites de um a 20 anos. Fixou o mesmo decreto em 10 anos o prazo para a prescrição das penas de interdição e da perda de emprego e em cinco anos a de suspensão de emprego (art. 34 de parágrafos). O Código vigente, alterando o limite mínimo de um para dois anos, restabeleceu os mesmos prazos do Código de 1890. Inverteu, porém, a ordem da especificação, e, assim, em vez de começar pelo prazo menor, começa pelo maior, que é o de 20 anos".

[63] Como descreve José de Faria Costa ("O Direito Penal e o Tempo. (Algumas reflexões dentro do nosso tempo e em redor da prescrição.)" In: Boletim da Faculdade de Direito da Universidade de Coimbra, Volume Comemorativo do 75° Tomo do Boletim da Faculdade de Direito, p. 1152-53. Coimbra: Coimbra, 2003, p. 1151-52), "é dentro da problemática da prescrição, seja da prescrição do procedimento criminal, seja da prescrição da pena que, em verdadeiro rigor, de forma mais intensa se agudizam e aprofundam os problemas decorrentes dessa relação complexa e difícil entre o tempo e o direito, muito particularmente o direito penal". Também outro interessante estudo sobre as relações do tempo com o Direito Penal pode ser encontrado no livro de Ana Messuti (O tempo como pena. São Paulo: RT, 2003).

[64] José de Faria Costa ("O Direito Penal e o Tempo. (Algumas reflexões dentro do nosso tempo e em redor da prescrição.)" In: Boletim da Faculdade de Direito da Universidade de Coimbra, p. 1153).

Traduz-se, pois, o instituto jurídico da prescrição, como uma limitação temporal da perseguibilidade do crime ou da execução da pena, que se produz em obediência a razões de política criminal, que condiciona a imposição ou execução da *sanctio juris* criminal a um determinado período de tempo, findo o qual o Estado – como titular exclusivo do *jus puniendi* – não mais poderá exercitar a pretensão punitiva ou executória, extinguindo-se, *ipso facto*, a punibilidade (que se coloca como a conseqüência jurídico-penal lançada ao autor culpável de uma conduta ilícita-típica).[65] Como esclarece João Mestieri, a *prescrição é, pois, a perda do poder* de perseguir criminalmente *o autor de infração criminal através de ação penal ou de* executar a sanção penal *assim obtida.*[66]

2.2. Fundamento

Sob inspiração de diferentes políticas legislativas, vários são os fundamentos teóricos[67] que se propõem a dar sustentabilidade jurídica à existência da prescri-

---

[65] Como anotou Nelson Pizzotti Mendes (Súmulas de direito penal: parte geral. São Paulo: Saber, 1969, p. 279), "a prescrição, então, como causa extintiva de punibilidade, é a conseqüência natural do decurso de tempo, e marca o desinteresse político do Estado em punir". Igualmente, Gerardo Landrove Díaz (Las consecuencias jurídicas del delito. Madrid: Tecnos, 1991, p. 144), quando afirma: "La prescripción en el ámbito jurídico-penal supone la extinción, por el transcurso del tiempo, del derecho del Estado a imponer una pena o a hacer ejecutar la pena ya impuesta".

[66] MESTIERI, João. Manual de direito penal: parte geral. Rio de Janeiro: Forense, 1999, p. 318.

[67] SILVA, Antônio José da Costa e. Código Penal dos Estados unidos do Brasil comentado. São Paulo: Companhia Editora Nacional, 1938. v. II, p. 372-6) traça um panorama bastante expressivo sobre as principais teorias que fundamentam o instituto da prescrição: "Uma teoria cara aos criminalistas franceses e belgas pretende que fundamento da prescrição é a presunção da emenda (*praesumptio vitae emendatae*) do delinqüente. Se este – argumentam eles – durante certo período de tempo, mais ou menos longo, não cometeu outro crime, deve-se concluir que se corrigiu, não precisando mais de punição. Essa presunção, destituída inteiramente de base, não passa, de desmedido otimismo. Na vida real, nada a autoriza. Além disso, a emenda do delinqüente não constitui o único fim da pena. O influxo desta teoria se percebe nas legislações que estabelecem como condição da prescrição o bom procedimento do delinqüente durante o prazo prescricional, nomeadamente que não pratique outro crime. Enquadra-se nessa teoria, como subespécie, a opinião, sustentada por alguns escritores, de que, com o decurso do tempo, o caráter ou personalidade do delinqüente se transforma; de sorte que vem a se tornar supérflua a punição. A hipótese de mudança de natureza intima do indivíduo, que haja transgredido a lei penal, pelo simples escoamento do tempo, é pura fantasia otimista. Só em casos excepcionais, nas prescrições de longa duração, se poderá admitir a idéia de regeneração do criminoso. Outra teoria – a da expiação (*Suehnetheorie*) – repousa também em uma presunção, de idêntico valor. Pretendem os seus adeptos que, vivendo atribuladamente, debaixo de incertezas e apreensões, durante o período da prescrição, sofre o delinqüente tanto quanto sofreria se estivesse sob os rigores da lei. As angustias por que ele passa, as aflições que lhe atormentam a consciência, tornando-lhe a existência incerta e precária, equivalem à pena, ao castigo legal. Pressupõe semelhante teoria um estado de espírito que não se encontra na grande maioria dos criminosos. Ainda mais: o mal da pena e o temor de sofrê-la (como observou Schwarze) não são quantidades que se compensem. Outra teoria (*des getingten Andenkens*) apresenta como fundamento do instituto da prescrição criminal a circunstância de que, com o perpassar do tempo, se vai apagando na memória dos membros da comunhão, até ao ponto de extinguir-se completamente, a lembrança do delito; cessando em conseqüência a necessidade do exemplo público, em que consiste principalmente o fim da pena. Segundo essa teoria – notou admiravelmente o argutíssimo Binding – não é o crime, mas o seu conhecimento (a sua recordação) que dá lugar à pena. Não é preciso mais para evidenciar-lhe a erronia. Assaz espalhada é a idéia de que a prescrição criminal – a renúncia do Estado à punição – resulta das dificuldades e incertezas da prova. Com o tempo, vão desaparecendo os elementos que demonstram a existência do crime e a respectiva autoria. Aumentam os riscos de uma punição injusta. Cresce para o inocente a impossibilidade de patentear a sua nenhuma culpabilidade. Já Thomasius (*De bigamiae presc.*, 1685) dizia que a prescrição visava impedir que 'propter summan factorum incertitudinem ex temporis diuturnitate provenientem innocentes indebita efficiantur poena beneficio defensionis priventur'. Para o insigne Binding a transitoriedade da prova é o único motivo que

ção, não havendo, ainda, um fundamento unitário que seja aceito de modo generalizado pela doutrina (vejamos, pois, a título meramente ilustrativo, alguns: da absoluta negação do princípio da imediatividade e celeridade da justiça penal;[68] do desaparecimento dos rastros e dos efeitos do delito – a chamada teoria da prova –, da presunção de bom comportamento, do esquecimento social do crime, da desnecessidade da pena, da finalidade da pena criminal, do não-exercício de um direito etc.[69]). Antonio Pagliaro os apresentou do seguinte modo:

> C'è chi pensa che il decorso del tempo effettui comunque una retribuzione, grazie al perdurare della paura della pena. Altri fanno leva su una supposta emenda del reo o sulle possibili difficoltà di prova. Ma è più verosimele che il fondamento stia nella carenza di interesse statale alla punizione (e, quindi, al processo), per il diminuito ricordo sociale del fatto.[70]

Em verdade, o instituto jurídico-penal da prescrição vincula-se a razões de política criminal, ancoradas, como descreve Figueiredo Dias, *na teoria das finalidades das sanções criminais e correspondentes, além do mais, à consciência jurídica da comunidade.*[71] Realmente, como sustentam Giovanni Fiandaca e Enzo Musco, *con il decorso del tempo, infatti, appare inutile e inopportuno l'esercizio della stessa funzione repressiva, perché vengono a cadere le esigenze di prevenzione generale che presiedono alla repressione dei reati: le esigenze de prevenzione, come dimostra l'esperienza, a poco a poco si affievoliscono fino a*

---

verdadeiramente constringe o legislador consciencioso a acolher a prescrição da ação penal. Contra essa teoria, estabelecida sob um ponto de vista processual, se objeta que ela não pode justificar a prescrição da condenação, que a quase unanimidade das legislações admite. Loening pondera com toda procedência que, dependendo o prazo da prescrição do caráter jurídico da ação, muitas vezes, para fixar aquele, se torna indispensável e prova desta. Realmente, como determinar o prazo da prescrição, o seu começo e o seu fim, sem a prova da atividade criminosa? Alguns escritores atribuem à ação do tempo, exclusivamente, a eficácia extintiva da prescrição. Berner chamou ao tempo a razão das razões (*Grund der Gruende*) da prescrição. Outros criminalistas insistem sobre 'o infinito poder do tempo'. Mas, como já observava o velho Cremani, o tempo é 'simplex nudumque nomem durationis rerum existentiam, non ens quoddam physicum aut morale, adeoque non posse habere jus pariendi moralem modum – aliaque istiusmodi, quæ in jure consistunt'. Sustentam abalizados autores que só motivos de eqüidade (*Billigkeitsgruende*) justificam a prescrição criminal. Outros alegam que, após o decurso de certo tempo, perde a punição toda finalidade. Deixa o Estado de ter interesse nela. Todas essas teorias (e outras que, *brevitatis amor*, deixamos de mencionar), isoladamente, não podem dar, de modo satisfatório, o fundamento racional, político-jurídico, da prescrição criminal. Por isso, preferem os escritores combiná-las, apresentando uma doutrina eclética. Com a passagem do tempo e a sucessão ininterrupta dos acontecimentos, a impressão produzida na consciência publica pela prática do crime, pelas conseqüências que este produziu, vai diminuindo a pouco e pouco, acabando por obliterar-se de todo. A prova se torna defeituosa e incerta. Aumentam com isso os perigos de erros e injustiças. A repressão, tanto mais eficaz quanto mais pronta, deixa de oferecer interesse para a sociedade".

[68] Cf. QUINTERO OLIVARES, Gonzalo *et al.* Comentarios al nuevo Código Penal. 2. ed. Navarra: Editorial Aranzadi, 2001, p. 644.

[69] Cf. VELÁSQUEZ VELÁSQUEZ, Fernando. Derecho penal: parte general. Santa Fe de Bogotá: Temis, 1997, p. 730.

[70] PAGLIARO, Antonio. Principi di diritto penale: parte generale. Milano: Dott. A Giuffrè, 1980, p. 709. Para uma visão abrangente sobre as teorias fundamentadoras das prescrição, consultar: MACHADO, Fábio Guedes de Paula. Prescrição penal: prescrição funcionalista. São Paulo: Revista dos Tribunais, 2000, p. 88-102, e FERRARI, Eduardo Reale. Prescrição da ação penal. Suas causas suspensivas e interruptivas. São Paulo: Saraiva, 1998, p. 25-39.

[71] DIAS, Jorge de Figueiredo. Direito penal português: parte geral II: as conseqüências jurídicas do crime. Lisboa: Aequitas, 1993, p. 699.

spegnersi del tutto.[72] A ação corrosiva do tempo torna inócua e desnecessária a punição, na medida em que o conflito, que estava à base da existência do crime, se enfraquece e perde substância, e a própria coletividade deixa de possuir interesse em punir um episódio cuja realização se verificou há muito tempo.[73] Aliando-se esses dois fatores (desnecessidade da punição e composição ou esquecimento do conflito), tem-se o motivo pelo qual o instituto jurídico da prescrição se inscreveu na quase totalidade das legislações mundiais.[74]

2.3. Natureza jurídica

Muito se discutiu acerca da natureza jurídica das normas que informam o instituto da prescrição. Vozes havia que as concebiam como integrantes do direito processual;[75] outras, do direito material;[76] outras, ainda, as davam como normas

---

[72] FIANDACA, Giovanni; MUSCO, Enzo. Diritto penale: parte generale. Bologna: Zanichelli, 1990, p. 465.

[73] Conforme destacou Giuseppe Bettiol (Direito Penal. Tradução brasileira e notas de Paulo José da Costa Júnior e Alberto Silva Franco. São Paulo: RT, 1976. V. III, p. 199), "não se presume apenas uma emenda do réu, uma sua readaptação à vida social mas a falta de um interesse estatal na repressão do crime, em virtude do tempo já transcorrido do momento da sua prática. Se é o alarma social que determina também a intervenção do Estado na repressão dos crimes, quando decorreu determinado período de tempo da prática do próprio crime sem que tenha sido reprimido, o alarma social se enfraquece pouco a pouco e se apaga, de tal modo que provoca a ausência do interesse que faz valer a pretensão punitiva".

[74] Por meio dessas diferentes linhas de entendimento, todas com expressão, pode perceber-se, claramente, o motivo pelo qual se avalia que o fundamento da prescrição é múltiplo, e ainda sujeito a ampliações. Gonzalo Quintero Olivares e outros (Comentarios al nuevo Código Penal. 2ª ed. Navarra: Editorial Aranzadi, 2001, p. 645) catalogam as diversas modalidades de fundamentação do seguinte modo: "a) fundamentaciones de corte político-criminal: la STS 18 de junio 1992 (RJ 1992, 5504) destaca 'principios o razones de orden público, de interés general o de política criminal, que pueden ser conducidos al principio de necesidad de la pena que si inserta en el más amplio de intervención mínima'. (...) También la STS 22 septiembre 1995 (RJ 1995, 6755) se refiere a 'poderosas razones de política criminal, utilidad social, cuales son el aquietamiento que el transcurso del tiempo produce en la conciencia ciudadana, la aminoración, cuando no eliminación, de la alarme social producida, el palidecimiento de la resonancia antijurídica del hecho ante el efecto invalidador del tiempo sobre los acontecimentos humanos'. (...) b) Fundamentaciones preventivo-especiales (finalidad reeducativo-rehabilitadora de la pena): la STS 18 junio 1992 (RJ 1992, 5504) estabelece que 'transcurrido un tiempo rezonable desde la comisión del delito, la pena ya no cumple sus finalidades e incide contraproducentemente en la resocialización o rehalititación del sujeto'. c) Fundamentaciones preventivas generales y especiales: (...) ponen de manifiesto que 'es obvio que transcurrido un tienpo rezonable desde la comisión del delito, la pena ya no cumple sus finalidades de prevención general y especial'. d) Fundamentaciones procesales: (...) sintonizando con una amplia corriente doctrinal en Alemania, menciona las 'dificultades de acumulación y reproducción del material probatorio y hasta el grave impedimento en el acusado para hacer posible su justificación', que produce el inexorable y dilatado transcurso del tiempo".

[75] Cf. TUCCI, José Rogério Cruz (Tempo e processo. São Paulo: RT, 1997, p. 58), para quem "a prescrição da ação justifica-se sob o aspecto de conotação processual, uma vez que, com o decurso do tempo, os indícios e os elementos de prova que indicam a autoria e a materialidade do crime se debilitam. A excessiva demora, sobretudo em sede penal, conspira contra o vigor probatório".

[76] José de Faria Costa ("O Direito Penal e o Tempo. (Algumas reflexões dentro do nosso tempo e em redor da prescrição.)" In: Boletim da Faculdade de Direito da Universidade de Coimbra, p. 1152-53) enfatiza que "as normas jurídicas relativas à prescrição do procedimento criminal têm uma natureza preponderantemente material e não processual ou adjectiva", na medida em que "tais normas ao contenderem, directa e invasivamente, com a esfera pessoalíssima do cidadão e, de certa maneira, por conseguinte, com alguns direitos fundamentais – pense-se, entre tantos outros, no fundamental direito à paz jurídica – não podem, pela própria natureza das coisas deixar de ter essa precisa natureza material". Igualmente Vincenzo Manzini (Tratatto di diritto penale italiano, p. 473-474) sustentava ser "La prescrizione penale, rappresentando una rinuncia dello Stato alla pretesa punitiva o all'effettiva potestà di punire, riguardando cioè il contenuto materiale del rapporto processuale o del rapporto

mistas.[77] (Nos dias que correm, tem predominância, na doutrina brasileira,[78] a concepção material da natureza jurídica das normas prescricionais,[79] embora não se possa perder de vista que ambas as disciplinas são inseparáveis, pois ambas guardam relação com o poder punitivo do Estado[80]). E a discussão tinha razão de ser a partir das diferentes conseqüências jurídicas que se produziam no âmbito processual ou material. Todavia, partindo-se do entendimento segundo o qual tanto as normas materiais quanto as processuais têm vocação retroativa quando *favor rei*, a discussão deixa de possuir maior significado. Nesse sentido, adverte Fábio Guedes De Paula Machado[81] que *este embate perde importância na moderna ciência criminal e no mundo fático a partir do momento em que se assegura que, seja a lei de natureza material ou processual, esta sempre retroagirá se mais benéfica for ao infrator (ultra-atividade das leis).* Em todo o caso, as normas que informam a prescrição têm, inegavelmente, um caráter material, até porque os *preceitos legais da prescrição fazem ainda parte daquele conjunto de normas, porque invasivas e instrumentalmente constrictivas de direitos fundamentais, que deve pré-existir a práctica da infracção.*[82]

3. DA ABRANGÊNCIA DA EXPRESSÃO NORMATIVA "NA DATA DA SENTENÇA"

Pode-se dizer que existem três formas por meio das quais se interpreta esta locução normativa contida no art. 115, *in fine*, do Código Penal[83] ("na data da

esecutivo, è un istituto di diritto sostanziale, e non di diritto processuale". (Filiamo-nos a esse entendimento, que, além de tudo, protege o acusado contra uma posterior extensão do prazo prescricional ainda não atingido, por consagrar a irretroatividade da *lex gravior* em matéria de Direito Penal substantivo.)

[77] Reinhart Maurach e outros (Derecho penal: parte general 2. Traduzido por Jorge Bofill Genzsch. Buenos Aires: Astrea, 1995, p. 968) afirmam que "La prescripción de un hecho punible se justifica por razones de derecho tanto material cuanto procesal". Também Aníbal Bruno (Direito penal: parte geral. 4. ed. Rio de Janeiro: Forense, 1984. t. 3, p. 210) assim posicionou-se: "Mas há dois motivos que realmente concorrem para legitimá-la, um de Direito Penal, que é haver desaparecido o interesse do Estado em punir, outro de ordem processual, aplicável à prescrição anterior à sentença condenatória, que é a dificuldade de coligir provas que possibilitem uma justa apreciação do delito cometido". No mesmo sentido, Giulio Battaglini (Direito penal: parte geral. Traduzido por Paulo José da Costa Jr. e Armida Bergamini Miotto. São Paulo: Saraiva, 1973. 2. v, p. 688), quando sustenta: "Naturalmente, a prescrição da pena já aplicada não tem, como a do delito, uma razão de ser processual, inclusive (dificuldade da prova), mas se apóia exclusivamente na fundada presunção de ter cessado a necessidade de execução da sanção".

[78] Cf. COSTA JÚNIOR, Paulo José da. Comentários ao Código Penal. 9. ed. São Paulo: DPJ, 2007, p. 322.

[79] Damásio E. de Jesus (Prescrição penal. São Paulo: Saraiva, 1999, p. 18); Antonio Rodrigues Porto (Da prescrição penal. São Paulo: RT, 1998, p. 22); Andrei Zenkner Schmidt (Da prescrição penal. Porto Alegre: Livraria do Advogado, 1997, p. 22-4); José Júlio Lozano Jr. (Prescrição penal. São Paulo: Saraiva, 2002, p. 24); Fernando Capez (Curso de direito penal: parte geral. São Paulo: Saraiva, 2002. v. 1, p. 511).

[80] Cf. BUSTOS RAMÍREZ, Juan J.; HORMAZÁBAL MALARÉE, Hermán. Lecciones de derecho penal. Madrid: Editorial Trotta, 1997, v. 1, p. 230.

[81] MACHADO, Fábio Guedes de Paula. Prescrição penal: prescrição funcionalista, p. 158.

[82] COSTA, José de Faria. "O Direito Penal e o Tempo. (Algumas reflexões dentro do nosso tempo e em redor da prescrição.)" In: Boletim da Faculdade de Direito da Universidade de Coimbra, p. 1154.

[83] Sobre a evolução histórica do instituto, ver ANDRADE, Christiano José de. Da prescrição penal. São Paulo: RT, 1979, p. 118-9.

sentença"): uma mais restritiva, a qual entende ser clara a lei quando estabelece a data da sentença como marco intransponível para a aplicação do fator reducional, sendo inviável ir além desse limite a fim de reconhecer a incidência dessa cláusula de redução dos prazos; outra, mais abrangente, que admite a incidência do dispositivo reducional até a data da decisão de segundo grau; e, finalmente, uma terceira, de sentido lato, sustentando que a expressão *sentença*, presente na norma substantiva, deve ser entendida como a data do último provimento judicial adotado no curso do processo penal.

Poucas são as vozes doutrinárias que sustentam a primeira posição. A dicotomização apresenta-se, realmente, entre os dois últimos entendimentos. (Entretanto, na seara jurisprudencial, continua a haver decisões sufragando a primeira posição, especialmente nos tribunais superiores.)

3.1. Análise da primeira posição

O entendimento segundo o qual a redução do prazo prescricional do ancião tem na sentença o seu limite aferra-se ao texto legal, não permitindo, sequer, a ampliação até a data do julgamento da (eventual) apelação por considerar, dogmaticamente, que acórdão não é sentença,[84] afirmando, ainda, que as ampliações interpretativas realizadas pelos julgadores são desvarios,[85] desconectados do alcance que se deve conceder à expressão normativa. Esse posicionamento vincula-se, a toda evidência, à interpretação gramatical dos textos legais,[86] prestigiando o antigo aforisma *in claris cessat interpretatio*.

O Supremo Tribunal Federal tem decidido que "o lapso prescricional somente se reduz à metade se o agente tiver setenta anos na data da sentença condenatória (art. 115, Código Penal)".[87] No mesmo passo, tem se manifestado o Superior Tribunal de Justiça: "a disposição do artigo 115, do Diploma Repressivo, é clara ao instituir que somente se reduzirá o lapso prescricional na metade, se o agente contar com 70 (anos) na data da sentença condenatória, e não da confirmação da condenação em sede de recurso".[88]

Esse posicionamento entrechoca-se com noções de política criminal,[89] que estão à base desse fator de redução, bem como com a intenção do legisla-

[84] Nesse sentido, Antonio Lopes Baltazar (Prescrição penal. São Paulo : Edipro, 2003, p. 85) quando sustenta: "quanto ao maior de 70 anos, a redução do prazo aplica-se a qualquer modalidade de prescrição, porém, desde que tenha completado essa idade até a sentença. Se, por ocasião da condenação ainda não possuía a idade exigida, vindo a completá-la antes do julgamento no Tribunal, não fará jus à redução, uma vez que acórdão não é sentença".

[85] Assim, SCHMIDT, Andrei Zenkner. Da prescrição penal, p. 64.

[86] STF, HC nº 71.881-6/SP, 2ª Turma, Rel. Min. Carlos Velloso; no corpo do acórdão, o Min. Paulo Brossard afirmou: "é simpática a tese defendida pelo Sr. Ministro Marco Aurélio e não deixa de ter a sua razoabilidade. O que me pergunto, porém, é se, em face da lei, tenho a liberdade de, onde se lê sentença, ler decisão definitiva".

[87] HC 84.909-1/MG, 2ª Turma, Rel. Min. Gilmar Mendes.

[88] HC 24674/RS, Rel. Min. José Arnaldo da Fonseca, j. 17/02/2004.

[89] "Deve preponderar sobretudo, no exame da questão, o inconveniente de se levar à prisão pessoa já não mais perigosa, ao fim de sua existência, para permanecer ali por pouco tempo" (TJSP – AC – Rel. Marino Falcão – RT 614/282 E RJTJ 104/423).

dor[90] (que busca, tanto quanto possível, não submeter o idoso à prisão)[91] e, ainda, com o princípio do *duplo grau de jurisdição* (por meio do qual se recomendaria que se estendesse até, pelo menos, ao acórdão o fator reducional da prescrição). Além do mais, não se perca de vista que, em se apresentando uma dúvida interpretativa, se deve sempre visar à solução mais favorável ao acusado,[92] prestigiando-se, ainda, inegavelmente, o princípio da intervenção mínima do direito penal.[93] (Recentemente, o Supremo Tribunal Federal inaugurou, pode-se por assim dizer, uma variante a esta interpretação, ao decidir: "Não cabe aplicar o benefício do art. 115 do Código Penal quando o agente conta com mais de 70 (setenta) anos na data do acórdão que se limita a confirmar a sentença condenatória"[94]).

3.2. Análise da segunda posição

De um modo geral, a doutrina tem-se inclinado a uma interpretação mais alargada do termo *sentença* inscrito no art. 115 do Código Penal. Assim, por exemplo: "Em relação aos idosos, têm eles de completar os 70 anos até a data da sentença. Tratando-se, porém, de benefício claramente beneficiador, tem-se entendido que a 'data do acórdão' tem o mesmo significado que 'data da sentença'".[95] Igualmente: "Já a velhice dos maiores de 70 anos é analisada ao tempo da sentença. A palavra 'sentença' está empregada em sentido amplo, compreendendo também o acórdão. Assim, vindo a completar 70 anos durante o julgamento da apelação, o réu deve-

---

[90] "O sentenciado que completa 70 anos antes da data do acórdão beneficia-se da regra escrita no art. 115 do CP. Embora a lei reclame que tenha o agente completado a referida idade quando da sentença, tendo em vista a intenção do legislador, deve-se considerar também a do acórdão" (TA – CRIM-SP – AC – Rel. Aroldo Viotti – RT 726/656).

[91] "Quanto à *mens legis*, é induvidoso que o artigo 115 do Código Penal tem como beneficiários o menor e o idoso, revelando que, tanto quanto possível, não devem ser submetidos à prisão – lato sensu" (HC nº 71.881/SP, Rel. Min. Carlos Velloso, em trecho retirado do voto vista do Min. Marco Aurélio – R.T.J. – 176/283).

[92] "O legislador, no art. 115 do CP, estabeleceu que faz jus à redução da metade dos prazos prescricionais o réu maior de 70 anos de idade ao tempo da sentença. Deve-se, no entanto, entender que, sendo esta recorrível, se o réu vem a completar tal idade enquanto pendente de julgamento sua apelação, restará abrangido pelo disposto no referido dispositivo – interpretação preferível, por ser mais favorável ao réu" (TJSP – AC – REL. Marino Falcão – RT 614/282 e RJTJ 104/423).

[93] Com mais detalhes: DARGÉL, Alexandre Ayub ("Princípio da lesividade, garantismo e direito penal mínimo". In: Revista de Estudos Criminais, Porto Alegre, ITEC, nº 02, 2001, p. 104-9).

[94] STF, HC nº 86.320-5/SP, 1ª Turma, Rel. Min. Ricardo Lewandowski. E, no corpo do acórdão, o Sr. Ministro Relator explicitou o seu entendimento sobre essa questão: "Entendo, desse modo, que a prolação do acórdão somente deve ser considerada como marco temporal para a redução da prescrição em três hipóteses: 1) quando o agente é julgado diretamente por um colegiado; 2) quando há a reforma da sentença absolutória em julgamento de recurso para condenar o réu; e 3) quando ocorre a substituição do decreto condenatório em sede de recurso no qual se reforma parcialmente a sentença". Além disso, ainda fez consignar o Sr. Ministro Relator, ao comentar sobre a hipótese de haver a confirmação de decisão, porém, com a redução ou algo que a valha, se isso implicaria a redução: "Então, sim, porque a sentença de primeiro grau foi substituída pelo acórdão. O marco temporal é o acórdão. Quando a sentença, entendo eu, data vênia, é confirmada integralmente pelo segundo grau – e que foi o caso –, não há substituição da sentença pelo acórdão. Então, a sentença se mantém íntegra, e o marco temporal se conta a partir dessa primeira sentença, da sentença monocrática de primeiro grau".

[95] Cf. VARGAS, José Cirilo de. Instituições de direito penal: parte geral. Rio de Janeiro: Forense, 1998. v. I, t. II, p. 237.

rá ser beneficiado pelo redutor".[96] Agregue-se, ademais, que essa interpretação mais ampla tem a ampará-la "o *princípio da presunção de inocência*, segundo o qual 'ninguém será considerado culpado até o trânsito em julgado de sentença penal condenatória' (art. 5º, LVII)",[97] sendo pacífico que, com a aprovação pelo Congresso Nacional, por meio do Decreto Legislativo nº 27, de 26.5.92, do Texto da Convenção Americana sobre Direitos Humanos (Pacto de São José da Costa Rica), ficou consagrado que o princípio da presunção de inocência tanto é relevante no âmbito processual como no âmbito do Direito Penal.[98] A jurisprudência, por seu turno, também tem recepcionado a interpretação mais alargada da matéria, já consolidando-se o entendimento segundo o qual o vocábulo "sentença", para efeito de contagem do tempo prescricional, de que cuida o art. 115 do Código Penal, deve ser entendido na sua forma ampla, de modo a considerar-se a idade do agente, maior de 70 anos, na data da sentença ou do acórdão, que a confirma ou substitui.[99] De outro curso, investe-se, com bastante dose de acerto, contra a interpretação gramatical (e restritiva) do termo "sentença" inscrito no art. 115 do Código Penal, ao se sustentar, de um lado, que "no Código Penal não se alude, em qualquer dos preceitos nele inseridos, tal como no Código de Processo Civil e no Código de Processo Penal, a acórdão,[100] com o que o emprego do vocábulo "sentença" ocorre em sentido lato, a significar provimento judicial definitivo, seja este de primeira ou segunda instância".[101] Por outro lado, a interpretação restritiva do termo "sentença" conduziria à seguinte situação deveras conflitante com a própria razão de ser do instituto: "determinado acusado, absolvido em primeiro grau, caso condenado em segundo, não seria beneficiado da norma, muito embora já contando com setenta anos",[102] por não os ter na data da sentença, e sim na do acórdão.[103] Aqui, mostra-se, de forma bastante clara, a fragilidade do argumento interpretativo meramente gramatical.

---

[96] Cf. BARROS, Flávio Augusto Monteiro de. Direito penal: parte geral. 5. ed. São Paulo: Saraiva, 2006. v. 1, p. 637.

[97] Cf. DOTTI, René Ariel. Curso de direito penal. Rio de Janeiro: Forense, 2001, p. 686.

[98] Cf. BONCHRISTIANO, Carlos Augusto. "Aplicação do princípio do *in dubio pro reo* nos tribunais". In: Revista de Julgados do Tribunal de Alçada Criminal do Estado de São Paulo, Fiúza, p. 13-27, 1996, p. 16.

[99] HC nº 26355/RJ, Rel. Min. Hamilton Carvalhido, j. 05.08.2003.

[100] HC nº 71.881/SP, Rel. Min. Carlos Velloso, sendo o trecho indicado parte do voto vista do Min. Marco Aurélio – R.T.J. – 176/283-4.

[101] Idem.

[102] Idem.

[103] A solução a esse conflito poderia ser indicada, para aqueles que sustentam a interpretação restritiva da palavra "sentença", inscrita no art. 115 do Código Penal, a partir da seguinte linha de compreensão, levada a efeito pelo Min. Néri da Silveira: "(...) em matéria de prescrição, o sistema do Código, quando fala em sentença condenatória, refere-se à decisão que por primeiro condena. Interrompeu-se a prescrição, não pelo acórdão que confirmou a sentença condenatória e reduziu a pena, mas, sim, pela sentença. Se o extraditando foi condenado em primeiro grau, nesse momento, interrompeu-se a prescrição, e só uma vez, pouco importando que o acórdão modifique o teor da condenação. A interrupção ocorreu uma vez, e se aqui o Código, para efeitos de redução dos prazos de prescrição, se refere à sentença condenatória, quando esta aconteceu, o extraditando não possuía ainda setenta anos de idade". (STF. Extradição n. 591-0 (República Italiana), Rel. Ministro Marco Aurélio, Tribunal Pleno, D.J. 22.09.95.)

3.3. Análise da terceira posição

Finalmente, a terceira (e última) posição tem pugnado por uma interpretação larguíssima, através da qual se conduziria o fator reducional até a data da última manifestação judicial adotada no processo. Parte da doutrina também tem se pronunciado a favor desse entendimento: "Se na data da sentença o acusado ainda não completou 70 anos, mas, havendo recurso, vem a atingir a idade na pendência do recurso, o prazo prescricional deve ser reduzido de metade".[104] No mesmo sentido, "Se o réu só completou 70 anos de idade depois de prolatada a sentença, mas pendente de julgamento diante do recurso interposto, restará beneficiado pela redução do prazo prescricional".[105] José Júlio Lozano Jr. aduz que se trata de questão de eqüidade, portanto, "mesmo que o réu não tenha completado setenta anos na data da decisão de segunda instância, mas alcançado essa idade no julgamento de seu recurso constitucional, deve incidir a redução do art. 115 do Código Penal".[106]

Na seara jurisprudencial, já se decidiu que "é possível a aplicação da redução em metade do prazo prescricional no caso do agente que, apesar de não haver completado 70 anos ao tempo da sentença, atinge tal idade antes do trânsito em julgado da mesma, vez que, *ao longo de todo o processo de conhecimento*, para fins prescricionais, deve incidir o lapso temporal mais favorável ao acusado".[107]

Parece-nos que, em realidade, os principais argumentos – por intermédio dos quais se sustentou a necessidade de ampliação do alcance interpretativo do segundo entendimento (vale indicar: intenção do legislador e noções de política criminal) – despontam, com mais força, nessa forma de compreensão do tema. E isso porque, muito provavelmente, a relação processual não se extingue (no mais das vezes) com o julgamento da apelação, projetando-se até o último provimento judicial adotado no processo de conhecimento, com o que haverá um transcurso maior de tempo, a recomendar – à luz dos argumentos já indicados –, com mais razão, que se lhe imprima uma interpretação mais ampla, mais favorável ao acusado.

4. CONCLUSÕES

Partindo-se da idéia segundo a qual a "Ciência do Direito, de modelo hermenêutico, tem por tarefa interpretar textos e suas intenções, tendo em vista uma finalidade prática",[108] cumpre registrar que se deve buscar a consagração do *prin-*

---

[104] Cf. TELES, Ney Moura. Direito penal: parte geral. São Paulo: Atlas, 2004. t. I, p. 552.

[105] Cf. COSTA, Álvaro Mayrink da. Direito penal: parte geral, p. 2083.

[106] LOZANO JUNIOR, José Júlio. Prescrição penal, p. 199.

[107] TACrimSP, Ap. Crim. nº 681.743-9, 7ª C., j. 1º-4-1993, v. u., Rel. Luiz Ambra, RJDTACrim, 18:118 citada por LOZANO JUNIOR, José Júlio. Prescrição penal, p. 199.

[108] Cf. FERRAZ JUNIOR, Tércio Sampaio. A ciência do direito. São Paulo: Atlas, 1980, p. 73.

cípio da legalidade da perseguição penal, por meio do qual a intervenção estatal somente se apresentará como legítima se (além dos demais requisitos da intervenção legalizada) estiver presa a uma definição clara e inequívoca dos lapsos (e, obviamente, dos fatores reducionais) que limitam a perseguibilidade criminal. E, à falta de clareza dos textos que informam a construção normativa da matéria, deve-se buscar a solução interpretativa mais consentânea e favorável ao acusado, prestigiando-se a máxima *odiosa restringenda, favorabilia amplianda.* Assim, enquanto não contarmos com normas taxativamente construídas, as quais limitariam a perseguição penal, a melhor (e mais prática) solução seria aquela que menos desfavorecesse o acusado, como forma de redução do poder punitivo do Estado aos limites mínimos e absolutamente necessários, dentro da disciplina legal do *princípio da legalidade da perseguição penal.*

Tema III

O aditamento da denúncia e a sua repercussão na prescrição da pretensão punitiva

1. CONSIDERAÇÕES INICIAIS

Cuida o presente artigo de um tema do qual geralmente se esquece a doutrina. (No mais das vezes, a atenção doutrinária abrange apenas o aditamento à queixa procedido pelo Ministério Público.[109]) Com efeito, poucas são as obras que se lançam à discussão do aditamento à denúncia na ação penal (seja qual for a sua modalidade) e, em especial, a sua relação com a prescrição da pretensão punitiva, engendrando um quadro significativamente lacunoso no que diz respeito à vinculação desses institutos.

Em face disso, tivemos de suprir estas lacunas da doutrina na fonte jurisprudencial, da qual pudemos extrair os conceitos (vale dizer, da dinâmica processual) que não se apresentavam suficientemente debatidos pelos processualistas penais.

Talvez um aspecto que nos permite bem avaliar a escassa produção científica acerca do tema seriam os limitados comandos legais por meio dos quais se estrutura o instituto do aditamento. De fato, o Código de Processo Penal trata, em poucos e espaçados artigos,[110] direta e indiretamente, do aditamento, concedendolhe, com isso, uma posição secundária no cenário da ação penal.

Por essa razão, o trabalho procurou trazer, num primeiro momento, os fundamentos – lastrados em princípios constitucionais – deste acréscimo à acusação, para que se possa determinar e demonstrar a importância do instituto; e, num

---

[109] Cf. LIMA, Marcellus Polastri. Curso de processo penal. 3. ed. Rio de Janeiro: Lumen Juris, 2006. v. 1, p. 243-4.

[110] Exemplos de comandos legais relacionados ao aditamento: Art. 29: "Será admitida ação privada nos crimes de ação pública, se esta não for intentada no prazo legal, cabendo ao Ministério Público aditar a queixa, repudiá-la e oferecer denúncia substitutiva, intervir em todos os termos do processo, fornecer elementos de prova, interpor recurso e, a todo tempo, no caso de negligência do querelante, retomar a ação como parte principal". Art. 45: "A queixa, ainda quando a ação for privativa do ofendido, poderá ser aditada pelo Ministério Público, a quem caberá intervir em todos os termos subseqüentes do processo". Art. 46, § 2º: "O prazo para o aditamento da queixa será de 3 (três) dias (...)".. Art. 384, parágrafo único: "Se houver possibilidade de nova definição jurídica que importe aplicação de pena mais grave, o juiz baixará o processo, a fim de que o Ministério Público possa aditar a denúncia ou a queixa, se em virtude desta houver sido instaurado o processo em crime de ação pública, abrindo-se, em seguida, o prazo de 3 (três) dias à defesa, que poderá oferecer prova, arrolando até três testemunhas. Art. 408, § 5º: "Se dos autos constarem elementos de culpabilidade de outros indivíduos não compreendidos na queixa ou na denúncia, o juiz, ao proferir a decisão de pronúncia ou impronúncia, ordenará que os autos voltem ao Ministério Público, para aditamento da peça inicial do processo e demais diligências do sumário". Art. 564: "A nulidade ocorrerá nos seguintes casos": (...) III – "por falta das fórmulas ou dos termos seguintes: a) "a denúncia ou a queixa e a representação e, nos processos de contravenções penais, a portaria ou o auto de prisão em flagrante". Art. 569: "As omissões da denúncia ou da queixa, da representação, ou, nos processos das contravenções penais, da portaria ou do auto de prisão em flagrante, poderão ser supridas a todo o tempo, antes da sentença final".

segundo momento, buscou avaliar a sua repercussão na prescrição da pretensão punitiva.

Note-se que o aditamento à denúncia traz conseqüências procedimentais de diversas ordens, que se distinguem conforme à função desse *plus* acusatório, isto é, tanto pode haver repercussões penais como processuais, mas o destaque que se pretende visa à prescrição penal, especificamente em suas causas interruptivas. Daí a relevância dessa interseção que se estabelece entre os dois institutos,[111] vale indicar: o elo existente entre o aditamento e a interrupção da marcha prescricional.

2. ADITAMENTO

2.1. Conceito

No processo penal, ao contrário do civil,[112] a peça acusatória pode ser modificada até a sentença final, "incluindo-se novos fatos ou agentes, agravando-se ou modificando-se a tipificação".[113] Trata-se de alterações que se implementam por meio do instituto jurídico-processual do aditamento.[114]

Nesse passo, podemos conceituá-lo como o instrumento pelo qual o Ministério Público ou o querelante[115] amplia, retifica, integra a denúncia ou a queixa. Em rigor técnico, sob o aspecto processual penal, o aditamento pode completar a denúncia ou queixa com novos elementos, ou, ainda, acrescentar-lhes sujeitos ou fatos.[116]

---

[111] A importância dessa relação se dá em decorrência das conseqüências jurídicas do aditamento, as quais podem ensejar, por vezes, a interrupção da prescrição. E a prescrição, como causa extintiva da punibilidade, merece sempre, sob todos os títulos, uma abordagem cuidadosa, uma vez que afeta a *persecutio criminis* e, com isso, o *jus libertatis* do cidadão.

[112] A petição inicial no cível só admite modificações até a citação do réu, e ainda com a sua concordância: Art. 294 do CPC: "Antes da citação, o autor poderá aditar o pedido, correndo à sua conta as custas acrescidas em razão dessa iniciativa". Ainda sobre o mesmo tema, podemos citar o art. 264 do mesmo diploma legal: "Feita a citação, é defeso ao autor modificar o pedido ou a causa de pedir, sem o consentimento do réu, mantendo-se as mesmas partes, salvo as substituições permitidas por lei". Parágrafo único: "A alteração do pedido ou causa de pedir em nenhuma hipótese será permitida após o saneamento do processo".

[113] Cf. LIMA, Marcellus Polastri. Curso de processo penal, p. 244.

[114] Deve-se remarcar que "aditar, no sentido etimológico da palavra, deriva do latim *additu*, particípio passado de *addere* que significa acrescentar, adir, adicionar, juntar algo que falta a alguma coisa", como descreve RANGEL, Paulo. Direito processual penal. 11. ed. Rio de Janeiro: Lumen Juris, 2006, p. 264.

[115] Trataremos, no presente ensaio, somente do aditamento à denúncia na ação penal pública; por essa razão, o que se referir ao querelante, à queixa ou à ação penal privada é para fins meramente conceituais.

[116] O aditamento não serve para suprir a falta da denúncia ou para substituí-la quando rejeitada. Nesse sentido: "PENAL E PROCESSO PENAL – DENÚNCIA/REJEIÇÃO – EXTINÇÃO DA PUNIBILIDADE PELA PRESCRIÇÃO DA PRETENSÃO PUNITIVA – IMPOSSIBILIDADE DE ADITAMENTO DA DENÚNCIA. 1 (...) 2. IMPOSSIBILIDADE DE ADITAMENTO À DENÚNCIA QUE FOI REJEITADA COM FUNDAMENTO NO ART-43, INC-2, DO CPP-40 EIS QUE, INEXISTINDO AÇÃO PENAL EM ANDAMENTO, NADA PODE SER ADITADO". (RCCR – RC, processo nº 94.04.14973-0/PR, 2ª Turma TRF-4ª Região, Rel. Doria Furquim, data da decisão 28/09/1995, DJ data 16/11/1995, p. 78.820.) Em comentários ao art. 569 do CPP: "Câmara Leal chegou a sustentar que o dispositivo permitiria, inclusive, suprir-se a inexistência de denúncia ou queixa, mas

O aditamento (também denominado de acréscimo à acusação) é, portanto, a peça processual-penal que se presta para a "correção da narrativa ou da classificação ou, ainda, a ampliação dos limites da própria *causa petendi*, o que ocorre em todos os casos em que é possível nova definição jurídica do fato, chamamento de co-autor ou participante excluído da relação jurídica ou imputação ao denunciado de novo crime, conexo ou continente".[117] Por sua vez, Reis assevera:

> Aditamento à denúncia ou à queixa é o ato processual através do qual o representante do Ministério Público ou o querelante alteram a inicial, adicionando-lhe ou acrescentando-lhe alguma coisa. Essa alteração poderá ocorrer: a) – para corrigir erros materiais, retificar adequação típica incorreta, ou suprir omissões; b) – para incluir circunstância elementar não contida, explicita ou implicitamente, na inicial; c) – para descrever outra infração ligada à descrita na inicial por continência ou conexão; d) – para incluir outro co-autor; e) – para excluir quem foi incluído indevidamente.[118]

---

o exagero ficou bem demonstrado na autorizada crítica de Espínola, que não parece admitir apenas as correções materiais, pois, com exceção da possibilidade de suprir-se a inexistência das iniciais acusatórias, no mais concorda com Câmara Leal, inclusive quanto ao significação do verbo suprir, como empregado pelo legislador: 'preencher a falta'". (BARROS, Antônio Milton de. "Aditamento da denúncia e da queixa: forma e alcance de cada uma das modalidades prevista no Código de Processo Penal". In: Revista da Associação Paulista do Ministério Público, São Paulo, ano IV, n. 35, p. 30-3, out.-nov. de 2000, p. 32.)

[117] Cf. BOSCHI, José Antônio Paganella. Ação penal. denúncia, queixa e aditamento. 2. ed. Rio de Janeiro: Aidê, 1997, p. 222. Na 3ª edição de sua obra (2002, p. 247-8), o referido autor preferiu assim elencar as hipótese de aditamento: "a) correção da narrativa para atendimento de exigências formais. (...) a) redefinição dos limites da própria acusação, sempre que a decisão implicar deslocamento da competência e reexame da matéria por outro órgão do Ministério Público com atribuições no juízo ou justiça competente; b) nova definição jurídica do fato pela presença na prova dos autos de circunstância elementar ou de qualificação do crime, 'não contida explícita ou implicitamente' na narrativa da denúncia ou na queixa; c) nova pronúncia pelo próprio juiz, ante a ocorrência de circunstância posterior que modifique a definição jurídica do fato e sua respectiva classificação; d) imputação de outro fato ao acusado, desde que conexo ou continente com o narrado na inicial e e) inclusão no processo de co-autor(es) ou participante(s) oculto(s)".

[118] Cf. REIS, Julio Francisco dos. Denúncia e queixa crime: doutrina, jurisprudência, nulidades e modelos. Indianápolis: J.F. dos Reis, 1999, p. 255. Passaremos, a seguir, a uma pequena análise das hipóteses antes elencadas a fim de melhor compreendermos o instituto. O fundamento legal da hipótese da alínea *a* é o art. 569 do CPP e sobre ele assim esclarece Sérgio Demoro Hamilton ("A técnica da denúncia". In: Revista do Ministério Público, Rio de Janeiro, n. 16, p. 187-212, jul.-dez. 2002, p. 211): "A primeira forma de aditamento destina-se a suprir omissões da inicial (art. 569, CPP). Aqui não se trata da inclusão de fato novo capaz de modificar a *causa petendi*. Igualmente, em tal modalidade de aditamento, não se tem em vista acrescentar um novo réu. Na realidade, a providência reveste a finalidade de aperfeiçoar a inicial incompleta. Abrange, apenas, formalidades secundárias ou incorreções que podem e devem ser supridas até a sentença". O aditamento para mudança da capitulação do fato delituoso, embora facultativo, pode trazer grande repercussão no processo, atingindo desde o rito processual, competência, bem como a restrição ou não de alguns benefícios jurídico-penais. Daí a importância da tipificação correta do fato descrito na exordial acusatória, e, caso o delito esteja classificado erroneamente, pode o Ministério Público valer-se do aditamento para proceder tal correção, evitando, assim, por vezes, alguns prejuízos ao acusado advindos dessa equívoca imputação típica. Nessa esteira, Nilo Batista ("Sobre o aditamento à denúncia". In: Discursos sediciosos. Crime, direito e sociedade, Rio de Janeiro: Instituto carioca de criminologia, ano 1, n. 2, p. 285-9, 2. sem. 1996, p. 288) alerta: "Não, freqüentemente o réu não se defende de fatos, mas sim se defende da subsunção jurídica equivocada ou ambígua. A mesma imputação factual pode sustentar uma 'tradução jurídica' de *falsum* ou de estelionato, porém os materiais teóricos para o exame e debate dos dois tipos de injusto são completamente distintos; tendo a denúncia classificado o fato como *falsum*, não estará indefeso o réu condenado por estelionato com fundamento no artigo 383 CPP?" Mais malefícios pode trazer ao réu uma capitulação imprecisa, como bem adverte Luis Gustavo Grandinetti Castanho de Carvalho (Processo penal e (em face da) Constituição, princípios constitucionais do processo penal. 3. ed. Rio de Janeiro: Lumen Juris, 2004, p. 184): "Tem sido pouco debatida na doutrina e na jurisprudência a relação entre a classificação dada na queixa ou na denúncia e o estado de liberdade do réu. Especialmente nas infrações consideradas hediondas a discussão tem maior pertinência diante da dificultação de concessão de fiança e de liberdade provisória (artigo 2º, inciso II, da Lei

Sem pretendermos dar cláusula de acerto nem esgotarmos as possíveis funções do aditamento, [entendemos que] as hipóteses acima colacionadas se nos afiguram suficientes e satisfatórias para a nossa abordagem.

2.2. Fundamento

O fundamento do aditamento é a necessidade de a acusação ser clara e precisa[119] e, principalmente, condizente com as reais circunstâncias do crime. (Na pretensão acusatória, os limites da proposta têm de estar objetivamente assentados na denúncia ou em seu aditamento, permitindo ao réu, em sendo o caso – e a partir de sua estratégia defensiva –, que a refute com a plena ciência da dimensão do que lhe foi atribuído/imputado.)

---

nº 8.072/90)". Quanto à letra *b*, trata-se da hipótese prevista no art. 384, parágrafo único, do Código de Processo Penal, conhecida como *mutatio libelli* com aditamento; sobre o tema, Ney Fayet (A sentença criminal e suas nulidades. Lei, doutrina e jurisprudência. 5. ed. Rio de Janeiro: Aidê, 1987, p. 92) elucida que "circunstância elementar é tanto a que produz configuração de outro tipo, como também a que acarreta aumento de pena dentro de limites prefixados e a que gera crime qualificado". Para essa hipótese de aditamento, valiosos são os ensinamentos e as críticas de Antônio Scarance Fernandes (Processo penal constitucional. São Paulo: RT, 1999, p. 176-7): "Mas só exige aditamento da denúncia pelo Ministério Público quando a mudança na definição jurídica por força da nova circunstância conduza a pena mais grave (art. 384, parágrafo único), não quando a pena for igual ou mais leve (art. 384, *caput*). Ora, se a Constituição Federal dá ao Ministério Público a titularidade exclusiva para propor a ação penal, isso significa que ninguém pode ser condenado por crime de ação pública sem que o Ministério Público o tenha acusado". Nesse contexto, "a falta de aditamento no art. 384, *caput*, representa a possibilidade de condenação por fato diverso daquele imputado ao réu pelo Ministério Público, em franca contradição com o art. 129, I, da Constituição Federal. Em suma, não há mais como ser alguém condenado por fato diverso daquele constante da acusação feita pelo Ministério Público, titular exclusivo da ação penal pública. A prova nova que altere a classificação inicial impõe aditamento do órgão acusatório". A modalidade do aditamento exposto na alínea *c* se justifica, ao nosso ver, pela própria razão que inspira os institutos da conexão e continência: "(...) deve ser operado o aditamento da inicial acrescentando-se novos fatos ou agentes, em face da existência de conexão ou continência, possibilitando, assim, a almejada unidade de processo e julgamento". (LIMA, Marcellus Polastri. Curso de processo penal, p. 248.) Inclusive existe entendimento jurisprudencial no sentido de que a imputação de fato novo ao réu, via aditamento, só é possível se esse for conexo ou continente com o delito descrito na denúncia: "No presente caso, se o novo crime que o Ministério Público pretende aditar à denúncia não é conexo ou continente com o crime de homicídio já denunciado, correta é a decisão que rejeita o aditamento, o que em nada prejudica uma nova denúncia, em nova ação penal, em autos apartados". (RSE nº 2006.051.00062, TJ/RJ, 4ª CCr., Rel. Des. Francisco José de Asevedo, j. 16/05/2006.) Por fim, no que diz respeito à letra *d*, muito comum é o aditamento para esses fins, pois "com a continuidade das investigações, poderá, mais tarde, aditar posteriormente a denúncia para a inclusão de co-réu(s), ou mesmo propor, separadamente, nova ação penal contra os indivíduos cuja autoria somente venha a ser suficientemente esclarecida em ocasião posterior". (BONFIM, Edílson Mougenot. Curso de processo penal. São Paulo: Saraiva, 2006, p. 154.) Têm o mesmo entendimento Ada Pellegrini Grinover e outros (FERNANDES, Antônio Scarance; GOMES FILHO, Antônio Magalhães; GRINOVER, Ada Pellegrini. As nulidades no processo penal. 9. ed. São Paulo: Revista dos Tribunais, 2006, p. 254): "Assim, não pode o juiz condenar o réu por fato não articulado na denúncia e que venha a ficar evidenciado durante o fluir do processo, ou abranger na sentença co-réu não incluído na denúncia, cuja participação venha ficar evidenciada durante a instrução; nessas hipóteses, impõe-se nova acusação, por aditamento ou denúncia separada. Se houver aditamento, o réu deve ser citado, realizando-se nova instrução, sob pena de nulidade". Temos outras hipóteses de aditamento, como, por exemplo: "Paciente denunciada inicialmente por tentativa de homicídio, que foi reinterrogada após aditamento da denúncia para constar a consumação do delito, diante do falecimento da vítima". (HC 2005.059.07131, TJRJ, 8ª CC, Rel. Desa. Suely Lopes Magalhães, j. 09/01/2006.)

[119] RANGEL, Paulo. Direito processual penal, p. 263. Ainda sobre a acusação: "Por ser ato instrumental da ação penal pública, a denúncia deve conter todos os elementos desta. A pretensão punitiva que se condensa na acusação será exposta com clareza, indicando-se o seu objeto (ou *petitum*), e os seus fundamentos (ou *causa petendi*) (...)" (MARQUES, José Frederico. Estudos de direito processual penal. 2. ed. Campinas: Millennium, 2001. Atualização e prólogos: Ricardo Dip e José Renato Nalini, p. 135.)

No processo penal, há alguns princípios que justificam e, ao mesmo tempo, fundamentam o aditamento, como passaremos a demonstrar, os quais se encontram visceralmente interligados.

(i) Em primeiro plano, desponta o princípio da obrigatoriedade,[120] que, sob todos os títulos, se projeta para o instituto do aditamento. De fato, se o Ministério Público, na ação penal pública, está obrigado a oferecer a denúncia, descrevendo a matéria punível tal qual se tenha perpetrado o crime (com todas as suas reais circunstâncias), resta cristalino que também estará obrigado a aditá-la – para que nela constem os elementos descritivos da ação ilícito-típica em sua plenitude. Nessa linha de raciocínio, anota Lima: "o Ministério Público não tem o arbítrio para denunciar ou não, e, conseqüentemente, tratando-se de hipótese de aditamento próprio, *para aditar ou não, tendo o dever de operar o aditamento*, obviamente existindo elementos para tanto".[121] Efetivamente, caso se revele, no curso da ação criminal, a existência da participação de outros agentes no delito, bem como qualquer modificação fática que repercuta na descrição traçada na denúncia, encontrar-se-á o promotor obrigado a proceder ao complemento da acusação, inserindo esse *plus* em sua pretensão acusatória (isto é: aditar ou oferecer outra denúncia, conforme ao caso).

(ii) Igualmente, deve-se comentar o princípio acusatório,[122] adotado pela Constituição Federal.[123] O sistema acusatório preconiza que as figuras do defen-

---

[120] Paulo Cláudio Tovo (Apontamentos e guia prático sobre a denúncia no processo penal brasileiro. Porto Alegre: Fabris, 1986, p. 60-1) explica: "O poder de acusar como o de arquivar, na ação pública, é exercido pelo órgão do Ministério Público, com observância do princípio da obrigatoriedade do exercício do direito de ação, mas preservada sempre a independência do agente da referida instituição". Ainda Maurício Antônio Ribeiro Lopes (In: PENTEADO, Jaques de Camargo (coord.). Justiça Penal. 4 críticas e sugestões, provas ilícitas e reforma pontual. São Paulo: Revista dos tribunais, 1997, p. 153) comenta o princípio: "(...) se reclama a intervenção obrigatória do processo penal para a segurança e reintegração da ordem jurídica, afirmando-se que os órgão persecutórios devem atuar, necessariamente, desde que concorram as condições exigidas em lei". Para Afrânio Silva Jardim (Direito processual penal. 11. ed. Rio de Janeiro: Forense, 2003, p. 121): "Também aqui, a atividade do órgão estatal está vinculada ao princípio da obrigatoriedade. Assim como este novo fato já deveria ter sido imputado na denúncia, caso dele se tivesse alguma prova naquela oportunidade, agora à denúncia ele deve ser agregado, via aditamento, para completar a acusação, que é obrigatória, tendo em vista o surgimento da prova no curso do processo". O princípio da obrigatoriedade encontra-se no art. 129, inc. I, da Constituição Federal, conforme se tem sustentado: "O princípio da obrigatoriedade, ou da legalidade da ação penal pública é o que está expresso no art. 129, inciso I, da Constituição Federal de 1988. (...) O Ministério Público não pode dispor a seu alvedrio da ação penal pública". (JORGE, Alline Pedra. "O princípio da obrigatoriedade da ação penal pública no direito constitucional comparado". In: Revista Jurídica Consulex, Brasília: Consulex, ano VI, n. 122, p. 25-30, 15 fev. 2002, p. 25.)

[121] Cf. LIMA, Marcellus Polastri. Curso de processo penal, p. 248. Sobre a definição de 'aditamento próprio', bem como outras classificações, consultar o artigo de RIBAS, Júlio Cesar. "O aditamento no processo penal". In: RT 464, São Paulo, ano 63, p. 295-318, jun. 1974.

[122] Como descreve Claus Roxin (Derecho procesal penal. Tradução da 25. ed. alemã por Gabriela E. Córdoba e Daniel Pastor, revisada por Julio B. J. Maier. Buenos Aires: Editores del Puerto s.r.l., 2000, p. 86): "(...) como proceso acusatorio, por tanto, unir las ventajas de la persecución penal estatal con las del proceso acusatorio que consisten, precisamente, en que juez y acusador no son la misma persona. Esto sólo puede suceder si el Estado asume tanto la tarea del acusador como la del juez, separando esa función en dos autoridades estatales distintas – una autoridad de acusación y el tribunal –".

[123] Sobre o tema, imperioso transcrever a lição de Antônio Scarance Fernandes (A reação defensiva à imputação. São Paulo: RT, 2002, p. 200), para quem: "Afirmou-se com a Constituição o sistema acusatório e desapareceu

sor, acusador e julgador serão exercidas por pessoas distintas. Modernamente, sendo a ação penal pública privativa do Ministério Público, o juiz, "que preside o processo, é uma entidade suprapartes, conhece das razões de quem acusa e quem se defende e depois decide como um árbitro".[124] Assim, o princípio acusatório também projeta-se em se cuidando do instituto do aditamento, na medida em que, se ao órgão jurisdicional é defeso imputar fato criminoso, também não se lhe cabe acolher acusação não constante na denúncia, ainda que presente no conjunto probatório; sob pena de violar-se comando constitucional expresso.[125] Dessa forma, se na instrução evidenciarem-se, por exemplo, novos fatos ou novos participantes no crime, o juiz somente poderá acolher a acusação se houver o aditamento.

(iii) De outro plano, o princípio acusatório guarda íntima relação com o princípio da correlação entre a acusação e a sentença.[126] Esse princípio[127] decorre da sistemática processual vigente em face da Constituição Federal de 1988, que acolheu o modelo acusatório para a persecução penal. No momento em que se concedeu ao Ministério Público a atribuição de, privativamente, promover a ação penal pública, se proibiu, pode-se assim dizer, que o magistrado, ao pres-

do ordenamento brasileiro a iniciativa de ofício do processo pelo juiz, que não pode acusar em crimes de ação pública, nos termos dos preceitos constitucionais citados (arts. 129, I e 5.º, LIX). Extrai-se do novo sistema garantia para o indivíduo de só ser acusado em crime de ação pública pelo Ministério e, subsidiariamente, pelo ofendido, nunca pelo juiz. Deriva ainda outra garantia, a de que o indivíduo só pode ser condenado por fato que configure crime de ação pública quando houver prévia acusação do Ministério Público ou, subsidiariamente, do ofendido. Ora, quando há alteração em elemento do núcleo essencial do fato da denúncia ou queixa, passa a ser outro o crime, diverso daquele da imputação. Como o imputado foi acusado de ter praticado o fato da denúncia, para ser condenado pelo fato diverso, que configura outro crime, necessário se faz aditamento por quem possa acusá-lo, ou seja, o Ministério Público. Sem o aditamento, caso seja procedente a ação penal, seria condenado por crime diverso daquele que lhe foi imputado".

[124] SOUZA NETTO, José Laurindo de. Processo Penal: sistemas e princípios. Curitiba: Juruá, 2003, p. 20.

[125] O princípio acusatório muitas vezes é lembrado quando se comenta o art. 384 (e seu parágrafo único) do Código de Processo Penal. A doutrina processual moderna entende ser tal hipótese conseqüência do princípio inquisitório, não mais vigente em nosso sistema processual. Nesse passo, é a crítica de Fauzi Hassan Choukr (Processo penal à luz da Constituição. Temas escolhidos. Bauru, São Paulo: Edipro, 1999, p. 63), afirmando que a norma constante no art. 129, inc. I, da Constituição Federal, "passou a colocar em xeque inúmeros outros dispositivos do Código de Processo Penal que mantêm resquícios inquisitivos". Mais uma vez vamos nos valer das lições de Nilo Batista ("Sobre o aditamento à denúncia". In: Discursos sediciosos. Crime, direito e sociedade, p. 288-9), para quem: "Também aquela iniciativa do juiz, instando a acusação à *mutatio libelli* (art. 384, par. único, CPP), soa como um vestígio inquisitorial, porque de fato o magistrado está colaborando na moldagem da acusação".

[126] "Na distinção tradicional entre o sistema acusatório e o sistema inquisitório é que se encontra a origem da regra da correlação entre acusação e sentença". (BADARÓ, Gustavo Henrique Righi Ivahy. Correlação entre acusação e sentença. São Paulo: Revista dos Tribunais, 2000. v. 3. (Coleção de Estudos de Processo Penal Prof. Joaquim Canuto Mendes de Almeida), p. 20.) Segundo o mesmo autor, no Código de Processo Penal, o tema da correlação entre a acusação e a prestação jurisdicional somente é tratado quando se disciplina a desclassificação na fase da sentença. (Idem, p. 159 e segs.)

[127] O princípio em foco foi muito bem sintetizado por José Frederico Marques (Elementos de direito processual penal. Campinas: Millennium, 2000. v. I, p. 205. Atualização: Eduardo Reale Ferrari): "As regras do *ne procedat iudex ex officio* e do *ne procedat iudex ultra petitum et extra petitum* derivam das garantias do sistema acusatório. Uma vez que não mais existe, entre nós, o juiz inquisitivo, cumpre à acusação delimitar a área de incidência da jurisdição penal e também movimentá-la através da propositura de ação penal". (...) "A acusação determina a amplitude e conteúdo da prestação jurisdicional, pelo o que o juiz criminal não pode decidir além e fora do pedido com o que o órgão da acusação deduz a pretensão punitiva. Os fatos descritos na denúncia ou queixa delimitam o campo de atuação do poder jurisdicional".

tar a jurisdição penal, ultrapassasse o que foi delimitado pela acusação em sua pretensão punitiva.

Por esse princípio,[128] o juiz, no processo penal, deve julgar e, conseqüentemente, se por ventura condenar o réu, assim proceder nos moldes em que foi proposta a acusação, isto é, o juiz está vinculado àquilo que lhe foi pedido, definindo desta forma os limites da sua prestação jurisdicional. Caso não concorde com a acusação, deverá absolver o réu, não podendo acolher, em sentença penal condenatória, fato diverso do exposto na denúncia. Por isso, o aditamento desempenha um importante papel nesse cenário processual à luz da Constituição, pois permite o ajuste da acusação com as novas evidências probatórias, evitando a ofensa de princípios como do contraditório,[129] do direito de defesa[130] e do juiz imparcial.[131] Daí a relevância da lição de Boschi, quando afirma que "o aditamento é valioso

---

[128] O referido princípio está presente nas decisões dos tribunais; vejamos ementa do Superior Tribunal de Justiça: "I – O princípio da correlação entre imputação e sentença representa uma das mais relevantes garantias do direito de defesa, que se acha tutelado por via constitucional. II – Qualquer distorção, sem observância do disposto no art. 384, da Lei Processual Penal, significa ofensa àquele princípio e acarreta a nulidade da sentença". (RSTJ 68/340.) Cf. MIRABETE, Julio Fabbrini. Código de Processo Penal interpretado. Referências doutrinárias, indicações legais, resenha jurisprudencial. 10 ed. São Paulo: Atlas, 2003, p. 979.

[129] "Embora inerte a jurisdição – dependente do desencadeamento pelo acusador, com o exercício da demanda –, após proposta a ação penal condenatória, a busca da verdade intangível dos fatos poderá revelar acontecimentos diversos, não contidos na acusação e que não poderão ser considerados na sentença, porque não submetidos ao contraditório, nem sequer permitida a ampla defesa pelo acusado". (POZZER, Benedito Roberto Garcia. Correlação entre acusação e sentença no processo penal brasileiro. São Paulo: IBCCrim, 2001, p. 149.) Geraldo Prado (Sistema acusatório. A conformidade constitucional das leis processuais penais. 4. ed. Rio de Janeiro: Lumen Juris, 2006, p. 147) também alerta para a necessidade de um contraditório efetivo: "A alteração da acusação equivale à alteração do pedido e da causa de pedir da ação penal, caso se queira trabalhar com categorias herdadas do processo civil, e a implementação da alteração da acusação representa modificação de elementos capitais da ação, direito do autor. Ao fazê-lo, isto é, ao se permitir que o juiz altere o teor da acusação, na verdade o que ocorre é que se admite que o juiz revolva a substância do direito da parte, que não lhe pertence. Voltando ao exemplo anterior, podemos imaginar a posição do acusado diante do quadro criado por uma acusação do Ministério Público por receptação, transformada em acusação de furto pelo juiz. Um contraditório porventura instaurado nestes termos é irreal, pois não há reação possível se o ato de conformação da acusação não parte do adversário mas do julgador, ou, de outra maneira, se o julgador se transforma em adversário".

[130] Em comentários ao princípio da congruência, sinônimo de correlação, tem mesmo entendimento Paulo Rangel ("O garantismo penal e o aditamento à denúncia". In: Revista dos Tribunais, ano 90, v. 785, São Paulo: RT, p. 439-61, mar. 2001, p. 443): "O princípio em epígrafe vem ao encontro dos direitos de ampla defesa, do contraditório e dos poderes de cognição do juiz (limitado que é pelo objeto do processo). Nesse caso, todos os 'pedaços' do fato que não constam do objeto do processo, porém que mudam a acusação e dos quais o réu não se defendeu, somente poderão ser conhecidos pelo juiz, em sua sentença, se houver aditamento à denúncia e, mesmo assim, se surgirem através de provas, substancialmente novas, a fim de evitar o arquivamento implícito do inquérito policial. Do contrário, a sentença será manifestamente nula".

[131] A imparcialidade do juiz também é nota característica do sistema acusatório: "Essa configuração do processo, ou seja, a aplicação do princípio dispositivo ou de requerimento de parte ao procedimento criminal, é a acusatória. Parte do enfoque de que o melhor meio para averiguar a verdade e verificar a justiça é deixar a invocação do juiz e o recolhimento do material processual àqueles que perseguem interesses opostos e sustentam opiniões divergentes; mas desincumbindo-se dessa tarefa aquele que tem de decidir o assunto e garantindo, desse modo, sua imparcialidade". (GOLDSCHMIDT, James. "Princípios gerais do processo penal". In: Conferências proferidas na Universidade de Madrid nos meses de dezembro de 1934 e de janeiro, fevereiro e março de 1935. Traduzido por: Hiltomar Martins Oliveira. Belo Horizonte: Líder, 2002, p. 73.) Ainda: "o juiz, ao ventilar a possibilidade de levar em consideração na sentença uma nova circunstância, automática e inconscientemente se vincula a essa hipótese, perdendo sua necessária imparcialidade". (MALAN, Diogo Rudge. In: PRADO, Geraldo (coord.). A sentença incongruente no processo penal. Rio de Janeiro: Lumen Juris, 2003. (Coleção Pensamento Crítico), p. 199.)

instrumento que previne nulidades e atua em favor da celeridade na prestação jurisdicional (...)".[132]

(iv) A par disso, é preciso fazer referência, quando se trata do aditamento, ao princípio da indivisibilidade da ação penal[133]. Ele é regra expressa para a ação penal privada, e, na pública, em que pesem a algumas posições contrárias, é uma conseqüência do princípio da obrigatoriedade. Na demanda penal privada, a queixa, em se cuidando de crime cometido em concurso de agentes, deve incluir todos os co-autores e partícipes, uma vez que o referido princípio se encontra, expressamente, disposto no art. 48 do Código de Processo Penal.[134]

Quanto à ação penal pública, o princípio da indivisibilidade sofre algumas restrições, uma vez que o Ministério Público está, realmente, vinculado ao princípio da obrigatoriedade. Tanto é assim que, se o *Parquet* quiser denunciar posteriormente, em denúncia apartada, autor de crime praticado em concurso de agentes, não há nada que o obste.[135]

Entretanto, se o Ministério Público, na ação penal pública, achar conveniente aditar a denúncia, para que nela constem os co-autores, em vez de oferecer outra, poderá fazê-lo.[136] Claro que a decisão sobre o caminho a ser trilhado levará

---

[132] BOSCHI, José Antônio Paganella. Ação penal. denúncia, queixa e aditamento. 2. ed., p. 222.

[133] Sobre esse princípio, podemos encampar a lição de José Laurindo de Souza Netto (Processo Penal: sistemas e princípios, p. 56-7): "o Princípio da indivisibilidade da ação penal possui uma conotação básica com a igualdade. O Princípio da igualdade, previsto no *caput* do art. 5º da Constituição Federal, tem por finalidade garantir a identidade de situação jurídica para o cidadão" (...) " Muito embora o princípio da indivisibilidade da ação penal pública não encontre respaldo legal, por obviedade exegética, sua acolhida pela doutrina e jurisprudência torna-se incontestável". E, ainda, para Fernando da Costa Tourinho Filho (Manual de processo penal. São Paulo: Saraiva, 2001, p. 86): "A ação penal, seja pública, seja privada, é indivisível, no sentido de que abrange todos aqueles que cometeram a infração. Quanto à ação privada, há, a respeito, texto expresso (CPP, art. 48). Quanto à ação penal pública, não. E isto por uma razão muito simples: se a propositura da ação penal constitui um dever, é claro que o Promotor não pode escolher contra quem deva ela ser proposta".

[134] Art. 48 do Código de Processo Penal: "A queixa contra qualquer dos autores do crime obrigará ao processo de todos, e o Ministério Público velará pela sua indivisibilidade". Isto significa que não pode o ofendido, voluntariamente, excluir da acusação algum dos autores do crime e continuar a acusação contra o(s) outro(s); porém, se o fizer, involuntariamente, porque à época da propositura da ação penal não tinha ciência da participação de um dos autores, deverá aditar a queixa, para que nela constem todos os agentes delituosos.

[135] "A não inclusão de outras pessoas supostamente envolvidas na prática de um crime no pólo passivo da relação processual não implica violação ao princípio da indivisibilidade no caso da ação penal pública incondicionada, porquanto permitido, a qualquer tempo, o aditamento ou até o posterior oferecimento de outra denúncia pelo Ministério Público". (AC nº 2002.04.01.004956-0/SC, TRF 4ª Região, Rel. Des. Federal Luiz Fernando Wowk Penteado, 8ª Turma, j. 21.09.05.) No mesmo sentido: STJ HC 36686/MG, 5ª Turma, Rel. Min. Laurita Vaz, DJU 20.09.2004.

[136] Tem o mesmo entendimento José Antônio Paganella BOSCHI (Ação penal. denúncia, queixa e aditamento. 2. ed., p. 224): "Não há a menor dúvida de que o Ministério Público pode, por crime de ação pública, através de outra denúncia, ampliar a *persecutio criminis*. Sendo obrigatória a ação penal pública, enquanto não estiver extinta a punibilidade, pela prescrição ou qualquer outro modo, o Estado continuará detendo o direito de agir através do órgão oficialmente legitimado. Embora o art. 48 do CPP aluda à queixa, nem por isso estará a Promotoria impedida de oferecer o aditamento, pois a indivisibilidade da ação pública é o corolário do princípio da obrigatoriedade". Sobre a conveniência procedimental do aditamento já se manifestou Eugênio Pacelli de Oliveira (Curso de processo penal. 3. ed. Belo Horizonte: Del Rey, 2004, p. 161): "No que se refere às ações penais públicas, nenhuma dificuldade, já que, enquanto não prescrito o crime, a denúncia poderá ser aditada, devendo apenas ser observada a questão relativa à conveniência procedimental do aditamento, já que este, seja para a inclusão de fatos novos (de ação pública), seja de outros réus, poderá ensejar, via de regra, a reabertura de fase instrutória já em curso ou encerrada. Assim, embora perfeitamente possível o aditamento, é preciso que

em conta a conveniência processual do aditamento. Assim, por exemplo, caso o processo penal se encontre em fase de sentença, a recomendação seria a de que se procedesse a uma nova acusação em outros autos, ou seja, que se procedesse ao oferecimento de uma nova denúncia para imputar o(s) delito(s) ao co-autor ou co-partícipe do crime, evitando-se, com isso, a reabertura de instruções já findas e de um novo contraditório.

Expostos os conceitos básicos sobre o aditamento da denúncia, passemos, agora, para a análise da prescrição da pretensão punitiva e a sua relação com esse acréscimo à acusação.

3. A PRESCRIÇÃO DA PRETENSÃO PUNITIVA[137]

3.1. Conceito e a sua relação com o aditamento

A prescrição é uma causa de extinção da punibilidade – prevista no art. 107, inc. IV, do Código Penal.[138] Em termos conceituais, representa a perda do poder-dever de punir (ou de executar a sanção) do Estado, em face da sua inércia.[139] A partir desse simples conceito podem ser observadas as duas espécies de prescrição: a da pretensão punitiva e a da pretensão executória.[140]

---

seja ele também oportuno e conveniente". Não discrepa o entendimento de Luciano Feldens e Andrei Zenkner Schmidt (Investigação criminal e ação penal. 2. ed. Porto Alegre: Livraria do Advogado, 2007, p. 118-9): "De ver-se, ao final, que a doutrina e a jurisprudência pátrias vêm reconhecendo, de forma relativamente tranqüila, duas soluções para o caso: poderá ser oferecida uma nova denúncia para a ampliação dos limites objetivos e/ou subjetivos da demanda (resultando na separação facultativa dos processos – art. 80 do CPP) ou, conforme o caso, poderá ser oferecido aditamento de denúncia. Apesar disso, é sempre preferencial o oferecimento do aditamento porque as regras processuais de conexão e continência (arts. 77 e 78 do CPP) estão a apontar para a unidade de processo e julgamento, hipótese essa que apenas não se verificaria nas circunstâncias do art. 80 do CPP, a indicar uma separação facultativa dos processos nas situações por ele elencadas". Fernando de Almeida Pedroso (Processo penal. O direito de defesa: repercussão, amplitude e limites. 3. ed. São Paulo: RT, 2001, p. 137-8) também defende essas duas alternativas do órgão acusador: "Havendo concurso de pessoas no crime, e *ex vi* do princípio da indivisibilidade da ação penal, a todos os sujeitos ativos (*intraneus* e *extraneus*) deverá a denúncia abranger, indicando seus nomes ou esclarecimentos pelos quais seja possível a identificação. Ocorrendo, no entanto, de serem desconhecidos alguns dos partícipes do delito, por ignorados seus nomes ou esclarecimentos ensejadores de identificação, deverão ser denunciados os agentes conhecidos ou identificáveis do crime, com mera alusão aos desconhecidos, com relação aos quais, se posteriormente descobertos, será a prefacial aditada ou, conforme o caso, instaurada distinta ação penal".

[137] Para o presente trabalho, trataremos unicamente da prescrição da pretensão punitiva, aquela conhecida por prescrição antes de transitar em julgado a sentença penal condenatória.

[138] Art. 107 do Código Penal: "Extingue-se a punibilidade: IV – pela prescrição, decadência ou perempção".

[139] Traduz-se, pois, o instituto jurídico da prescrição, como uma limitação temporal da perseguibilidade do crime ou da execução da pena, que se produz em obediência a razões de política criminal, por meio do qual se condiciona a imposição ou execução da *sanctio juris* criminal a um determinado período de tempo, findo o qual o Estado – como titular exclusivo do *jus puniendi* – não mais poderá exercitar a pretensão punitiva ou executória, extinguindo-se, *ipso facto*, a punibilidade.

[140] "São duas as espécies de prescrição: a prescrição da pretensão punitiva e a prescrição da pretensão executória. A primeira – também denominada prescrição da ação penal – verifica-se antes do trânsito em julgado da sentença penal condenatória; já a segunda – prescrição da condenação – ocorre após o trânsito em julgado

Em se tratando de prescrição da pretensão punitiva, devem ser mencionados os períodos prescricionais para, em momento posterior, relacionarmos o instituto sob análise com o aditamento. A prescrição, conforme à disposição do Código Penal, começa a correr do dia em que o crime se consumou ou, no caso de delito tentado, do dia em que cessou a atividade criminosa.[141] O primeiro marco interruptivo do prazo prescricional é o recebimento da denúncia ou da queixa,[142] seguido da pronúncia, da decisão confirmatória da pronúncia (para crimes apurados mediante o procedimento do Júri) e da sentença condenatória recorrível. Daí se extraem os seguintes períodos prescricionais, que nos interessam: primeiro, entre a data da consumação do crime e a do recebimento da denúncia ou queixa; e, segundo, entre a data do recebimento da denúncia ou queixa e a da sentença condenatória recorrível. Pois bem, o que se pretende questionar é: se o recebimento do aditamento à denúncia pode ser considerado como uma causa descontinuadora do lapso da prescrição, em que pese não estar elencado no art. 117 do Código Penal.

Duas são as questões a serem analisadas: a primeira diz respeito ao alcance da causa interruptiva da prescrição prevista no inc. I do art. 117 do Código Penal (vale dizer, apesar de as hipóteses serem taxativas,[143] cabe verificar se admite, o inc. I, ou não, a dilação na sua ocorrência); a segunda refere-se à classificação do conteúdo e da função do aditamento para que, num momento posterior, possa estabelecer-se um critério científico dos casos nos quais o recebimento do aditamento à inicial acusatória será uma causa interruptiva da prescrição.[144]

O aditamento, como vimos quando apresentamos as suas hipóteses de incidência, pode ter uma função "corretora" da inicial ou pode fazer as vezes de uma verdadeira denúncia, imputando novos fatos ou trazendo à lide novos réus. Desse modo, devemos tratar essas espécies de aditamento de maneira diversa.

Entendemos que, naqueles casos em que o recebimento deste acréscimo à acusação interromper o curso da prescrição, não estará excepcionando-se a taxatividade do art. 117 do Código Penal, pois, como bem explica Rangel,

> não obstante o art. 117, I, referir-se ao recebimento da denúncia, não temos dúvidas de que o aditamento de fato novo à denúncia compreende, na realidade, nova denúncia. Ora, se o Ministério Público

---

da decisão". (PRADO, Luiz Regis. Curso de direito penal brasileiro. 6. ed. São Paulo: Revista dos Tribunais, 2006. v. 1, p. 731.)

[141] Art. 111, incs. I e II, do Código Penal.

[142] Art. 117, inc. I, do Código Penal.

[143] Há, na jurisprudência, alguns posicionamentos remarcando a taxatividade das causas legais do art. 117 Código Penal; nesse sentido: "O despacho que recebe o aditamento à denúncia não tem o condão de interromper a prescrição: tal fato, inclusive, não está previsto na exaustiva enumeração do art. 117 do CP". (JUTACrim 82/365, citado por LIMA, Marcellus Polastri. Ministério Público e persecução criminal. Rio de Janeiro: Lumen Juris, 1997, p. 322).

[144] "E, diante de tal contexto de hipóteses fáticas e jurídicas – afora outras – o aditamento (pelo seu recebimento) pode, ou não, (a par da *quaestio* em torno do inserido no art. 117, § 1º do C.P.), interromper o prazo prescricional *ex vi* art. 117 inciso I do Código Penal. Interrompe, sim, quando sob tal denominação a peça acusatória adicional apresenta o caráter, propriamente, de denúncia". (STJ, HC nº 23.493/RS, 5ª Turma, Rel. Ministro Felix Fischer, j. 05/08/2003).

pode oferecer denúncia por este fato novo, e esta, uma vez recebida, interromperia a prescrição, por que o aditamento à denúncia, sendo recebido, também não traria o mesmo resultado?[145]

A doutrina resolve essa questão (interrupção/não-interrupção) por meio de uma cláusula geral que pode ser traduzida do seguinte modo: aditamento, que descreve e imputa fato delituoso novo, interrompe a prescrição, e o acréscimo, que visa a incluir co-réu, não.[146] Mas, a solução não é tão simples assim, e a fórmula aqui mencionada não alcança nem soluciona todas as situações de maneira justa e com cientificidade jurídica.

Para uma melhor análise dos posicionamentos doutrinários e jurisprudenciais, separaremos o estudo conforme às funções do aditamento à denúncia.[147]

3.1.1. Aditamento para suprir omissões e corrigir erros materiais da denúncia

Essa modalidade de aditamento, conforme conceituada em tópico anterior, tem o condão de suprir as lacunas e omissões, bem como corrigir eventuais lapsos da peça acusatória. Como não descreve fato novo, não interrompe a prescrição; e, nesse sentido, podemos nos valer dos ensinamentos de Reis, entendendo que o aditamento manejado para corrigir erros materiais, retificar adequação típica incorreta, ou suprir omissões (art. 569 do Código de Processo Penal), ou para incluir circunstância elementar não contida, explícita ou implicitamente na inicial (art. 384, § único, do Código de Processo Penal), não interrompe o prazo prescricional, pois o fato é o mesmo.[148]

---

[145] Cf. RANGEL, Paulo. Direito processual penal, p. 268. Mesmo raciocínio elucidador tem Marcellus Polastri Lima (Ministério público e persecução criminal, p. 322), para quem: "Assim, nos casos de aditamento próprio pessoal e real material, tratando-se de 'nova imputação', advirá a interrupção nos exatos termos do art. 117, I, do CP. Não ocorre aqui, a exemplo do caso recursal, burla ao princípio da taxatividade do elenco de causas interruptivas do art. 117 do CP, pois trata-se de 'verdadeira denúncia'".

[146] "O aditamento da denúncia para correção de irregularidade (art. 569, CPP), sem a inclusão de fato, novo não interrompe a prescrição. Na hipótese de descrição de fato delituoso novo, interrompe-se o curso do prazo prescricional. Todavia, a simples alteração da definição jurídica do fato que importe aplicação de pena mais grave (art. 384, parágrafo único, CPP) não interrompe o curso da prescrição. O aditamento da denúncia para inclusão de co-autor não acarreta a interrupção da prescrição" (PRADO, Luiz Regis. Curso de direito penal brasileiro, p. 734). "Tratando-se de prescrição retroativa, o recebimento do aditamento da denúncia não interrompe o prazo prescricional, nem constitui seu termo 'a quo'. Exceção feita à hipótese em que o aditamento narra fato criminoso novo" (JESUS, Damásio de. Prescrição penal. 16. ed. São Paulo: Saraiva, 2003, p. 161). "Também o aditamento da denúncia não interrompe o fluxo prescricional, a menos que venha a constar fato novo. Em caso de aditamento para inclusão de co-autor, aplica-se o disposto no art. 117, § 1°, do Código Penal. Ou seja, o recebimento da denúncia contra o primeiro co-autor interrompe o lapso prescricional, estendendo-se aos demais co-autores do crime" (COSTA JUNIOR, Paulo José da. Código Penal comentado. 9. ed. São Paulo: DPJ, 2007, p. 326). "O aditamento não interrompe a prescrição, mas se nele se imputar um novo fato delituoso, e só quanto a este, dele deve começar a fluir o lapso prescricional" (PIERANGELI, José Henrique; ZAFFARONI, Eugenio Raúl. Manual de direito penal brasileiro. 6. ed. São Paulo: Revista dos Tribunais, 2006. v. 1, p. 650).

[147] Didática esta usada por Andrei Zenkner Schmidt, quando analisou as hipóteses em que o aditamento interrompe a prescrição da pretensão punitiva em sua obra: Da prescrição penal. Porto Alegre: Livraria do Advogado, 1997, p. 108 e segs.

[148] REIS, Julio Francisco dos. Denúncia e queixa crime: doutrina, jurisprudência, nulidades e modelos, p. 274. Na mesma esteira, Damásio de Jesus (Prescrição penal, p. 161-2): "Assim, nenhum efeito possui no tocante ao

Vejamos a jurisprudência sobre o tópico:

(...) aditamento à denúncia não interrompe a prescrição, quando tiver sido feito para suprir omissão relativa ao mesmo fato delituoso descrito na inicial ou dele decorrente. Todavia, se a nova definição jurídica decorrer de novos fatores, não contidos expressa ou implicitamente na inicial, a prescrição passará a fluir da publicação do despacho que receber o aditamento, pois, de outro modo, ter-se-ia marco inicial em fato delituoso estranho. (JTACrimSP, 35: 180.)[149]

Aditamento à denúncia que se limitou a arrolar outros bens da massa falida que teriam sido subtraídos pelo acusado, não implicando, pois, modificação da imputação. Inocorrência da prescrição, interrompida que fora pelo recebimento da denúncia. Recurso improvido. (STJ, RHC 367 São Paulo 89.0011921-4, 6ª Turma, Rel. Min. Costa Leite, j. 06/02/90.)

PRESCRIÇÃO. ADITAMENTO DA DENÚNCIA. Conforme a orientação doutrinária e jurisprudencial, o recebimento do aditamento não interrompe o curso do prazo prescricional, quando a peça acusatória se limita a dar nova definição jurídica ao fato já descrito na denúncia ou quando intentado para suprir omissão da inicial, sem introduzir fato novo. (...) (TJRS, Ap. Crim. nº 698058575, 1ª C. Crim., Rel. Des. Ranolfo Vieira, j. 03/06/98.)

Interessante se nos afigura a decisão a seguir transcrita, na medida em que versaria, aparentemente, sobre hipótese de aditamento para a correção de nome do réu, cuja disciplina estaria afeta ao comando legal do art. 569 do Código de Processo Penal, naquela modalidade que visa à correção de erro material sem poder interruptivo da marcha prescricional. Entretanto, em face de o réu ter indicado de forma mendaz o seu nome, o Tribunal de Justiça gaúcho entendeu pela interrupção da prescrição:

Recebida a denúncia em 21-01-99 (fl. 02) e proferida a sentença, registrada em 24 de março de 2003 (fl. 204), constata-se que mais de quatro anos se passaram entre estes dois marcos interruptivos da prescrição. Para pena igual a 2 (dois) anos a prescrição ocorre em quatro. Mas a prescrição é a sanção imposta pela lei pela demora, por parte do Estado, em punir. No caso concreto, todavia, a acusação se fez prontamente. Ocorre que o réu havia fornecido outro nome, e houve necessidade de aditamento (recebido em 11 de agosto de 1999), determinando renovação do processo. Logo, a primitiva data não deve ser considerada para efeito de prescrição. Se assim não for, o réu será beneficiado pela falsidade inicial. (TJRS, Ap. Crim. nº 70006551253, Rel. Des. Ivan Leomar Bruxel, j. 26/08/2004.)

Com todo o respeito, posto que lógico, não podemos compactuar com tal entendimento. Primeiro, porque esta espécie de aditamento não tem o alcance de interromper a prescrição, pois não se encontra abarcada naquelas hipóteses do art. 117, inc. I, do Código Penal (quando existe a imputação de fato novo não descrito na denúncia primitiva).

A simples correção do nome do réu é correção de erro material e, se isso interrompesse a prescrição, teríamos um instituto processual que poderia conceder, no curso do processo, extraordinária força à acusação, o que implicaria ofensa ao

---

impedimento de curso da prescrição retroativa o aditamento da denúncia que, nos termos do art. 569 do CPP, lhe acrescenta circunstâncias modais (de tempo e lugar), retifica a qualificação legal do faton (...)". "Se a denúncia ou queixa foi aditada para suprir erro ou omissão, o 'aditamento' não tem efeito de interromper a prescrição". (FRAGOSO, Heleno Cláudio. Lições de direito penal: parte geral. 15. ed. Rio de Janeiro: Forense, 1995, p. 411-2.)

[149] Cf. PENTEADO, Jaques de Camargo; RIBAS, Júlio César; UZEDA, Clovis Almir Vital de. O aditamento no processo penal. São Paulo: Saraiva, 1992, p. 31.

princípio da igualdade de armas. De fato, se simples correções tivessem o condão de interromper o prazo prescricional, o Ministério Público e o querelante poderiam, como melhor se lhes aprouvesse, utilizar, estrategicamente, de pequenos reparos à proposta acusatória a fim de produzir a interrupção da marcha prescritiva.

Veja-se que, no caso da decisão aqui transcrita, não compactuamos com o entendimento e o raciocínio usados porque o fato de o réu ter declinado nome falso e o argumento de que não poderia beneficiar-se do *falsum* não encontra guarida legal. Se a Constituição Federal previu, no art. 5º, inc. LXIII, o direito ao silêncio e a Convenção Americana sobre Direitos Humanos assegura o direito de não se auto-incriminar,[150] como pode o acusado, por ter usado nome falso, estar submetido a uma construção prejudicial e contrária àqueles princípios? Isso fere frontalmente o princípio da legalidade em sentido lato. A interpretação da lei penal deve-se dar conforme aos ditames constitucionais, e todos os preceitos, que possam restringir direitos do réu num processo penal à luz da Constituição, devem estar previstos em lei; a possibilidade de se configurar um marco interruptivo da prescrição (*in casu*, *in malam partem*) não previsto no Código Penal configura, em tese, afronta ao princípio do devido processo legal.

O que se nos afigura mais correto é o entendimento esboçado no acórdão do Superior Tribunal de Justiça, que retrata às inteiras aquilo que sustentamos, vejamos:

> PENAL. *HABEAS CORPUS*. ADITAMENTO DA DENÚNCIA. RETIFICAÇÃO DE CIRCUNSTÂNCIAS FÁTICAS. PRESCRIÇÃO. INTERRUPÇÃO. EXTINÇÃO DA PUNIBILIDADE.
>
> O aditamento da denúncia não se constitui em causa interruptiva da prescrição quando se circunscreve a retificar lapso verificado por ocasião do oferecimento da exordial, consistente, apenas, na descrição de circunstâncias fáticas já conhecidas em momento anterior ao início da ação penal. Ordem conhecida (STJ, HC nº 23.493/RS, 5ª Turma, Rel. Ministro Felix Fischer, j. 05/08/2003).

Por fim, o que deve ficar de lição é: o aditamento à denúncia para corrigir erros materiais, acrescentar fatos que não configurem algum delito (apenas complemente o já imputado), corrigir ou incluir o nome do réu não tem o condão de interromper a contagem do prazo prescricional.

---

[150] Sobre o assunto, imperioso transcrever os ensinamentos de Antônio Magalhães Gomes Filho (Direito à prova no processo penal. São Paulo: RT, 1997, p. 113): "No Brasil, o direito ao silêncio do acusado, que já era mencionado pelo art. 186 do Código de Processo Penal, embora com a sugestiva admoestação de que poderia ser interpretado em prejuízo da própria defesa, foi elevado à condição de garantia constitucional pelo art. 5°, inc. LXIII, da Carta de 1988, que determina: o preso será informado de seus direitos, entre os quais o de permanecer calado (...); e a Convenção Americana sobre Direitos Humanos também assegura a toda pessoa acusada de delito (...) o direito de não ser obrigada a depor contra si mesma, nem a declarar-se culpada (art. 8°, § 2°, letra *g*)". (...) "Em decorrência disso, são incompatíveis com os referidos textos quaisquer disposições legais que possam, direta ou indiretamente, forçar o suspeito, indiciado, acusado, ou mesmo qualquer pessoa (inclusive a testemunha) a uma auto-incriminação".

3.1.2. Aditamento que altera a capitulação jurídica do fato[151]

O aditamento, que altera a capitulação jurídica do fato, não interrompe a prescrição, "mas o prazo passa a ter sua contagem de acordo com a nova definição legal contida no aditamento".[152]

A razão para que não ocorra a interrupção do curso do prazo prescricional são as mesmas expostas no item anterior e nesse sentido se posiciona a jurisprudência:

> (...) É discutível que o recebimento do aditamento tenha interrompido o prazo prescricional, pois o fato é o mesmo, apenas as investigações policiais não estavam completas à época da denúncia. O que aconteceu foi a retificação da denúncia, portanto, mudando o enquadramento. Tal procedimento não deve interromper a prescrição (TJRS, Ap. Crim. nº 70006214522, 8ª C. Crim., Rel. Des. Tupinambá Pinto de Azevedo, j. 11/02/2004).
>
> PRESCRIÇÃO. INOCORRÊNCIA DE INTERRUPÇÃO DA CONTAGEM DO PRAZO PRESCRICIONAL EM DECORRÊNCIA DO RECEBIMENTO DE ADITAMENTO DA DENÚNCIA QUE VISOU ALTERAR A CAPITULAÇÃO LEGAL DE DELITO JÁ IMPUTADO. IMPLEMENTAÇÃO DO LAPSO TEMPORAL. RECONHECIMENTO (...) (TJRS, Ap. Crim. nº 70006441141, 8ª C. Crim., Rel. Des. Marco Antônio Ribeiro de Oliveira, j. 17/09/2003).
>
> EMENTA - LATROCÍNIO TENTADO - DESCLASSIFICAÇÃO PARA CRIME DOLOSO CONTRA A VIDA - ADITAMENTO À DENÚNCIA BASEADO NOS MESMOS FATOS QUE ENSEJARAM A PRIMEIRA DENÚNCIA - PRESCRIÇÃO NÃO INTERROMPIDA - EXTINÇÃO DA PUNIBILIDADE QUANTO A DOIS CRIMES ATRAÍDOS. (...) O argumento de que o despacho de recebimento do aditamento à denúncia interrompeu a prescrição, porque narrou nova imputação, não procede, porquanto só teria força interruptiva se narrasse novos fatos. No caso, os fatos que ensejaram o oferecimento da primeira denúncia são os mesmos que serviram de suporte à segunda, obviamente adequados a nova definição jurídica para justificar a competência do Juízo privativo do Júri (...) (TJRJ, RSE nº 27/2006, 3ª C. Crim., Rel. Des. Valmir de Oliveira Silva, j. 09/05/2006).

Vejamos, agora, algumas decisões jurisprudenciais, que se revestem dessa roupagem de "aditamento para mudança de capitulação", as quais, entretanto, trazem algumas peculiaridades:

> EMENTA: RHC - FALTA DE JUSTA CAUSA - CAPITULAÇÃO ERRÔNEA - PRESCRIÇÃO - TRANCAMENTO DA AÇÃO PENAL (...) - Que se deve observar na denúncia é a descrição exata dos fatos tidos por delituosos, para permitir ampla defesa do acusado. A capitulação ou o aditamento não tem importância capital, capaz de ensejar a nulidade da denúncia, tanto que podem ser modificados a critério do juiz , até a sentença final (art. 569 do CPP). - Havendo aditamento da denúncia, o lapso prescricional

---

[151] Embora a doutrina entenda que em tal modalidade o aditamento seja facultativo, importante é a lição de Weber Martins Batista (Direito penal e direito processual penal. 2. ed. Rio de Janeiro: Forense, 1997, p. 163) no que se refere à capitulação da denúncia e à possibilidade de desclassificação pelo magistrado: "A mesma afirmação é dada pela maioria da doutrina e, como se vê no art. 383, citado, o juiz assim poderá agir sem qualquer problema, porque esta é a solução legal. A verdade, no entanto, é que em muitos casos haverá surpresa para o réu que, por força da interpretação dada ao fato pelo Ministério Público, defendeu-se de um crime e acabou sendo condenado por outro. Nos exemplos dados, se o juiz alertasse o réu para a possibilidade de condenação por roubo consumado, e não apenas tentado – no primeiro exemplo – ou por roubo, não por furto – no segundo –, poderia aquele discutir o problema da consumação, no primeiro caso, ou o da caracterização da violência, no segundo, e, quem sabe, obter êxito. Não há dúvida de que o réu se defende de fatos, não de números, mas a verdade é que a classificação incorreta dada aos fatos pode acabar prejudicando a defesa, que no processo penal – não se pode esquecer – não é apenas defesa, simples defesa, mas ampla defesa".

[152] Cf. SCHMIDT, Andrei Zenkner. Da prescrição penal, p. 108-9.

é interrompido, recomeçando a contar deste fato. (...)" (STJ, RHC nº 935/DF, 5ª Turma, Rel. Ministro Cid Flaquer Scartezzini, j. 17/04/1991.)[153]

EMENTA: PENAL. PROCESSUAL PENAL. *HABEAS CORPUS*. PRESCRIÇÃO. CP, ART. 109, V. PREVARICAÇÃO. CP, ART. 319. INTERRUPÇÃO PELO RECEBIMENTO DA DENÚNCIA. CP, ART. 117, I. ADITAMENTO À DENÚNCIA. I. – O aditamento à denúncia não configura causa de interrupção da prescrição, por ausência de previsão legal. II.– A interrupção da prescrição ocorre na sessão de julgamento que recebe a denúncia, independentemente da data de publicação do respectivo acórdão(...). (STF, HC nº 84.606-8/SP, 2ª Turma, Rel. Min. Carlos Velloso, j. 05/10/2004.)[154]

Também, devemos aqui incluir a modalidade de aditamento que traz nova capitulação jurídica ao fato no que concerne à mudança no elemento subjetivo/normativo do tipo de injusto, isto é, inicialmente houve a definição do agir como culposo e, posteriormente, passou-se a considerá-lo doloso (ou vice-versa). Quando do recebimento deste aditamento, pelas razões já aduzidas, não ocorrerá a interrupção do lapso prescricional em curso. O deslinde dessa questão encontra-se no corpo do acórdão do RSE nº 70009404872 (TJRS, 2ª C. Crim., Rel. Desa. Lais Rogéria Alves Barbosa, j. 14/10/2004):

NARRATIVA DA DENÚNCIA (recebida em 07/07/93): "No dia 07 de janeiro de 1990, em torno de 20h40min, na RS 040, Capivari, Palmares do Sul – RS, o denunciado, conduzindo o veículo Volkswagen Gol, placas RE 6034, de maneira imprudente e imperita, pois trafegava em velocidade superior à permitida no local e ao realizar ultrapassagem indevida em relação a outros veículos que trafegavam na Rodovia, encontrando-se o trânsito bastante intenso, não conseguiu controlar o automóvel, que se desgovernou e derrapou, saindo para fora da pista, indo parar junto a uma tenda de frutas existente na margem da estrada, atingindo o veículo Volkswagen Gol, placas PZ 9026, que estava parado no local, causando a morte de VMO (abreviamos), conforme auto de necropsia de fl. 21 do expediente policial, e ofendendo a integridade física de JMHC, IMHC e TF (abreviamos), causando-lhes lesões corporais, conforme atestam os laudos de fls. 09/12 e 05/06 do mesmo expediente. (...) Assim agindo, incorreu o denunciado nas sanções do art. 121, § 3º, uma vez, e art. 129, § 6º, três vezes, em combinação

[153] Para melhor clareza da questão, vejamos o trecho do teor do acórdão: "Por isso que o aditamento feito à denúncia contra o paciente teve como finalidade corrigir a capitulação dos fatos descritos na peça acusatória inicial(...)". Mais adiante, transcrevendo o voto da instância inferior, prosseguiu o Exmo. Ministro Relator: "A denúncia primeira indicou como sendo imputável ao paciente o delito do art. 317 do Código Penal, cuja pena máxima é de 08 (oito) anos. Daí não ter havido a prescrição entre período computável anteriormente à denúncia que não chegou a ser recebida, senão após o aditamento. Após a ampliação da denúncia, ao paciente foram imputados delitos cujas penas, em abstrato, estão em máximo de cinco anos (art. 171) e oito anos (art. 333). Entre o fato – 1978 e o recebimento do aditamento – 1985 (fls. 142), medeou apenas oito anos, não podendo falar, portanto em prescrição. Com a interrupção do lapso prescricional pelo recebimento da denúncia aditada (21/08/85), até a presente data (outubro de 90), passaram-se apenas cinco anos, não sendo pertinente, de igual modo, a prescrição retroativa, pelo menos em relação às penas abstratamente cominadas na Lei Substantiva Penal". No caso sob análise, importante esclarecer que o aditamento, embora só tenha dado nova definição jurídica ao fato, interrompeu a prescrição porque a primeira denúncia não havia sido recebida.

[154] Aparentemente, o referido acórdão não trata da questão sob enfoque (aditamento/capitulação/interrupção), mas, analisando-se o seu inteiro teor, nos deparamos com a seguinte situação: o aditamento manteve a capitulação antiga, isto é, a constante da denúncia, e trouxe um acréscimo de capitulação para fato já descrito na exordial acusatória primitiva e não tipificado. Vejamos: "Lendo-se a denúncia original, que imputou ao acusado prática de crimes tipificados na Lei de Licitações, vê-se que os fatos ali referidos são os mesmos descritos no aditamento, de modo que não houve a indicação de nova conduta ou de fatos novos. Na verdade, o que fez o Ministério Público foi corrigir omissão da denúncia original que, apesar de descrever corretamente os fatos, não procedeu à expressa capitulação da conduta no crime do art. 319 do Código Penal. Assim sendo, não se pode ter o recebimento do aditamento como causa interruptiva da prescrição. No entanto, considerando que a prevaricação já estava descrita na denúncia original, tendo o aditamento apenas procedido à correção de erro e omissão nela contida, o acórdão que recebeu a denúncia interrompeu a prescrição, passando o lapso a ser contado por inteiro da data da publicação do acórdão respectivo (...)".

com o art. 70, todos do Código Penal (...)". ADITAMENTO – recebido em 16.03.98, momento em que também foi decretada a extinção de punibilidade quanto ao delito de lesões corporais, conforme fls. 156/158: "Em 07 de janeiro de 1990, por volta das 20h40min, na RS-040, KM 82, em Capivari do Sul, nesta Comarca, o acusado, dirigindo o veículo Volkswagen Gol, placa RE-6034, no sentido Praias/Porto Alegre, em excessiva velocidade e fazendo ultrapassagens seguidas e perigosas pelos demais veículos, em momento de intenso tráfego no mesmo sentido na referida rodovia – eis que era final de fim-de-semana, ocasião em que as pessoas voltam das praias –, assumindo, portanto o risco de matar alguém, perdeu o controle de seu veículo, saindo da pista, e matou, por atropelamento, a vítima VMO (abreviamos), que se encontrava em uma banca de produtos coloniais à margem da estrada, causando-lhe as lesões fatais descritas no auto de necropsia de fl. 25 e verso. ASSIM AGINDO, o acusado BFCL (abreviamos) incorreu nas penas do artigo 121, *caput*, do Código Penal (...)" (...) Vê-se, pois, ao teor dessa elucidativa coletânea de julgados, que o Juízo a quo apreendeu a situação dos autos sob a forma adequada, no momento em que definiu que o aditamento à denúncia não significou marco interruptivo à prescrição.

Observemos uma situação rara em termos jurisprudenciais, mas não menos importante, que abarca a hipótese de aditamento para dar nova capitulação mais grave, quando já ocorreu a prescrição da infração inicialmente tipificada na denúncia primitiva:

> *HABEAS CORPUS* – NOVA CAPITULAÇÃO DO FATO – PRESCRIÇÃO – A definição legal aceita pelo Ministério Público baliza a pretensão punitiva do Estado e, enquanto não alterada segundo a forma processual devida, há de ser considerada para aferição o lapso prescricional correspondente ao delito inicialmente atribuído ao acusado, que estará, portanto, acobertado pela prescrição se houver sido oferecida nova denúncia ou aditamento para a imputação de crime mais grave, quando já recorrido o prazo extintivo da punibilidade previsto para a infração primeiramente capitulada. (TJRS, *HC* nº 600267207, 1ª C. Crim., Rel. Des. Jorge Alberto de Moraes Lacerda, j. 05/05/1982.)

Assim, o aditamento – levado a efeito para alterar o enquadramento típico-criminal – não possui força interruptiva da (marcha da) prescrição, na medida em que se opera, unicamente, uma nova capitulação legal, sem, todavia, modificar os fatos narrados na denúncia primitiva.

3.1.3. Aditamento do art. 384, parágrafo único, do Código de Processo Penal (mutatio libelli *com aditamento)*

Essa modalidade de aditamento, prevista no art. 384, parágrafo único, do Código de Processo Penal, conhecida como *mutatio libelli* com aditamento,[155] também não interrompe, quando do seu recebimento, o prazo prescricional em curso.[156]

[155] Dentre as inúmeras possibilidades de configuração da *mutatio libelli* (art. 384 e parágrafo único do Código de Processo Penal), importante transcrever exemplo trazido por Luciano Feldens e Andrei Zenkner Schmidt (Investigação criminal e ação penal, p. 124-5) para distinguir da hipótese de *emendatio libelli*, figura essa que dispensa o aditamento: "Cremos, entretanto, que se o reconhecimento da consumação do delito importa em alteração da imputação fática (*v.g.*, denúncia por homicídio tentado, com a posterior verificação do resultado morte), o caso é de *mutatio*; já no caso de o reconhecimento da consumação ser mera apreciação jurídica da mesma imputação fática (*v.g.*, se o juiz reconhece que a extorsão está consumada, apesar de não efetuado o pagamento da vantagem indevida), teremos uma hipótese de mera *emendatio*, que prescinde do aditamento".

[156] "No caso de *mutatio libelli*, o aditamento será facultativo se, em decorrência da inclusão de circunstâncias ou elementares não contidas na denúncia, a nova definição jurídica impuser pena inferior ou igual a anterior; será obrigatório se advier pena maior. Em qualquer dos casos, não haverá interrupção, tão somente o prazo prescri-

Nessa esteira, tem-se pronunciado a jurisprudência:

APELAÇÃO-CRIME. RECEPTAÇÃO. PRESCRIÇÃO. NÃO-INTERRUPÇÃO. ADITAMENTO À DENÚNCIA. O aditamento que, nos termos do art. 384, § único, do Código de Processo Penal, apenas retificou a capitulação legal dos fatos anteriormente descritos na denúncia, não tem o condão de interromper o curso do prazo prescricional, que já havia sido obstado pelo recebimento da inicial acusatória. Assim, se entre a data do recebimento da denúncia e a prolação da sentença decorreu lapso temporal necessário ao implemento da prescrição, forçoso se torna o reconhecimento desta. Punibilidade extinta pela prescrição. (TJRS, Ap. Crim. nº 70009792201, 8ª C, Crim., Rel. Des. Marco Antônio Ribeiro de Oliveira, j. 10/11/2004.)[157]

PRESCRIÇÃO. INTERRUPÇÃO. ADITAMENTO. QUANDO OCORRE O ADITAMENTO À DENÚNCIA SÓ INTERROMPE O PRAZO PRESCRICIONAL, QUANDO INCLUI OUTRO CRIME E, MESMO ASSIM, SOMENTE EM RELAÇÃO A ESTE NOVO DELITO. QUANDO O ADITAMENTO É DECORRÊNCIA DA APLICAÇÃO DO ART. 384 E PARÁGRAFO ÚNICO DO CPP, NÃO EXISTIRÁ INTERRUPÇÃO DA PRESCRIÇÃO, PORQUE SE TRATA DO MESMO FATO, EMBORA COM NOVA QUALIDADE. (TJRS, Ap. Crim. nº 298013905, 6ª C. Crim., Rel. Des. Sylvio Baptista Neto, j. 25/06/1998.)

Pode-se, então, afirmar que o aditamento – com fundamento no artigo 384, parágrafo único, do Código de Processo Penal – não interrompe a prescrição, porque não se trata de imputação de novo fato delituoso ao acusado, mas, sim, restringe-se somente em estabelecer nova definição jurídica ao fato (em decorrência de circunstância elementar não contida, explícita ou implicitamente, na denúncia, que importe aplicação de pena mais grave).

3.1.4. Aditamento para incluir novo fato delituoso

Contudo, diferentemente dos casos anteriormente analisados, ocorre a interrupção da prescrição quando o aditamento incluir novo fato delituoso não descrito na exordial acusatória (e a interrupção é somente para o crime trazido pelo aditamento).[158] Isso acontece porque, se esse novo delito fosse imputado ao réu em outra denúncia (em outros autos), ocorreria a interrupção da prescrição; logo, quando se procede ao aditamento, por uma conveniência procedimental (nos mesmos autos), seu recebimento deve ter o condão de interromper a marcha prescricional em curso.[159]

---

cional será o relativo à nova definição jurídica". (BALTAZAR, Antônio Lopes. Prescrição penal. São Paulo: Edipro, 2003, p. 67.) José Júlio Lozano Júnior (Prescrição penal. São Paulo: Saraiva, 2002, p. 120-1) também entende pela não interrupção da prescrição nesses casos: "Tal se dá, também, se o aditamento decorre da aplicação do disposto no art. 384, parágrafo único do CPP, na medida em que se trata do mesmo fato, embora sob nova qualificação. Neste caso, porém, como lembrado por Antônio Rodrigues Porto, 'o prazo se calculará com base na nova definição, contida no aditamento'".

[157] Ver TJRS, Ap. Crim. nº 697085140, 3ª C. Crim., Rel. Des. José Eugênio Tedesco, j. 26/06/97.

[158] Nesse sentido, majoritariamente se tem pronunciado a doutrina: "O aditamento à denúncia para incluir outro crime interrompe a prescrição somente quanto a este novo delito". (PORTO, Antônio Rodrigues. Da prescrição penal. 5. ed. São Paulo: Revista dos Tribunais, 1998, p. 68.) "Se o aditamento se referir a novo fato delituoso (hipótese bastante discutível), a interrupção se restringe ao novo fato" (FRAGOSO, Heleno Cláudio. Lições de direito penal: parte geral, p. 412). Em sentido contrário, podemos citar Guilherme Nucci (Código Penal comentado. 7. ed. São Paulo: Revista dos Tribunais, 2007, p. 529), para quem: "se houver aditamento à denúncia ou queixa para incluir crime conexo, o recebimento implicará na interrupção da prescrição com relação a todos os crimes, inclusive no tocante àqueles já constantes da peça acusatória original".

[159] Explicação muito bem sintetizada por RANGEL, Paulo. Direito processual penal, p. 268.

Vejamos entendimento jurisprudencial favorável a essa tese:

> PENAL. EMBARGOS INFRINGENTES E DE NULIDADE. APROPRIAÇÃO INDÉBITA. ART. 168 DO CP. CONAB. DESVIO DE ARROZ DEPOSITADO. ADITAMENTO À DENÚNCIA. FATO NOVO. PRESCRIÇÃO. INOCORRÊNCIA. CONTAGEM DO PRAZO A PARTIR DO RECEBIMENTO DO ADITAMENTO. 1. O oferecimento de denúncia e aditamento narrando fatos distintos, embora conexos (desvio de arroz da CONAB). **2.** Aditamento que imputou fato novo ao denunciado, razão pela qual seu recebimento deve ser tomado como marco interruptivo da prescrição em relação ao segundo fato, afastando a prescrição (...). (4ª Seção do TRF da 4ª Região, Embargos Infringentes e de Nulidade nº 2002.04.01.033200-2/RS, Rel. Des. Tadaaqui Hirose, j. 15/09/2005, DJU 05/10/2005.)[160]

Existem algumas situações em que se procede o aditamento à acusação, há, aparentemente, mudança fática, inclusive com nova capitulação, mas que não ocorre a interrupção da prescrição, vejamos:

> Lesão corporal grave – Modalidade – Prescrição – Ainda que a denúncia descreva um delito de lesão corporal grave, decorrente da incapacitação das ocupações habituais por mais de 30 dias, e, posteriormente, em razão de remessa a juízo de laudo complementar que indique outro fator de gravosidade das lesões, haja aditamento da denúncia, o marco inicial da prescrição será o do recebimento da denúncia, não sendo levado em conta o recebimento do aditamento. (TJRS, Ap. Crim. nº 689054153, 2ª C, Crim., Rel. Des. Alaor Antônio Wiltgen Terra, j. 28/09/1989.)

Em suma, o que se pretendeu frisar nesse tópico foi o aditamento à denúncia para inclusão de fato delituoso não descrito nem capitulado na inicial acusatória, cujo recebimento representa marco interruptivo da prescrição da pretensão punitiva, no tocante ao fato posteriormente imputado.

3.1.5. Aditamento para inclusão de co-réu

A utilização da peça adicional para trazer à lide co-réu também não se mostra, quer sob o ponto de vista jurisprudencial, quer doutrinário, pacífica, no sentido de operar ou não a interrupção da marcha prescricional, havendo uma dicotomização acerca do tema com fortes argumentos de lado a lado.

Para alguns doutrinadores, a inclusão de co-autor do delito interrompe a prescrição, porque "em tais casos o aditamento é uma denúncia nova que se agrega à primitiva para efeitos de reunião de processos".[161]

---

[160] Podemos ainda citar outros acórdãos que pelas suas ementas não há como identificar se o aditamento que incluiu novo delito interrompeu a prescrição, mas quando da leitura de seu inteiro teor nota-se que não discrepam do entendimento aqui colacionado: AC nº 70012414629, 1ª CC, TJ/RS, Rel. Des. Manuel José Martinez Lucas, j. 24/05/06 – AC nº 70013098892, 8ª CCr., TJ/RS, Rel. Des. Marco Antônio Ribeiro de Oliveira, j. 29/03/2006 – AC nº 70000839548, 6ª CCr. TJ/RS, Rel. Des. Alfredo Foerster, j. 10/08/2000 – AC nº 2005.050.03534, 1ª CCr., TJ/RJ, Rel. Des. Roberto Guimarães. Desse último, podemos nos valer da seguinte lição: "O aditamento de fls. 02/02B se refere à fato praticado em 06/05/97, com registro na Junta Comercial em 18/06/1997 (2º parágrafo de fls. 02A). Outrossim, o respectivo aditamento à denúncia somente foi recebido aos 23/05/2003 (conforme decisão de fls. 247). Merece destacar que o crime de 'falsum' não estava descrito, ainda que implicitamente, e muito menos capitulado na denúncia original de fls 02C/02D. Portanto, decorridos se fizeram mais de 06 (seis) anos, considerada a primeira data (06/05/1997), e 05 (cinco) anos, 11 (onze) meses e 17 (dezessete) dias, com relação à segunda (18/06/1997), levando-se em conta a data do recebimento do aditamento à denúncia, o qual incluiu na imputação o crime do art. 299 do Código Penal".

[161] PENTEADO, Jaques de Camargo; RIBAS, Júlio César; UZEDA, Clovis Almir Vital de. O aditamento no processo penal, p. 30.

Vejamos a jurisprudência acolhedora da corrente doutrinária esboçada:

O despacho de recebimento do aditamento à denúncia para incluir na ação penal co-réu não referido na inicial, mesmo que indiretamente, tem efeito interruptivo da prescrição com relação à sua pessoa, porque assume a condição típica de denúncia. (RJDTACRIM SP, 4/132.)[162]

O aditamento foi realizado tão-somente para determinar a inclusão no pólo passivo da demanda do réus JFK e CJB (abreviamos), ora recorrido, sem qualquer modificação dos fatos narrados na exordial ou de sua capitulação jurídica. Antes do aditamento da inicial, portanto, não havia qualquer acusação contra o recorrido, razão pela qual o recebimento da denúncia, em sua versão original – sem o referido aditamento – não poderia ser considerado termo inicial para efeito de contagem de prazo prescricional relativamente ao recorrido. Nestas condições, o recebimento do aditamento da exordial acusatória configura-se causa interruptiva do curso da prescrição. (RESP nº 722.157/RS, 5ª Turma do STJ, Rel. Ministro Gilson Dipp, j. 24/05/2005.)

A doutrina, da mesma forma, divide-se, e alguns entendem que o aditamento para inclusão de co-autor do delito é causa interruptiva da prescrição:

Aditamento à denúncia ou queixa para incluir co-autores: serve para interromper a prescrição no tocante a todos, inclusive com relação àquele que já estava sendo processado. Não é a solução mais justa, embora seja a fiel aplicação do disposto neste parágrafo do art. 117.[163]

Por outro lado, a segunda concepção entende que inocorre a interrupção do prazo prescricional quando o aditamento acrescer subjetivamente a pretensão punitiva, "*pois a prescrição, regulada no art. 109 do CP, é do fato praticado pelo agente e não do agente que pratica o fato*".[164]

Importa também consignar que, em face da regra do parágrafo primeiro do art. 117 do Código Penal[165], o aditamento para incluir outro réu – através do qual se lhe imputa o mesmo crime descrito na denúncia primitiva – não interrompe a prescrição, haja vista o comando legal expresso da comunicabilidade das causas

[162] Cf. REIS, Julio Francisco dos. Denúncia e queixa crime: doutrina, jurisprudência, nulidades e modelos, p. 274. No mesmo sentido: AC nº 699225314, 7ª CCr., TJ/RS, Rel. Des. Luiz Carlos Ávila Carvalho Leite, j. 17/06/1999 – HC 11721, Câmara de Férias, do TJ/SC, Rel. Des. João Martins, j. 28/07/1994 – AC nº 252261-0, 5ª CCr., TJ/PR, Rel. Rosana Andriguetto de Carvalho, j. 22/06/2006.)

[163] NUCCI, Guilherme de Souza. Código Penal comentado, p. 529. Vejamos o seguinte entendimento: "O 'aditamento' da denúncia ou queixa somente interromperá a prescrição se incluir a imputação de nova conduta típica, não descrita anteriormente, limitando-se a essa hipótese. A inclusão de novo réu, em aditamento, não interrompe a prescrição em relação aos demais". (BITENCOURT, Cezar Roberto. Tratado de direito penal: parte geral. 10. ed. São Paulo: Saraiva, 2006. v. 1, p. 888.)

[164] RANGEL, Paulo. Direito processual penal, p. 268. Na mesma esteira podemos citar Andrei Zenkner Schimidt (Da prescrição penal: doutrina, prática e jurisprudência, p. 109.), para quem: "(...) se o acusador tomar conhecimento da co-participação somente após o oferecimento da denúncia, deverá, obrigatoriamente, aditá-la para a inclusão do colaborador no delito. Este aditamento não interromperá a prescrição, por força do que dispõe o § 1º do art. 117 do CP, primeira parte". Nessa senda é o entendimento de Fernando Galvão (Direito penal: parte geral. 2. ed. Belo Horizonte: Del Rey, 2007, p. 908), para quem: "Se o aditamento prestar-se a incluir novo acusado para fato já descrito, não haverá interrupção da prescrição, pois o recebimento da denúncia pelo fato produz efeitos em relação a todos os autores do crime (§ 1º do art. 117 do CP)". Assim também se posiciona Damásio de Jesus (Código Penal anotado. 18. ed. São Paulo: Saraiva, 2007, p. 385-6): "O despacho de recebimento de aditamento da denúncia para inclusão de co-réu não interrompe o prazo prescricional. Nesse sentido: STF, HC 67.888, 2ª Turma, DJU 17 abr. 1990".

[165] Art. 117, parágrafo primeiro, do Código Penal: "Excetuados os casos dos incisos V e VI deste artigo, a interrupção produz efeitos relativamente a todos os autores do crime. Nos crimes conexos, que sejam objeto do mesmo processo, estende-se aos demais a interrupção relativa a qualquer deles".

interruptivas; ressalte-se que essa regra exige a união processual para que ocorra a comunicabilidade da causa interruptiva da prescrição.[166]

Nesse sentido, há forte entendimento jurisprudencial:

> PENAL. PROCESSUAL PENAL. ADITAMENTO DA DENÚNCIA PARA INCLUSÃO DE CO-RÉU. NÃO INTERROMPE A PRESCRIÇÃO. 1. O aditamento da denúncia para a inclusão de co-autor ou de partícipe de crime não interrompe o prazo de prescrição, e não se está a tratar de fato novo estranho à exordial acusatória, devendo ser estendido ao novo integrante da relação processual penal o efeito interruptivo do recebimento da denúncia contra o primeiro co-réu, nos termos do art. 117, § 1º, primeira parte, do Caderno Penal. (...)". (Embargos Infringentes, processo nº 2001.04.01.071755-2/SC, 4ª Seção do TRF da 4ª Região, Rel. Des. Luis Fernando Wowk Penteado, j. 18/12/2003.)

> (...) DESPACHO QUE RECEBE ADITAMENTO À DENÚNCIA PARA INCLUIR CO-RÉU OU PARTÍCIPE DE CRIME NÃO INTERROMPE O CURSO DO PRAZO PRESCRICIONAL – HIPÓTESES DE INTERRUPÇÃO DA PRESCRIÇÃO ENUMERADAS TAXATIVAMENTE NO ARTIGO 117, DO CÓDIGO PENAL, NELAS INEXISTINDO QUALQUER MENÇÃO AO ADITAMENTO. INTELIGÊNCIA DO ARTIGO 117, § 1º, PRIMEIRA PARTE, DO CÓDIGO PENAL, QUE DETERMINA SEJA ESTENDIDO AO NOVO DENUNCIADO, INCLUÍDO POR ADITAMENTO À INICIAL ACUSATÓRIA, O MARCO INTERRUPTIVO DA PRESCRIÇÃO RELATIVO AO PRIMEIRO DENUNCIADO (...). (ACr. nº 70002544997, 8ª CCr. do TJRS, Rel. Des. Marco Antônio Ribeiro de Oliveira, j. 05/06/2001.)[167]

> É esse o sentido do acórdão de que fui relator: não há interrupção da prescrição com o aditamento da denúncia se nela já havia a descrição dos fatos delituosos imputados ao paciente, embora não tivesse havido, inicialmente, a indicação do dispositivo da lei penal em que ele se encontrava incurso. (...) Assim, o aditamento da denúncia, para a inclusão de outro acusado, não implica na interrupção da prescrição em relação ao primeiro co-réu, mas sustentou o acórdão impugnado que, com relação ao segundo acusado – e que constitui o aditamento da denúncia – é como se fosse uma nova denúncia, em relação a ele. De fato, assim é, mas os efeitos da prescrição, a meu ver são diferentes (...). (HC nº 67.888-2, 2ª Turma do STF, Rel. Min. Aldir Passarinho, DJU 18.5.90, p. 4344.)

Filiamo-nos ao segundo entendimento exposto, pois entendemos que o aditamento para inclusão de co-réu na relação processual não interrompe o curso do prazo prescricional, em face da regra constante no art. 117, § 1º, do Código Penal (comunicabilidade das causas interruptivas da prescrição de cunho não-pessoal). Com isso, os marcos prescricionais, numa lide penal com pluralidade de réus, são os mesmos para todos, quer tenham nela ingressado pela via (normal) da denúncia ou, mesmo, pela via (anormal) do aditamento.

Passemos, pois, à análise de algumas decisões jurisprudenciais que retratam a questão do aditamento para inclusão de co-réu, as quais, entretanto, apresentam alguns detalhes, merecedores de destaque:

> RECURSO ESPECIAL. PENAL. CRIME DE CONCUSSÃO. PRESCRIÇÃO. INOCORRÊNCIA. ADITAMENTO DA DENÚNCIA. FATOS NOVOS QUE LEVARAM À MODIFICAÇÃO DA CAPITULAÇÃO DO DELITO IMPUTADO E INCLUSÃO DE CO-RÉUS. INTERRUPÇÃO DO LAPSO PRESCRICIONAL.

---

[166] "Excetuadas as condições de cunho personalíssimo (reincidência e prisão), as causas interruptivas estendem-se a todos os autores do delito e o mesmo ocorre no caso de concurso de crimes, quando ocorre a conexão, desde que sejam eles objetos do mesmo processo". (MIRABETE, Julio Fabbrini. Manual de direito penal: parte geral. 21. ed. São Paulo: Atlas, 2004, p. 415)". No caso de co-autoria e participação, salvo as hipóteses de reincidência e de início ou continuação do cumprimento da pena, que são de natureza pessoal, a interrupção da prescrição produz efeito relativamente a todos os participantes do crime (art. 117, § 1º, 1ª parte)". (JESUS, Damásio de. Código Penal anotado, p. 390.)

[167] No mesmo sentido conferir: ACR 2002.04.01.042794-3/RS, 7ª Turma do TRF 4ª Região j. 01/04/2003; ACR 2003.04.01.012608-0/RS, 8ª Turma do TRF 4ª Região j. 28/04/2004 e ACR 2001.04.01.058549-0, Turma Especial do TRF 4ª Região, j. 29/01/2002.

Não há que se falar em prescrição da pretensão punitiva se não decorreu o lapso de tempo necessário entre a data de proferimento da sentença e a data do aditamento da denúncia, que trouxe fatos novos resultando em modificação na capitulação de delito imputado, inclusive com mudança no rito procedimental, e determinou a inclusão de co-réus. Recurso parcialmente conhecido e, nesta extensão, desprovido. (RESP 276841/SP, 5ª Turma do STJ, Rel. Min. José Arnaldo da Fonseca, j. 06/06/2002).[168]

(...)'(...) no mérito, poder-se-ia comungar do entendimento esposado pelo Tribunal de origem – no sentido de que nos casos de aditamento à denúncia para a inclusão de co-réu, aplica-se a este o efeito interruptivo do recebimento da denúncia oferecida contra o primeiro co-autor ou partícipe, em face do que preceitua a primeira parte o art. 117, § 1º, do Código Penal – SE o aditamento tivesse ocorrido ANTERIORMENTE à sentença de pronúncia contra os primeiros co-réus. (é de se espantar, aliás, que o d. juízo monocrático tenha recebido aditamento em processo que já se encontrava com sentença !!). O aditamento para inclusão do paciente na relação processual ocorreu quase 10 ANOS APÓS A SENTENÇA DE PRONÚNCIA ! Ora, se se considerar, como fez o Tribunal de origem, que a data do recebimento da denúncia contra os primeiros co- réus, é válida para a contagem do lapso prescricional do que diz respeito ao paciente, obrigatoriamente a data da prolação da sentença de pronúncia e bem assim o julgamento pelo Júri dos primeiros co-réus (vide fls. 55/58), também são marcos interruptivos da prescrição! E isso seria um absurdo! O paciente nem integrava a relação processual! Repito: o recebimento do aditamento à denúncia para a inclusão do paciente deu-se em 1.8.95, QUASE 12 ANOS APÓS a denúncia dos primeiros co-réus, QUASE 10 ANOS APÓS a sentença de pronúncia contra os primeiros co-réus e QUASE 4 OU 5 ANOS APÓS o julgamento dos mesmos pelo Tribunal do Júri' (...) A única interpretação que se pode ter do art. 117, § 1º do Código Penal é que a interrupção da prescrição produz efeitos a todos os autores do crime, desde que a entrada dos mesmos na relação processual tenha se dado antes da prolação da sentença (...). (Voto que transcreve parecer exarado pela

---

[168] Essa decisão entendeu que a inclusão de co-réus na lide, pela via do aditamento, interrompeu o curso do prazo prescricional, com a justificativa de que foram imputados fatos novos. Porém, não podemos concordar com tal entendimento, principalmente após a leitura do voto do Exmo. Sr. Ministro Relator, que transcreveu parecer exarado, à época, pelo Subprocurador Geral da República Cláudio Lemos Fonteles: "'A preliminar suscitada pelos recorrentes RM (abreviamos) e JB (abreviamos), relativa a ocorrência da prescrição, em razão de haver a interrupção do prazo prescricional pelo aditamento da denúncia, sem que haja apelo do Ministério Público, é de ser rejeitada. As causas interruptivas da prescrição estão elencadas no artigo 117 do Código Penal, não se verificando dentre elas a hipótese dos autos, ou seja, a relativa ao despacho que recebe aditamento à denúncia. Dessa forma, de regra, o despacho que recebe o aditamento de denúncia não é causa interruptiva da prescrição, ressalvada a hipótese de nova imputação, decorrente de fato novo, porque eqüivale à nova denúncia. Foi o que ocorreu no caso presente, pois a r. denúncia foi apresentada apenas em relação ao recorrente ACM (abreviamos), imputando a ele a prática do delito do artigo 158, § único, do Código Penal; posteriormente foram identificados dois de seus comparsas, e constatado serem eles policiais civis; foi então aditada a denúncia, imputando a todos a prática do delito do artigo 316 do Código Penal. Verifica-se a descoberta de novos fatos, que levaram o Ministério Público a aditar a denúncia, atribuindo a todos a prática de novo delito, não descrito anteriormente. (...) Dessa forma, em se tratando de novo delito, decorrente da descoberta de novos fatos, o aditamento à denúncia interrompe a prescrição, dando início a nova contagem de prazo'". Ainda em seu voto, após a transcrição do parecer, assim se posicionou o Exmo. Sr. Ministro Relator: "7. Ora, não se trata, como afirmam os recorrentes, de apenas a inclusão de co-réu (fls. 686). Na verdade, novos fatos foram contidos no aditamento, conforme fls. 314/315 e 376/377, alterando-se, inclusive, o rito de procedimento do comum para o especial. 8. A inicial da denúncia (fls. 02/04) imputava a prática de crime de extorsão (art. 158, § 1º). Com o aditamento, a douta promotoria não se limitou a apenas incluir outro réu, mas alterou o fato jurídico em si: 'É que em decorrência da condição de funcionário público desses apelantes, fato novo acrescentando, o crime passou a ser o capitulado no art. 316. E por causa do novo fato o aditamento, no caso, interrompe a prescrição' (fls. 655)". A crítica que se faz ao julgado é a seguinte: concordamos que a inclusão de fato novo pela via do aditamento interrompe a prescrição; todavia, entendemos que se deve interpretar a locução 'fato novo' em sua essência, ou seja, que se trate de 'novo fato delituoso'. *In casu*, o aditamento à inicial acusatória apenas trouxe à lide penal novos co-réus, os quais, por serem funcionários públicos – e essa circunstância se apresentou a partir do aditamento –, impulsionaram a (necessária) alteração do enquadramento jurídico do fato. Ora, a condição pessoal de 'ser funcionário público' não se constitui, *per se*, num delito autônomo, razão pela qual não pode o aditamento – operado exclusivamente para trazer co-réus com essa qualidade à narrativa acusatória – interromper a marcha prescricional, na medida que em os fatos (delituosos) são, rigorosamente, os mesmos.

Subprocuradoria Geral da República, assinado pela Dra. Julieta E. Fajardo Cavalcanti de Albuquerque no RHC nº 5.311/PB, 5ª Turma do STJ, Rel. Ministro Cid Flaquer Scartezzini, j. 23/04/1996.)

O que se deve levar em linha de conta, para esta questão da interrupção do prazo prescricional pelo aditamento que visa a incluir co-autor ou partícipe, é a regra constante no art. 117, § 1º, do Código Penal, que traz a comunicabilidade das causas interruptivas da prescrição aos co-partícipes do delito. E, pelas razões acima expostas, entendemos não ser causa interruptiva da prescrição o recebimento do aditamento para esse fim. Para que ocorra a comunicabilidade da causa interruptiva da prescrição, conforme preconiza o Caderno Penal no artigo antes mencionado, necessário que os réus integrem a mesma relação processual, pois, como bem comenta Mesquita Júnior, "não há, no entanto, jurisprudência que verse sobre a possibilidade da causa interruptiva se estender aos co-autores e partícipes que venham a figurar em processos separados".[169]

Nesse contexto, e agregada a possibilidade de denúncia apartada (no lugar de aditamento nos mesmos autos) em razão da conveniência procedimental (ou porque o processo já está em fase de sentença ou findo), surge uma importante questão: se o co-autor (ou partícipe) do delito ingressar na relação processual pela via do aditamento (seguindo correntes doutrinária e jurisprudencial já citadas), não haveria a interrupção da prescrição, por força do disposto no art. 117, § 1º, do Código Penal; entretanto, se denunciado, por conveniência processual, em outro processo, teria a marcha prescricional interrompida, em virtude do recebimento da denúncia – *ut* art. 117, inc. I, do Código Penal. Esse quadro poderia ensejar o manejo dos fatores interruptivos da prescrição, ainda que sem a intenção de prejudicar o réu, pelo órgão acusador, na medida em que optasse, a seu talante, por uma ou outra via que, concretamente, colimasse melhor aos interesses persecutórios. Nesse passo, qual seria a solução?

Acreditamos que só há um deslinde capaz de trazer segurança jurídica ao acusado, quando no caso concreto se deparar com essa situação: o réu, se denunciado em outro processo, poderá eleger a causa interruptiva da prescrição, isto é, escolher se a prescrição, que teve o seu curso iniciado quando da consumação do delito, será interrompida pelo recebimento da denúncia do co-autor (denunciado anteriormente em outro processo), ou pelo recebimento da sua denúncia. Essa escolha o abroquelaria de eventuais riscos estrategicamente operados pela acusação, no sentido de lançar mão de recurso (previsto em lei) para interromper a prescrição penal (recebimento da denúncia).[170]

---

[169] MESQUITA JÚNIOR, Sidio Rosa de. Prescrição penal. 3. ed. São Paulo: Atlas, 2003, p. 112.

[170] Figuremos um exemplo hipotético para melhor compreendermos a questão e a solução apontadas: em concurso de agentes, "A" e "B", este com 19 anos à época da conduta, cometem, em 12/05/1990, o delito de lesões corporais leves – previsto no art. 129, *caput*, do Código Penal. Em outubro de 1990, o MP oferece denúncia contra "A", que foi recebida em 10/10/1990; e, após o curso regular do processo, restou condenado (à pena de 4 meses de detenção), sendo a sentença publicada em 09/11/1992. Com a instrução do processo contra "A", o MP toma conhecimento da participação de "B" no crime descrito na peça acusatória. O órgão acusador decide oferecer denúncia em outros autos contra "B", a qual é recebida em 05/04/1992, e, após a marcha processual, é publicada, em 19/11/1993, a sentença condenatória (à pena de 3 meses de detenção). O delito em tela, previsto no *caput* do art. 129, do Código Penal, tem pena prevista de detenção de 03 meses a 1 ano; logo, prescreve,

A solução preconizada encontra-se vinculada à opção do acusado em face de duas situações que devem ser cotejadas, apurando-se os resultados e conseqüências de cada uma, a partir de cujo procedimento poderíamos estabelecer qual se lhe apresenta como possuidora de uma carga mais favorável. Chamar o réu, através de seu defensor, para que se pronuncie sobre a escolha de leis ou de algo que as valha (aqui, *in casu*, da escolha de fatores interruptivos da prescrição) não é, absolutamente, solução inédita na doutrina criminal, como se pode ler:

> Há casos em que a opção entre a lei nova e a velha só pode ser decidida por uma apreciação subjetiva e não objetiva. Em tais hipóteses, pode-se e deve-se aceitar que o próprio acusado, por intermédio de seu defensor, aponte qual das duas leis aplicáveis lhe parece ser a mais favorável. Embora essa nossa posição possa não ser a endossada pela doutrina tradicional, ela é a única capaz de solucionar, com justiça, algumas hipóteses de conflito temporal de leis penais.[171]

Assim, pelo questionamento e hipótese trazidos acima, buscou-se demonstrar a tese que passamos a sustentar, qual seja: a possibilidade de eleição da causa interruptiva da prescrição pelo réu, naqueles casos em que o delito foi cometido em concurso de agentes e que esses venham a figurar em ações distintas.

4. CONCLUSÕES

Pelo presente ensaio, pudemos revisar algumas abordagens sobre o instituto do aditamento à denúncia, que, como comentado alhures, pouco é aprofundado pela doutrina. Em seguida, buscamos fazer a relação desse tema com o da prescrição da pretensão punitiva, analisando os efeitos das diferentes espécies de aditamento sobre a prescrição, pretendendo ressaltar alguns aspectos que se mostravam um pouco nebulosos na dogmática processual penal, mas presentes na seara jurisprudencial – que nos foi extremamente útil para colmar as lacunas legais. Nessa medida, analisamos, ao longo do trabalho, o conteúdo da peça acusatória adicional: suprir omissões da inicial; corrigir erros materiais; alterar a capitulação

---

abstratamente, em 04 anos, conforme o art. 109, inc. V, Código Penal. Como o réu "B" era menor de 21 anos na data do fato, tem seu favor a redução de metade do prazo prescricional, à luz do art. 115 do CP. Portanto, a prescrição da pretensão punitiva para a pena prevista, abstratamente, para "B" é de 02 anos. Note-se que o MP não aditou a denúncia do processo contra "A"; ofereceu denúncia autônoma contra "B". Como essa peça acusatória foi recebida em 05/04/1992, houve a interrupção da prescrição, e, portanto, entre a data do fato (12/05/1990) e a data do recebimento da denúncia contra "B" não se passaram 02 (dois) anos. Entre a data do recebimento da denúncia e a data da sentença condenatória de "B" (19/11/1993) também não se passaram 02 (dois) anos. Mas, se observa que, se "B" tivesse ingressado no processo de "A", pela via do aditamento, a interrupção da prescrição não teria ocorrido, por força do disposto no art. 117, § 1º, do Código Penal (comunicabilidade das causas interruptivas de caráter não pessoal). Então teríamos uma situação muito diferente, inclusive com a possibilidade de "B" beneficiar-se, com amparo legal, da prescrição da pretensão punitiva pela pena em abstrato, porque tanto entre a data do recebimento da denúncia contra "A" (10/10/1990 – que seria marco interruptivo da prescrição no caso de aditamento) e a data da sentença condenatória de "A" – 09/11/1992, quanto entre a data de recebimento da denúncia contra "A" (10/10/1990) e a data da sentença condenatória de "B" (19/11/1993) se passaram mais de dois anos, suficientes para a implementação da prescrição e, conseqüentemente, da extinção da punibilidade.

[171] DELMANTO, Celso *et al.* Código Penal comentado. 6.ed. Rio de Janeiro: Renovar, 2002, p. 06.

jurídica do fato descrito; trazer circunstância elementar não contida na denúncia; incluir fato novo ou trazer à lide o co-réu. Dessa classificação surgem questões casuísticas que se pretendeu moldar às categorias mencionadas (como por exemplo: a mudança do elemento subjetivo e normativo do tipo penal, o agravamento – no curso do processo – das lesões sofridas), para, num momento posterior, relacioná-las com a causa interruptiva da prescrição examinada.

Finalmente, quando abordamos o aditamento para inclusão de co-réu à lide penal, tivemos oportunidade de sugerir a adoção de um critério, ancorado na sistemática penal, que visa a solucionar, de forma justa e harmônica, essa lacuna na lei que pode, eventualmente, causar prejuízos ao réu. Para tanto, idealizamos uma solução, que se relaciona à interpretação do texto legal, a partir da possibilidade de o acusado, em casos concretos, ser convocado, por intermédio de seu defensor, a se manifestar sobre a eleição do marco interruptivo da prescrição que melhor lhe convier.

Esses foram os principais objetivos do ensaio, que procurou, de forma simples e de fácil consulta, explorar toda essa problemática do aditamento, suas funções e a sua repercussão na prescrição da pretensão punitiva.

Tema IV

Da prescrição das medidas socioeducativas[172]

1. INTRODUÇÃO

O Estatuto da Criança e do Adolescente (ECA – Lei nº 8.069/90), orientando-se pelo norte constitucional (art. 227 da Constituição Federal), socorreu-se à uma nova concepção jurídica no tratamento das crianças e dos adolescentes.

Na base disso, o diploma legal inovou, significativamente, ao abandonar a antiga doutrina da "situação irregular" e adotar a da "proteção integral",[173] reconhecendo as crianças e os adolescentes como sujeitos de direitos e titulares de obrigações; e a proteção que se lhes é dirigida adquiriu *status* de garantia fundamental.[174]

Ao longo da vigência do ECA, entretanto, afloraram questões controversas, as quais acarretaram a formação de entendimentos e correntes (doutrinários e jurisprudenciais) antagônicos. E, em face do eixo temático desses estudos, queremos debater, especialmente, um tema bastante polêmico, que diz respeito à possibilidade de aplicação do instituto da prescrição às medidas socioeducativas. De verse que a Lei n° 8.069/90 é absolutamente silente no tocante ao problema, tendo, pois, a doutrina e a jurisprudência chamado a si a responsabilidade de equacionarem a questão, o que implicou a formação de, ao menos, três linhas interpretativas, sendo de rigor procedermos a uma análise dos principais argumentos que estão à base de cada concepção. Destacaremos, também, no contexto, o posicionamento do Superior Tribunal de Justiça, fundamentalmente pela sua inicial divisão e progressivo caminhar no sentido da admissibilidade da prescrição, cuja trajetória se cristalizou, recentemente, com a edição da Súmula nº 338.

O objetivo do presente ensaio é, portanto, esclarecer os principais traços dessa discussão, explicitando e aprofundando a argumentação dos defensores de cada corrente.

---

[172] Este tema foi desenvolvido juntamente com a Advogada Karina Brack.

[173] A doutrina da proteção integral veio substituir a da situação irregular, que não era uma doutrina garantista, não enunciava direitos e limitava-se a previsão de situações, com respectivas atuações. O menor privado de condições, as vítimas de maus-tratos (*etc.*) e o menor infrator eram equiparados: todos estavam em situação irregular. Pela doutrina da proteção integral, crianças e adolescentes são titulares de direitos fundamentais, devendo-lhes ser assegurado direito à vida, à saúde, à alimentação, à educação, ao lazer, à profissionalização, à cultura, à dignidade, ao respeito, à liberdade e à convivência familiar e comunitária (art. 227 da CF). E tal dever é responsabilidade do Estado, da família e da sociedade. (Cf. AMIN, Andréa Rodrigues. Curso de direito da criança e do adolescente: aspectos teóricos e práticos. Rio de Janeiro: Lumen Juris, 2006, p. 13-8.)

[174] Cf. SARAIVA, João Batista Costa. Compêndio de direito penal juvenil: adolescente e ato infracional. Porto Alegre: Livraria do Advogado, 2006, p. 17-9.

2. DO PRIMEIRO POSICIONAMENTO: DA INAPLICABILIDADE DA PRESCRIÇÃO PENAL EM SE TRATANDO DE MEDIDAS SOCIOEDUCATIVAS

Na teorização dogmática dessa concepção, o principal argumento se traduz na noção segundo a qual existem diferenças inconciliáveis (estrutura, finalidade, duração, natureza jurídica *etc.*) entre as medidas socioeducativas e as penas criminais: aquelas visam à reeducação e à socialização dos infantes, e essas, também à punição dos delinqüentes.[175] Por conseguinte, e essencialmente em face da função teleológica protetiva do Estatuto, bem como do caráter pedagógico das medidas, não haveria falar-se em perda do *jus puniendi* estatal em virtude da ocorrência de uma causa extintiva da punibilidade – *in casu*, a prescrição.

---

[175] A investigação sobre os fundamentos e as finalidades da pena é um dos eixos centrais para a compreensão do complexo sistema penal, a cuja tarefa não somente o Direito Penal, mas igualmente outras (e variadas) disciplinas têm dado a sua cota de contribuição. Existe, desse modo, uma expressiva gama de conceitos e interpretações, o que muito contribui para que não haja, até o presente, uma concepção aceitável, de forma geral, sobre a sua função e as suas finalidades. A pena criminal apresenta-se como um mal que sofre o condenado, como conseqüência jurídica de sua conduta punível. Em essência, a pena implica a diminuição ou a privação de certos bens jurídicos do delinqüente. Pode-se, sob esse prisma, afirmar que a pena é um mal causado a uma pessoa, em um procedimento público-geral, levado a cabo pelo Estado, atendendo a formalidades preestabelecidas, porquanto tenha ela produzido lesão à regra jurídica, e essa lesão lhe tenha de ser imputada, como reprovação de seu ato (Cf. LESCH, Heiko H. "La función de la pena". Traduzido por Javier Sánchez-Vera Gómez-Trelles. In: Colección de Estudios, Bogotá: Centro de Investigaciones de Derecho Penal y Filosofía del Derecho de la Universidad Externado de Colombia, nº 17, p. 69, 2000, p. 16). Essa questão pode ser considerada como idéia central e básica do Direito Penal. Não em vão se repetiu à saciedade que o problema do Direito Penal, no fundo, começa e se esgota no fundamento e no fim da pena (Cf. ZUGALDÍA ESPINAR, José Miguel. Fundamentos de derecho penal: parte general. Valencia: Tirant lo Blanch, 1993, p. 59), como se pode ler em BETTIOL: "Quitarle al hombre la pena significa privarle de su mundo moral y confinarlo en un mundo naturalístico donde las acciones de bien y de mal quedan reducidas a los conceptos de utilidad y daño, que también sirven para cualificar los comportamientos de los animales faltos de la luz intelectual" (Cf. BETTIOL, Giuseppe. El problema penal. Buenos Aires: Hammurabi, 1995, p. 177). O conteúdo e a função da pena não podem configurar-se com independência da existência da ordem na qual se inserem, tampouco da compreensão de seu sentido. Nesse curso, os limites da pena dependerão, basicamente, de dois fatores complexos e dilemáticos. O primeiro deles é a estrutura estatal que imponha a pena: no caso um Estado que necessite concentrar suas forças para assegurar sua própria existência (estando em guerra, por exemplo), a pena deverá ser eficaz sem demora, o que implica ser ela severa; no caso de um Estado já instituído, sem preocupações quanto a sua continuidade, a pena pode ser abrandada, assumindo um papel de reparação da ordem. O segundo fator limitante da pena reside na compreensão que esse Estado tem do que seja uma pena, e as opções aqui são várias: um meio de luta entre classes ou grupos dominantes da sociedade, a obediência a regras religiosas, ou ainda o cumprimento de um contrato social de que o autor do fato seja considerado parte *etc.* (Cf. JAKOBS, Günther. Derecho penal: parte general. Fundamentos y teoría de la imputación. Traduzido por Joaquin Cuello Contreras e Jose Luis Serrano Gonzáles de Murillo. 2. ed. Madrid: Marcial Pons, 1997, p. 08). A investigação dessas premissas passa, necessariamente, pela análise das diferentes teorias que se desenvolveram para legitimar as penas e, em última instância, o próprio Direito Penal. Nessa problemática, portanto, têm sido inúmeras as teorias que tentaram, ao longo do tempo e mesmo modernamente, explicar os fundamentos essenciais do direito à punição, cujas mais significativas, historicamente, são as seguintes: 'teorias absolutas': 'teoria da expiação', 'teoria da retribuição' – 'teoria da retribuição moral [Kant]' e 'teoria da retribuição jurídica [Hegel]', 'teorias relativas': 'teoria da prevenção geral negativa [Feuerbach]', 'teoria da prevenção geral positiva', 'teoria da prevenção especial', 'teorias unificadoras ou mistas': 'teoria da união aditiva', 'teoria dialética unificadora [Roxin]', e, finalmente, a 'teoria da prevenção geral positiva fundamentadora [Jakobs]. Por meio dessa gama expressiva de concepções, torna-se fácil compreender que se trata de uma definição ainda em processo, sendo um tema que encerra vivo interesse para um discurso sobre a legitimidade da intervenção do Direito Criminal.

Convém por isso indicar que existe corrente (doutrinária[176] e jurisprudencial[177]) bastante estruturada, inadmitindo a ocorrência de prescrição da pretensão punitiva em se cuidando de medidas socioeducativas.

A linha argumentativa fundamenta-se, basicamente, no entendimento de que existem diferenças ontológicas entre as medidas socioeducativas e as penas criminais, e de modo especial, em relação à natureza jurídica daquelas. Com efeito, sustenta-se que as medidas socioeducativas têm caráter pedagógico-protetivo, e visam à reintegração do jovem em conflito com a lei. Afloram, portanto, da malha normativa desse diploma especial, os objetivos essenciais de reeducar e socializar o jovem infrator; jamais o de punir.[178]

Convém por isso notar que a previsão das medidas se ancora na (em tese, ao menos, possível) intervenção nos mecanismos psicodinâmicos do desenvolvimento dos adolescentes, por intermédio dos quais se poderia atuar na estruturação (e, num passo seguinte, na consolidação) de sua personalidade.[179] Ostentando, portanto,

---

[176] Entre os adeptos desse entendimento: Antonio Rodrigues Porto (Da prescrição penal. São Paulo: RT, 1998); José Júlio Lozano Jr. (Prescrição penal. São Paulo: Saraiva, 2002); Adilson de Oliveira Nascimento (Impossibilidade de prescrição da medida sócio-educativa: Solução Jurídica. Disponível em: <httt://www.mp.sc.gov>. Acesso em: dez. 2006).

[177] Nesse sentido, as recentes decisões: "APELAÇÃO CRIMINAL – LEI Nº 8.069/90 (ESTATUTO DA CRIANÇA E DO ADOLESCENTE) – PRESCRIÇÃO DA MEDIDA SOCIOEDUCATIVA – IMPOSSIBILIDADE – PENALMENTE INIMPUTÁVEL. Em se tratando de medida socioeducativa, aplicada com base no ECA, não há falar-se em prescrição da pretensão punitiva, porque, no caso, o Estado não tem pretensão punitiva, mas, apenas, educativa, para constituir a ressocialização do menor. (Apelação Criminal nº 1.0527.04.911531-6/001(1), Primeira Câmara Criminal, Tribunal de Justiça de MG, Rel. Des. Sérgio Braga, julgado em 05.09.2006.)" "DIREITO CONSTITUCIONAL, PENAL E ECA. Representação contra o Apelante pela prática de ato análogo ao crime do art. 157, § 3º, *in fine* c/c o art. 14, II, ambos do CP e que restou acolhida. Apelação buscando: Extinção da responsabilidade infracional em virtude da ocorrência da prescrição, tese que não procede, a um, pelo fato de que o ECA, por visar à ressocialização do adolescente, não cuidou do instituto da prescrição, a dois, pelo fato de que o ato praticado é análogo ao crime de latrocínio tentado, não tendo, portanto, decorrido o prazo prescricional estabelecido no inciso I do art. 109 do CP. (...) RECURSO CONHECIDO, MAS DESPROVIDO. (Apelação Criminal nº 2006.100.00304, Sétima Câmara Criminal, Tribunal de Justiça do Rio de Janeiro, Rel. Des. Maurílio Passos Braga, julgado em 07.11.2006.)"

[178] As medidas socioeducativas encontram-se previstas nos incs. do art. 112 do ECA, e são aplicáveis aos adolescentes que praticam ato infracional. Segundo o art. 103 da Lei nº 8.069/90, "considera-se ato infracional a conduta descrita como crime ou contravenção penal".

[179] Reinhart Maurach e outros (Derecho penal: parte general 2. Traduzido por Jorge Bofill Genzsch. Buenos Aires: Astrea, 1995, p. 914) enfatizam a vinculação do Direito Penal Juvenil com numerosas ciências empíricas, as quais, em conjunto, constituem o campo da Criminologia Juvenil, sendo, no caso, "especialmente importante la cooperación con las disciplinas de la pedagogia". Em face disso, "el derecho penal de jóvenes sólo constituye un ámbito parcial del control social relacionado con la introducción del joven en la estructura general de valores del orden social y jurídico" (MAURACH, Reinhart e outros. Derecho penal: parte general 2, p. 914). Decorre daí, obviamente, que os meios de intervenção têm por norte o princípio da educação – o qual tem preponderância sobre qualquer outro. E a educação se relaciona aqui, às inteiras, com a formação da personalidade do indivíduo, em cujo ponto tem destacado significado o fator psicológico. Por isso, devemos, brevemente, trazer algumas referências sobre a constituição das capacidades fundantes da responsabilidade, sobre as quais os mecanismos interventivos poderiam, em tese, atuar. Tem-se como certo que a formação do aparelho mental se sedimenta a partir da existência de suas camadas (id, ego e superego), sendo que, "a camada fundamental, mais antiga e maior, é o id, o domínio do inconsciente, dos instintos primários. O id está isento das formas e princípios que constituem o indivíduo consciente e social. Não é afetado pelo tempo nem perturbado por contradições; ignora 'valores, bem e mal, moralidade'. Não visa à autopreservação: esforça-se unicamente pela satisfação de suas necessidades instintivas, de acordo com o princípio de prazer. Sob a influência do mundo externo (o meio), uma

parte do id, a que está equipada com os órgãos para a recepção e proteção contra os estímulos, desenvolve-se gradualmente até formar o ego. É o 'mediador' entre o id e o mundo externo. A percepção e o conhecimento consciente são apenas a parcela menor e 'mais superficial' do ego, a parte topograficamente mais próxima do mundo externo; mas, em virtude dessas instrumentalidades (o 'sistema perceptual-consciente'), o ego preserva a sua existência, observando e testando a realidade, recebendo e conservando uma 'imagem verdadeira' da mesma, ajustando-se à realidade e alterando-a no seu próprio interesse. Assim, o ego tem a tarefa de 'representar o mundo externo para o id e, portanto, de o proteger; pois o id, lutando cegamente pela gratificação de seus instintos, com desprezo completo pela força superior da realidade exterior, não poderia de outro modo evitar o aniquilamento. Ao cumprir a sua missão, o principal papel do ego é coordenar, alterar, organizar e controlar os impulsos instintivos do id, de modo a reduzir ao mínimo os conflitos com a realidade; reprimir os impulsos que sejam incompatíveis com a realidade, 'reconciliar' outros com a realidade, mudando o seu objeto, retardando ou desviando a sua gratificação, transformando o seu modo de gratificação, amalgamando-os com outros impulsos etc. Dessa maneira, o ego 'destrona o princípio do prazer, que exerce indiscutível influência sobre os processos do id, e substitui-o pelo princípio de realidade, que promete maior segurança e maior êxito'. (...) No curso do desenvolvimento do ego, outra 'entidade' mental surge: o superego. Tem origem na prolongada dependência da criança de tenra idade, em relação aos pais; a influência parental converte-se no núcleo permanente do superego. Subseqüentemente, uma série de influências sociais e culturais são admitidas pelo superego, até se solidificar no representante poderoso da moralidade estabelecida e daquilo 'a que as pessoas chamam as coisas superiores na vida humana'. Ora, as 'restrições externas' que, primeiro, os pais e, depois, outras entidades sociais impuseram ao indivíduo são 'introjetadas' no ego e convertem-se na sua consciência; daí em diante, o sentimento de culpabilidade – a necessidade de punição, gerada pelas transgressões ou pelo desejo de transgredir essas restrições (especialmente, na situação edípica) – impregna a vida mental. De modo geral, o ego efetua as repressões a serviço e a mando do seu superego. Contudo, as repressões cedo se tornam inconscientes, como se fossem automáticas, e uma grande parte do sentimento de culpa mantém-se inconsciente". (MARCUSE, Herbert. Eros e civilização: uma interpretação filosófica do pensamento de Freud. 8. ed. Rio de Janeiro: Zahar, 1981, p. 47-49.) A par disso, no curso da evolução de cada pessoa, como esclarece Sigmund FREUD (Esquema del psicoanálisis. Traduzido por Luis López-Ballesteros y de Torres. Madrid: Editorial Debate, 1998, p. 26), "el super-yo incorpora aportes de sustitutos y sucesores ulteriores de los padres, como los educadores, los personajes ejemplares, los ideales venerados en la sociedad. Se advierte que, a pesar de todas sus diferencias fundamentales, el ello y el super-yo tienen una cosa en común; ambos representan las influencias del pasado: el ello, las heredadas; el super-yo, esencialmente las recibidas de los demás; mientras que el yo es determinado principalmente por las vivencias propias del individuo; es decir, por lo actual y accidental". De ver-se que, entretanto, a personalidade, como expressão mais ampla das vivências humanas, envolve um processo mais largo, dentro do qual, na experiência concreta da existência, se vai consolidando, pouco a pouco, até atingir um estágio pleno – que vai acompanhar o indivíduo durante grande parte de sua vida – e, posteriormente, encontrar, na velhice, o natural processo de degenerescência. E esse processo (de formação da personalidade) não se encerra na estruturação das camadas mentais; ele prossegue ao longo da existência (note-se, por exemplo, que o nosso Código Penal ostenta um fator de atenuação da pena – art. 115 – que leva em consideração exatamente a formação da personalidade. Ora, em não estando totalmente atingida a maturidade psíquica, aos olhos do Código Penal, até os 21 anos, com mais razão ela não se encontra formada abaixo desse patamar (especialmente em marco inferior ao do Código Penal, vale dizer, aos 18 anos) dentro do qual se localizariam os adolescentes, concedendo, pois, sentido à expressão 'consolidação da personalidade') e conhecerá o seu ápice quando alcançar um estado completo de desenvolvimento. Como se pode perceber, também é complexa a missão de se balizar, com certa precisão, o momento no qual se inaugura esse estágio da existência; para alguns, ele pode chegar mais cedo (lembremo-nos dos relatos de guerras, os quais pontificam que as crianças, [muitas das quais] órfãs e submetidas a toda sorte de infortúnios, atingiam, pelo estresse, precocemente, padrões mais elevados de maturidade) que para outros. Entretanto, o que realmente importa é que se tenha presente a necessária interação dialética dos fatores (biológicos, psicológicos e sociais) que, em última análise, determinam e moldam a formação da personalidade humana. Sob o ponto de vista da constituição das capacidades fundantes da responsabilidade, é certo que, entre *l'âge de raison* e a plena formação da personalidade dos indivíduos, medeia um espaço considerável de tempo, dentro do qual fatores prevalentemente educacionais, que visem ao pleno desenvolvimento da pessoa, podem, é certo, contribuir para o aprimoramento e ressocialização dos jovens, cujos beneficiários serão não apenas eles, mas a própria sociedade. (Não se desconhece a complexidade do tema, nem a longa discussão que o rodeia. Significativamente densa é a análise de THOMPSON, Augusto F. G. "O trabalho da FUNABEM com menores infratores numa visão crítico-criminológica". In: Revista de Direito Penal. Rio de Janeiro, v. 26, p. 63-77, jul.-dez. 1979, segundo a qual não basta que haja melhorias importantes nas condições materiais e existenciais dos infratores, pois, indaga:

um feitio pedagógico, [as medidas socioeducativas] não poderiam equiparar-se às penas da legislação penal. (Aliás, consoante esse entendimento, reforçaria essa argumentação o fato de que, além das medidas socioeducativas, podem ser aplicadas ao autor do ato infracional as medidas de proteção previstas no art. 101 do ECA, mesmo em caso de absolvição.)[180] [181]

Nesse panorama, em decorrência desse distanciamento do sistema (punitivo) do Direito Penal, o instituto da prescrição não seria aplicável às medidas socioeducativas, uma vez que, não existindo *jus puniendi* estatal, não poderia falar-se em perda do direito de punir.[182] [183]

Adilson de Oliveira Nascimento bem sintetiza esse entendimento acerca da natureza das medidas socioeducativas e da conseqüente impossibilidade da prescrição:

> Ocorre que a medida sócio-educativa não guarda este caráter de expiação pelo crime cometido, e se diferencia da pena justamente por visar intrinsecamente à recuperação social do infrator. A Lei nº 8.069/90, reflexo das convenções internacionais chanceladas pela ONU, trouxe como princípio embasador a imposição de sanção não como castigo, mas como instrumento de reabilitação do ofensor, posto que o adolescente é considerado pessoa em formação e tratado legalmente com tal prerrogativa restauradora (muito embora toda norma sancionatória tenha caráter retributivo, mesmo que mitigado).

"o que adianta ter melhorado o cliente enquanto esteve internado se, ao ser posto em liberdade, vai voltar para o mesmo meio de onde veio, e ali encontrará as mesmas solicitações que o levaram a infringir as normas legais? Supondo que tenha corrigido seu desvio de conduta, essa correção é de molde a resistir à convivência no meio de uma família de comportamento acentuadamente desviante?". Esse pequeno trecho – de um ótimo artigo – bem pode transmitir toda a complexidade que o tema encerra. Quisemos, de qualquer forma, acentuar que, em tese, se mostra possível a compreensão do problema interventivo, em se cuidando do universo infanto-juvenil, tendo como bússola prioritariamente a educação, como forma de se lhe conceder um papel prevalente no processo de sociabilização do jovem em conflito com a lei. Entretanto, como o texto do Professor Thompson põe em destaque, essa conquista isolada apresentar-se-ia como apenas uma pequena vitória de uma derrota inevitável. Deve haver medidas públicas, especial e harmonicamente estruturadas, a partir de um construção política própria, que visem, de um lado, à diminuição dos índices de desempregos, de exclusão social e de vitimização dos jovens; e, de um outro, que desenvolvam planos de intervenção nos setores relacionadas à educação, à cultura, à saúde, ao lazer, ao esporte, como forma de se estabelecer um resgate deste segmento social tão importante.)

[180] Cf. LOZANO JÚNIOR, José Júlio. Prescrição penal, p. 284.

[181] O inc. VII do art. 112 prevê que, além das medidas previstas no dispositivo (que são as medidas socioeducativas), poderão ser aplicadas ao autor de ato infracional as previstas no art. 101, que são exatamente as medidas protetivas. Além disso, o art. 98 estabelece que essas medidas serão aplicadas sempre que os direitos da criança e do adolescente forem ameaçados ou violados por ação ou omissão da sociedade ou do Estado, por falta, omissão ou socorro dos pais ou responsável e em razão da conduta da criança ou adolescente.

[182] Cf. LOZANO JÚNIOR, José Júlio. Prescrição penal, p. 284-5.

[183] De conformidade com Paulo Afonso Garrido de Paula, o Direito da Criança e do Adolescente é um ramo autônomo, com normas e princípios divergentes daqueles do Direito Penal. Esse segmento próprio incorporou as conquistas e garantias que o Direito Penal e Processual Penal captaram ao longo do tempo, em razão de seu "valor intrínseco". Na base disso, não é necessário cogitar-se em um Direito Penal Juvenil para que incida o sistema de garantias próprias do Direito Penal. Nessa esteira, a mera possibilidade de aplicação de sanções ao autor de ato infracional também não poderia, por si só, levar à conclusão da existência desse Direito Penal Juvenil. Até porque, em todos os ramos do Direito, existe a viabilidade de emprego de medidas jurídicas destinadas a garantir a subordinação às normas. Por isso mesmo, ainda que as medidas socioeducativas sejam muito similares (ou idênticas) às penas criminais, não poderia concluir-se pela equivalência de ambas, por serem respostas estatais pertencentes a ramos distintos do Direito (Direito Penal e Direito da Criança e do Adolescente), os quais são regulados por princípios próprios e possuem finalidades diversas. (PAULA, Paulo Afonso Garrido de. Direito da criança e do adolescente e tutela jurisdicional diferenciada. São Paulo: RT, 2002, p. 43-5.)

(...) Daí o entendimento correto de que tais medidas não se sujeitam à prescrição, dada a distância ontológica das penas de natureza criminal.[184]

A par disso, alinham também o argumento segundo o qual o instituto da prescrição penal inscreve-se, por sua natureza, como elemento de direito material (e não processual), com o que, exatamente por isso, se torna inaplicável no contexto do ECA, à medida que, de conformidade com o art. 152 desse Estatuto, somente têm aplicação subsidiária as normas processuais; logo, a matéria substantiva não poderia ser aplicada analogicamente.[185] De outra parte, "o CP, em seu art. 12, somente permite a sua aplicação 'aos fatos incriminados por lei especial', não se devendo esquecer que o ECA, quando trata da criança e do adolescente, não possui cunho penal"[186]. Na esteira desse raciocínio, "o Direito da Criança e do Adolescente é matéria Cível, sendo estranha ao Direito Penal".[187]

Importa ainda referir que se colocam, como contraponto à aplicabilidade da prescrição, as dificuldades de transposição do conteúdo desse instituto, tal qual previsto no Código Penal, ao ECA.[188] Com efeito, o cálculo prescricional (arts. 109 e 110 do Código Penal) baliza-se pela pena máxima *in abstracto*, cominada ao crime, ou pela sanção aplicada *in concreto*, depois de haver sentença penal com trânsito em julgado para a acusação. Entretanto – e aqui já se apresentaria a primeira dificuldade –, no cenário do Estatuto, não se predeterminam as medidas socioeducativas para cada ato infracional,[189] cabendo a escolha ao magistrado, de acordo com os critérios estampados no § 1º do art. 112 e no art. 113 do ECA, quais sejam: a capacidade para cumprir a medida socioeducativa, as circunstâncias e conseqüências do fato, a gravidade da infração e as necessidades pedagógicas.[190] Além disso, algumas das (possíveis) medidas, como, *ad exemplum*, a advertência e a obrigação de reparar o dano, não comportam prazo; e a liberdade assistida, de outro curso, somente possui lapso mínimo, mas não, máximo.[191] Já o regime de semiliberdade não tem qualquer prazo balizador.[192] Por fim, quanto à fixação na

---

[184] NASCIMENTO, Adilson de Oliveira. Impossibilidade de prescrição da medida sócio-educativa: Solução Jurídica.

[185] Cf. MICHELMAN, Marina de Aguiar. "Da impossibilidade de se aplicar ou executar media socioeducativa em virtude da ação do tempo". In: Revista dos Tribunais, ano 7, n. 27, p. 211-15, jul.-set. 1999, p. 212.

[186] LOZANO JÚNIOR, José Júlio. Prescrição penal, p. 285.

[187] SILVA, Cristiano Socas da. "Da prescrição do ato infracional". In: Revista da ESMESC, v. 14, p. 117-92, dez. 2002, p. 184.

[188] Cf. LOZANO JÚNIOR, José Júlio. Prescrição penal, p. 284.

[189] Cf. COSTA, Ana Paula Motta. As garantias processuais e o direito penal juvenil como limite na medida socioeducativa de internação. Porto Alegre: Livraria do Advogado, 2005, p. 83.

[190] Cf. MORAES, Bianca Mota de; RAMOS, Helane Vieira. Curso de direito da criança e do adolescente: aspectos teóricos e práticos. Rio de Janeiro: Lumen Juris, 2006, p. 806.

[191] Art. 118. A liberdade assistida será adotada sempre que se afigurar a medida mais adequada para o fim de acompanhar, auxiliar e orientar o adolescente. § 2º. A liberdade assistida será fixada pelo prazo mínimo de seis meses, podendo a qualquer tempo ser prorrogada, revogada ou substituída por outra medida, ouvido o orientador, o Ministério Público e o defensor.

[192] As outras duas medidas restantes (prestação de serviços à comunidade e internação) possuem prazo máximo fixado. A prestação de serviços à comunidade, conforme ao art. 117 do ECA, não poderá exceder a seis meses. A internação, de acordo com o art. 121, § 3º, não poderá ultrapassar o prazo de três anos.

sentença, em regra, as medidas não são estabelecidas por um prazo determinado, o que impossibilitaria o cálculo pela sanção concretizada no decisório.

Durante a elaboração de Proposta de Lei de Diretrizes Socioeducativas,[193] formaram-se duas correntes na Comissão criada pela Associação Brasileira de Juízes e Promotores da Infância – ABMP: uma, que defendia a inclusão da prescrição no texto da proposta; e outra, que a rejeitava. Murillo José Digiácomo, Promotor de Justiça do Paraná, integrante da Comissão, em comentários à proposta de redação, acerca dos dois posicionamentos havidos, assim se manifestou:

> (...) prevaleceu o entendimento de que o estabelecimento de prazos prescricionais, além de dar margem a uma indevida ilação com o Direito Penal, estaria em descompasso com a proposta do Estatuto da Criança e do Adolescente para o atendimento do adolescente em conflito com a lei, até porque não cabe ao Estado (*lato sensu*), abrir mão, sem motivo justificado, de seu *dever* de proporcionar ao jovem a resposta sócio-pedagógica adequada, enquanto ainda se fizer *necessária*. O estabelecimento de uma causa *objetiva* de *perda da pretensão socioeducativa* seria contrária à proposta de *proteção integral* do adolescente, que mesmo após decorrido o 'lapso prescricional' previsto ainda poderia estar a necessitar dos limites e das oportunidades decorrentes da medida originalmente aplicada ou de outra que viesse a substituí-la, tal qual previsto no art. 113 c/c art. 99, ambos da Lei nº 8.069/90, do que seria então privado.[194]

Por tudo isso se compreende os motivos pelos quais essa corrente (doutrinária e jurisprudencial) inadmite a possibilidade de incidência da prescrição às medidas socioeducativas. Resumidamente, fundamenta-se, sobretudo, como visto, nas diferenças ontológicas existentes entre as penas criminais e as medidas, na previsão de aplicação subsidiária, tão-só, de normas processuais penais (o que, logo, exclui a matéria prescricional) e nas dificuldades de transposição do instituto prescricional à normatividade do ECA. São esses, portanto, os principais argumentos, a partir dos quais se pode perceber que existe uma preocupação em afastar, do ambiente do ECA, as diretrizes encampadas pelo Código Penal, em virtude da alegada incompatibilidade desses diplomas legais, em suas essências e finalidades. Agora, passemos à análise do segundo posicionamento, que sustenta a admissibilidade da incidência da prescrição no contexto do Estatuto.

---

[193] A proposta de Lei de Diretrizes Socioeducativas surgiu em razão dos debates travados no decurso do 18º Congresso da Associação Brasileira de Magistrados e Promotores de Justiça da Infância e da Juventude, realizado em Gramado (RS), em 14 a 17 de novembro de 1999. Na oportunidade, concluiu-se, de forma unânime, pela necessidade de formação de um grupo, composto por Juízes e Promotores de Justiça (e outros possíveis agregados), o qual deveria formular e apresentar proposta alternativa ao anteprojeto de Lei de Execução de Medidas Socioeducativas produzido pelo Desembargador Antônio Fernando Amaral e Silva. O objetivo era a explicitação processual e procedimental do modo de efetivação das medidas socioeducativas e das demais garantias estabelecidas no Estatuto da Criança e do Adolescente. Assim, em junho de 2001, a Associação Brasileira de Magistrados e Promotores de Justiça da Infância e Juventude (ABMP) assinou a Proposta de Lei de Diretrizes Sócio-Educativas. (Cf. POGLIA, Eleonora; ALICKE, José Luís; SARAIVA, João Batista; *et al.* Proposta de Lei de Diretrizes Sócio-Educativas. Disponível em <http://www.abmp.org.br>. Acesso em: dez. 2006.)

[194] DIGIÁCOMO, Murillo José. Breves considerações sobre a proposta de lei de diretrizes sócio-educativas. Disponível em: <httt://www.mp.pr.gov>. Acesso em: dez. 2006.

3. DO SEGUNDO POSICIONAMENTO: DA POSSIBILIDADE DE APLICAÇÃO DO INSTITUTO DA PRESCRIÇÃO NO CENÁRIO DO ESTATUTO DA CRIANÇA E DO ADOLESCENTE

De um outro ponto de vista, inscreve-se considerável corrente doutrinária[195] e jurisprudencial[196] que vem propugnando a possibilidade de incidência da prescrição em se tratando das medidas socioeducativas. E inúmeros argumentos fundamentam esse entendimento.

Sob este ângulo, dita corrente investe, inicialmente, sobre a natureza jurídica das medidas socioeducativas. Concordam seus representantes, sob todos os títulos, que as medidas têm, fundamentalmente, um caráter pedagógico; contudo, para eles, não deixam de possuir também um traço intimidativo e expiatório (vinculado à noção punitiva da pena criminal), em virtude de serem impostas, de modo coercitivo, pelo Estado, e implicarem, a par disso, restrição total, parcial ou potencial no direito fundamental de ir e vir do adolescente.[197]

Assim, não haveria como se cogitar que a medida possuísse, tão-só, fundamento reeducador e ressocializador, sem um fim também sancionatório. Além do sentido de alinhamento social, pois, seria nítido o castigo que representa.[198] Isso

---

[195] A título meramente exemplificativo, posicionam-se nesse sentido: João Batista Costa Saraiva (Compêndio de direito penal juvenil: Adolescente e Ato Infracional), Taís Culau de BARROS ("O ato infracional e a prescrição". In FAYET JÚNIOR, Ney; WEDY, Miguel Tedesco (orgs.). Estudos críticos de direito e processo penal. Porto Alegre: Livraria do Advogado, 2004), Marina de Aguiar Michelman ("Da impossibilidade de se aplicar ou executar medida socioeducativa em virtude da ação do tempo". In: Revista dos Tribunais), Rosaldo Elias PACAGNAN ("Prescrição e remissão no Estatuto da Criança e do Adolescente". In: Revista Jurídica, ano XLIII, nº 211, p. 22-7, maio. 1995) e Galdino Augusto Coelho Bordallo ("A prescrição da pretensão socioeducativa". In: Revista do Ministério Público do Rio de Janeiro, nº 22, p. 81-103, jul.-dez. 2005).

[196] Nessa senda: "APELAÇÃO CÍVEL. ECA. EXECUÇÃO DE MEDIDA SÓCIO-EDUCATIVA. PRESTAÇÃO DE SERVIÇOS À COMUNIDADE. PRESCRIÇÃO DA PRETENSÃO SÓCIO-EDUCATIVA. O transcurso de lapso temporal superior a 02 (dois) anos entre o trânsito em julgado da decisão que aplicou ao adolescente medida sócio-educativa de prestação de serviços à comunidade e a presente data impõe o reconhecimento da prescrição da pretensão executória. APELO DESPROVIDO". (Apelação Cível nº 70017216383, Oitava Câmara Cível, Tribunal de Justiça do Rio Grande do Sul, Relator: Claudir Fidelis Faccenda, julgado em 30/11/2006.)

[197] Cf. MICHELMAN, Marina de Aguiar. "Da impossibilidade de se aplicar ou executar media socioeducativa em virtude da ação do tempo". In: Revista dos Tribunais, p. 213.

[198] Cf. PACAGNAN, Rosaldo Elias. "Prescrição e remissão no Estatuto da Criança e do Adolescente". In: Revista Jurídica, p. 22. Wilson Donizetti Liberatti (Comentários ao Estatuto da Criança e do Adolescente. São Paulo: Malheiros, 2004, p. 102) sustenta: "A medida sócio-educativa é a manifestação do Estado, em resposta ao ato infracional, praticado por menores de 18 anos, de natureza jurídica impositiva, sancionatória e retributiva, cuja aplicação objetiva inibir a reincidência, desenvolvida com finalidade pedagógica-educativa. Tem caráter impositivo, porque a medida é aplicada independente da vontade do infrator – com exceção daquelas aplicadas em sede de remição, que tem finalidade transacional. Além de impositiva, as medidas sócio-educativas têm cunho sancionatório, porque, com sua ação ou omissão, o infrator quebrou a regra de convivência dirigida a todos. E, por fim, ela pode ser considerada uma medida de natureza retributiva, na medida em que é uma resposta do Estado à prática do ato infracional praticado". João Batista Costa Saraiva (Compêndio de direito penal juvenil: adolescente e ato infracional, p. 66) leciona no mesmo sentido: "Como traço fundante da sanção jurídica, tem-se a ameaça de um castigo, e ninguém pode ignorar que o recolhimento compulsório a uma unidade de internamento, por melhor proposta educacional que encerre, tem caráter punitivo. Demais, o traço que distingue a sanção jurídica de outras técnicas de controle social é exatamente o caráter de uma reprovação institucionalizada pelo Estado".

poderia ser observado facilmente, tendo-se em conta as semelhanças entre as penas criminais e as medidas socioeducativas.[199]

Ainda, conforme ensina Taís Culau de Barros, "também há o interesse da Justiça da Infância e da Juventude em dar a resposta ao ato infracional, mostrar à sociedade a retribuição sofrida pelo adolescente infrator. Além de imposta, a medida é repressiva, tanto que exige fundamentação e proporcionalidade".[200]

De conformidade com o ensinamento de Antonio Fernando do Amaral e Silva, os adolescentes, embora inimputáveis frente ao Direito Penal comum, possuem responsabilidade penal juvenil, submetendo-se ao Estatuto, pois imputáveis frente a ele. Assim, posto que não respondam diante da legislação penal comum, respondem perante a especial. As medidas socioeducativas, nesse sentido, possuiriam caráter penal especial.[201]

Conquanto as medidas possuam caráter ressocializador e reeducador, também conteriam claro caráter retributivo e socioeducativo, funcionando como elementos indispensáveis à prevenção e repressão da delinqüência, com o que os adolescentes efetivamente responderiam penalmente. A medida socioeducativa seria sempre uma responsabilização pelo cometimento de ato delituoso.[202]

Portanto, o grande avanço seria falar-se em responsabilidade penal juvenil como categoria jurídica, salientando a característica pedagógica da resposta. As medidas socioeducativas pertenceriam ao gênero penas, entre as quais também há as disciplinares, administrativas, tributárias, civis. Seriam respostas sancionatórias do Estado.[203] As medidas nada mais seriam do que espécies do que são gênero as penas criminais.

E, enfim, por essa característica de existência de um Direito Penal Juvenil, no qual as medidas socioeducativas são espécies de penas, só poderiam ser impostas nos estreitos limites da legalidade. Ainda, os princípios garantistas do Direito

---

[199] Cf. VIANNA, Guaraci de Campos. "Prescrição infracional ou ineficácia pedagógica?" In: ID – Instituto de Direito, p. 187-95, 1996, p. 189-90. Arremata o autor: "A propósito, veja-se as medidas de prestação de serviços à comunidade (de igual nome no Direito Penal), a liberdade assistida (semelhante à pena de reclusão cumprida em regime aberto), a de semi-liberdade (idem, no regime semi-aberto) e a de internação (regime fechado)". Descreve Afonso Armando Konzen: "Em conseqüência, pode-se dizer desde logo, e sem receios, de que está cristalizado no Direito Socioeducativo a sua vinculação mais do que umbilical com o Direito Penal, vínculo de dependência principiológica ainda a ser devidamente reconhecido, vínculo corolário do conceito de ato infracional. Tudo porque o efeito produzido pela medida socioeducativa é idêntico ao efeito produzido pela pena criminal aplicável ao adulto. Se é idêntico o efeito, também é idêntico o significado". (KONZEN, Afonso Armando. Pertinência socioeducativa: reflexões sobre a natureza jurídica das medidas. Porto Alegre: Livraria do Advogado, 2005, p. 54.)

[200] BARROS, Taís Culau de. "O ato infracional e a prescrição". In FAYET JÚNIOR, Ney; WEDY, Miguel Tedesco (orgs.). Estudos críticos de direito e processo penal, p. 209.

[201] Cf. SILVA, Antonio Fernando do Amaral e. "O mito da inimputabilidade e o Estatuto da Criança do Adolescente". In: Revista da Escola Superior da Magistratura do Estado de Santa Catarina, Florianópolis, v. 5, AMC, p. 263-73, 1998, p. 268-72.

[202] Cf. SILVA, Antonio Fernando do Amaral e. "O mito da inimputabilidade e o Estatuto da Criança do Adolescente". In: Revista da Escola Superior da Magistratura do Estado de Santa Catarina, p. 268-72.

[203] Idem, p. 268-72.

Penal Comum deveriam ser aplicados, até porque não poderá o jovem ser tratado com mais rigor do que seria o adulto, por idêntico fato.[204]

A mais disso, a linha diretriz desse entendimento não pretende a equiparação do sistema infantojuvenil ao carcerário adulto; tampouco visa ao reconhecimento de uma (predominante) característica retributiva das medidas. Quer, a bem da verdade, a partir da aceitação da índole punitiva das medidas, sejam reconhecidas as garantias e os princípios (garantistas) do Direito Penal, inclusive a marca da excepcionalidade desse ramo do Direito.[205]

De acordo com as Regras de Beijing,[206] especificamente em seu art. 17.1,[207] a resposta do Estado ao jovem infrator será regulada pelo contexto e gravidade da infração, e será baseada também nas exigências do adolescente, assim como nas necessidades da sociedade. Isso porque representa um mecanismo de defesa social. Assim, é imprescindível que se inscrevam as medidas socioeducativas entre os meios dos quais dispõe o Estado para o controle social.[208]

Dessa sorte, ostentando [as medidas socioeducativas] um caráter sancionatório, não se poderia deixar ao livre arbítrio do magistrado a decisão de aplicá-la ou não. Seria necessário, pois, a imposição de um limite temporal, tal como feito para o imputável.[209]

De outra parte, e tendo por norte a natureza jurídica da medida socioeducativa, é ainda importante referir que, na Proposta de Lei de Diretrizes Socioeducativas, embora não se tenha reconhecido o instituto da prescrição, em seu art. 2°, expressamente, foi previsto que "a medida sócio-educativa tem natureza sancionatória e conteúdo prevalentemente pedagógico". Murillo José Digiácomo esclarece que a comissão (formada para a elaboração da Proposta de Lei de Diretrizes Socioeducativas) debateu muito sobre a inclusão deste dispositivo, terminando por concluir pela necessidade de inserção, substancialmente em razão da persis-

---

[204] Cf. SILVA, Antonio Fernando do Amaral e. "O mito da inimputabilidade e o Estatuto da Criança do Adolescente". In: Revista da Escola Superior da Magistratura do Estado de Santa Catarina, p. 268-72.

[205] Cf. COSTA, Ana Paula Motta. As garantias processuais e o direito penal juvenil como limite na medida socioeducativa de internação, p. 80-1.

[206] As regras de Beijing são as Regras mínimas das Nações Unidas para a administração da justiça de menores, Nova Iorque, 1985.

[207] "17. Principios rectores de la sentencia y la resolución: 17.1. La decisión de la autoridad competente se ajustará a los siguientes principios: a) La respuesta que se dé al delito será siempre proporcionada, no sólo a las circunstancias y la gravedad del delito, sino también a las circunstancias y necesidades del menor, así como a las necesidades de la sociedad; b) Las restricciones a la libertad personal del menor se impondrán sólo tras cuidadoso estudio y se reducirán al mínimo posible; c) Sólo se impondrá la privación de libertad personal en el caso de que el menor sea condenado por un acto grave en el que concurra violencia contra otra persona o por la reincidencia en cometer otros delitos graves, y siempre que no haya otra respuesta adecuada; d) En el examen de los casos se considerará primordial el bienestar del menor. 17.2. Los delitos cometidos por menores no se sancionarán en ningún caso con la pena capital. 17.3. Los menores no serán sancionados con penas corporales. 17.4. La autoridad competente podrá suspender el proceso en cualquier momento". Cf. BERISTAIN IPIÑA, Antonio. "El bienestar social ante las Reglas Mínimas de las Naciones Unidas". In: Cuaderno del Instituto Vasco de Criminología, San Sebastián, n. 2, 1988, p. 82 e segs.

[208] Cf. SARAIVA, João Batista Costa. Compêndio de direito penal juvenil: adolescente e ato infracional, p. 65-6.

[209] Cf. MICHELMAN, Marina de Aguiar. "Da impossibilidade de se aplicar ou executar media socioeducativa em virtude da ação do tempo". In: Revista dos Tribunais, p. 213.

tência de muitos julgados negando a natureza sancionatória das medidas socioeducativas. Além disso, com a explícita afirmação do caráter punitivo, poder-se-ia garantir, com mais eficácia, fossem somente aplicadas como resposta à comprovada prática de um ato infracional.[210]

De outro quadro, argumenta-se, ainda, no sentido de que, se a lei penal limita, no tempo, a aplicação e execução das sanções aos transgressores adultos, com mais razão deveria conceder o idêntico tratamento ao autor de um ato infracional, sob pena de atentar contra o princípio constitucional da isonomia (art. 5º, *caput*, da Constituição Federal).[211] O Estatuto da Criança e do Adolescente, nesse sentido, não poderia ser mais severo que o Código Penal,[212] nem o adolescente poderia ser tratado com mais severidade que o adulto.[213] [214] A par disso, o instituto da prescrição estaria presente nos mais variados ramos do Direito: processo criminal, processo trabalhista, processo administrativo, processo eleitoral, processo civil, processo penal militar.[215]

Trazem à baila, ainda, o raciocínio segundo o qual não haveria obstáculos à incidência da prescrição, no cenário da delinqüência infantojuvenil, na medida em que se coloca a aplicação subsidiária da legislação processual (art. 152 do ECA), e, nesse sentido, o art. 61 do Código de Processo Penal dispõe sobre as causas de extinção da punibilidade. Ora, tendo-se em linha de conta apresentarem os dispositivos da prescrição caráter geral, não havendo o ECA (lei especial) regulamentado o assunto, teriam aplicabilidade as regulamentações do Código Penal.[216]

---

[210] (Cf. DIGIÁCOMO, Murillo José. Breves considerações sobre a proposta de lei de diretrizes sócio-educativas.) O autor acrescenta que o dispositivo, acentuando a prevalência do caráter pedagógico, foi também uma maneira de "evitar que fosse dado ênfase ao confessado caráter sancionatório das medidas sócio-educativas, fornecendo assim uma munição aos partidários do chamado 'Direito Penal Juvenil'(...)".

[211] Cf. MICHELMAN, Marina de Aguiar. "Da impossibilidade de se aplicar ou executar media socioeducativa em virtude da ação do tempo". In: Revista dos Tribunais.

[212] Cf. WEINGARTNER NETO, Jayme; TEIXEIRA, Daiana Pereira. "Entre o Estatuto da Criança e do Adolescente e o Código Penal: por uma negociação de fronteiras, navegando pela prescrição da medida sócio-educativa". In: Revista Ibero-americana de Ciências Penais, ano 3, n. 7, p. 93-114, set.-dez 2002, p. 96.

[213] Nesse aspecto, Alexandre César Fernandes Teixeira (Prescrição da ação que apura infração praticada por adolescente. Disponível em <httt://www.jusnavigandi.com.br>. Acesso em: dez. 2006) coloca interessante exemplo: "Se o maior cometer crime contra o menor, ocorrerá a prescrição (art. 226 do ECA). Se o menor cometer crime contra o maior, não!? E se as lesões forem recíprocas, um ferindo o outro, a extinção da punibilidade pela prescrição só vale para um. Onde está a igualdade tão defendida hodiernamente?".

[214] João Batista da Costa Saraiva (Compêndio de direito penal juvenil: adolescente e ato infracional, p. 84) esclarece: "Diante do disposto no art. 5º, § 2º, da CF, cumpre aqui mais uma vez invocar o expresso na Regra 54 das Diretrizes de Riad, da qual nosso país é signatário, que de forma induvidosa afirma que deve ser garantido que todo o ato que não seja considerado delito, nem seja punido quando cometido por adulto, também não deverá ser considerado um delito, nem ser objeto de punição quando for cometido por um jovem. Não é razoável que se reconheça o benefício da prescrição ao adulto e se pretenda negar ao adolescente a que se atribui a prática infracional. Não apenas não é razoável, como, por violação de tratado internacional, é absolutamente inconstitucional".

[215] Cf. TEIXEIRA, Alexandre César Fernandes. Prescrição da ação que apura infração praticada por adolescente.

[216] Cf. MICHELMAN, Marina de Aguiar. "Da impossibilidade de se aplicar ou executar media socioeducativa em virtude da ação do tempo". In: Revista dos Tribunais, p. 212.

Por fim, um último arrazoado reside no fato de que, em última análise, o ato infracional nada mais é do que um crime.[217] Assim,

> no momento em que o Estatuto da Criança e do Adolescente conceitua ato infracional como sendo a conduta criminosa ou contravencional, está a reconhecer aos adolescentes em conflito com a lei (corolário do texto da Convenção das Nações Unidas de Direito da Criança) as causas extintivas da punibilidade, sejam elas de caráter material ou formal, onde se inclui a prescrição, seja da pretensão socioeducativa (deduzida pelo Ministério Público na Representação) seja da pretensão executória da Medida imposta (decorrente da Sentença).[218]

Nesse contexto, sob esses fundamentos, admitindo-se a viabilidade da prescrição das medidas socioeducativas, importante que se analise os possíveis critérios de cálculo a serem adotados, em conformidade ao que adiante será examinado.

3.1. Dos critérios de cálculo

Em se admitindo a incidência da prescrição sobre os atos infracionais, remanesceria uma questão de relativa importância, traduzida na identificação do prazo prescricional a ser computado.

Haveria, basicamente, duas formas por meio das quais se poderia estabelecer o cálculo da prescrição: far-se-ia o cômputo tendo por base (i) a pena máxima abstratamente cominada ao crime (ao qual o ato infracional é análogo); ou (ii) o tempo das medidas socioeducativas.[219]

3.1.1. Do cômputo por equiparação ao Código Penal

De conformidade com esse sistema, a prescrição somente poderia ser verificada a partir da pena máxima abstratamente prevista ao crime ao qual é análogo o ato infracional.

A medida socioeducativa não possui um prazo certo de duração, dependendo sempre da discricionariedade do juízo menorista, que poderá reduzi-la ou ampliá-la no tempo, de acordo com o comportamento do menor e com a sua evolução.

Por essa razão, seria inviável se cogitasse uma contagem pelo tempo fixado na sentença, ou por qualquer outro parâmetro retirado do ECA. Assim, seria sempre aplicada subsidiariamente a legislação penal, buscando-se o máximo previsto

---

[217] No dizer de Wilson Donizeti Liberatti (Comentários ao Estatuto da Criança e do Adolescente, p. 90): "Na verdade, não existe diferença entre os conceitos de ato infracional e crime, pois, de qualquer forma, ambos são condutas contrárias ao Direito, situando-se na categoria de ato ilícito".

[218] SARAIVA, João Batista Costa. Compêndio de direito penal juvenil: adolescente e ato infracional, p. 84.

[219] Observe-se que, no esboço de anteprojeto de Lei de Execução de Medidas Socioeducativas, produzido pelo Desembargador Antônio Fernando do Amaral e Silva, que antecedeu a já referida Proposta de Lei de Diretrizes Socioeducativas, havia determinação expressa (art. 98) segundo a qual "A prescrição da ação de pretensão sócio-educativa e a prescrição das respectivas medidas ocorrerá em 3 anos". Na Proposta de Lei de Diretrizes Socioeducativas o dispositivo não foi repetido.

em abstrato ao crime análogo e o correspondente lapso nos incisos do art. 109 do Código Penal.[220]

3.1.2. Do cômputo a partir do tempo da medida socioeducativa

Esse segundo sistema parte de uma adaptação da sistemática do Código Penal ao procedimento de apuração do ato infracional. Entretanto, tendo-se em vista que a contagem do prazo, no Código Penal, é feita em função da pena abstratamente cominada ao crime ou da aplicada na sentença (arts. 109 e 110), e que o ECA não predetermina a medida socioeducativa a ser aplicada a cada ato infracional, menos ainda o prazo exato, torna-se inviável uma aplicação "pura e simples" do sistema do Código Penal.[221] Não obstante as inúmeras divergências sobre o aspecto, pela densidade do tema, apontaremos algumas tendências desenvolvidas pela doutrina e pela jurisprudência.

3.1.2.1. Da prescrição em abstrato

Quanto à prescrição em abstrato da pretensão socioeducativa, ocorreria sempre em oito anos.[222] Isso porque não se sabe de antemão qual será a medida aplicada ao ato infracional e, desse modo, deve-se ter em conta o prazo máximo de três anos da medida mais extrema de internação (art. 121, § 3º, do ECA). Levando-se esse lapso à tabela do art. 109 do Código Penal, encontram-se os oito anos.[223]

Mas também há quem entenda que, em regra, a verificação da prescrição deva ser feita somente após a sentença. Conforme sustenta Taís Culau de Barros,

---

[220] A jurisprudência não está pacificada acerca da forma de contagem da prescrição socioeducativa. No Superior Tribunal de Justiça, há julgados reconhecendo ambas possibilidades de cálculo (conforme à pena máxima cominada ao crime ao qual é análogo o ato infracional e conforme ao prazo das medidas socioeducativas) A seguir, recente decisão do Superior Tribunal de Justiça admitindo a primeira possibilidade: "*HABEAS CORPUS*. ESTATUTO DA CRIANÇA E DO ADOLESCENTE. ATOS INFRACIONAIS ANÁLOGOS AOS CRIMES DE PORTE ILEGAL DE ARMA E FORMAÇÃO DE QUADRILHA. PRESCRIÇÃO. POSSIBILIDADE. PRECEDENTES. 1. Aplica-se o instituto da prescrição aos atos infracionais praticados por menores, uma vez que as medidas sócio-educativas, a par de sua natureza preventiva e reeducativa, possuem também caráter retributivo e repressivo. 2. À míngua da fixação de lapso temporal em concreto imposto na sentença menorista, a prescrição somente pode ser verificada a partir da pena abstratamente cominada ao crime análogo ao ato infracional praticado, pois a discricionariedade da duração da medida sócio-educativa imposta somente competirá ao juízo menorista. 3. Ordem parcialmente concedida para reconhecer a prescrição apenas em relação ao ato infracional análogo ao crime de porte ilegal de arma". (STJ, HC 61485/SP, Relª. Min. Laurita Vaz, Quinta Turma, julgado em 19.09.2006.)

[221] Cf. BARROS, Taís Culau de. "O ato infracional e a prescrição". In FAYET JÚNIOR, Ney; WEDY, Miguel Tedesco (orgs.). Estudos críticos de direito e processo penal, p. 211.

[222] Ou quatro anos, para aqueles que entendem possível a redução do prazo pela metade, pela incidência do art. 115 do CP, conforme será visto mais adiante. A exemplo, Galdino Augusto Coelho Bordallo ("A prescrição da pretensão socioeducativa". In: Revista do Ministério Público do Rio de Janeiro.) posiciona-se nesse sentido de que será em quatro anos a prescrição.

[223] Cf. VIANNA, Guaraci de Campos. "Prescrição infracional ou ineficácia pedagógica?" In: ID – Instituto de Direito, p. 192.

essa seria a orientação adotada no Estado de Santa Catarina, onde se tem seguidamente reconhecido a incidência do instituto.[224]

3.1.2.2. Da prescrição em concreto

Havendo sentença de procedência, a prescrição passaria a ser regulada conforme ao tempo e à medida aplicados na decisão.[225] Assim, importante que se particularize a hipótese de imposição de cada medida especificamente.

As medidas de semiliberdade e de internação, como não possuem período determinado de cumprimento fixado na sentença,[226] teriam as suas prescrições retroativa, intercorrente e executória em oito anos (prazo máximo de suas durações[227]). No caso de internação-sanção, em razão do reiterado e injustificado descumprimento de outras medidas (art. 122, inc. III, do ECA), o termo prescricional seria de dois anos, pois o prazo máximo fixado é de três meses (art. 122, § 1º, do ECA e art. 109, inc. VI, do Código Penal).[228]

Se fosse aplicada a medida de liberdade assistida, levar-se-ia em conta o limite mínimo fixado em sentença.[229] Esse lapso seria levado ao art. 109 do Código Penal para se chegar às prescrições retroativa, intercorrente e executória.[230]

---

[224] BARROS, Taís Culau de. "O ato infracional e a prescrição". In FAYET JÚNIOR, Ney; WEDY, Miguel Tedesco (orgs.). Estudos críticos de direito e processo penal, p. 212. A autora, entretanto, aponta uma hipótese de possibilidade de declaração da prescrição durante o curso do processo. Isso ocorreria quando desde início fosse possível verificar que a medida aplicada não seria a de internação (por inexistir violência e grave ameaça e pelos bons antecedentes). Nesse caso, utilizar-se-ia a regra dos dois anos, válida para as outras medidas (como se verá em seguida, a autora entende que em todas as outras medidas, excetuada a de internação, o prazo prescricional seria de dois anos).

[225] Conforme referido, não está pacificado no Superior Tribunal de Justiça o modo como se deve calcular a prescrição das medidas socioeducativas (se de acordo à pena máximo do delito ao qual o ato infracional é análogo ou se conforme ao tempo e à medida aplicados na decisão). A seguir, colaciona-se decisão no segundo sentido: "EMBARGOS DE DECLARAÇÃO NO *HABEAS CORPUS*. ESTATUTO DA CRIANÇA E DO ADOLESCENTE. PRESCRIÇÃO DA PRETENSÃO PUNITIVA. POSSIBILIDADE. OMISSÃO EXISTENTE NO ACÓRDÃO EMBARGADO. CORREÇÃO DEVIDA QUE NÃO ALTERA A CONCLUSÃO DO JULGADO. NÃO-OCORRÊNCIA DE PRESCRIÇÃO. 1. Ao contrário do consignado no voto condutor do julgado, para a aferição da prescrição da pretensão executória, não é a pena abstratamente fixada ao delito equiparado ao ato infracional, mas o prazo efetivamente imposto ao menor para cumprimento da medida sócio-educativa. 2. 'Em caso como o dos autos, em que não há prazo certo para a medida sócio-educativa imposta ao paciente, para se analisar a ocorrência, ou não, da prescrição, de acordo com uma interpretação sistemática da Lei nº 8.069/90, deve-se considerar o prazo de 03 (três) anos, fixado no art. 121, § 3º, do referido diploma legal, que é o limite imposto pelo legislador para a permanência em medida sócio-educativa de internação.' (HC 46.231/SP, 5ª Turma, Rel. Min. GILSON DIPP, DJ de 03/04/2006.) 3. Embargos de declaração acolhidos tão-somente para, sanando o vício apontado, corrigir o lapso temporal prescricional incidente sobre o caso, sem, contudo, emprestar efeitos infringentes ao julgado". (STJ, EDcl no HC 44448/SP; Relª. Min. Laurita Vaz, Quinta Turma, julgado em 22.08.2006.)

[226] De acordo com os arts. 120, § 2º, e 121, § 2º, do ECA.

[227] No caso da internação, está expressamente determinado que o prazo máximo é de três anos (art. 121, §3º). Já para a semiliberdade, chega-se a esse entendimento por meio da análise do § 2º do art. 120, que determina que sejam aplicadas as disposições relativas à internação, no que couber.

[228] Cf. MICHELMAN, Marina de Aguiar. "Da impossibilidade de se aplicar ou executar media socioeducativa em virtude da ação do tempo". In: Revista dos Tribunais, p. 213-4.

[229] O art. 118, § 2º, do ECA dispõe que essa medida será fixada por um prazo mínimo de seis meses, não estipulando, entretanto, o prazo máximo.

[230] Cf. MICHELMAN, Marina de Aguiar. "Da impossibilidade de se aplicar ou executar media socioeducativa em virtude da ação do tempo". In: Revista dos Tribunais, p. 214.

No tocante às medidas de advertência (art. 115 do ECA), obrigação de reparar o dano (art. 116 do ECA) e prestação de serviços à comunidade (art. 117 do ECA), o lapso prescricional seria sempre de dois anos. E isso porque a medida mais severa entre as três – prestação de serviços à comunidade – não pode exceder a seis meses.[231]

Divergindo desse sistema apresentado, há quem entenda que somente a medida de internação terá o prazo prescricional em oito anos. Todas as demais teriam em dois anos, em razão do "tempo de seis meses de cumprimento das medidas".[232]

Também se encontra posicionamento no sentido de que, quando houver sentença prolatada, o lapso para qualquer medida fixada, exceto para a prestação de serviços à comunidade, seria de quatro anos, limite da internação que deve ser estendido para as demais medidas, por não possuírem prazo máximo determinado.[233] A prestação de serviços à comunidade, como não poderá exceder a seis meses (art. 117 do ECA), prescreveria em um ano (arts. 109, inc. VI e 115 do Código Penal). No caso da prescrição da pretensão executória, como as medidas devem ser revalidadas a cada seis meses,[234] dever-se-ia levar esse tempo ao art. 109 do Código Penal para se encontrar o lapso da prescrição executória.[235]

Efetivamente, como se vê, mesmo entre os que entendem deva ser a prescrição calculada com base nos prazos das medidas socioeducativas, não é pacífico o método de cálculo a ser adotado.

---

[231] Cf. MICHELMAN, Marina de Aguiar. "Da impossibilidade de se aplicar ou executar media socioeducativa em virtude da ação do tempo". In: Revista dos Tribunais, p. 213. Obviamente, as medidas de advertência e reparação do dano não possuem prazo. Por isso, sua prescrição seria de acordo à da prestação de serviços à comunidade, que é, entre as três, a medida mais rígida.

[232] Defende esse entendimento BARROS, Taís Culau de. "O ato infracional e a prescrição". In FAYET JÚNIOR, Ney; WEDY, Miguel Tedesco (orgs.). Estudos críticos de direito e processo penal, p. 210. O Min. do Supremo Tribunal Federal Joaquim Barbosa, ao indeferir a liminar no HC 88788 MC/São Paulo, em 23.05.2006, comungou do mesmo entendimento. Assim se manifestou em seu voto: "Dessa forma, a prescrição máxima deve ser de 8 anos quando determinada a internação, pois essa tem o prazo máximo de duração de três anos (aplicando-se subsidiariamente o artigo 109, IV, do Código Penal). E nas demais medidas socioeducativas, o prazo prescricional deve ser de dois anos, considerando o tempo de seis meses de cumprimento das medidas e o art. 109, VI, do Código Penal".

[233] Nesse sentido, BORDALLO, Galdino Augusto Coelho ("A prescrição da pretensão socioeducativa". In: Revista do Ministério Público do Rio de Janeiro, p. 98). O limite máximo de quatro anos para a internação, de conformidade com o autor, seria porque o ECA determina o prazo máximo três anos (art. 121, § 3º) para essa medida. Levando-se esse marco ao art. 109 do Código Penal, encontram-se oito anos, que, ademais, deveriam ser reduzidos pela metade, em razão do art. 115 do Código Penal.

[234] Refere Galdino Augusto Coelho Bordallo ("A prescrição da pretensão socioeducativa". In: Revista do Ministério Público do Rio de Janeiro, p. 99) que, quanto à medida de internação, há disposição expressa (extensível à semiliberdade por força do art. 120, § 2º) determinando que seja revalidada a cada seis meses (art. 121, § 2º). Com relação à medida de liberdade assistida, há o prazo mínimo de fixação de seis meses, com possibilidade de prorrogação, revogação ou substituição (art. 118, § 2º), o que leva à conclusão de que também deve ser reavaliada completado esse período. Com isso, o autor conclui que "as medidas socioeducativas devem ser reavaliadas a cada 06 (seis) meses". No tocante à medida de prestação de serviços à comunidade, de acordo ao já destacado, possui como limite máximo de cumprimento o lapso de seis meses (art. 117 do ECA).

[235] Cf. BORDALLO, Galdino Augusto Coelho. "A prescrição da pretensão socioeducativa". In: Revista do Ministério Público do Rio de Janeiro, p. 98-9. O autor ainda refere que o prazo da prescrição da pretensão executória deverá ser reduzido pela metade em razão do art. 115 do mesmo diploma legal. Procedendo-se dessa maneira, encontrar-se-á o prazo de um ano.

Convém salientar, a par disso, caso haja aplicação cumulativa de medidas (conforme previsto no art. 113 do ECA), contabilizar-se-ia a prescrição pela mais grave. Destaca-se, ainda, que serão aplicadas, no procedimento de apuração do ato infracional, as causas interruptivas da prescrição e que os atos infracionais correspondentes a crimes considerados imprescritíveis (art. 5º, XLIV, da Constituição Federal) também o serão.[236]

Por fim, resta destacar que a doutrina[237] e a jurisprudência[238] divergem também acerca da possibilidade de aplicação da redução dos prazos prescricionais prevista no art. 115 (redução pela metade quando o criminoso era, ao tempo do crime, menor de 21 anos).[239]

4. DO TERCEIRO POSICIONAMENTO: PERDA DO OBJETO SOCIOEDUCATIVO E AUSÊNCIA DE INTERESSE DE AGIR

Parte da doutrina defende um posicionamento intermediário, como uma espécie de *via per mezzo* entre aquelas duas perspectivas. Com efeito, embora entenda que a prescrição não pode ter incidência no direito infanto-juvenil, pelos mesmos argumentos defendidos por aqueles que a repelem (essência reeducadora

---

[236] Cf. VIANNA, Guaraci de Campos. "Prescrição infracional ou ineficácia pedagógica?" In: ID – Instituto de Direito, p. 193.

[237] A exemplo, posiciona-se contrariamente Taís Culau de Barros ("O ato infracional e a prescrição". In FAYET JÚNIOR, Ney; WEDY, Miguel Tedesco (orgs.). Estudos críticos de direito e processo penal, p. 205-14.) Favoravelmente, Rosaldo Elias Pacagnan ("Prescrição e remissão no Estatuto da Criança e do Adolescente". In: Revista Jurídica, p. 22-7), João Batista Costa Saraiva (Compêndio de direito penal juvenil: Adolescente e Ato Infracional.) e Galdino Augusto Coelho Bordallo ("A prescrição da pretensão socioeducativa". In: Revista do Ministério Público do Rio de Janeiro.)

[238] No Tribunal de Justiça do RS, por meio do incidente de uniformização de jurisprudência nº 70016676967, julgado em 16 de setembro de 2006, Quarto Grupo Cível, firmou-se entendimento no sentido da aplicabilidade da prescrição ao ECA, mas da inviabilidade de redução do prazo pela menoridade. Na ementa do acórdão, sobre o aspecto da redução em razão da idade, assim restou consignado: "Prazos prescricionais. Sendo o eca diploma menorista que privilegia e protege o menor, estabelecendo para atos infracionais de natureza grave prazos máximos de aplicação de medidas socioeducativas muito inferiores aos previstos na esfera penal, já considerando, assim, as condições peculiares de pessoas em desenvolvimento, aplicar a redução prevista no art. 115, do Código Penal, seria reduzir duplamente tais prazos, oportunizando, modo temerário, a impunidade". O julgamento deu origem à Súmula 32 do TJRS: "Aplica-se aos procedimentos do Estatuto da criança e do adolescente o instituto da prescrição, consoante os prazos máximos das medidas socioeducativas cabíveis e os lapsos temporais previstos no art. 109 do Código Penal, sem o redutor decorrente da idade". Entretanto, no Superior Tribunal de Justiça o entendimento predominante tem sido o da possibilidade da redução (HC 58178, Rel. Min. Gilson Dipp, Quinta Turma, julgado em 15.08.2006, HC 50873, Rel. Min. Gilson Dipp, Quinta Turma, julgado em 10.03.2006, HC 45567, Rel. Min. Paulo Gallotti, Sexta Turma, julgado em 14.03.2006).

[239] O Min. Joaquim Barbosa do Supremo Tribunal Federal, ao indeferir a liminar no HC 88788 MC/São Paulo, em 23.05.2006, explicitou entendimento no sentido da impossibilidade da aplicação da redução do art. 115: "Entendo não poder ser aplicada a redução do prazo prescricional previsto no art. 115 do Código Penal, referente à menoridade, haja vista que os adolescentes obviamente possuem menos de 21 anos ao praticar o ato infracional. Realmente, deve ser considerado que o ECA, ao determinar os prazos de duração das medidas socioeducativas, já havia considerado que o sujeito das mesmas seria pessoa menor de 18 anos. Assim, a diferença de tratamento pretendida já foi concretizada pela Lei nº 8.069/90, não subsistindo o motivo que ensejou a previsão do art. 115 do CP".

das medidas *etc.*), bem como porque a aplicação da medida socioeducativa seria um dever do Estado, e não existe prescrição de um dever jurídico, sustenta a possibilidade de ocorrência da perda de interesse de agir, quando se verificar, no caso concreto, que não se mostra mais necessário proteger ou socioeducar o adolescente infrator.

Essa foi a conclusão da Comissão criada pela Associação Brasileira de Juízes e Promotores da Infância – ABMP – para a formulação de Proposta de Lei de Diretrizes Socioeducativas. Após o debate entre correntes antagônicas que se haviam formado, a Comissão terminou por concluir pelo não-cabimento da prescrição em se tratando do ECA, mas pela possibilidade, em razão do decurso do tempo, de perda do objeto socioeducativo e conseqüente declaração da extinção da medida ou do processo.[240]

Murillo José Digiácomo, comentando a divergência e a conclusão da Comissão, após referir ter restado prevalente o posicionamento segundo o qual não poderia cogitar-se da prescrição no (ambiente do) ECA, explicou:

> De modo a evitar a ocorrência das situações anômalas apontadas pelos partidários da prescrição, foi prevista a possibilidade do reconhecimento, pela autoridade judiciária, a qualquer momento, de ofício ou a requerimento da parte, da chamada "*perda do objeto sócio-educativo*", face o desaparecimento do caráter pedagógico da medida ocorrido em virtude do prolongado decurso do tempo entre o momento da prática infracional e o início ou reinício da execução da medida, consoante alhures mencionado. Com tal solução, chega-se ao mesmo resultado que adviria com a incorporação do instituto da prescrição, porém com a utilização de uma argumentação própria, mais adequada à citada proposta estatutária, que leva o operador a melhor refletir acerca dos objetivos do procedimento sócio-educativo e medidas dele resultantes.[241]

Nesse sentido é o posicionamento de Guaraci de Campos Vianna, para quem, em razão da característica essencialmente reeducadora da medida socioeducativa, o Estado tem o dever de aplicá-la, a fim de proporcionar um futuro melhor ao adolescente. A falta de aplicação, inclusive, poderia gerar a responsabilização civil do Estado, e por essa razão, lhe devem ser propiciadas as máximas oportunidades para cumprir o seu dever. Nesse contexto, as medidas somente poderiam deixar de ser aplicadas quando não mais se fizessem necessárias (ou seja, pela inexistência de necessidade de proteção ou socioeducação do adolescente), e não existiria um prazo predefinido para tanto. A constatação efetuar-se-ia no caso concreto.[242]

O parâmetro seria a eficácia pedagógica da medida. A passagem do tempo faria com que desaparecesse o interesse do Estado em executá-la (bem como em constatar a infração). E, diante da falta de interesse, sobreviria a solução de ex-

---

[240] O art. 5º da referida proposta ficou assim redigido: Art. 5º A medida sócio-educativa não comporta prescrição. § 1º – Em razão do decurso do tempo entre a conduta infracional e o momento do início ou reinício do cumprimento da medida sócio-educativa, poderá o juiz da execução, ouvido o Defensor e o Ministério Público, mediante decisão fundamentada declarar sua extinção em razão da perda do objeto sócio-educativo. § 2º – O disposto no parágrafo anterior também se aplica a procedimentos ainda em curso, que em tal caso serão declarados extintos sem a análise de seu mérito.

[241] DIGIÁCOMO, Murillo José. Breves considerações sobre a proposta de lei de diretrizes sócio-educativas.

[242] Cf. VIANNA, Guaraci de Campos. "Prescrição infracional ou ineficácia pedagógica?" In: ID – Instituto de Direito, p. 193-5.

tinção do processo, sem julgamento do mérito, na forma do art. 267, inc. VI, do Código de Processo Civil (sendo possível a aplicação em virtude da norma de extensão do art. 152 do ECA).[243] [244]

Na atividade de avaliação, caso a caso, da necessidade de imposição da medida socioeducativa a certo adolescente, o magistrado poderá valer-se de "inspeção judicial" do jovem, responsáveis legais ou ainda requerer o assessoramento de equipes especializadas (arts. 150 e 151 do ECA).[245] Nesse rumo, ganha destaque a medida – já seguida no Rio Grande do Sul – a respeito da validade dos mandados de busca e apreensão. Para se evitar a situação de um jovem que pratique algum ato infracional possa vir a ser recolhido muitos anos depois, quando já não mais necessita de medida socioeducativa, passou-se a expedir mandados com validade de 120 dias, período em que o processo permanece suspenso. Expirado esse prazo, poderá ser revalidado ou não, conforme a necessidade, verificável até pela constatação de nova prática infracional. Constatando-se a desnecessidade da medida, quando da revalidação, o processo pode ser extinto, por falta de interesse de agir.[246]

A limitação do prazo de validade dos mandados foi expressamente incluída na Proposta de Lei de Diretrizes Socioeducativas. Nas disposições finais e transitórias, disciplinou o art. 78 que "o mandado de busca e apreensão expedido em desfavor do adolescente, salvo se decorrente de sentença que aplica a medida sócio-educativa de internação nas hipóteses do art. 122, incs. I e II da Lei nº 8.069/90, terá vigência máxima de 02 (dois) anos, contados da data de sua decretação, devendo se necessário ser renovado após este prazo". Com isso, evita-se que o adolescente fique sob ameaça da apreensão durante anos e obriga-se os magistrados a, periodicamente, reavaliarem a necessidade de aplicação da medida.

Segundo esse posicionamento, o sistema do ECA não precisa socorrer-se do Direito Penal. O que importa ao Direito da Criança e do Adolescente é sempre o desenvolvimento biológico do jovem, de acordo com a sua condição especial de pessoa em desenvolvimento. O objetivo é que se tomem todas as medidas possíveis para a reinserção do adolescente na sociedade, de acordo com a sua potencialidade de apreensão pedagógica. A princípio, o Estatuto parte da idéia de que até os vinte e um anos a medida atinge os seus destinatários. Mas, havendo,

---

[243] Cf. VIANNA, Guaraci de Campos. "Prescrição infracional ou ineficácia pedagógica?" In: ID – Instituto de Direito, p. 193-5.

[244] Para João Batista Costa Saraiva (Direito penal juvenil: adolescente e ato infracional. Porto Alegre: Livraria do Advogado, 2002, p. 35), "neste caso, haverá uma decisão de extinção de processo não por 'prescrição de pretensão socioeducativa', mas, com utilização dos princípios norteadores da teoria da ação; extinção por ausência de interesse jurídico de agir, uma das condições da ação. Diz-se não haver interesse jurídico de agir pelo presumir de que os mencionados mecanismos de controle social (família, escola, sociedade) foram bastantes para alcançar o resultado socioeducativo perseguido pelo processo, não se justificando a manutenção do processo até que o jovem implemente 21 anos de idade".

[245] Cf. MICHELMAN, Marina de Aguiar. "Da impossibilidade de se aplicar ou executar media socioeducativa em virtude da ação do tempo". In: Revista dos Tribunais, p. 215.

[246] Cf. SARAIVA, João Batista Costa. Direito penal juvenil: adolescente e ato infracional, p. 35.

no caso concreto, a desnecessidade, antes desse marco, haverá a perda do objeto socioeducativo.[247]

Por isso, se há necessidade de se impor uma medida, não é relevante o tempo transcorrido entre a data do fato e do julgamento, ou da execução da medida, desde que esta ainda se mostre necessária ao infrator, pois é dever do Estado tentar recuperar o adolescente.

5. POSICIONAMENTO DO SUPERIOR TRIBUNAL DE JUSTIÇA ACERCA DA POSSIBILIDADE DE PRESCRIÇÃO DA PRETENSÃO SOCIOEDUCATIVA

5.1. Orientação inicial

Inicialmente, a jurisprudência do Superior Tribunal de Justiça dividiu-se sobre o assunto, havendo julgados que admitiam a prescrição no Direito da Criança e do Adolescente, e outros que negavam a possibilidade.

5.1.1. Inadmissibilidade

Os julgados no Superior Tribunal de Justiça que decidiam pela inadmissão da prescrição da pretensão socioeducativa baseavam-se, fundamentalmente, em entendimento acerca da natureza jurídica das medidas. Pelas diferenças inconciliáveis entre as penas criminais e as medidas, em razão da ausência de intuito punitivo nestas, mas tão-só pedagógico, de reeducação e socialização, não poderia cogitar-se de perda do *ius puniendi* estatal. Além disso, constituiria também um óbice o fato de que, nas penas, o prazo prescricional é regulado sempre pela quantidade de sanção aplicada, *in concreto* ou *in abstrato*, e nos feitos regidos pelo ECA não há fixação de lapso e predefinição da medida a ser aplicada.[248]

---

[247] Cf. MORAES, Bianca Mota de; RAMOS, Helane Vieira. Curso de direito da criança e do adolescente: aspectos teóricos e práticos, p. 849-50.

[248] Nesse sentido, a jurisprudência que se segue: ESTATUTO DA CRIANÇA E DO ADOLESCENTE. RECURSO ESPECIAL. MEDIDA SÓCIO-EDUCATIVA. PRESCRIÇÃO. INAPLICAÇÃO DAS REGRAS DO CÓDIGO PENAL. – Ao menor infrator são impostas medidas sócio-educativas, que devem ser concebidas em consonância com os elevados objetivos da sua reeducação, sendo relevantes para a obtenção desse resultado o respeito à sua dignidade. – As medidas sócio-educativas previstas no art. 112 do ECA não se revestem da mesma natureza jurídica das penas restritivas de direito, em razão do que não se lhes aplicam às disposições previstas na lei processual penal relativas a prescrição da pretensão punitiva.– Recurso especial conhecido e provido. (STJ, REsp 270181 / SC ; Rel. Min. Vicente Leal, Sexta Turma, julgado em 02.04.2002.) CRIMINAL. RECURSO ORDINÁRIO EM *HABEAS CORPUS*. ESTATUTO DA CRIANÇA E DO ADOLESCENTE. INTERNAÇÃO. EXTINÇÃO DA PUNIBILIDADE PELO INSTITUTO DA PRESCRIÇÃO REGULADO NO CÓDIGO PENAL. CARÁTER REPRESSIVO DA MEDIDA SÓCIO-EDUCATIVA. NEGATIVA DO ESPÍRITO DO ECA. FALTA DE FIXAÇÃO DE LAPSO TEMPORAL. ÓBICE À INCIDÊNCIA DO INSTITUTO. APLICAÇÃO DA LEI nº 9.099/95. SUSPENSÃO CONDICIONAL DO PROCESSO. IMPOSSIBILIDADE. REMISSÃO PREVISTA PELO ESTATUTO À HIPÓTESE. RECURSO DESPROVIDO. I – A conclusão pelo

5.1.2. Admissibilidade

Em contraposição, as decisões no Superior Tribunal de Justiça que julgavam no sentido da possibilidade da incidência da prescrição às medidas socioeducativas lastreavam-se, essencialmente, no reconhecimento do caráter também retributivo e repressivo destas. Além disso, em sede de reeducação, entendiam não persistiria a eficácia da medida quando já houvesse significativo decurso de tempo. Portanto, pela natureza punitiva das medidas, necessariamente, assim como as penas, deveriam ser limitadas no tempo.[249]

5.2. Orientação atual

Atualmente, o posicionamento do Superior Tribunal de Justiça está sedimentado no sentido da admissibilidade da prescrição das medidas socioeducativas. As decisões mais atuais e a recente edição de Súmula[250] apontam a pacificação da Corte, que tem julgado, basicamente, em função da natureza jurídica das medidas. O entendimento do Superior Tribunal de Justiça tem sido de que, além de natureza pedagógica e reeducativa, também possuem característica retributiva e repressiva.[251]

---

caráter repressivo da medida sócio-educativa, que, em última análise, seria equivalente à pena, implicaria na negativa de todo o espírito do estatuto menorista, que tem por objetivo maior evitar a estigmatização do menor infrator, tratando-o, assim de forma diferenciada. II – Por ser a pena o pressuposto da prescrição e levando-se em conta que o prazo prescricional é regulado sempre pela quantidade de pena aplicada, *in concreto* ou *in abstrato*, não se pode permitir a incidência do instituto da prescrição nos feitos regidos pelo ECA, em função da não-fixação de lapso temporal na medida sócio-educativa. III – O ECA prevê a aplicação subsidiária de outras normas processuais aos procedimentos relativos aos menores, somente se inexistente disposição expressa a respeito no próprio Estatuto. IV. Se o ECA traz a devida regulamentação para os procedimentos relativos a atos infracionais praticados por menores – *in casu*, o instituto da remissão – tem-se como inaplicável a Lei nº 9.099/95, para fins de suspensão do feito. V. Recurso desprovido. (STJ, RHC 9736/SP; Rel. Min. Gilson Dipp, Quinta Turma, julgado em 11.12.2000.)

[249] Assim decidiram os julgados que se seguem: ESTATUTO DA CRIANÇA E DO ADOLESCENTE. RECURSO ESPECIAL. REMISSÃO E MEDIDA SÓCIO-EDUCATIVA. CUMULAÇÃO. PRESCRIÇÃO. I – A remissão concedida pelo *Parquet* pode vir a ser acompanhada de medida sócio-educativa aplicada pelo juiz, observado o disposto no art. 127 do ECA. II – As medidas sócio-educativas perdem a razão de ser com o decurso de tempo. Conseqüentemente, *a fortiori*, tratando-se de menores, é de ser aplicado o instituto da prescrição. Recurso prejudicado. (STJ, REsp 241477/SP; Rel. Min. Felix Fischer, Quinta Turma, julgado em 08.06.2000.) RECURSO ESPECIAL. ESTATUTO DA CRIANÇA E DO ADOLESCENTE. PRESCRIÇÃO. CONHECIMENTO E PROVIMENTO. 1. As medidas sócio-educativas, induvidosamente protetivas, são também de natureza retributiva e repressiva, como na boa doutrina, não havendo razão para excluí-las do campo da prescrição, até porque, em sede de reeducação, a imersão do fato infracional no tempo reduz a um nada a tardia resposta estatal. 2. O instituto da prescrição responde aos anseios de segurança, sendo induvidosamente cabível relativamente a medidas impostas coercitivamente pelo Estado, enquanto importam em restrições à liberdade. 3. Tendo caráter também retributivo e repressivo, não há porque aviventar a resposta do Estado que ficou defasada no tempo. Tem-se, pois, que o instituto da prescrição penal é perfeitamente aplicável aos atos infracionais praticados por menores. 4. Recurso conhecido e provido para, reconhecendo a prescrição da pretensão punitiva, declarar extinta a punibilidade do ato infracional. (STJ, REsp 171080/MS; Rel. Min. Hamilton Carvalhido, Sexta Turma, julgado em 21.02.2002.)

[250] Em 16 de maio de 2007, o Superior Tribunal de Justiça editou a Súmula nº 338, com o seguinte conteúdo: "A prescrição penal é aplicável nas medidas sócio-educativas".

[251] Assim atestam as seguintes recentes decisões: CRIMINAL. HC. ECA. ATO INFRACIONAL EQUIPARADO A ROUBO QUALIFICADO. MEDIDA SÓCIO-EDUCATIVA DE LIBERDADE ASSISTIDA. PRESCRIÇÃO

6. CONCLUSÕES

Parece-nos não haver dúvidas de que há, inegavelmente, no contexto do ECA, além de uma normatividade própria, sempre voltada à proteção do adolescente, um sistema de responsabilização diferenciado. Ainda que todo o espírito do ECA seja protetivo, e que as medidas socioeducativas tenham caráter predominantemente pedagógico, não se lhes pode negar o aspecto punitivo e retributivo, até mesmo pela evidente restrição que impõem a bens jurídicos essenciais. E, por essa razão, não parece viável que as medidas não possuam um tempo limite para a sua aplicação.

A par disso, a utilização dos mecanismos prescricionais, tal como prevista no Código Penal, também não se nos afigura a solução mais adequada. *Primo*, existe a dificuldade de cálculo dos lapsos prescricionais e a distância significativa entre os objetivos do Código Penal e do ECA. *Secondo*, necessitando o adolescente da aplicação de uma medida socioeducativa, para que possa desfrutar dos benefícios (ao menos, em tese) inerentes às medidas, reeducando-se e ressolializando-se, bem como estruturando e consolidando a sua personalidade, não pode o Estado omitir-se de seu dever.

A fim de que se evite uma resposta estatal tardia, que não guarde contemporaneidade com o ato infracional e que não produzirá o efeito pedagógico esperado,

---

REGULADA NO CÓDIGO PENAL. POSSIBILIDADE DE APLICAÇÃO AOS ADOLESCENTES. PRECEDENTES. PRAZO PRESCRICIONAL REDUZIDO PELA METADE. EXTINÇÃO DA PUNIBILIDADE IMPLEMENTADA. ORDEM CONCEDIDA. I. Em virtude da inegável característica punitiva, e considerando-se a ineficácia da manutenção da medida sócio-educativa, nos casos em que já se ultrapassou a barreira da menoridade e naqueles em que o decurso de tempo foi tamanho, que retirou, da medida, sua função reeducativa, admite-se a prescrição desta, da forma como prevista no Código Penal. Precedentes. II. Sendo o réu menor de 21 anos à época do fato delituoso, reduz-se à metade o prazo prescricional, nos termos do art. 115 do Código Penal. III. Transcorrido mais de um ano, desde o descumprimento da medida sócio-educativa de liberdade assistida até a presente data, sem que houvesse notícia de posterior apreensão do adolescente, declara-se a ocorrência da prescrição. IV. Deve ser cassado o acórdão recorrido e reconhecida a ocorrência da prescrição. V. Ordem concedida, nos termos do voto do Relator. (STJ, HC 50873/SP; Rel. Min. Gilson Dipp, Quinta Turma, julgado em 14.03.5006.) *HABEAS CORPUS*. ESTATUTO DA CRIANÇA E DO ADOLESCENTE. MEDIDA SÓCIO-EDUCATIVA. PRESCRIÇÃO. POSSIBILIDADE. PARÂMETROS PARA O SEU RECONHECIMENTO. TEMA NÃO APRECIADO NA ORIGEM. SUPRESSÃO DE INSTÂNCIA. ORDEM PARCIALMENTE CONCEDIDA. 1. Pacífico o entendimento desta Corte de que se aplica às medidas sócio-educativas o instituto da prescrição, na forma prevista no Código Penal, inclusive no que diz com a redução do respectivo prazo em razão da menoridade, a teor do contido no art. 115 desse diploma. 2. No que diz com os parâmetros que devem ser utilizados para a contagem da prescrição, trata-se de tema não apreciado pelo Tribunal de origem, não podendo ser examinado, agora, por esta Corte, sob pena de supressão de instância. 3. *Habeas corpus* conhecido, em parte, e concedido. (STJ, HC 45567/SP; Rel Min. Paulo Gallotti, Sexta Turma, julgado em 14.03.2006.) *HABEAS CORPUS*. ESTATUTO DA CRIANÇA E DO ADOLESCENTE. PRESCRIÇÃO DA PRETENSÃO EXECUTÓRIA. APLICAÇÃO. ORDEM CONCEDIDA. 1. '1. As medidas sócio-educativas, induvidosamente protetivas, são também de natureza retributiva e repressiva, como na boa doutrina, não havendo razão para excluí-las do campo da prescrição, até porque, em sede de reeducação, a imersão do fato infracional no tempo reduz a um nada a tardia resposta estatal. 2. O instituto da prescrição responde aos anseios de segurança, sendo induvidosamente cabível relativamente a medidas impostas coercitivamente pelo Estado, enquanto importam em restrições à liberdade. 3. Tendo caráter também retributivo e repressivo, não há porque aviventar a resposta do Estado que ficou defasada no tempo. Tem-se, pois, que o instituto da prescrição penal é perfeitamente aplicável aos atos infracionais praticados por menores. (REsp nº 171.080/MS,da minha Relatoria, in DJ 15/4/2002.) 2. Ordem concedida. (HC 33473/RJ, 6ª Turma, Rel. Min. Hamilton Carvalhido, julgado em 29.11.2005.)

o mais correto parece falar-se não em prescrição da pretensão estatal, mas em perda do objeto socioeducativo (conforme defendido pela 3ª corrente).

Com isso, em cada caso concreto será analisada a necessidade, ou não, de aplicação da medida, e o adolescente não correrá o risco de ter de cumpri-la quando não mais necessita, pois já reabilitado para a vida. Ao mesmo tempo, não deixará de desfrutar dos efeitos pedagógicos quando a sua situação indicar a necessidade.

Essa se nos transparece a forma mais elasticizada de se afastar, tanto quanto possível, a incidência do espectro punitivo dos adolescentes. E é em face disso que se lhe concede a primazia. Essa mesma inspiração guiou, por exemplo, os criminólogos americanos dos anos 30, na construção da *Nonintervention,*[252] especialmente no âmbito do Direito Penal Juvenil. Essa mesma influência conduziu a edificação de nosso Estatuto, que tem, sob vários e importantíssimos aspectos, uma linha bastante garantista e protetiva. E, enquanto não contarmos com o incremento das medidas que poderiam diminuir o problema, sempre apoiaremos teorias ou construções que visem à racionalização do sistema – entendidas aqui como aquelas aptas a conceder maior e mais profunda proteção ao jovem em conflito com a lei –, e esta opção é jogada *va-banque*.

---

[252] Mesmo essa construção encerra importantes pontos polêmicos. Com mais detalhes: HASSEMER, Winfried; MUÑOZ CONDE, Francisco. Introducción a la criminologia. Valencia: Tirant lo Blanch, 2001, p. 368.

Da prescritibilidade dos delitos falimentares: da sucessão de leis penais no tempo a partir da comparação dos seguintes diplomas legais: Decreto-Lei nº 7.661/45 e Lei nº 11.101/05[253]

1. INTRODUÇÃO

A "nova lei de falências"[254] revogou o Decreto-Lei nº 7.661, de 21 de junho de 1945, e passou a regulamentar a recuperação judicial, a extrajudicial e a falência do empresário e da sociedade empresária.

O novo diploma legal tem a sua expressão, sobretudo, no objetivo de possibilitar a recuperação da sociedade empresária, saneando a sua situação econômica, conservando a sua existência, mantendo a produtividade e, conseqüentemente, preservando os empregos e o pagamento dos credores. Além disso, o texto visa a regrar a falência da empresa cuja conjuntura demonstre ser este caminho inevitável, de molde a impedir que termine contaminando o restante do meio empresarial.[255]

Para tanto, inovou, de maneira significativa, toda a matéria de "Direito Falimentar", trazendo alterações, igualmente, em institutos (material e processual) penais. Podem indicar-se, entre as principais modificações, a impossibilidade de instauração de inquérito judicial para a apuração dos crimes falimentares,[256] bem como a disciplina expressa (da hipótese) de *atipicidade* nos casos de insig-

[253] Tema desenvolvido jutamente com a Advogada Karina Brack.

[254] A Lei nº 11.101/2005, publicada no Diário Oficial da União em 09 de fevereiro de 2005, posto que, usualmente, seja batizada de a 'nova lei de falências', regula, em verdade, a recuperação judicial, a extrajudicial e a falência do empresário e da sociedade empresária, conforme expressamente previsto em seu artigo 1º.

[255] Cf. BEZERRA FILHO, Manoel Justino. Nova lei de recuperação e falências comentada. São Paulo: Revista dos Tribunais, 2005, p. 43.

[256] Sobre esse tópico do Decreto-Lei nº 7.661/45, avalia Fernando da Costa Tourinho Filho (Manual de processo penal. 3 ed. São Paulo: Saraiva, 2001, p. 47): "A investigação ainda pode ficar a cargo do próprio Juiz. Tal ocorre nos crimes falimentares, como se constata pelos arts. 103 a 108 da Lei Falencial. Esse inquérito é denominado 'judicial', justamente porque presidido pelo Juiz de Direito da Vara por onde esteja tramitando o processo de falência". Na Lei nº 11.101/05 não há mais a previsão do inquérito judicial. Atualmente, a matéria vem regulamentada no art. 187, *caput* e § 1º, que assim dispõem: "Art. 187. Intimado da sentença que decreta a falência ou concede a recuperação judicial, o Ministério Público, verificando a ocorrência de qualquer crime previsto nesta Lei, promoverá imediatamente a competente ação penal ou, se entender necessário, requisitará abertura de inquérito policial. § 1º O prazo para oferecimento da denúncia regula-se pelo art. 46 do Decreto-Lei nº 3.689, de 3 de outubro de 1941 – Código de Processo Penal, salvo se o Ministério Público, estando o réu solto ou afiançado, decidir aguardar a apresentação da exposição circunstanciada de que trata o art. 186 desta Lei, devendo, em seguida, oferecer denúncia em 15 (quinze) dias".

nificância falimentar,[257] a criação de novas figuras típicas,[258] a descriminalização de outras,[259] e, ainda, a exacerbação, em geral, das penas privativas de liberdade cominadas. A par disso, alterou regras de competência,[260] previu o procedimento processual dos arts. 538 e 540 do Código de Processo Penal para a apuração dos crimes falimentares,[261] ampliou o elenco de sujeitos ativos[262] e passou a considerar

[257] Nos termos do art. 94, inc. I, da Lei nº 11.101/05, não será decretada a falência do devedor se a obrigação líquida não ultrapasse o montante de 40 salários-mínimos da data do pedido da falência. Subsidiariamente, é claro, poderá haver caracterização de algum delito não-falimentar.

[258] Constata-se um caso de novatio legis incriminadora no art. 169 da Lei nº 11.101/05. O tipo penal de violação de sigilo empresarial, previsto no citado dispositivo, é novidade no ordenamento jurídico. (Cf. MIGLIARI JÚNIOR, Arthur. Crimes de recuperação de empresas e de falências. De acordo com a Lei nº 11.101/2005. São Paulo: Quartier Latin, 2006, p. 134.)

[259] A título de exemplo, podemos citar a *abolitio criminis* do tipo penal do art. 168, inc. VII, do Decreto-Lei nº 7.661/45. Assim dispunha o referido dispositivo: "Art. 186. Será punido o devedor com detenção, de 6 (seis) meses a 3 (três) anos, quando concorrer com a falência algum dos seguintes fatos: (...) VII – falta de apresentação do balanço, dentro de sessenta dias após a data fixada para o seu encerramento, à rubrica do juiz sob cuja jurisdição estiver seu estabelecimento principal". (Cf. CARDOSO, Armando. "Direito penal tributário: nova lei de falências e *abolitio criminis* em matéria de crime falimentar". In: Revista Tributária e de Finanças Públicas, ano 14, nº 68, p. 247-58, mai.-jun. 2006, p. 250.)

[260] Sob a vigência do Decreto-Lei nº 7.661/45, o juiz da falência, após receber a denúncia, determinaria, em despacho fundamentado, a remessa dos autos ao juízo criminal competente para o prosseguimento da ação, nos termos da lei processual penal (art. 109, § 2º). Atualmente, prevê o art. 183 da nova Lei de Falências e Recuperação de Empresas: "Compete ao juiz criminal da jurisdição onde tenha sido decretada a falência, concedida a recuperação judicial ou homologado o plano de recuperação extrajudicial, conhecer da ação penal pelos crimes previstos nesta Lei". Ao que tudo indica, a denúncia, a partir da nova lei, será recebida pelo juiz criminal. Mas ainda há divergências doutrinárias acerca da nova previsão. Manoel Justino Bezerra Filho (Nova lei de recuperação e falências comentada, p. 386) entende que, pela redação do dispositivo, os autos serão enviados ao juízo criminal após a existência da ação penal; logo, depois do recebimento da denúncia (que se daria no juízo da falência). Também há o posicionamento de quem sustenta a inconstitucionalidade do dispositivo (COELHO, Fábio Ulhoa. Comentários à nova lei de falências e recuperação de empresas. São Paulo: Saraiva, 2005, p. 412), pois caberia à lei estadual de organização judiciária definir quais órgãos serão criados e com quais competências. Fernando da Costa Tourinho Filho (Apreciação sobre o procedimento dos crimes falimentares. Disponível em: <httt://www.saraicajur.com.br>. Acesso em: nov. 2006), embora não chegue a falar em inconstitucionalidade, menciona a impropriedade do art. 183 do novo diploma, frente ao art. 24, inc. XI, da Constituição Federal, que determina a competência concorrente da União, dos Estados e do Distrito Federal para legislar sobre procedimentos em matéria processual. Sobre o aspecto, interessante lembrar que o art. 15 do Código Judiciário do Estado de São Paulo (Lei estadual nº 3.947/83) disciplina que o processo de crime falimentar correrá no juízo da falência. O Supremo Tribunal Federal, à época (RHC 63.787, DJU 22.8.1986), julgou constitucional o dispositivo, entendendo que a atribuição de competência ao juízo de falência para a ação por crime falimentar seria típica norma de organização judiciária, reservada, privativamente, ao legislador estadual. Entretanto, para Roberto Delmanto e outros (Leis penais especiais comentadas. Rio de Janeiro: Renovar, 2006, p. 722), "em face do disposto no art. 183 da nova Lei Falimentar, o art. 15 da lei estadual paulista restou tacitamente revogado. Com efeito, a Lei nº 11.101/05, além de ser posterior e especial, por ser federal é hierarquicamente superior à lei estadual, lembrando-se, aqui, a clássica pirâmide de Hans Kelsen".

[261] O art. 185 da Lei nº 11.101/05 estatuiu que será observado o rito previsto nos arts. 531 a 540 do Código de Processo Penal (leia-se 538 a 540, na medida em que é entendimento consagrado que os arts. 531 a 537 não foram recepcionados pela Carta Magna de 1988). O art. 200 da nova lei, expressamente, revogou os arts. 503 a 512 do Código do Processo Penal, os quais, sob o título "Do processo e do julgamento dos crimes falimentares", previam rito especial para o processamento e julgamento dos crimes falimentares (sob a égide do Decreto-Lei 7.661/45).

[262] Segundo Gilberto Thums (Crimes falimentares. Disponível em: <http://www.mp.rs.gov.br/criminal/doutrina.> Acesso em: nov. 2006), o art. 179 da Lei nº 11.101/05 ampliou o conceito de sujeito ativo para incluir que, no caso das sociedades, os seus sócios, diretores, gerentes, administradores e conselheiros, de fato ou de direito, bem como o administrador judicial, se equiparam ao devedor para os efeitos penais.

crime as condutas praticadas não somente após o decreto da falência, mas também as posteriores ao despacho concessivo da recuperação judicial ou homologatório da extrajudicial.[263]

Além dessas alterações, enumeradas exemplificativamente, modificou, de forma substancial, o instituto da prescrição penal dos crimes falimentares. Daí porque o objetivo do presente estudo, pela importância adquirida pelo tema, em face da renovação havida, é, pois, estabelecer um panorama comparativo entre a regulamentação da prescrição penal na legislação revogada e na vigente, extraindo desse cotejamento os mais relevantes aspectos de interesse penal – especialmente em função de se evidenciar uma possível combinação de leis penais.

2. DA PRESCRIÇÃO PENAL NO DECRETO-LEI Nº 7.661/45

Dispunha o art. 199, *caput* e parágrafo único, da antiga legislação, que a prescrição extintiva da punibilidade do crime falimentar se operaria em dois anos, iniciada a contagem na data em que transitasse em julgado a sentença que encerrava a falência ou que julgava cumprida a concordata.[264]

Considerando-se que, dificilmente, o processo de falência findaria antes de dois anos, muito embora o § 1º do art. 132[265] disciplinasse que deveria encerrar-se no biênio após o dia da declaração da falência, o Supremo Tribunal Federal, por meio da edição da Súmula 147, em 1963, firmou interpretação no seguinte sentido: "a prescrição do crime falimentar começa a correr da data em que deveria estar encerrada a falência, ou do trânsito em julgado da sentença que a encerrar ou que julgar cumprida a concordata".

E havia fortes razões para a edição da súmula. Com efeito, se o art. 199 fosse interpretado literalmente, conduziria a casos próximos à imprescritibilidade dos crimes falimentares, na medida em que os processos de falência demoravam demasiadamente para encerrar-se, perdurando por anos, e o início da contagem do lapso prescricional ficaria à mercê do desfecho desse processo.[266]

---

[263] Art. 180: A sentença que decreta a falência, concede a recuperação judicial ou concede a recuperação extrajudicial de que trata o art. 163 desta Lei é condição objetiva de punibilidade das infrações penais descritas nesta Lei. Pelo Decreto-Lei 7.661/45, somente existiria crime falimentar se a conduta fosse praticada após o decreto de falência. Hoje, mesmo sem o decreto de falência, torna-se possível a existência do ilícito falimentar. Por essa razão, Manoel Justino Bezerra Filho (Nova lei de recuperação e falências comentada, p. 365) esclarece que, a rigor, não se justifica a preservação da nomenclatura 'crimes falimentares'.

[264] A concordata a que o dispositivo se refere é a suspensiva da falência anteriormente decretada.

[265] Art. 132. Apresentado o relatório final, deverá o juiz encerrar, por sentença, o processo da falência. § 1º Salvo caso de força maior, devidamente provado, o processo da falência deverá estar encerrado dois anos depois do dia da declaração.

[266] Leciona André Augusto Balestra ("Da prescrição nos crimes falimentares". In: Revista dos Tribunais, v. 440, ano 61, p. [303-7] 305, jun. 1972): "Ora, se a lei falencial no art. 199, 'caput', procurou reduzir o prazo prescricional determinado para os crimes comuns, cujas penas em abstrato (como nos de falência), atingem até um

Sobre esse ponto, assim se manifestara a doutrina:

> É chocante pensar-se que um falido que cometeu o crime de gastos excessivos com sua família, em relação ao seu cabedal (Lei de Falências, art. 186, I), e cujo processo se arrastou por vinte anos, possa ainda ser processado por este delito, ao passo que, se esse falido houver assassinado alguém, estará, no mesmo lapso, livre de punição.[267]

Desse modo, com a interpretação sistemática aposta na Súmula 147 do Supremo Tribunal Federal, a prescrição do crime falimentar passaria a ocorrer em dois anos a partir da data do trânsito em julgado da sentença de encerramento, na hipótese de terminar em dois anos o processo de falência; ou, no caso de demandar lapso maior, em dois anos a contar da data em que deveria ter encerrado o processo (dois anos após seu início, de acordo com o art. 132, § 1º, da antiga Lei Falimentar).[268] Em regra, o prazo máximo da prescrição, portanto, jamais seria superior a quatro anos.

Impende destacar que o § 1º do art. 132 trazia uma ressalva à regra segundo a qual o processo de falência deveria terminar em dois anos. Em conformidade com o dispositivo, em caso de força maior, devidamente comprovado, seria possível o alargamento do prazo bienal. Nessa hipótese, havendo ampliação do termo para o encerramento do processo de falência, conseqüentemente, haveria também alteração no prazo prescricional, uma vez que a Súmula 147 do Supremo Tribunal Federal disciplinava dever a prescrição do crime falimentar começar a correr "da data em que deveria estar encerrada a falência".

Ademais, o antigo regramento da prescrição dos crimes falimentares consistia hipótese excepcional, substancialmente divergente da disciplina do Código Penal, o qual regula a prescrição conforme à pena abstratamente prevista ou concretizada. Nos crimes falimentares, não se aplicava, pois, o art. 109 do Código Penal, sendo que o prazo prescricional – quer da pretensão punitiva ou da executória,

---

máximo de quatro anos, aceitou linhas depois, em flagrante contra-senso, que esse prazo prescricional se dilate por longos anos, deixando o agente sob uma constante 'espada de Dâmocles', à mercê da desídia ou interesse escuso dos credores, pois é sabido que esses processos são procrastinados por anos a fio sem que a sentença de encerramento se concretize, consagrando-se uma verdadeira imprescritibilidade. (...) Cumpre ainda ressaltar que esta posição [o autor está se referindo à admissão da interpretação literal do art. 199] nada de eqüitativo tem, pois confere pesos diversos para medidas idênticas, levando a absurdos como o seguinte. Exemplifiquemos: Dois comerciantes, 'A' e 'B', desconhecidos entre si, consumam crimes falimentares idênticos e as sentenças declaratórias de falência (configurando a condição objetiva de punibilidade), vêm a ser exaradas no mesmo dia, mês e ano. Ocorre, todavia, que a falência de 'A' encerra-se logo após dois anos de prolatada aquela sentença declaratória; já o processo falimentar de 'B' só se encerra após quatro anos dessa mesma sentença declaratória. Paradoxalmente, 'A' poderá invocar o instituto quatro anos após a sentença declaratória (logicamente não tendo surgido sentença criminal); enquanto que 'B', na mesma situação, só poderá invocá-lo seis anos depois".

[267] Cf. NORONHA, Edgard Magalhães. Direito penal. 31. ed. São Paulo: Saraiva, 1999. v. I, p. 374.

[268] "APELAÇÃO – CRIME FALIMENTAR – PRESCRIÇÃO EM 02 ANOS – ENCERRAMENTO DA FALÊNCIA – ARTIGO 132, § 1º – SÚMULA 147 e 592 STF – 1. O crime falimentar prescreve em 02 anos, independente da pena imposta, correndo a partir da data da sentença de encerramento da falência; ausente esta, em dois anos após sua declaração. Artigo 132, § 1º, Lei 7.661/45. Matéria Sumulada no verbete 147 do STF. 2. O falido não pode ser responsabilizado pela morosidade dos intermináveis processos de falência, logo, desaparece o direito do Estado de punir, não sentenciada a falência, dois anos após sua declaração, mormente já recebida a denúncia, marco que interrompe a prescrição. Súmula 592 STF. DECLARADA EXTINTA A PUNIBILIDADE, na forma do artigo 109, VI, 110, § 2º, do CP c/c 199 e 132, § 1º, da Lei das Falências". (Apelação crime nº 70006958250, Câmara Especial Criminal do Tribunal de Justiça do RS, Relatora: Desª. Elba Aparecida Nicolli Bastos, julgado em 14/07/2004.)

independentemente da pena em abstrato ou da fixada na sentença condenatória – seria sempre de dois anos.

Ainda, como referido, a contagem também não se iniciava na data em que o crime se consumara (ou, no caso de tentativa, no dia em que cessara a atividade criminosa), tal qual prevê o art. 111, incs. I e II, do Código Penal. É que a sentença declaratória de falência consistia condição imprescindível para a ocorrência de delito falimentar. Todas as condutas *antefalimentares* descritas como crimes no Decreto-Lei jamais constituiriam infração falimentar sem a sentença, a qual representava verdadeiro marco divisório para caracterizar o crime como falimentar ou não.[269] Nessa senda, o entendimento era no sentido de que a prescrição não iniciasse a sua contagem na data do fato, mas, sim, na data da declaração da falência. Se, como exposto, a existência de crime falimentar dependia da declaração de falência, a data do fato não possuía relevância simplesmente porque naquele tempo a conduta não consistiria, ainda, delito falimentar.[270]

Ainda importa lembrar, nesse contexto, que a redução do prazo pela metade nos casos de menoridade relativa e de velhice (art. 115 do Código Penal) incidia também nos prazos dos crimes falimentares,[271] e que todas as causas interruptivas

---

[269] Cf. MIGLIARI JÚNIOR, Arthur. Crimes falimentares. São Paulo: CS Edições Ltda., 2002, p. 70. O autor explica, ainda, sobre a sentença declaratória da falência, ser ela "o elemento integrante da injuridicidade, passando a ser fato integrativo do crime. Desta forma é elemento constitutivo e específico desse delito, inteiramente peculiar a ele". Vale lembrar, também, no aspecto, a velha conhecida polêmica acerca de ser a sentença de que se está a tratar condição objetiva de punibilidade ou condição de procedibilidade. Conforme Cezar Roberto Bitencourt ("Aspectos procedimentais e político-criminais dos crimes disciplinados na nova lei falimentar". In: Revista Brasileira de Ciências Criminais, IBCCrim, ano 12, nº 148, p. 07-10, mar. 2002), "a doutrina referindo-se à lei anterior sustentava que 'a sentença declaratória da falência' era um dos exemplos de condição objetiva da punibilidade no crime falimentar". Na vigência da lei atual (e, nesse caso, abrangendo-se o conceito para abarcar também a sentença que concede a recuperação judicial ou homologa a extrajudicial), não faz mais sentido a discussão, visto que o art. 180 da Lei nº 11.101/05 expressamente declara ser condição objetiva de punibilidade.

[270] De acordo com Antonio Lopes Baltazar (Prescrição penal. São Paulo: Edipro, 2003, p. 142), "A razão de não se contar o prazo de prescrição a partir da data do crime, é que na falência, os atos delituosos são praticados antes da quebra, e, não há que se falar em crime falimentar enquanto não for declarada a falência". Também explicitava a jurisprudência: "PRESCRIÇÃO DA PRETENÇÃO PUNITIVA – TRANSCURSO DE PRAZO SUPERIOR A DOIS ANOS ENTRE O RECEBIMENTO DA DENÚNCIA E A SUBIDA DO RECURSO MINISTERIAL PARA APRECIAÇÃO NA SEGUNDA INSTÂNCIA – SENTENÇA ABSOLUTÓRIA NÃO CONSTITUI MARCO INTERRUPTIVO DA PRESCRIÇÃO. APELO MINISTERIAL PREJUDICADO. PRESCRIÇÃO RETROATIVA – A CARACTERIZAÇÃO DOS CRIMES FALIMENTARES PRESSUPÕE A EXISTÊNCIA DE SENTENÇA DECLARATÓRIA E FALÊNCIA, PORTANTO NÃO SE COGITA DA APLICAÇÃO DA PRESCRIÇÃO CONTADA DA DATA CONSUMAÇÃO DO FATO (ART. 111, I, DO CODIGO PENAL), PORQUE ANTES DA SENTENÇA QUE DECRETOU A QUEBRA A CONDUTA NÃO ERA CONSIDERADA CRIME FALIMENTAR, POIS INEXISTENTE A PRÓPRIA FALÊNCIA. (...)". (Apelação crime nº 70003177508, Oitava Câmara Criminal do Tribunal de Justiça do RS, Relator: Des. Marco Antônio Ribeiro de Oliveira, julgado em 19/12/2001.)

[271] SCHMIDT, Andrei Zenkner. Da prescrição penal. Porto Alegre: Livraria do Advogado, 1997, p. 222. Já para Antonio Rodrigues PORTO (Da prescrição penal. São Paulo: Revista dos Tribunais, 1998, p. 99), "Da maneira como está redigido o art. 199 da Lei de Falências, não é aplicável aos crimes falimentares a redução do prazo prescricional em função da idade, prevista no art. 115 do CP". José Júlio Lozano Jr. (Prescrição penal. São Paulo: Saraiva, 2002, p. 280) filia-se ao entendimento de que deviam ser aplicadas as reduções: "Para nós, a regra inspiradora da Súmula 592 do STF, que manda aplicar aos crimes falimentares as causas interruptivas da prescrição em razão da ausência de disposição expressa na lei especial, também deve valer para a redução do prazo extintivo. Por conseguinte, se a Lei de Falências não contém vedação expressa à diminuição do prazo prescricional, deve ser aplicada a regra geral do art. 115 do CP, por força do art. 12 daquele Código".

da prescrição, previstas no art. 117 do Código Penal, eram também aplicáveis a esses delitos em razão do art. 12 deste diploma legal.[272]

Dessa forma, o recebimento da denúncia interrompia a prescrição (art. 117, inc. I, do Código Penal). E, nesse caso, o novo prazo prescricional seria de dois anos, devendo a sentença ser proferida nesse curto prazo, sob pena de perda, pelo Estado, do *jus puniendi*. Com isso, emergiam consideravelmente fatos atingidos pela prescrição, que ia ocorrer entre o recebimento da denúncia e a sentença, na medida em que os processos criminais, sobretudo os de maior complexidade, como o são, em regra, os de delitos falimentares, raramente terminavam antes do transcurso de dois anos.

Caso a denúncia fosse recebida antes do término do processo de falência (ou antes dos dois anos em que esse deveria encerrar), criando a hipótese de uma causa interruptiva antes do início da fluência do prazo (pois anterior ao termo inicial), o início da contagem seria na data do recebimento da denúncia.[273]

Tendo-se em vista esse prazo fixo e a indiferença da pena fixada na sentença, não havia possibilidade de ocorrência da figura da prescrição retroativa.[274] Conforme comenta Damásio E. de Jesus,

> não se pode falar em prescrição retroativa em relação aos delitos falimentares, uma vez que o prazo prescricional da pretensão punitiva é sempre de dois anos. Assim, qualquer que seja a quantidade da pena imposta na sentença condenatória, se decorreram dois anos ou mais entre sua publicação e a data do recebimento da denúncia ou entre esta e a data em que deveria estar encerrada a falência, o caso é de prescrição da pretensão punitiva (CP, art. 109) e não retroativa (CP, art. 110, § 2º).[275]

[272] Cf. BARROS, Flávio Augusto Monteiro de. Direito Penal: parte geral. v. 1. 5. ed. São Paulo: Saraiva, 2006, p. 653. Sobre o assunto, inclusive, há a Súmula 592 do Supremo Tribunal Federal, que dispõe: "Nos crimes falimentares, aplicam-se as causas interruptivas da prescrição previstas no Código Penal".

[273] Cf. SCHMIDT, Andrei Zenkner. Da prescrição penal, p. 222. Nesse sentido, os seguintes acórdãos: RT, vols. 188/333, 196/293, 200/248 e 204/318; RT, vols. 270/108, 273/493, 279/128, 280/81 e 286/94. André Augusto Balestra ("Da prescrição nos crimes falimentares". In: Revista dos Tribunais) discorda desse entendimento. Segundo o autor, "afigura-se-nos esta posição desprovida de fundamento jurídico. Em primeiro lugar, porque estabelece como marco inicial uma causa de interrupção do lapso prescricional, provocando em conseqüência a seguinte reflexão: se a denúncia interrompe o decurso da prescrição, quando se iniciou esse prazo? Com a sentença declaratória? Seria lógico. Todavia, não é o que sugere a leitura do citado acórdão [O autor citara o seguinte acórdão: 'Oferecida a denúncia, parte desta o 'dies a quo' que encaminha o lapso prescricional do delito falimentar, sendo ela marco substitutivo do encerramento da falência quando esta se prolongue indefinidamente' (RF, vol. 214/311)]. De outra parte (e isto sim deflui das palavras daquele), a denúncia foi escolhida como marco inicial substitutivo da sentença de encerramento, com o intuito de que a procrastinação do feito não eleve em demasia o prazo prescricional. E é de se perguntar agora, qual o fundamento jurídico para deixar instituto tão importante (sobretudo tratando-se de liberdade individual), subordinado a uma ficção, a um elemento incerto, ao 'bello piacere' do Ministério Público?"

[274] "RECURSO EM SENTIDO ESTRITO. CRIME FALIMENTAR. PRESCRIÇÃO. INOCORRÊNCIA. Não há falar em prescrição quando, tratando-se de crime falimentar, a denúncia foi recebida antes de transcorridos dois anos, contados a partir da data em que deveria estar encerrada a falência. Ademais, tendo o Decreto-Lei nº 7661/45 definido lapso prescricional fixo (artigo 199 – dois anos) não é possível falar em prescrição retroativa ou em perspectiva, porquanto se sabe de antemão qual deve ser o prazo prescricional aplicado. À unanimidade, negaram provimento ao recurso em sentido estrito por intempestivo". (Recurso em Sentido Estrito nº 70010713691, Oitava Câmara Criminal do Tribunal de Justiça do RS, Relator: Roque Miguel Fank, julgado em 09/03/2005.)

[275] JESUS, Damásio Evangelista de. (Prescrição penal. 13 ed. São Paulo: Saraiva, 1999, p. 174.) Não obstante o entendimento quase pacífico no sentido da impossibilidade de configuração – na vigência do Decreto-Lei nº 7.661/45 – da prescrição retroativa nos delitos falimentares, existiram decisões reconhecendo-a. A exemplo:

Os crimes comuns, praticados em conexão ao falimentar, não estavam sujeitos às regras especiais de prescrição deste, obedecendo, assim, às normas gerais de prescrição do Código Penal. No caso de concurso formal, as penas deveriam ser consideradas de forma isolada.[276]

Por fim, é bom lembrar que, tocante à pretensão executória, ocorreria a prescrição sempre em dois anos, independentemente da pena imposta.[277] Não se aplicava aos crimes falimentares, pois, os arts. 110, *caput*, e 109 do Código Penal, sendo o prazo prescricional independente da sanção fixada na sentença condenatória.

3. DA PRESCRIÇÃO PENAL NA LEI Nº 11.101/05 (NOVA LEI DE FALÊNCIAS E RECUPERAÇÃO DE EMPRESAS)

Os novos comandos legais visaram obstar à ocorrência da prescrição; este se nos afigura o *mot d'ordre* do legislador ordinário. Para tanto, a nova lei não repetiu as regulamentações do Decreto-Lei nº 7.661/45 sobre a prescrição penal, declarando, peremptoriamente, a incidência das regras gerais (do Código Penal) referentes ao cômputo prescricional.[278]

Com isso, no caso da prescrição da pretensão punitiva, faz-se necessário analisar a pena máxima em abstrato prevista para cada crime isoladamente, e contextualizá-la com o correspondente prazo estipulado no art. 109 do Código Penal.[279]

Sobre o marco inicial da contagem do prazo, a doutrina encontra-se dividida. A princípio, uma interpretação literal do art. 182 da nova lei enseja o entendimento segundo o qual o termo primeiro para o cálculo da prescrição é a decretação da falência, concessão da recuperação judicial ou homologação do plano de recupera-

---

Ap. 320.709-3/0- São Paulo, Ap. 396.597-3/9-00- São Paulo e HC nº 1.787-0- Rio de Janeiro, julgado no STJ em 1993. (Cf. MIGLIARI JÚNIOR, Arthur. Crimes de recuperação de empresas e de falências. De acordo com a Lei nº 11.101/2005, p. 104.)

[276] Cf. PORTO, Antonio Rodrigues. Da prescrição penal, p. 99.

[277] Cf. JESUS, Damásio Evangelista de. Prescrição penal, p. 113. "Na antiga Lei de Falências, a prescrição sempre se operava em dois anos. Conseqüentemente, as prescrições retroativa, supervenoente e executória não tinham aplicação prática, pois o menor prazo prescricional do Código Penal é de dois anos, razão pela qual a pena concreta não poderia trazer a pena aquém desse biênio". (BARROS, Flávio Augusto Monteiro de. Direito Penal: parte geral, p. 654.)

[278] Disciplina o art. 182 da Lei nº 11.101/05: "A prescrição dos crimes previstos nesta Lei reger-se-á pelas disposições do Decreto-Lei nº 2.848, de 7 de dezembro de 1940 – Código Penal, começando a correr do dia da decretação da falência, da concessão da recuperação judicial ou da homologação do plano de recuperação extrajudicial". Complementa o parágrafo único: "A decretação da falência do devedor interrompe a prescrição cuja contagem tenha iniciado com a concessão da recuperação judicial ou com a homologação do plano de recuperação extrajudicial".

[279] O prazo mais exíguo será de quatro anos (crime do art. 178, cuja pena máxima abstratamente prevista é de dois anos). Para os delitos previstos nos arts. 168 a 177, cujas penas máximas variam de quatro a seis anos, a prescrição será em oito e doze anos (incs. III e IV do art. 109 do Código Penal).

ção extrajudicial, independentemente da data do fato.[280] A razão da disposição vem justificada pelo art. 180, que declara serem essas decisões condições objetivas de punibilidade. Nesse rumo,

> não tendo ocorrido nenhuma das decisões mencionadas pelo art. 180, não há falar em punição por *crime falimentar* e, muito menos, portanto, em contagem do prazo prescricional de algo que ainda não existe: a *punibilidade do crime falimentar*.[281]

Em concordância o § 1º do dispositivo, no caso de se ter iniciado a contagem com a concessão da recuperação judicial ou homologação da extrajudicial, a sobrevinda da falência interromperá a prescrição, iniciando-se o cálculo novamente.[282]

Em contraposição a esse entendimento de que o início da contagem se dará na data da decretação da falência, concessão da recuperação judicial ou homologação do plano de recuperação extrajudicial, há quem defenda, por uma interpretação sistemática do *caput* e do §1º do art. 182, essencialmente porque o dispositivo alude ser adotada a metodologia de contagem da prescrição do Código Penal, que o termo inicial não serão essas datas referidas, mas, sim, a da consumação do fato (em conformidade ao estipulado no art. 111, inc. I, do Código Penal). Esses termos referidos no art. 182 (decretação da falência, concessão da recuperação judicial ou homologação do plano de recuperação extrajudicial) seriam, tão-somente, marcos interruptivos de uma contagem já iniciada na data em que o fato se consumara. Nesse sentido, observa-se que seria possível, então, a incidência da prescrição, e,

---

[280] Manoel Justino Bezerra Filho (Nova lei de recuperação e falências comentada, p. 385) posiciona-se nesse sentido: "Portanto, segundo o texto desta Nova Lei, o início da contagem do prazo prescricional se dá na data de decretação da quebra ou da concessão da recuperação judicial ou da homologação da extrajudicial, remetendo à disciplina do Código Penal a fixação dos prazos prescricionais. Também salutar é a disposição que estabelece a interrupção da prescrição pela decretação da falência, mesmo no caso de contagem que teria se iniciado a partir da recuperação". Roberto Delmanto e outros (Leis penais especiais comentadas, p. 720) também são adeptos dessa interpretação: "A Lei nº 11.101/05, em seu art. 181, manda aplicar aos crimes falimentares a disciplina da Parte Geral do CP, que trata da prescrição em seus arts. 109 a 119, com algumas adaptações concernentes ao termo inicial da contagem do lapso prescricional. Com efeito, se nos crimes previstos no Diploma Penal a contagem inicia-se no momento em que o crime é cometido ou, no caso de delito permanente, no instante em que cessa a permanência, nos crimes falimentares a situação é diversa. Prevê o legislador que o prazo começa a correr do dia da decretação da falência, da concessão da recuperação judicial ou da homologação do plano de recuperação extrajudicial, não obstante as condutas incriminadas possam ter sido praticadas anteriormente". Ainda comunga do mesmo entendimento Ricardo Antonio Andreucci (Legislação penal especial. São Paulo: Saraiva, 2005, p. 425), para quem: "o início do prazo prescricional do crime falimentar deverá ser contado do dia da decretação da falência, da concessão da recuperação judicial ou da homologação do plano de recuperação extrajudicial".

[281] DELMANTO, Roberto; e outros. Leis penais especiais comentadas, p. 720-1. Arthur MIGLIARI JÚNIOR ("Os crimes falenciais no direito intertemporal". In: Revista da EMERJ, v. 8, nº 31, p. 300-35, 2005) ensina: "Elemento constitutivo do crime falencial e de recuperação de empresa é a sentença que decreta a quebra ou que concede a recuperação judicial ou extrajudicial da empresa em crise. A punibilidade dos crimes falenciais pela sentença é sempre um fator externo ao crime falencial. Caso contrário, ou seja, não existindo o crime falencial, será crime comum, se tipificado na legislação penal. A sentença declaratória de falência ou da concessão da recuperação judicial ou extrajudicial é condição imprescindível do crime falencial".

[282] Cf. MIGLIARI JÚNIOR, Arthur. "Os crimes falenciais no direito intertemporal". In: Revista da EMERJ. Dessa forma, conforme ensina Flávio Augusto Monteiro de Barros (Direito Penal: parte geral, p. 654): "ingressa, assim, no ordenamento jurídico uma nova causa interruptiva da prescrição, a par das previstas no art. 117 do CP, aplicáveis também aos crimes falimentares, por força do art. 12 do CP".

logo, a perda pelo Estado do direito de punir, entre a data da consumação e a data da sentença concessiva, homologatória ou declaratória.[283]

Em não sendo possível apurar-se a data do fato, aí sim a contagem seria iniciada na data da decretação da falência, da concessão da recuperação judicial ou homologação da extrajudicial. Mas, se apurado o dia da consumação, esses marcos somente interromperão uma contagem já iniciada.

Segundo pensamos, assiste razão aos defensores deste segundo posicionamento. Com efeito, não há como se deixar de reconhecer o início da contagem na data da consumação do fato. Aceitar-se a hipótese de que a prescrição teria seu prazo inicial tão-somente a partir da sentença que decreta a falência, concede a recuperação judicial ou homologa o plano de recuperação extrajudicial (como pretendem os partidários da primeira corrente) seria deixar o indivíduo à mercê de um episódio futuro e incerto. Ora, deve-se ter em mente que na prática ocorrerão inúmeras hipóteses em que poderá transcorrer demasiado tempo entre a data da consumação e a da decretação da quebra ou concessão da recuperação. É claro que, tendo passado muitos anos, estarão presentes, no caso, todas as razões justificadoras do instituto da prescrição, e não mais fará sentido o exercício do *jus puniendi* estatal.

Ademais, o argumento de que o lapso prescricional somente poderia se iniciar após a sentença que decreta a falência ou concede a recuperação (judicial ou extrajudicial), porque são condições objetivas de punibilidade, é por demais simplista, frente às injustiças que podem ocorrer na prática. Portanto, o mais correto é uma abordagem sistemática do *caput* e do §1º do art. 182 da Lei nº 11.101/05. E, nesse sentido, o entendimento que exsurge é que a contagem do lapso prescricional inicia-se na data da consumação do fato e será interrompida pela sentença que decreta a quebra ou concede a recuperação judicial ou extrajudicial.

---

[283] Esse posicionamento é defendido por Jayme Walmer de Freitas ("Direito criminal na recuperação de empresas e falência. Lei nº 11.101 de 2005". In: Revista dos Tribunais, v. 838, p. 429-45, ago. 2005) e Gilberto Thums (Crimes falimentares). Também adere à corrente o Professor Nilo Batista (Lições de direito penal falimentar. Rio de Janeiro: Revan, 2006, p. 107-8.), que assim expõe: "Estando a matéria, agora, conciliada com a disciplina geral do Código Penal, acrescida desta causa especial de interrupção do prazo (art. 182, par. ún.) poderíamos encerrar por aqui nossas considerações, não fosse uma única questão, e ainda assim circunscrita aos crimes antefalimentares. A regra segundo a qual a prescrição da bancarrota começa a correr do dia da decretação da falência costuma ser fundamentada no argumento de que, antes do advento da condição objetiva de punibilidade (só então, dizia Manoel Pedro Pimentel, 'torna-se punível o fato e, conseqüentemente, inicia-se o decurso do prazo prescricional'), seria inadequado pensar-se em algo que ainda não existe (a punibilidade). Por outro lado, o Código Penal – que a lei falimentar mandou fosse observado – estabelece que o prazo prescricional começa a correr 'do dia em que o crime se consumou' (art. 111, inc. I), e muitos delitos antefalimentares podem ter se consumado bem antes da sentença de falência. Poderia o legislador ordinário, após a avocação da imprescritibilidade pelo constituinte (art. 5º, incs. XLII e XLIV), impor restrições à plena prescritibilidade sem um mandado constitucional ao menos indireto, analógico? Para que a condição objetiva de punibilidade não produza efeitos diametralmente opostos às finalidades político-criminais que conduziram a sua criação, de cujos fundamentos provém sua legitimidade, é forçoso proclamar que o art. 182 da Lei de Falências não revogou o art. 111 do Código Penal, e portanto nos crimes antefalimentares o início da prescrição pode retroceder ao momento da consumação do delito ou ao último ato executivo (no caso da tentativa), sendo certo que a sentença que homologue a recuperação extrajudicial ou conceda a judicial interromperá o prazo, que novamente será interrompido pela superveniência da sentença de falência. Parece que o legislador quis inviabilizar a prescrição da pretensão punitiva, e semeou minas interruptivas ao longo do procedimento falimentar".

Relativamente ao § 1º do art. 182, é importante observar-se que, embora o legislador tenha previsto a hipótese de interrupção da contagem com a sobrevinda da decretação da falência à concessão da recuperação judicial ou à homologação da extrajudicial, deixou de prever a hipótese em que, depois da tentativa de estabelecer-se determinado plano homologado de recuperação extrajudicial, o devedor vem a ser beneficiado pela recuperação judicial, e, ainda assim, termina não conseguindo evitar a quebra. A Lei nº 11.101/05 não alberga essa hipótese. Nesse sentido, a única conclusão viável é a de que a recuperação judicial será um marco para o início da contagem, mas, em contrapartida, não servirá para interromper o prazo já iniciado com a homologação da recuperação extrajudicial.[284]

Quanto às regras aplicáveis aos casos em que o fato ocorrer posteriormente à decretação da falência, à concessão da recuperação judicial e à homologação da extrajudicial (nas duas últimas hipóteses, quando não sobrevier a falência), ainda será necessário aguardar-se o pronunciamento da doutrina e da jurisprudência sobre o termo inicial de contagem da prescrição. Ao que tudo indica, deverá ser a data do fato.[285] Efetivamente, determinando a Lei de Falências que a prescrição se regulará pelo Código Penal, mas excepcionado o início da contagem (dia da decretação da falência, da concessão da recuperação judicial ou da homologação do plano de recuperação extrajudicial) é correto que, sendo o fato posterior a esses marcos apontados pela lei, seja aplicado o art. 111, inc. I, do Código Penal e, portanto, inicie-se a contagem na data em que o fato se consumou.

Aplicam-se no novo diploma (como já se fazia no antigo), é claro, as causas interruptivas da prescrição. Isso significa que a Súmula 592 do Supremo Tribunal Federal[286] continua sendo aproveitada, posto que desnecessária, em função de a própria Lei nº 11.101/05 determinar seja aplicada a contagem estabelecida no Código Penal, e os marcos interruptivos nele estão previstos (art. 117).

Por fim, cabe lembrar que será admitida a ocorrência da prescrição intercorrente, da prescrição retroativa e da prescrição executória. Agora, tendo em vista que se leva em consideração a pena máxima abstratamente prevista ou a pena fixada na sentença, será viável a incidência da prescrição retroativa, o que antes, segundo importante segmento doutrinário, não se fazia possível.

4. CONFLITO DE LEIS PENAIS NO TEMPO E A PRESCRIÇÃO

A superveniência da Lei nº 11.101/05, com a revogação do Decreto-Lei nº 7.661/45, fez surgir um conflito de leis penais no tempo.[287]

---

[284] Cf. DELMANTO, Roberto; e outros. Leis penais especiais comentadas, p. 721-2.

[285] Cf. LEITE, Luís Fernando Copetti. Aspectos criminais da nova lei de falências. Disponível em: <http://www.mp.rs.gov.br/criminal/doutrina.> Acesso em: nov. 2006.

[286] Súmula 592 do STF: "Nos crimes falimentares, aplicam-se as causas interruptivas da prescrição previstas no Código Penal".

[287] Cf. CARDOSO, Armando. "Direito penal tributário: nova lei de falências e abolitio criminis em matéria de crime falimentar". In: Revista Tributária e de Finanças Públicas.

E, a partir desse conflito intertemporal, resta-se-nos um ponto que merece, sob todos os títulos, uma análise: qual será a lei aplicável, no que se refere ao cômputo prescricional, aos crimes perfectibilizados *pendant* a vigência do Decreto-Lei nº 7.661/45.

O art. 201 da Lei nº 11.101/05 estabeleceu um período de *vacatio legis* de cento e vinte dias após a sua publicação. Tendo-se em vista que a lei foi publicada em 09 de fevereiro de 2005, sua vigência iniciou-se em 09 de junho desse mesmo ano (2005). Portanto, primeiramente, é de se lembrar que, quando se está a tratar de crimes praticados sob a vigência da lei anterior, se está a cuidar dos delitos praticados até esse marco (09 de junho de 2005).

No aspecto da lei aplicável, impende recordar, de início, em breves linhas, que a lei penal mais grave não retroagirá, conforme expressamente previsto no art. 5º, inc. XL, da Constituição Federal, o que implica, por lógica, a ultratividade da *lex mitior*. Por outro lado, a lei mais benigna terá retroatividade, de acordo com a previsão do mesmo dispositivo da Carta Magna.[288]

Tendo as regras sobre prescrição natureza penal, conforme ensina Arthur Migliari Júnior,

> somente poderão ser aplicadas as normas da nova Lei de Recuperação de Empresas e Falências (LRE) às questões penais ocorridas anteriormente à entrada em vigor desta lei, *desde que sejam mais favoráveis aos réus*, tudo conforme o disposto no artigo 2º, parágrafo único, do Código Penal, nestes termos: 'A lei posterior, que de qualquer modo favorecer o agente, aplica-se aos fatos anteriores, ainda que decididos por sentença condenatória transitada em julgado'. Trata-se do princípio penal *novatio legis in mellius*.[289]

Tocante aos prazos, notoriamente, revela-se mais favorável a disposição do art. 199 do Decreto-Lei nº 7.661/45, que estipulava o prazo de dois anos para a prescrição.[290] Isso porque o apenamento mais brando existente na nova lei comina sanção de detenção de um a dois anos, e o prazo de prescrição, nesse caso, conforme o art. 109, inc. V, do Código Penal, será de quatro anos. Assim, sendo a lei anterior mais benigna, terá ultratividade, abarcando todos os fatos praticados durante a sua vigência.[291]

---

[288] Cf. DOTTI, René Ariel. "A retroatividade da lex mitior e o critério da combinação das leis". In: PENTEADO, Jaques de Camargo. Justiça Penal 6. São Paulo: Revista dos Tribunais, 1999, p. 334-5.

[289] MIGLIARI JÚNIOR, Arthur. Crimes de recuperação de empresas e de falências. De acordo com a Lei nº 11.101/2005, p. 101.

[290] Cf. GOMES, Luiz Flávio. Nova lei de falências e suas repercussões criminais. Disponível em: <http://www.lfg.com.br> Acesso em: nov. 2006. Expõe o autor que "no que diz respeito à prescrição, por exemplo, antes (nos crimes falimentares) ela era de dois anos sempre (art. 199 do Decreto-Lei 7.661/45). Agora esse tema passou a ser regido pelo CP (art. 109 e ss.), que conta com prazos prescricionais mais longos (cf. art. 182 da Lei 11.101/05). Nesse ponto, portanto, a lei nova é desfavorável, logo, é irretroativa. Crimes ocorridos antes da sua vigência serão regidos (em matéria de prescrição) pela lei antiga. Crimes novos (ocorridos de 09 de junho em diante) serão regrados pelo novo diploma legal".

[291] Ensina Roberto Delmanto: "Em sete dos onze crimes falimentares previstos nesta lei, ou seja, nos crimes dos arts. 169, 170, 171, 173, 174, 175 e 177, a pena prevista é de reclusão, de 2 (dois) a 4 (quatro) anos, e multa; no delito tipificado no art. 168, a pena é de 3 (três) a 6 (seis) anos de reclusão, e multa, com causas de aumento e de redução previstas em seus parágrafos; já no crime do art. 172, a pena é de reclusão, de 2 (dois) a 5 (cinco)

Por outro lado, tocante ao marco inicial da contagem do prazo, revela-se mais benéfica a regulamentação da Lei nº 11.101/05. O art. 182, da referida lei, prevê o início da fluência da prescrição no dia da decretação da falência, da concessão da recuperação judicial ou da homologação da extrajudicial.[292] O parágrafo único do art. 199 do Decreto-Lei nº 7.661/45, por sua vez, estipulava o início da contagem na data do trânsito em julgado da sentença que encerrava a falência ou julgava cumprida a concordata (sem deixar de lembrar o entendimento da Súmula 147 do Supremo Tribunal Federal, a qual estabelecera como marco inicial a data em que deveria estar encerrada a falência, caso se estendesse por mais de dois anos).[293]

---

anos, e multa; no art. 176, a sanção é de reclusão, de 1 (um) a 4 (quatro) anos e multa; por fim, na infração do art. 177, que tem a pena mais leve desta lei, a punição é de detenção, de 1 (um) a 2 (dois) anos, e multa, se o fato não constituir crime mais grave. Os atuais prazos prescricionais, portanto, são muito superiores aos da antiga lei falimentar, ou seja, quatro anos entre a quebra e o recebimento da denúncia, ou dois anos entre o recebimento da denúncia e a sentença ou acórdão condenatório. Isto porque dispõem os incisos III, IV e V do art. 109 do Código Penal que a prescrição de dará 'em 4 (quatro) anos, se o máximo da pena é igual a 1 (um) ano ou, sendo superior, não excede a 2 (dois)', 'em 8 (oito) anos, se o máximo da pena é superior a 2 (dois) anos e não excede a 4 (quatro)', e 'em 12 (doze) anos, se o máximo da pena é superior a 4 (quatro) e não excede a 8 (oito)'. Como visto, o art. 182 da lei em comento é muito mais gravoso em relação ao antigo art. 199 do Decreto-Lei nº 7.661/45, não devendo a nova disciplina, portanto, retroagir, nos termos do art. 5º, XL, da Magna Carta. (...) Para as quebras ocorridas anteriormente à entrada em vigor da presente Lei (dia 09 de junho de 2005, nos termos do art. 201), a disciplina prescricional a ser observada será aquela do art. 199 do Decreto-Lei nº 7.661/45, que é mais benéfica". (DELMANTO, Roberto; e outros. Leis penais especiais comentadas, p. 721.) Os autores, conforme se infere do trecho transcrito, referem que o prazo da prescrição no Decreto-Lei nº 7.661/45 seria de quatro anos. No aspecto, cumpre referir, que, em verdade, o prazo na legislação revogada era de dois anos. Em razão do marco inicial de contagem (encerramento do processo de falência ou, conforme à Súmula 147 do STF, data em que deveria ter findado) terminava, efetivamente, de acordo com a colocação dos doutrinadores, ocorrendo em quatro anos após a decretação da falência. Mas, ainda assim, quando se fala em prazo prescricional na legislação revogada, deve-se ter em mente o período de dois anos.

292 Nesse ponto, é importante que se observe que não constituirá crime a conduta praticada sob a vigência do Decreto-Lei nº 7.661/45 quando houver, agora, a concessão da recuperação judicial ou a homologação da extrajudicial. É que, no diploma antigo, essas duas condições de punibilidade não estavam incluídas (até porque são institutos da legislação nova). Sob o diploma revogado, somente haveria crime falimentar se existisse o decreto da falência. Assim, considerando as regras já expostas, sobre (ir)retroatividade da lei nova, a conclusão, evidentemente, é de que não serão aplicadas essas novas condições de punibilidade – que aumentam a possibilidade do fato vir a ser criminalizado –, às ocorrências que se deram na vigência da lei anterior.

293 Já há decisão reconhecendo a aplicabilidade do termo inicial previsto na nova Lei de Recuperação de Empresas aos crimes ocorridos antes da sua vigência (jurisprudência extraída de BEZERRA FILHO, Manoel Justino. Jurisprudência da nova lei de recuperação de empresas e falências. São Paulo: RT, 2006, p. 374-8): "ACÓRDÃO – Vistos, relatados e discutidos estes autos de ApCrim 477.349-3/8-00, da Comarca de Diadema, sendo apelante (...) e apelado Justiça Pública: Acordam, em 5ª Câm. Crim. do TJSP, por v.u., dar provimento para julgar extinta a punibilidade dos apelantes pela prescrição retroativa da pretensão punitiva. I – A r. sentença de f., cujo relatório é adotado, condenou(...) à pena de 6 (seis) meses de detenção em regime inicial aberto, substituída pelo pagamento de 10 (dez) dias-multa em seu valor unitário mínimo, por infração aos arts. 186, VI e VII, e 188, VII, do Dec.-lei 7.661/1945 c.c. o art. 29, *caput*, do CP, em razão de fatos ocorridos de 1994 a 1998. Inconformados com tal sentença, dela apelaram os réus visando sua absolvição ante a insuficiência da prova ou, alternativamente, o reconhecimento da prescrição punitiva. Recurso recebido e regularmente processado, sendo o parecer da E. Procuradoria da Justiça pelo seu improvimento. É o relatório. II – Procede o inconformismo dos apelantes. Com efeito, é de se reconhecer a prescrição retroativa da pretensão punitiva, ante o disposto no art. 182 da Lei 11.101 de 09.02.2005 aplicável ao caso presente nos termos do art. 2.º, parágrafo único, do CP. Tal dispositivo da nova lei de falências fixa como termo inicial do prazo prescricional a data da decretação da falência e não mais, como a anterior, o dia em que o processo falimentar estaria ou deveria estar concluído, determinando que à prescrição dos crimes nela previstos seja regulada pelo disposto no Código Penal. Ora, os apelantes foram

Como se vê, o marco inicial de contagem da prescrição na nova lei é mais benéfico, porque, sendo anterior (decreto da falência) ao da lei revogada (trânsito em julgado da sentença que encerrar o processo falimentar), proporciona que, com mais facilidade, se obtenha a extinção da punibilidade.[294]

Sobre a questão da benevolência da lei, cumpre reproduzir a lição de René Ariel Dotti: "O advento de uma *lei nova* poderá beneficiar o agente não apenas quando descriminaliza o fato anteriormente punível, mas quando institui uma regra que: (...) *d*) de qualquer outro modo é mais favorável".[295] Em seguida, o autor, citando Nelson Hungria, refere que a lei nova pode beneficiar o agente quando, dentre outras hipóteses, "*f*) são criadas causas extintivas de punibilidade ou se torna mais fácil o seu advento".[296]

A combinação de disposições da lei nova com a lei antiga sempre foi (e ainda é) combatida por conceituados penalistas, que entendiam que estaria o magistrado, com isso, extrapolando a sua função e exercendo a de legislador, com a criação de uma terceira lei.[297] Atualmente, contudo, a possibilidade tem ganho

condenados à pena de seis meses de detenção cada um, substituída por multa, que assim passa a regular o prazo prescricional, o qual é fixado em dois anos ante a ausência de recurso da acusação, retroagindo seu termo inicial à data da decretação da falência em 02.04.1998 (art. 182 da Lei 11.101/2005 e arts. 109, VI, 110, §§1º e 2º, e 114 do CP). Assim, quando do recebimento da denúncia em 25.03.2002 (f.), já se operara a prescrição, que se refere à pretensão punitiva ante a ressalva do art. 109 do CP. III – Isto posto, dá-se provimento às apelações dos réus(...), a fim de se julgar extinta a punibilidade dos mesmos pela prescrição retroativa da pretensão punitiva. O julgamento teve a participação dos Desembargadores Carlos Biasotti e Sérgio Rui. São Paulo, 21 de julho de 2005 – Gomes de Amorim, pres. e relator (ApCrim 477.349-3/8-00-Diadema)".

[294] Ensina Arthur Migliari Júnior ("Os crimes falenciais no direito intertemporal". In: Revista da EMERJ.): "A antiga regra prevista nos artigos 132 e 199 do Decreto-Lei 7.661/45 continua valendo para os crimes cometidos anteriormente à Lei 11.101/05. No entanto, uma nova discussão deve ser observada: Pelo regime anterior, contavam-se os prazos de prescrição em dois blocos – 2 anos para encerrar a falência – 2 anos para a persecução penal – totalizando 4 anos. Pela nova regra, contam-se os prazos a partir da decretação da falência (art. 182, Lei 11.101/05), eis que tal disposição penal mandou seguir os ditames do Código Penal e, especificamente, disse que o prazo de prescrição 'começa a correr do dia da decretação da falência(...)'. Por esta redação deveremos observar, quando da análise dos crimes do artigo 186 do Decreto-Lei 7.661/45, se já não estão prescritos, eis que a norma da Lei de Recuperação de Empresas (LRE) é muito mais benéfica ao agente, devendo ser utilizada".

[295] DOTTI, René Ariel. "A retroatividade da *lex mitior* e o critério da combinação das leis". In: PENTEADO, Jaques de Camargo. Justiça Penal 6, p. 339-40.

[296] Idem, p. 344.

[297] Nesse sentido, ZAFFARONI, Raúl Eugenio; PIERANGELI, José Henrique. Manual de direito penal brasileiro: parte geral. São Paulo: RT, 2006, p. 198-9. Oportuno, neste ponto, recordar lição de José Frederico Marques (Tratado de direito penal. Campinas: Bookseller, 1997. v. I, p. 256-7: "Dizer que o juiz está fazendo lei nova, ultrapassando assim suas funções constitucionais, é argumento sem consistência, pois o julgador, em obediência a princípios de eqüidade consagrados pela própria Constituição, está apenas movimentando-se dentro dos quadros legais para uma tarefa de integração perfeitamente legítima. O órgão judiciário não está tirando, *ex nihilo*, a regulamentação eclética que deve imperar *hic et nunc*. A norma do caso concreto é construída em função de um princípio constitucional, com o próprio material fornecido pelo legislador. Se ele pode escolher, para aplicar o mandamento da Lei Magna, entre duas séries de disposições legais, a que lhe pareça mais benigna, não vemos porque se lhe vede a combinação de ambas, para assim aplicar, mais retamente, a Constituição. Se lhe está afeto escolher o 'todo', para que o réu tenha tratamento penal mais favorável e benigno, nada há que lhe obste selecionar parte de um todo e parte de outro, para cumprir uma regra constitucional que deve sobrepairar a pruridos de lógica formal. Primeiro a Constituição e depois o formalismo jurídico, mesmo porque a própria dogmática legal obriga a essa subordinação pelo papel preponderante do texto constitucional. A verdade é que não estará retroagindo a lei mais benéfica, se, para evitar-se a transação e o ecletismo, a parcela benéfica da lei posterior não for aplicada pelo

reconhecimento, admitindo-se o aproveitamento dos aspectos mais benéficos de ambas leis. Isso porque o juiz está obrigado a aplicar a lei que favoreça o agente de qualquer modo, sendo a questão da irretroatividade da lei mais prejudicial e da retroatividade da mais benéfica orientações expressas do texto constitucional.[298]

5. CONCLUSÃO

Vimos de ver que existem marcadas diferenças entre os sistemas (do Decreto-Lei nº 7.661/45 e da Lei nº 11.101/05) no tocante à contagem da prescrição aplicável aos delitos falimentares. Conforme exposto, a nova lei de falências, embora o maior rigorismo do legislador, possui aspectos mais favoráveis ao acusado, no conteúdo prescricional. A lei revogada, noutro norte, contém também disposições mais benéficas.

Diante de tal quadro, especificamente sobre o direito intertemporal no caso da prescrição nas legislações falimentares, deverá haver uma combinação da lei revogada e da lei vigente, nos aspectos em que são benéficas. Com isso, respeitar-se-ão os ditames constitucionais (art. 5º, inc. XL) da irretroatividade da lei mais gravosa e da retroatividade da mais benévola.

Dessa forma, será aplicado o prazo prescricional (dois anos) do Decreto-Lei nº 7.661/45 aos fatos praticados sob a sua vigência, ocorrendo, portanto, a sua ultratividade. Já o marco inicial para a contagem dos prazos prescricionais deverá ser regulado pela Lei nº 11.101/05, porque, sendo anterior (decreto da falência), é mais benéfico, e, logo, deve ser aplicado de imediato. Sobre o tema, já há a seguinte decisão:[299]

> Vistos. (...), qualificados nos autos, foram denunciados como incursos nas penas dos arts. 186, VI, e 187, ambos do Dec.-lei 7.661/1945, porque teriam deixado de registrar livro obrigatório na junta comercial, e, praticado ato fraudulento, consubstanciado no pedido de moratória com ciência da impossibilidade de cumprimento de suas condições (f.). Antes do oferecimento da denúncia, os defensores constituídos argüiram a ocorrência da prescrição, por força da conjugação dos arts. 182 e 192

---

juiz; e este tem por missão precípua velar pela Constituição e tornar efetivos os postulados fundamentais com que ela garante e proclama os direitos do homem. Quando está em jogo a Constituição, o juiz, para cumpri-la, pode até mesmo usar os poderes pretorianos do *adjuvare*, *supplere*, *corrigere*, sem que esteja exorbitando. Por que lhe cercear, portanto, a escolha da regra aplicável quando esta é tirada de lei anterior ao julgamento?"

[298] Cf. DOTTI, René Ariel. "A retroatividade da *lex mitior* e o critério da combinação das leis". In: PENTEADO, Jaques de Camargo. Justiça Penal 6, p. 348-54. O autor também relembra a decisão do STF (HC 69.033-5, DJU de 13.03.1992, p. 2.925. In SILVA FRANCO, Alberto; e outros. Código Penal e sua interpretação jurisprudencial. 6. ed. São Paulo: RT, 1997, p. 81) na qual foi admitido o critério da combinação das leis. Sobre o tema combinação de leis, assim se posiciona João Mestieri (Manual de direito penal. Rio de Janeiro: Forense, 1999. v. I, p. 73): "Entendemos que se possa combinar segmentos de leis (diplomas legais), desde que se recepcione o preceito por inteiro. Assim, não seria admissível compor uma sanção penal com a pena privativa de liberdade da lei nova e a pena de multa da lei anterior, quando aplicadas cumulativamente. De outra parte, seria possível aplicar-se a pena da lei anterior, menos gravosa, com um outro dispositivo da lei nova, *e.g.*, uma causa especial de diminuição de pena".

[299] Extraída de BEZERRA FILHO, Manoel Justino. Jurisprudência da nova lei de recuperação de empresas e falências, p. 375-8.

da Lei 11.101/2005 com o art. 199 do Dec.-lei 7661/1945, permitida pela norma do art. 2.º, parágrafo único, do CP (f.). O Ministério Público, em judicioso parecer, opôs-se ao pleito formulado pela defesa, sustentando, em síntese, que as normas regulamentadoras da prescrição insculpidas na Lei 11.101/2005 são mais gravosas que as insertas no Dec.-lei 7.661/1945, que, portanto, devem ser aplicadas ao caso concreto, sendo inadmissível a conjugação de normas extraídas de leis distintas (f.). É o breve relatório. Decido. Após detida análise dos diplomas legais que orientam a questão, mostra-se razoável o pleito formulado pela defesa, pese a relevância da argumentação do Ministério Público. Se não, vejamos. O art. 182, *caput*, da Lei 11.101/2005 estabelece que a prescrição dos crimes falimentares será regida pelo Código Penal, estabelecendo como termo a quo, o 'dia da decretação da falência, da concessão da recuperação judicial ou da homologação do plano de recuperação judicial'. Conclui-se, destarte, que a observância à norma contida no art. 199, *caput*, da lei revogada, que estabelece, como marco inicial do prazo prescricional, a data em que deveria ter sido encerrada a falência, representa inequívoco prejuízo aos indiciados. (...) Vê-se, portanto, que a conjugação de normas já era realizada antes mesmo da alteração legislativa causada pela vigência da Lei 11.101/2005. A facilidade da conclusão, entretanto, esbarra na impossibilidade de aplicação integral do referido art. 182 da Lei 11.101/2005; a regulamentação dos prazos prescricionais dos crimes falimentares pelo art. 109 do CP revela situação prejudicial aos acusados. E, neste diapasão, observo que a conjugação de normas, apesar de solução aparentemente inusitada, atende aos fins sociais e às exigências do bem comum, e, portanto, está em compasso com o disposto no art. 5º da LICC que não limita o operador do direito à interpretação literal da lei. Explico. É evidente que o legislador concluiu pelo desajuste da norma contida no art. 199, parágrafo único, do Dec.-lei 7.661/1945 ao estabelecer como termo inicial da prescrição o 'dia da decretação da falência, da concessão da recuperação judicial ou da homologação do plano de recuperação extrajudicial' e não a data dos fatos, adotando, assim, posição intermediária. Logo, não parece razoável impedir a aplicação, ainda que parcial, do art. 182, *caput*, da Lei 11.101/2005, sob o argumento de impossibilidade de sua conjugação com dispositivo da lei revogada. A questão é tormentosa, não se discute, mas, atenta à necessidade de interpretação teleológica das normas jurídicas, não vejo razão para deixar de conjugar artigos de leis distintas quando tal solução se mostra benéfica aos acusados, ante o disposto no art. 2.º, parágrafo único, do CP. Por tais sucessos, considerando que a quebra foi decretada em 27.02.2002 e que, até a presente data já decorreram mais de dois anos, lapso prescricional dos crimes falimentares estabelecido no art. 199, caput, do Dec.-lei 7.661/1945, sem que sobreviesse qualquer causa interruptiva da prescrição, impõe-se o reconhecimento da prescrição da pretensão punitiva, não havendo justa causa para a persecução penal. Pelo exposto, julgo extinta a punibilidade de (...), com fundamento no art. 107, IV, do CP c.c os arts. 199 do Dec.-lei 7.661/1945 e 182 da Lei 11.101/2005. P.R.I.C. São Paulo, 5 de janeiro de 2006 – MARIA DOMITILA PRADO MANSSUR, Juíza de Direito (Processo 000.05.710-7, 1.ª Vara Cível do Foro Central de São Paulo)".

Nesse rumo, é esse o caminho a ser seguido pela jurisprudência. A combinação de leis penais (revogada e vigente) no tempo vem adquirindo aceitação entre os aplicadores do Direito Penal, e, relativamente às regulamentações falimentares, no âmbito prescricional, é apropriado que se conjugem os aspectos benéficos de cada conjunto normativo (Decreto-Lei nº 7.661/45 e Lei nº 11.101/05), para que se dê efetividade às regulamentações constitucionais sobre a matéria.

Tema VI

Prescrição e medida de segurança[300]

1. INTRODUÇÃO

A possibilidade de a prescrição penal atingir as medidas de segurança é tema há muito merecedor da atenção de juristas, que têm buscado compreender as especificidades e os objetivos de ambos institutos à luz de interpretações e análises bastante acuradas. Entretanto, a matéria encontra-se longe de qualquer ponto de concordância, razão pela qual haveremos agora de enfrentá-la, dando o nosso contingente de ajuda a essa discussão.

Fundamental e inicialmente, coloca-se como pedra angular a própria admissibilidade da ocorrência do instituto prescricional em se cuidando das medidas de segurança. Admitida a viabilidade, impende investigar sobre o modo de cálculo da prescrição, distinguindo-se, para além disso, os casos de inimputabilidade e de semi-imputabilidade.

O objetivo do presente estudo é, portanto, expor os principais traços da discussão que envolve a aplicabilidade da prescrição penal às medidas de segurança, analisando, inclusive, as possíveis formas de cálculo do lapso prescricional. Todavia, antes se coloca a necessidade de uma apresentação *tout court* das medidas de segurança.

2. NOÇÕES GERAIS. CONCEITO

Modernamente, o sistema penal ancora-se, no que toca ao quadro das reações criminais, em dois planos (qualificáveis como) antagônicos: de um lado, o universo das penas, cujo pressuposto inafastável é perfectibilização do juízo de culpabilidade; de outro, o das medidas de segurança, cuja existência depende da periculosidade do agente.[301] Trata-se de sanções jurídico-penais por meio

---

[300] Tema desenvolvido juntamente com Karina Brack.

[301] Giulio Battaglini (Direito penal: parte geral. Traduzido por Paulo José da Costa Júnior e Armida Bergamini Miotto. São Paulo: Saraiva, 1973. 2. v, p. 728) descreve que a medida de segurança "não se apóia nos princípios de imputabilidade e voluntariedade, mas no princípio da perigosidade", com o que, "diante de alguém simplesmente perigoso, o senso comum exprime um juízo totalmente diverso daquele que formula a respeito de alguém culpado. O Direito não pode assumir posição contra esse dado de realidade". De outro curso, a periculosidade pode, *grosso modo*, ser entendida como a tendência (entendida aqui como maior probabilidade) que tem uma determinada pessoa de, no futuro, praticar um comportamento lesivo. Ou, ainda, como a concebe José Luis Guzmán Dalbora ("Las medidas de seguridad. Distinción y relaciones entre penas y medidas de seguridad". In Direito Penal Contemporâneo: estudos em homenagem ao Professor José Cerezo Mir. Luiz Regis Prado (coord.),

das quais se visa à efetividade do sistema, cada uma tendo como meta diferentes protagonistas: as penas têm, no agente imputável, o seu destinatário, enquanto as medidas de segurança encontram, no sujeito inimputável, a sua finalidade. (Em caráter complementar, em se cuidando de agente semi-imputável, em face da consagração do princípio *vicariante*, aplicar-se-á pena *ou* medida de segurança[302]).

Nesse rumo, ao agente incapaz de culpabilidade (que não pode, portanto, sofrer, como conseqüência de sua conduta injusta, a imposição da pena criminal), que ostentar um traço de periculosidade, se lhe destina a medida de segurança – "sob pena de ficarem por cumprir tarefas essenciais de defesa social que a uma política criminal racional e eficaz sem dúvida incumbem"[303] –, cuja função genérica[304] é a de prevenir (especialmente[305]) delitos.

Conceitualmente, a medida de segurança pode ser entendida como o instrumento jurídico-penal por meio do qual se visa a impedir a concreção de ações socialmente danosas por parte de pessoas perigosas. Junto com a pena, a medida de segurança se apresenta como a outra manifestação do *jus puniendi* estatal, "colimando que o indivíduo que delinqüiu e se revelou perigoso não torne a delinqüir".[306]

3. EVOLUÇÃO HISTÓRICA DO INSTITUTO

Desde tempos remotos, fez-se sentir a necessidade de se dotar o sistema punitivo de um novo recurso destinado especialmente à prevenção dos delitos, aban-

São Paulo: RT, 2007, p. 71-88): "el conjunto de condiciones individuales y sociales que, presentes en un sujeto, permiten formular a su respecto un diagnóstico y a la vez un pronóstico, en el sentido de que con semejantes condiciones es probable que cometerá delitos o que volverá a delinquir".

[302] Cf. FAYET, Ney. A sentença criminal e suas nulidades. Rio de Janeiro: Aidê, 1987, p. 246.

[303] Cf. DIAS, Jorge de Figueiredo. Questões fundamentais do direito penal revisitadas. São Paulo: RT, 1999, p. 141.

[304] Cf. MIR PUIG, Santiago. Introducción a las bases del derecho penal. Buenos Aires: B de F Ltda., 2002, p. 66. A par dessa função 'genérica', haveria outras funções 'específicas' em se cuidando das medidas de segurança, como, por exemplo, ainda de acordo com a mesmo autor (p. 68), as asseguratórias, que visariam à inocuização e, se possível, à ressocialização do agente, as educativas, que visariam à sua reeducação, e, finalmente, as terapêuticas, que teriam função curativa.

[305] Como afirma Antonio García-Pablos de Molina (Derecho penal: introducción. Madrid: Servicio de publicaciones de la Facultad de Derecho de la Universidad Complutense de Madrid, 2000, p. 191), "a las exigencias de prevención especial o necesidad de neutralizar el peligro que ciertos sujetos representan, deben su origen las medidas de seguridad en todas las legislaciones".

[306] Cf. NORONHA, E. Magalhães. Direito penal. 34. ed. rev. e atual. por Adalberto Camargo Aranha. São Paulo: Saraiva, 1999. v. 1, p. 314. H. Donnedieu de Vabres (A justiça penal de hoje, Traduzido por Fernando de Miranda. São Paulo: Saraiva, 1938, p. 219) comenta que a noção fundamental da medida de segurança "é duma simplicidade que nos leva aos primeiros balbuciamentos do Direito Penal. Trata-se de pôr a sociedade ao abrigo dum perigo imediato que a ameaça. É por isso que as medidas de segurança, na sua definição mais lata, não se aplicam só as *pessoas* perigosas, mas também às *coisas*. Entre elas compreende-se, por exemplo, a confiscação especial ou encerramento do estabelecimento, que encontra numerosas aplicações nas leis recentes: encerramento duma taberna por contravenção à proibição de vender absinto (lei de 16 de março de 1915 e de 17 de julho de 1916), *etc*. O mesmo ponto de vista realista e utilitário, rejuvenescido pela Escola positiva, cria a originalidade profunda deste meio repressivo, na sua aplicação às pessoas".

donando-se a via exclusivamente punitiva.[307] Realmente, a pena se apresentava como o instrumento *par excellence* de enfretamento da criminalidade, na medida em que, em face das teorias absolutas da pena (Escola Clássica), contra o delito somente era lícito reagir por meio da sanção punitiva, como castigo retributivo da culpabilidade.[308] Isso, entretanto, se mostrava insuficiente como meio de defesa social, especialmente por não investir de modo prioritário na prevenção do delito, como por também deixar *imune* à punição uma série de indivíduos perigosos.[309]

Desse modo, dada a necessidade de se dotar o sistema penal também de um espectro acentuadamente preventivo, bem como de fazer frente aos delinqüentes perigosos inimputáveis, engendrou-se, embrionariamente, a discussão que conduziria à criação das medidas de segurança.[310]

Na primeira metade do séc. XIX, desenvolveram-se teorias e providências para arrostar o perigo social representado por indivíduos inimputáveis (como doentes e alcoólicos), bem como pelos incorrigíveis (*v.g.* os ociosos, mendigos,

---

[307] E, historicamente, esse mérito têm-no as doutrinas [inspiradas nos movimentos] iluministas, as quais já colocavam em destaque a necessidade preventiva. Cesare Beccaria formulou que "mais vale prevenir os delitos que puni-los. Este é principal objectivo de qualquer boa legislação, que é a arte de conduzir os homens ao máximo de felicidade ou mínimo de infelicidade". BECCARIA, Cesare. Dos delitos e das penas. Traduzido por José de Faria Costa. Lisboa: Calouste Gulbenkian, 1998, p. 154.

[308] Cf. ZUGALDÍA ESPINAR, José Miguel. Fundamentos de derecho penal. 3. ed. Valencia: Tirant lo Blanch, 1993, p. 137.

[309] Ferrando Mantovani (El siglo XIX y las ciencias criminales. Santa Fe de Bogotá: Editorial Temis S.A., 2000, p. 18), ao analisar os limites da Escola Clássica, aponta que, "al limitar los mecanismos de defensa contra el crimen a la sola pena como único instrumento de prevención general y especial, mantuvo ajena al sistema penal clásico toda idea no solo de prevención social, sino también de prevención penal especial, mediante medidas neutralizadoras y readaptadoras a la sociedad, aplicadas adecuadamente a la persona del agente. Y así dejó, entre otras cosas, penalmente indefensa a la sociedad frente a los delincuentes peligrosos no imputables". Igualmente José Miguel Zugaldía Espinar (Fundamentos de derecho penal, p. 137-8) agrega que, devido à filosofia positivista, no final do séc. XIX, surgiram pontos de vista (vinculados à Escola Positiva – teorias relativas da pena) que destacaram a insuficiência da pena para reagir, adequadamente, frente a: "a) personas que no han cometido todavía un hecho previsto por la ley como delito que, sin embargo, es sumamente probable que lo pueden cometer de forma inmediata (autores no culpables pero peligrosos); b) personas que han realizado un hecho previsto por la ley como delito pero de forma no culpable (autores no culpables, pero también peligrosos); c) personas 'culpables y peligrosas'. Para tales casos se proponía que, en vez de, o junto a la pena, pudieran imponerse medidas de seguridad carentes de reproche y orientadas exclusivamente a la prevención especial (tratamiento orientado a la evitación de la reincidencia)". Em razão disso, "frente al monismo de las teorías absolutas – utilización exclusiva de la pena – pronto se impuso en la legislaciones el sistema de 'doble vía' en base al cual el Derecho Penal empezaba a contar con dos medios para el cumplimiento de sus fines: a) la pena, conceptuada como un castigo fundamentado en la culpabilidad del autor, de esencia retributiva, y orientada 'en la medida de lo posible' hacia fines preventivos (prevención general y prevención especial); b) la medida de seguridad, conceptuada como una aséptica privación de bienes jurídicos fundamentada en la peligrosidad del autor, de esencia preventiva, y orientada exclusivamente hacia fines de prevención especial". (Cf. ZUGALDÍA ESPINAR, José Miguel. Fundamentos de derecho penal, p. 138-9.)

[310] Ferrando Mantovani (El siglo XIX y las ciencias criminales, p. 21-2) destaca o papel inovador que coube à Escola Positiva nessa ampliação das medidas criminais: "Y esto no solo introduciendo, al lado del tradicional concepto de la defensa del orden jurídico y de la prevención general, la idea innovadora de la prevención especial y de la readaptación social y sustituyendo el instrumento único y rígido de la pena por una más amplia y elástica tipología de medidas criminales, adaptables a la personalidad del delincuente; sino, antes que todo, proclamando la necesidad primordial de una prevención general y especial social, mediante la genial intuición de los sustitutivos penales, que pueden eliminar la razón de las sanciones penales al eliminar las causas mismas del delito". Sobre o tema, são especialmente importantes as abordagens feitas por José Luis Guzmán Dalbora (Las medidas de seguridad. Distinción y relaciones entre penas y medidas de seguridad, p. 71-77).

criminosos habituais *etc.*),[311] que se encontravam, por carecerem da capacidade criminal, *imunizados* em face da pena. A eles deveria haver mecanismos interventivos por meio dos quais se poderia neutralizar a sua periculosidade, estabelecendo-se-lhes o tratamento adequado em cada caso. Nessa lógica das coisas, as medidas de segurança surgem "para hacer frente a ciertos supuestos de peligrosidad que no pueden neutralizarse con la pena. Llegan a donde no puede llegar ésta, y satisfacen exigencias de prevención inaccesibles a la pena retributiva, complementando la respuesta penal convencional".[312]

Nesse terreno, entretanto, a primeira apresentação das medidas estruturadas, a partir de um sistema racional e sistematizado em um corpo legal, deve-se a Carlos Stoos, com o seu anteprojeto do Código Penal suíço em 1893.[313] Após a Suíça, diversas legislações européias seguiram a iniciativa. Já a consolidação efetiva das medidas de segurança, em capítulo próprio, deu-se no Código Italiano de 1930.[314] Nos dias atuais, quase todas as legislações dispõem a respeito desse instrumento de defesa social.[315] No Brasil, a medida de segurança foi adotada pelo Código Penal de 1940.[316]

---

[311] Cf. MAGGIORE, Giuseppe. Derecho penal. Traduzido por José J. Ortega Torres. Buenos Aires: Depalma, 1954. v. II, p. 396. Ainda refere esse autor que "Portaestandarte de este movimiento fue la Inglaterra liberal al instituir los manicomios criminales, en virtud de la *Criminal lunatic asylum act*, de 1860, y de la *Trial of lunatic act*, de 1883. Siguieron, en esa misma nación, las providencias contra los alcoholizados (*Inebriate act*, de 1898) y para amparo de los menores (*Children act*, de 1908). Imitaron en gran parte a Inglaterra, desarrollando programas análogos, los Estados continentales, como Francia, Bélgica, Noruega, Suiza, Austria, Alemania y, por último, Norteamérica. Italia no fue tampoco sorda a la nueva corriente, y en el Código Penal de 1889 dispuso medidas de carácter preventivo para los locos, los menores, los ebrios y los reincidentes (arts. 46,48, 53 a 58, 80, 488, *etc.*). También el Código de Procedimiento Penal de 1913 intervino con providencias especiales en favor de los menores (arts. 306, 315, 373, 423, *etc.*). Recuérdese además que una comisión presidida por Quarta compiló en 1912 un completo proyecto de ley para trato de los menores. Hoy puede llamarse general, en la doctrina y en la legislación, la tendencia a poner, al lado de las penas, algunas medidas de seguridad, aplicables a los individuos peligrosos, sean o no irresponsables, después de haber cometido un delito, por el cual han quedado exentos de pena, o cuando la pena sufrida ha sido insuficiente".

[312] Cf. GARCÍA-PABLOS DE MOLINA, Antonio. Derecho penal: introducción, p. 193.

[313] Cf. MORILLAS CUEVA, Lorenzo. Teoría de las consecuencias jurídicas del delito. Madrid: Editorial Tecnos, 1991, p. 223.

[314] Cf. SOUZA, Moacyr Benedicto de. O problema da unificação da pena e da medida de segurança. São Paulo: Bushatsky, 1979, p. 25-26. Como explicam Giovanni Fiandaca e Enzo Musco (Diritto penale: parte generale. Bologna: Zanichelli, 1990, p. 482) "L' introduzione delle misure di sincurezza detentive viene di solito considerata – come abbiamo già anticipato – una delle più significative novità della codificazione del 1930. L´intento originario del legistore è quello di construire un sistema penale conforme alla realtà istituzionale del nuovo regime autoritario e ispirato ad una rigida difesa sociale: ciò per assicurare la prevalenza degli interessi generali su quelli particolari e la subordinazione incondizionata del singolo alla collettività. La genesi della misura di sicurezza va colta in questa ottica: mentre la pena deve mantenere la sua tradizionale natura di reazione al delitto (retribuzione-prevenzione generale), la misura di sicurezza deve mirare al raggiungimento di una finalità preventiva di recupero sociale del soggetto attraverso una specifica attività di rieducazione e di cura, pur mantenendo un carattere di afflittività".

[315] Cf. PANCHERI, Ivanira. "Medidas de segurança". In: Revista Brasileira de Ciências Criminais, ano 5, n. 20, p. 105-12, out.-dez. 1997, p. 105.

[316] Cf. MARCHEWKA, Tânia Maria Nava. "As contradições da medida de segurança no contexto do direito penal e da reforma psiquiátrica no Brasil". In: Revista de Ciências Penais, ano 01, nº 00, p. 175-89, 2004, p. 180.

4. NATUREZA JURÍDICA

As medidas de segurança têm a natureza de sanção penal,[317] na medida em que se apresentam como modalidade de expressão do poder coativo estatal, cuja finalidade – tal qual a das penas – é a de proteção de bens jurídicos. Desse modo, "a pena e a medida de segurança, como sanções penais, apenas diferem entre si pela prevalência, na primeira, do aspecto de medida repressiva, e na segunda, do caráter de providência preventiva",[318] ou seja, pena e medida de segurança se diferenciariam, entre outras razões, porque a primeira visaria à repressão, à compensação, e teria como parâmetro a culpabilidade; já a segunda objetivaria a prevenção,[319] fundamentar-se-ia na periculosidade e teria como fim a defesa social, e não a retribuição do mal pelo mal.[320]

Sob o aspecto da utilização das sanções penais, o sistema poderá ser qualificado como *monista* – isto é, quando contiver tão-somente a pena como instrumento reativo ao crime –, ou *dualista* – vale dizer, quando a medida de segurança se colocar concorrentemente com a pena como um outro instituto no quadro das medidas de reação anticriminal.[321] (Edmundo Mezger referiu-se à "duplicidad de las medidas de lucha contra el delito" [pena e medida de segurança]).[322]

---

[317] Eugenio Raúl Zaffaroni e José Henrique Pierangeli (Manual de direito penal brasileiro: parte geral. São Paulo: Revista dos Tribunais, 2006, p. 731) entendem que a natureza das medidas de segurança não é propriamente penal, "por não possuírem um conteúdo punitivo, mas o são formalmente penais, e, em razão disso, são elas impostas e controladas pelos juízos penais". E acrescentam: "Sua natureza jurídica nada tem a ver com a pena, que desta diferencia por seus objetivos e meios. Mas as leis penais impõem um controle formalmente penal, e limitam as possibilidades de liberdade da pessoa, impondo o seu cumprimento, nas condições previamente fixadas que elas estabelecem, e cuja execução deve ser submetida aos juízes penais. A forma penal desta coerção compromete grandemente a liberdade das pessoas a ela submetidas". Para Odin I. do Brasil Americano (Manual de direito penal: parte geral. De acordo com a Lei n. 7.209, de 11-7-1984. São Paulo: Saraiva, 1985. 1. v, p. 456), "hoje, mercê da doutrina sustentada pela defesa social, ainda que timidamente, procura-se mais a prevenção social, sua defesa, e sobretudo a defesa do homem como a personagem principal da justiça penal. De conseqüência, a natureza do instituto não é o que mais importa, porém sua qualidade de prevenir e proteger o homem".

[318] Cf. MARQUES, José Frederico. Tratado de direito penal. Campinas: Millennium, 1999. v. III, p. 244.

[319] Como descrevem Paul Bockelmann e Klaus Volk (Direito Penal: parte geral. Tradutora Gercélia Batista de Oliveira Mendes. Belo Horizonte: Del Rey, 2007, p. 357): "O objetivo da medida é, antes, a simples prevenção, mais especificamente a prevenção especial, a profilaxia contra a criminalidade futura do agente a quem foi imposta".

[320] Como enfatiza José Luis Guzmán Dalbora (Las medidas de seguridad. Distinción y relaciones entre penas y medidas de seguridad, p. 83): "Sabemos ya que la doctrina mayoritaria ha resuelto este mudo gordiano em favor de la inserción de las medidas (se sobreetiende que sólo las postdelectivas) en el sistema de sanciones del derecho, y que, impulsándose más adelante, entiende que ellas, en cuanto medios de lucha contra el delito, son una especie de sanción juridico-penal".

[321] Como se expressa Francisco Muñoz Conde (Derecho penal y control social. 2. ed. Santa Fe de Bogotá: Editorial Temis S.A., 1999, p. 39), "el sistema penal no solo es un medio de represión sino también un medio de prevención y lucha contra la delincuencia. Si esta doble tarea se lleva a cabo solamente con la aplicación de un solo medio, con la pena, se habla de un derecho penal monista. Por el contrario, se habla de un derecho penal dualista, cuando junto a la pena, se aplican otras medidas de distinta naturaleza a las que se llaman medidas de seguridad o corrección".

[322] MEZGER, Edmundo. Tratado de derecho penal. Traduzido por José Arturo Rodríguez Muñoz. Madrid: Editorial Revista de Derecho Privado, 1949. t. II, p. 434.

Em sua origem (elaboração do Stoos), a medida de segurança nasceu como um instituto diverso da pena criminal, aplicável a certos tipos específicos de delinqüentes, sedimentando, pois, a concepção dualista, ainda hoje preponderante nas legislações penais.[323]

O atual Código Penal brasileiro adota o sistema dualista (ou seja, há previsão de ambas as formas de reação penal – penas e medidas de segurança), na modalidade vicariante.[324] Por via própria de conseqüência, a medida de segurança é aplicável aos inimputáveis e possui a sua fundamentação na periculosidade; a pena criminal, por seu turno, é dirigida ao autor de fato punível e baseia-se na culpabilidade. Aos semi-imputáveis, a princípio, será aplicada pena; entretanto, se necessitarem de especial tratamento, a pena poderá ser substituída pela medida de segurança.[325]

Dessa forma, a medida de segurança será destinada ao agente que, no momento da prática do fato delituoso, era inteiramente incapaz de entender o caráter ilícito de sua conduta ou de determinar-se de acordo com esse entendimento (inimputáveis).[326] Ainda poderá a medida de segurança ser imposta aos semi-imputáveis (agente não inteiramente capaz de entender o caráter ilícito do fato ou de determinar-se de acordo com esse entendimento), em substituição à pena aplicada, quando a sua condição indicar a necessidade de especial tratamento curativo.[327]

De conseqüência, dentro desse contexto das formas de reação estatal (direcionadas a cada agente [imputável, semi-imputável ou inimputável]), bem como das tradicionais diferenciações entre pena e medida de segurança, apresenta-se a questão acerca da possibilidade de sujeição da segunda ao instituto prescricional.

---

[323] Cf. BRUNO, Aníbal. Perigosidade criminal e medidas de segurança. Rio de Janeiro: Rio, 1977, p. 155.

[324] Cf. GOMES, Luiz Flávio. Direito penal: parte geral. Teoria constitucionalista do delito. São Paulo: RT, 2004, p. 360. De acordo com o autor, "acabou como se vê, o sistema do duplo binário no Direito penal Brasileiro. Por força desse sistema, o juiz podia (até 1985, no Brasil) impor pena mais medida de segurança (duas conseqüências, contemporaneamente). Hoje isso acabou. Vigora, entre nós, o sistema alternativo, que a doutrina brasileira chama de vicariante (ou se impõe pena ou se impõe medida de segurança)".

[325] Cf. GOMES, Luís Flávio. "Duração das medidas de segurança". In: Revista dos Tribunais, ano 80, v. 663, p. 257-67, jan. 1991, p. 258.

[326] Segundo o art. 26, *caput*, do Código Penal: "É isento de pena o agente que, por doença mental ou desenvolvimento mental incompleto ou retardado, era, ao tempo da ação ou da omissão, inteiramente incapaz de entender o caráter ilícito do fato ou de determinar-se de acordo com esse entendimento". Complementa o *caput* do art. 97: "Se o agente for inimputável, o juiz determinará sua internação (art. 26). Se, todavia, o fato previsto como crime for punível com detenção, poderá o juiz submetê-lo a tratamento ambulatorial".

[327] Dispõe o art. 26, parágrafo único: "A pena pode ser reduzida de um a dois terços, se o agente, em virtude de perturbação de saúde mental ou por desenvolvimento mental incompleto ou retardado não era inteiramente capaz de entender o caráter ilícito do fato ou de determinar-se de acordo com esse entendimento". Arremata o art. 98: "Na hipótese do parágrafo único do art. 26 deste Código e necessitando o condenado de especial tratamento curativo, a pena privativa de liberdade pode ser substituída pela internação, ou tratamento ambulatorial, pelo prazo mínimo de 1 (um) a 3 (três) anos, nos termos do artigo anterior e respectivos § § 1º a 4º".

5. DAS DIFERENTES POSSIBILIDADES DE COMPREENSÃO DO PROBLEMA

Tendo em vista serem as medidas de segurança, como referido, uma modalidade de reação estatal diferenciada da pena criminal, caracterizando-se, substancialmente, como um tratamento voltado à prevenção (sendo-lhe, muitas vezes, negada a característica de retribuição), divergem os entendimentos doutrinários quanto à viabilidade ou não de ocorrência da prescrição das medidas.

Com efeito, polarizaram-se as posições, havendo um acentuado predomínio na corrente que admite a prescrição, apesar de haver argumentos em sentido contrário.

5.1. Da corrente que rejeita a possibilidade de incidência do instituto da prescrição às medidas de segurança

A linha argumentativa daqueles que se posicionam desfavoravelmente à prescrição das medidas de segurança baseia-se, inicialmente, na maneira como o instituto é disciplinado no Código Penal, a qual sugeriria interpretação no sentido de que somente as penas criminais estariam submetidas à hipótese.[328]

O arrazoado mais consistente, contudo, fundamenta-se na idéia de que a medida de segurança possui a sua limitação sempre condicionada à persistência das razões que ensejaram a sua imposição (periculosidade). Nesses moldes, enquanto perdurasse o distúrbio psicológico ou psiquiátrico que torna o agente perigoso, deveria ele permanecer internado. Com isso, evitar-se-ia a concreção de outras ações socialmente danosas.[329]

---

[328] Cf. ROSSETTI, Janora Rocha. "Da prescrição da medida de segurança". In: Revista dos Tribunais, ano 81, v. 679, p. 301-7, maio. 1992, p. 301.

[329] Entendem inadmissível a prescrição das medidas de segurança Daniel Prado da Silveira e Hideo Ozaki (Prática de execução criminal. São Paulo: Saraiva, 1991, p. 109-10). Assim manifestam-se os autores: "Entendemos que a medida de segurança é imprescritível porque sua duração estará sempre condicionada à permanência da periculosidade. Nesse sentido, oportuno o magistério do conceituado jurista Antonio Rodrigues Porto, mencionando que o Supremo Tribunal Federal já decidiu que o parágrafo único do art. 96 do Código Penal (igual ao art. 86 do CP de 1940), só se aplica quando tenham sido impostas concomitantemente pena privativa de liberdade e medida de segurança (RTJ, 114:169) (PORTO, Antonio Rodrigues. Da prescrição penal. 4. ed. São Paulo: Revista dos Tribunais, 1988, p. 101). 'Nessa linha, trazemos também à colação os ensinamentos de Florian, para quem é 'inadmissível a prescrição relativa às medidas de segurança, porque a razão delas cessa, não pelo decurso do tempo, mas pelo desaparecimento da periculosidade'' (In: PORTO, Antonio Rodrigues. Op. cit., p. 101). Diante de tudo isso, a conclusão é inexorável: A medida de segurança é imprescritível. A razão é simples, pois sua razão está fundada na persistência ou não dos motivos que ensejaram a sua imposição. Assim, enquanto perdurar a perigosidade, o sentenciado permanecerá internado, nos termos do art. 97, § 1º, do Código Penal. Tanto isso é verdade que a imposição da internação, embora tenha um período mínimo como termo inicial, é por prazo indeterminado. Convém destacar o ensinamento do Eminente Juiz José Habice, quando diz que 'como bem ressaltado no parecer ministerial de 1ª Instância e na r. sentença, a dúvida deve ser resolvida em favor da sociedade' (Agravo em Execução 580.993/9, 7ª Câm. do TACrim, j. em 27-7-1989). O sentenciado que recebe a imposição da medida de segurança apresenta, de fato, um grave distúrbio psicológico ou psiquiátrico, que compromete não só a tua segurança, como também a dos outros. Assim, enquanto não restar cessada a sua periculosidade, não há que se falar em lapso ou termo da medida. A mesma estará condicionada sempre à permanência ou não do quadro que ensejou a sua decretação".

Ademais, também é possível apontar como contraponto à possibilidade de aplicação da prescrição o fato de, conforme ao já exposto, haver posicionamento negando a característica de repressão às medidas de segurança. Nesse sentido, se não há característica sancionatória, não se poderia falar em perda do *ius puniendi* estatal.

A postura que nega a possibilidade da prescrição das medidas de segurança é amplamente minoritária. Cumpre, pois, partirmos para a análise do posicionamento que sufraga a viabilidade de incidência do instituto prescricional às medidas de segurança.

5.2. Da concepção que admite a possibilidade de incidência do instituto da prescrição às medidas de segurança

A corrente doutrinária que admite a possibilidade de incidência da prescrição no âmbito das medidas de segurança apóia-se, inicialmente, na própria lei, sustentando que o parágrafo único do art. 96 do Código Penal dispõe que as medidas de segurança não serão impostas (nem subsistirá a que já o foi) quando estiver extinta a punibilidade.[330] E, por óbvio, a prescrição alista-se entre as causas de extinção da punibilidade (art. 107, inc. IV, do Código Penal).[331] [332]

A par disso, argumentam ainda os defensores dessa concepção, para que não se viole o princípio da isonomia, havendo limitação de aplicação e de execução da pena pelo tempo ao transgressor imputável, não há como se deixar de reconhecer também aos inimputáveis e semi-imputáveis, quando imposta medida de segurança. Todos são iguais e devem ser tratados sem discriminação (arts. 3º, IV, e 5º da Constituição Federal).[333] Igualmente, "a lentidão da atividade estatal atua no sentido de fazer desaparecer o interesse social na repressão do crime, representado pela vontade de encontrar o culpado e repreendê-lo, mesmo que tal corresponda à sujeição à medida de segurança".[334]

Nesse aspecto, embora as tradicionais diferenciações conceituais entre pena e medida de segurança,[335] esta também possui caráter aflitivo, pela imposi-

---

[330] Antonio Lopes Baltazar (Prescrição penal. São Paulo: Edipro, 2003, p. 134) comenta: "Até 1984, havia previsão expressa sobre a extinção da medida de segurança, decorridos cinco anos do cumprimento da pena, desde que o condenado não praticasse novo delito. Porém, atualmente, não há menção no Código Penal".

[331] Cf. GOMES, Luís Flávio. "Duração das medidas de segurança". In: Revista dos Tribunais, p. 259.

[332] Segundo Nélson Hungria (Comentários ao Código Penal. Rio de Janeiro: Forense, 1959. v. III, p. 151-2): "Extinta a punibilidade, antes ou depois da sentença irrecorrível no processo, seria politicamente desaconselhável a imposição ou execução de medidas de segurança, sujeitando o indivíduo a constrangimentos que a própria causa extintiva de punibilidade está a demonstrar inoportunos ou desnecessários. Se a periculosidade, como fundamento da medida de segurança, está subordinada, via de regra, à efetiva prática de um crime (sendo, as mais das vezes, complemento ou acessão da pena), e se a punibilidade deste deixa de existir, não incorre a lei em ilogismo reconhecendo que a mesma razão que ulteriormente faz desaparecer a punibilidade do crime deve importar não subsista este como indício de periculosidade".

[333] Cf. GOMES, Luís Flávio. "Duração das medidas de segurança". In: Revista dos Tribunais, p. 259.

[334] ROSSETTI, Janora Rocha. "Da prescrição da medida de segurança". In: Revista dos Tribunais, p. 301.

[335] Segundo Luiz Flávio Gomes ("Duração das medidas de segurança". In: Revista dos Tribunais, p. 258), "penas e medidas de segurança, conceitualmente, distinguem-se porque: 1. a pena tem natureza retributivo-preventiva

ção coercitiva e pela restrição total, parcial ou potencial de direitos fundamentais.

Não obstante a medida de segurança seja vista, tradicionalmente, como um tratamento voltado à prevenção, e lhe seja negada a característica de retribuição, a sua aplicação termina por privar e restringir direitos do indivíduo que a ela é submetido. Por isso, não se lhe pode negar o caráter aflitivo. E, nesse contexto, não se diferencia, em sua essência, da pena, até porque ambas são destinadas à defesa e ao controle da sociedade.[336] [337]

Além disso, a medida de segurança, tal qual a pena, pressupõe a realização de um fato típico e antijurídico, e, por isso, também está afeta aos efeitos da passagem do tempo.[338]

Desse modo, sendo possível a incidência do instituto da prescrição às medidas de segurança, sobrevém questionamento acerca dos lapsos prescricionais (na medida em que o Código Penal não disciplina a matéria) aplicáveis aos semi-imputáveis e aos inimputáveis.

5.2.1. Prescrição da medida de segurança aplicada aos semi-imputáveis

Quando se analisa a prescrição das medidas de segurança, assim como se faz com a da pena, torna-se necessário distinguir as várias modalidades de prescrição, uma vez que ensejarão diferenciações no momento do cálculo.

5.2.1.1. Da prescrição da pretensão punitiva propriamente dita

Tratando-se da prescrição da pretensão punitiva propriamente dita,[339] os lapsos prescricionais serão regulados pelo máximo da pena privativa de liberdade

---

enquanto as medidas são só preventivas; 2. a pena baseia-se na culpabilidade, enquanto a medida, na periculosidade; 3. a pena aplica-se aos imputáveis e semi-imputáveis – as medidas não se aplicam aos imputáveis; 4. A pena é proporcional à infração – a proporcionalidade das medidas está na periculosidade; 5. a pena é fixa, enquanto a medida indeterminada; 6. a pena está voltada para o passado (crime-culpabilidade-retribuição), enquanto, as medidas miram para o futuro (cura-prevenção)".

[336] Cf. GOMES, Luís Flávio. "Duração das medidas de segurança". In: Revista dos Tribunais, p. 260.

[337] Ivanira Pancheri ("Medidas de segurança". In: Revista Brasileira de Ciências Criminais, p. 107) refere que "é de se salientar que não obstante a bondade dos administradores da instituição ou da qualidade excepcional do tratamento, este encarceramento involuntário constitui uma pena". Tânia Maria Nava Marchewka ("As contradições da medida de segurança no contexto do direito penal e da reforma psiquiátrica no Brasil". In: Revista de Ciências Penais, p. 185) comenta: "A medida de segurança e a pena privativa de liberdade constituem duas formas semelhantes de controle social e, substancialmente, não apresentam diferenças. Consubstanciam formas de invasão da liberdade do indivíduo pelo Estado, e, por isso, todos os princípios fundamentais e constitucionais aplicáveis à pena devem também ser adotados às medidas de segurança".

[338] Cf. ROSSETTI, Janora Rocha. "Da prescrição da medida de segurança". In: Revista dos Tribunais, p. 301.

[339] A prescrição da pretensão punitiva (propriamente dita) é a aquela que pode acontecer em momento prévio à sentença condenatória com trânsito em julgado para a acusação, e regula-se pela pena máxima abstratamente cominada para o delito (art. 109, *caput*). (Cf. NUCCI, Guilherme de Souza. Código Penal comentado. São Paulo: Revista dos Tribunais, 2007, p. 513-521.)

cominada ao crime[340] (reduzida em um terço, se já estiver definido o quadro da semi-imputabilidade, em razão da causa de diminuição geral da pena prevista no art. 26, parágrafo único, do Código Penal). Efetivamente, antes da existência de sentença, levar-se-á em conta a pena máxima abstratamente prevista (operada, em sendo o caso, a redução). Até porque, nesse momento processual (antes do *decisum* final), ainda não se sabe se haverá aplicação de medida de segurança (pois tal se dará sempre na sentença).

5.2.1.2. Da prescrição punitiva retroativa e intercorrente

De acordo ao já referido, na sentença, será aplicada aos semi-imputáveis pena privativa de liberdade, que poderá ser reduzida[341] de um a dois terços e, conforme à necessidade, substituída por medida de segurança[342] (arts. 26, parágrafo único, e 98 do Código Penal).

As modalidades de prescrição retroativa e intercorrente,[343] tendo em vista ser a medida de segurança resultado da substituição de uma sanção aplicada, segundo a necessidade de reprovação e prevenção do crime (art. 59 do Código Penal), serão reguladas pelo *quantum* fixado na sentença.[344] [345]

---

[340] Cf. ROSSETTI, Janora Rocha. "Da prescrição da medida de segurança". In: Revista dos Tribunais, p. 302. "No tocante à prescrição punitiva propriamente dita, não há qualquer discrepância no sentido de que a prescrição é regulada pelo máximo de pena privativa de liberdade cominada ao delito, quer se trate de inimputável, quer de semi-imputável". (BARROS, Flávio Augusto Monteiro de. Direito Penal: parte geral. v. 1. São Paulo: Saraiva, 2006, p. 651.)

[341] Embora o parágrafo único do art. 26 discipline que a pena "pode" ser reduzida de um a dois terços, o entendimento correto é a obrigatoriedade de aplicação da causa de diminuição. "(...) O peculiar estado de saúde mental ao tempo do crime, a lhes obstaculizar a autodeterminação e o pleno entendimento sobre a ilicitude do fato, os diferencia dos imputáveis, que têm plena percepção e controle sobre os seus atos; em conseqüência desta dessemelhança, os semi-imputáveis devem suportar um menor rigor apenativo, com a redução – reafirme-se, obrigatória –, de sua pena na quantificação de um a dois terços". (ROSSETTI, Janora Rocha. "Da prescrição da medida de segurança". In: Revista dos Tribunais, p. 303.)

[342] Para Janora Rocha Rosseti ("Da prescrição da medida de segurança". In: Revista dos Tribunais, p. 303), detectada a semi-imputabilidade do acusado, o juiz estará obrigado a substituir a pena por medida de segurança quando "constatar que não lhe é possível entender a punição, diante da necessidade de tratamento curativo (art. 98 do CP)".

[343] A prescrição da pretensão punitiva intercorrente, subseqüente ou superveniente baseia-se na pena aplicada, transitada em julgado para a acusação ou improvido seu recurso, e ocorre nos lapsos entre a sentença condenatória e o seu trânsito em julgado (art. 110, § 1°). Já a prescrição retroativa também se fundamenta na pena aplicada (desde que não haja recurso da acusação ou seja este improvido), mas leva em conta os marcos anteriores ao decisório. Com a pena concretizada, o juiz irá verificar, para trás, se não ocorreu a prescrição (art. 110, § 1°). (Cf. NUCCI, Guilherme de Souza. Código Penal comentado, p. 513-521.)

[344] Cf. LOZANO JÚNIOR, José Júlio. (Prescrição penal. São Paulo: Saraiva, 2002, p. 211.) Segundo o autor, "isso se dá mesmo por aplicação analógica do parágrafo único do art. 109 do CP, o qual determina que a prescrição, quando fixada pena restritiva de direitos, ocorra no mesmo prazo da sanção privativa de liberdade por ela substituída".

[345] No sentido, a seguinte decisão: "*HABEAS CORPUS*. MEDIDA DE SEGURANÇA substitutiva da pena. Prescrição da pretensão punitiva. O prazo prescricional da medida de segurança imposta em substituição à pena privativa de liberdade rege-se pelo tempo desta, já que enquanto subsistente a pena corporal é possível a imposição daquela. Ordem conhecida e indeferida". (STF, HC 71253/SP – Rel. Min. PAULO BROSSARD, Segunda Turma, julgado em 21.06.1994.) Ainda: "FURTO. EXTINÇÃO DA PUNIBILIDADE PELA PRESCRIÇÃO. Tendo a pena sido fixada em sete meses de reclusão para o furto simples, em razão da semi-imputabilidade

Existem casos, entretanto, em que os magistrados aplicam diretamente a medida de segurança aos semi-imputáveis, sem proceder à recomendada substituição prevista no art. 98 do Código Penal. Nesses casos, a prescrição, consoante indicação doutrinária e jurisprudencial, será regulada pela pena mínima cominada abstratamente ao delito praticado e o correspondente prazo dos incisos do art. 109 do Código Penal.[346]

Entretanto, deve referir-se, não é correta a aplicação da medida de segurança sem a anterior fixação da pena.[347] Esse não é o norte fornecido pelos arts. 26, parágrafo único, e 98 do Código Penal. A par disso, essa orientação termina por impossibilitar a contagem pela pena fixada na sentença, adequada para a reprovação e prevenção do crime. Ainda, é importante frisar-se, em diversas vezes, será mais favorável ao agente a contagem pela pena em concreto. Assim também entende Janora Rocha Rossetti:[348]

---

do acusado, e passados mais de dois anos da data do fato e do recebimento da denúncia, ocorreu a prescrição da pretensão punitiva retroativa do Estado em relação ao acusado. EXTINÇÃO DA PUNIBILIDADE PELA PRESCRIÇÃO". (Apelação Crime nº 70012522363, Sétima Câmara Criminal, Tribunal de Justiça do RS, Relator: Des. Nereu José Giacomolli, julgado em 15/09/2005.)

[346] Cf. JESUS, Damásio Evangelista de. Prescrição penal. 13. ed. São Paulo: Saraiva, 1999, p. 153. Também nesse sentido: INIMPUTABILIDADE PENAL. EXAME PERICIAL. ART. 98 C.P. PRESCRIÇÃO DA PRETENSÃO PUNITIVA. EXTINÇÃO DA PUNIBILIDADE. Imputabilidade parcial reconhecida pela perícia. Aplicação do artigo 98 do Código Penal. Omissão com relação a pena privativa de liberdade a ser substituída. Prazo prescricional. Tendo a sentença guerreada reconhecido que o acusado se encontrava nas circunstancias do parágrafo único do artigo 26 do Código Penal, na forma do artigo 98 do mesmo diploma legal, após fixar a pena correspondente a infração, poderia o Magistrado diminuí-la de 1/3 a 2/3 ou substituí-la pela medida de segurança de internação ou tratamento ambulatorial. Optando pela substituição, ainda assim, inicialmente, deve fixar a pena privativa de liberdade respectiva, eis que a prescrição rege-se pelo tempo desta. Não sendo obedecida tal operação, deve se tomar por base a pena mínima cominada abstratamente, mormente em razão da decisão já ter transitado em julgado para o Ministério Publico, não se justificando a anulação da sentença para que seja aquela pena inicialmente fixada, pois, assim procedendo, a nova decisão poderá' prejudicar a defesa, o que não se admite face a regra do "nom reformatio in pejus". Tendo sido a denúncia recebida em outubro de 1985 e a sentença condenatória publicada em julho de 1998, adotado como parâmetro para a prescrição a pena de quatro anos, impõe-se o reconhecimento da extinção da punibilidade respectiva, eis que decorrido entre aquelas datas prazo superior a oito anos. Recurso provido para declarar extinta a punibilidade pela prescrição. (Apelação Crime nº 1999.050.02249, Primeira Câmara Criminal, Tribunal de Justiça do RJ, Relator: Marcus Basílio, julgado em 24.08.1999.) Para José Júlio Lozano Júnior (Prescrição penal, p. 212), mesmos nesses casos em que não há fixação de uma reprimenda inicial (que posteriormente seria substituída pela medida de segurança) deverá incidir a redução (em seu máximo de dois terços) no cálculo prescricional, uma vez que "a diminuição é obrigatória quando reconhecida a semi-imputabilidade do acusado". Assim, o mínimo abstratamente previsto será reduzido em dois terços para o cálculo da prescrição.

[347] Nesse sentido a jurisprudência: "PROCESSUAL PENAL – FURTO – ANÁLISE CONJUNTA CIRCUNSTÂNCIAS JUDICIAIS – RÉU SEMI-IMPUTÁVEL – APLICAÇÃO APENAS DE MEDIDA DE SEGURANÇA – NULIDADE. Tendo o decisório singular deixado de analisar individualmente as circunstâncias judiciais (art. 59/CP) de cada réu, impõe-se o reconhecimento da nulidade da sentença condenatória por ofensa ao princípio de individualização das penas. O semi-imputável sofre sempre uma condenação, onde o juiz fixa a pena justa para o caso, individualizando-a (art. 59/CP), mas, se o sentenciado necessitar de internação ou tratamento ambulatorial, o juiz poderá substituir a pena por medida de segurança. Contudo, não poderá aplicar diretamente somente a medida de segurança ao semi-imputável, pois a pena *in concreto* é que estabelece o marco prescricional e constitui o limite da intervenção estatal, seja a título de pena ou de medida de segurança. Sentença anulada, de ofício". (Apelação nº 2.0000.00.477494-9/000, Rel. Antônio Armando dos Anjos, Quinta Câmara Criminal, Tribunal de Justiça de Minas Gerais, julgado em 14.06.20005.)

[348] ROSSETTI, Janora Rocha. "Da prescrição da medida de segurança". In: Revista dos Tribunais, p. 303.

Tal orientação, além de conflitar-se, evidentemente, com as normas contidas nos mencionados arts. 26, parágrafo único, e 98, do CP, invibializa a contagem do prazo prescricional pela pena concretizada na sentença, pois a prevalecer a tese de não imposição da pena, não se saberia o *quantum* a tomar-se por base para a verificação da ocorrência da prescrição.

5.2.1.3. Da prescrição da pretensão executória

Por fim, a prescrição da pretensão executória,[349] assim como a retroativa e a superveniente, será regulada pela pena substituída pela medida de segurança.[350] [351] Refere a doutrina que, embora, em princípio, não pareça correto falar-se em prescrição da pretensão executória (quando aplicada medida de segurança), porque prescrição só incide sobre pena, não seria justo que

> a pretensão executória, tratando-se de pena, extinga-se pela prescrição e, cuidando-se, contudo, de medida de segurança, também espécie, como a pena, de sanção penal não se extinga pelo decurso do tempo. A solução está em permitir-se que também a medida de segurança se extinga pelo decurso do tempo, levando-se em consideração a pena dosada pelo Juiz antes da substituição.[352]

Certamente, como se nota, a prescrição da medida de segurança aplicada aos semi-imputáveis, em substituição, em regra, a uma pena privativa de liberdade, não enseja maiores controvérsias na doutrina e na jurisprudência, devendo ser calculada, nas modalidades que dependem de uma pena em concreto, pela fixada na sentença e, posteriormente, substituída.[353] Passemos agora à análise do caso dos inimputáveis.

---

[349] A prescrição da pretensão executória toma por base a pena concretizada na sentença e inicia a sua contagem a partir do trânsito em julgado da sentença condenatória para a acusação (art. 110, *caput*, e 112, inc. I, do Código Penal). (Cf. NUCCI, Guilherme de Souza. Código Penal comentado, p. 513-521.)

[350] Cf. BALTAZAR, Antonio Lopes. Prescrição penal, p. 135. Exemplifica o autor: "(...) o juiz condena o semi-imputável a dois anos de reclusão. Havendo a necessidade de tratamento, substitui essa pena pela medida de segurança por um período mínimo de um ano de internação. A prescrição ocorrerá em quatro anos".

[351] José Júlio Lozano Júnior (Prescrição penal, p. 258) comenta: "(...) a regra em exame é expressamente encontrada no art. 126, *caput*, do CPM (O art. citado assim dispõe: 'A prescrição da execução da pena privativa de liberdade ou da medida de segurança que a substitui (art. 113) regula-se pelo tempo fixado na sentença e verifica-se nos mesmos prazos estabelecidos no art. 125, os quais se aumentam de um terço, se o condenado é criminoso habitual ou por tendência'), o que evidencia uma tendência do legislador pátrio a aceitá-la como a mais correta para solucionar o problema em estudo".

[352] JESUS, Damásio Evangelista de. (Prescrição penal, p. 91.) Andrei Zenkner Schmidt (Da prescrição penal. Porto Alegre: Livraria do Advogado, 1997, p. 192) leciona no mesmo sentido: "A prescrição da pretensão executória extingue a pena imposta ao condenado. Pela letra fria da lei, como a medida de segurança não possui a natureza de pena, não seria possível a sua prescrição após o trânsito em julgado da sentença condenatória. A doutrina e a jurisprudência têm rebatido tal solução, uma vez que não seria justo a extinção da punibilidade do delito praticado pelo delinqüente imputável e a impossibilidade em relação ao criminoso semi ou inimputável". Contra esse entendimento Flávio Augusto Monteiro de Barros (Direito Penal: parte geral, p. 652): "Já quanto à prescrição executória do semi-imputável, para uns também é regulada pela pena concreta; para outros, não há prescrição executória. Filiamo-nos a esta última corrente, porque a prescrição executória é a perda do direito de executar a pena, e não a medida de segurança. Esta, desde que não cessada a periculosidade, poderá, a nosso ver, ser executada".

[353] Ademais, cumpre lembrar, os marcos iniciais de contagem e as causas interruptivas e suspensivas, tanto no caso das prescrições punitivas, como no da executória, serão idênticos aos dos imputáveis.

5.2.2. *Prescrição da medida de segurança aplicada aos inimputáveis*

Como se sabe, quando o agente pratica um fato típico e antijurídico, e se lhe reconhece a sua inimputabilidade, o juiz deverá absolvê-lo na sentença (absolvição imprópria)[354] e determinar a aplicação de medida de segurança.[355]

Nesses casos, o acusado é isento de pena,[356] e, por isso, a possibilidade de ocorrência da prescrição (retroativa, intercorrente e executória) da medida de segurança aplicada aos inimputáveis gera divergências doutrinária e jurisprudencial. Impende, novamente, para maior clareza, que se analise separadamente cada modalidade de prescrição.

5.2.2.1. *Da prescrição da pretensão punitiva propriamente dita*

Quanto à prescrição da pretensão punitiva propriamente dita, não há dissenso, devendo ser calculada pela pena máxima abstratamente prevista ao delito.[357] De fato, não há divergência, nesse aspecto, ao caso dos semi-imputáveis. Refere-se, novamente, antes da sentença final, nem mesmo se tem conhecimento da futura aplicação da medida de segurança, já que é nesse *decisum* que eventualmente haverá a sua imposição. (Esse não é, em absoluto, o objeto desse ensaio, mas acreditamos que, em face do princípio da isonomia, deveria haver a extensão do fator minorante da pena – parágrafo único do art. 26 do Código Penal – também aos inimputáveis no que diz respeito ao cálculo prescricional, eliminando-se evidente injustiça).

5.2.2.2. *Da prescrição punitiva retroativa e intercorrente e da prescrição executória*

Já no que toca às modalidades de prescrição que dependem da pena em concreto, o primeiro posicionamento a referir-se entende impossível a ocorrência

---

[354] Segundo Basileu Garcia (Comentários ao Código de Processo Penal. Rio de Janeiro: Forense, 1945, p. 485): "O fim geral do processo penal é a realização do direito penal. É um fim mediato, a que corresponde um fim imediato, a aplicação da lei num caso determinado. A sentença criminal o realiza". A sentença absolutória imprópria, "apesar de denominada absolutória, sentença de tal conteúdo é, na realidade, de condenação, ou sentença impropriamente absolutória. Não se pode falar, aí, em absolvição anômala, porquanto, no dispositivo do julgado, há imposição de uma *sanctio iuris* prevista pela ordem jurídico-penal. (...) Se a sentença impropriamente absolutória, em que é imposta a medida de segurança de par com a absolvição, dá causa à execução forçada, indiscutível é que nela existe um pronunciamento condenatório, por isso que a medida de segurança deve ser executada e essa decisão é título executório (*nulla executio sine titulo*). (...) Ao demais, se a medida de segurança é sanção de Direito Penal, a sentença que a impõe se apresenta como fundamentalmente condenatória, porquanto, nesse pronunciamento jurisdicional, o magistrado transforma a regra sancionadora, de abstrata em concreta". (MARQUES, José Frederico. Elementos de direito processual penal. São Paulo: Millennium, 2000. v. III, p. 23.)

[355] O art. 386, parágrafo único, inc. III, do Código de Processo Penal estatui que na sentença absolutória o juiz aplicará medida de segurança, se cabível.

[356] Art. 26, *caput*, do Código Penal: "É isento de pena o agente que, por doença mental ou desenvolvimento mental incompleto ou retardado, era, ao tempo da ação ou da omissão, inteiramente incapaz de entender o caráter ilícito do fato ou de determinar-se de acordo com esse entendimento".

[357] Cf. ROSSETTI, Janora Rocha. "Da prescrição da medida de segurança". In: Revista dos Tribunais, p. 302. Nesse sentido também, Fernando José da Costa (Direito Penal: parte geral, arts. 1º a 120. São Paulo: Atlas, 2006, p. 213.)

das prescrições superveniente, retroativa e executória das medidas de segurança aplicadas aos inimputáveis.[358] Isso porque não haveria pretensão punitiva e reprimenda a ser aplicada. A única modalidade possível, então, tratando-se de inimputáveis, seria a prescrição da pretensão em abstrato. Assim, para o cálculo do lapso prescricional, seria sempre levada em consideração a pena máxima cominada abstratamente ao delito.[359]

Há entendimento também no sentido de que a contagem será sempre pelo mínimo legal de dois anos. Isso porque, não havendo fixação de pena, não poderia o lapso prescricional ser superior a esse prazo mínimo.[360] Existe posicionamento, por outro lado, defendendo que será levado em consideração o prazo mínimo da medida de segurança fixado na sentença. Essa concepção, contudo, é bastante combatida, uma vez que o tempo de duração da medida de segurança é indefinido, e o prazo mínimo fixado pelo magistrado não tem correlação com a pena que,

---

[358] "Em relação ao inumputável do art. 26, *caput*, do CP, tendo em vista que a sentença é absolutória, não há cogitar-se sobre a existência da prescrição executória nem retroativa nem superveniente, cujos prazos são regulados pela pena aplicada na sentença". (BARROS, Flávio Augusto Monteiro de. Direito Penal: parte geral, p. 651.) Entendendo pela impossibilidade de incidência da prescrição retroativa, a seguinte decisão: "CRIME CONTRA A PESSOA. LESÃO CORPORAL GRAVE. INIMPUTABILIDADE PENAL. ABSOLVIÇÃO. MEDIDA DE SEGURANCA. PRESCRIÇÃO. INOCORRÊNCIA. CRIME CONTRA A PESSOA. Lesão corporal de natureza grave. Absolvição por inimputabilidade. Aplicação de medida de segurança. Prescrição. Não ocorrência. Não tendo havido condenação, mas sim absolvição, e, por conseqüência, não existindo pena concretizada, não se pode cogitar de prescrição com fundamento naquilo que não existe. Ainda que se estabeleça prazo mínimo de duração para a medida de segurança, não se pode falar em prescrição retroativa da pretensão punitiva, posto que tal prazo não tem qualquer relação com a pena mínima ou com a pena máxima abstratamente cominadas à infração penal". (Apelação Crime n° 2000.050.03505, Sétima Câmara Criminal, Tribunal de Justiça do RJ, Relator: Moacir Pessoa de Araújo, julgado em 26.02.2002.) De acordo com os ensinamentos de Fernando José da Costa (Direito Penal: parte geral. Arts. 1º a 120. São Paulo: Atlas, 2006, p. 213): "Se a sentença penal definitiva aplicar ao condenado medida de segurança, esta não poderá ser calculada por qualquer tipo de pena, em abstrato ou em concreto. O motivo é lógico: a medida de segurança não é pena, mas tratamento. Como a prescrição se calcula pela pena em abstrato ou pela pela imposta, não poderá haver prescrição quando aplicada medida de segurança".

[359] Cf. LOZANO JÚNIOR, José Júlio. Prescrição penal, p. 210. Complementa o autor: "Temos que o silogismo deve ser o mesmo empregado para a solução da problemática ocorrida no perdão judicial: se não há reprimenda, não podem ocorrer as modalidades prescricionais que dependem da aplicação da pena". Andrei Zenkner Schmidt (Da prescrição penal, p. 122-3) posiciona-se no sentido da impossibilidade de ocorrência das prescrições que tomam por base a pena em concreto: "Sendo o réu considerado inimputável, a sentença será absolutória. Porém, a ele será imputado medida de segurança. Em tais casos, a única espécie de prescrição que pode incidir é a abstrata, posto que a ausência de sentença condenatória impede o reconhecimento das prescrições retroativa, intercorrente e da prescrição executória. Em suma: tratando-se de sentença absolutória, em razão da inimputabilidade, o prazo de prescrição continua regulado pela pena em abstrato". Além disso, Luiz Flávio Gomes ("Medidas de segurança e seus limites". In: Revista Brasileira de Ciências Criminais, ano 1, nº 2, p. 64-72, abr.-jun. 1993, p. 65-6) aponta que, tratando-se de inimputáveis, as modalidades de prescrição retroativa e intercorrente serão calculadas sempre pela pena máxima em abstrato. Isso demonstra que, embora o doutrinador também leve em conta o prazo máximo para o cálculo do lapso prescricional, não nega a existência da prescrição retroativa e intercorrente.

[360] "Prescrição da pretensão punitiva. Prazo de dois anos ultrapassados entre a data do fato e a prolação de sentença. Não imposição de pena mas de medida de segurança. Impossibilidade de prazo prescricional superior a dois anos por não aplicação de pena. Prescrição reconhecida. O prazo prescricional, quando não há aplicação de pena alguma, não pode ser superior ao mínimo legal (dois anos), incidente quando inexiste tal imposição. E uma vez extinta a punibilidade, não se impõe medida de segurança nem subsiste a que tenha sido imposta". (TACrimSP, Ap. Crim. 600.705-3, Rel. José Habice, 7ª C., j. 11.10.1990.) (Decisão retirada de LOZANO JÚNIOR, José Júlio. Prescrição penal, p. 211.)

eventualmente, seria imposta.[361] Por fim, há a compreensão de que o lapso prescricional a se considerar deverá guardar correspondência com a pena que seria fixada caso não fosse reconhecida a inimputabilidade[362] e há de que deverá ser observado o mínimo da pena abstramente prevista ao delito.[363] Isso porque tais modalidades

---

[361] Combatendo a tese da contagem da prescrição pelo tempo mínimo da medida de segurança fixado na sentença a seguinte decisão: "Penal. Processual penal. *Habeas corpus*. Inimputabilidade. Absolvição. Medida de Segurança. Prescrição. Inocorrência. Absolvido o réu por inimputabilidade, foi-lhe aplicada medida de segurança pelo prazo de um ano. Alegação de prescrição retroativa com base no prazo de medida de segurança estabelecida na sentença. Improcedência, dado que o tempo de duração da Medida de Segurança é indeterminado e o prazo mínimo estabelecido pelo juiz não tem correspondência com a pena que seria imposta, se não ocorresse a inimputabilidade. Precedentes do Supremo Tribunal Federal. H.C. indeferido". (STF, HC 71.558-3-SP, Rel. Min. Carlos Velloso, Segunda Turma, julgado em 06.09.1994.)

[362] "(...) O Código Penal não estabelece prazos que regulem a prescrição, na hipótese de aplicação de medida de segurança. Sendo assim, é entendimento majoritário na jurisprudência, quase pacífico, que o lapso prescricional a considerar, quando imposta medida de segurança a réu inimputável, deve guardar correspondência não com a duração mínima desta, mas com a pena que seria aplicada se não ocoresse a inimputabilidade (STF, HC nº 71.558-3, Rel. Min. Carlos Velloso, *DJU* 27.10.94, p. 29.164 e ainda, *RJDTACrim* 4/127; *RT* 679/301; 641/330; *RTJ* 145/601; *RSTJ* 39/351, *etc.*, in FRANCO, Alberto Silva *et all.* Código Penal e sua Interpretação Jurisprudencial, vol. 1, t. I. 6ª ed. São Paulo: RT, p. 1462-3.)" RJTACrim, São Paulo, 49: 19-284, jan./fev. 2001, p. 253.

[363] Nesse sentido é o entendimento de Janora Rocha Rossetti ("Da prescrição da medida de segurança". In: Revista dos Tribunais, p. 306). Segundo a autora, deve ser levado em conta o mínimo abstratamente previsto: "Primeiro, porque as prescrições retroativa, superveniente ou subseqüente e executória têm seus prazos fixados na pena concretizada na decisão, que sempre é determinada a partir do mínimo legal, de sorte que, ainda que consideradas as circunstâncias agravantes e as causas de aumento de pena, certamente nunca alcançará o máximo cominado em lei. Assim sendo, se o máximo da pena for considerado para dar base às prescrições retroativa, superveniente ou subseqüente e executória quando se trate de medida de segurança aplicável à inimputável, estar-se-á agasalhando imensa desigualdade, quer em comparação aos imputáveis – que têm suas penas estabelecidas a contar do mínimo legal e são elas a base de cálculo daquelas formas prescricionais –, quer em comparação aos semi-imputáveis – cujo parâmetro da prescrição é retirado das penas aplicadas, que partem também do mínimo legal e ainda são diminuídas de um a dois-terços, segundo os ditames do art. 26, parágrafo único, do CP. Por outro lado, tenha-se em conta que, em se tratando de norma penal, não deve ser afastada a interpretação que se exprime de modo mais benigno ao acusado – expresso no princípio *in dubio pro reo* – que, na lição sempre precisa de Battaglini, tem aplicação não apenas no que concerne à prova do fato, como 'pode, ainda, ser utilmente invocado em matéria de interpretação'". Também há jurisprudência: "APELAÇÃO CRIME. ABSOLVIÇÃO. RÉU INIMPUTÁVEL. IMPOSIÇÃO DE MEDIDA DE SEGURANÇA. PRESCRIÇÃO. PARA FINS PRESCRICIONAIS HÁ DE CONSIDERAR-SE A PENA MÍNIMA ABSTRATAMENTE COMINADA PARA O DELITO ADMITIDO. DECLARARAM EXTINTA A PUNIBILIDADE PELA PRESCRIÇÃO". (Apelação Crime nº 70010561918, Primeira Câmara Criminal, Tribunal de Justiça do RS, Relator: Des. Marcel Esquivel Hoppe, julgado em 20/04/2005.) Ainda: "PRESCRIÇÃO DA PRETENSÃO PUNITIVA. INIMPUTABILIDADE DO AGENTE. CONTAGEM DO PRAZO PRESCRICIONAL PELO MÍNIMO DA REPRIMENDA ABSTRATAMENTE COMINADA AO DELITO. ENTENDIMENTO: – RECONHECIDA A INIMPUTABILIDADE DO AGENTE, A CONTAGEM DO PRAZO PRESCRICIONAL REGULAR-SE-Á PELO MÍNIMO DA REPRIMENDA ABSTRATAMENTE COMINADA AO DELITO, UMA VEZ QUE O SEMI-IMPUTÁVEL É FAVORECIDO EM RELAÇÃO AO IMPUTÁVEL, JÁ QUE A CONTAGEM DO TEMPO PARA A PRESCRIÇÃO BASEIA-SE NA PENA SUBSTITUÍDA, REDUZIDA DE UM A DOIS TERÇOS, CONSOANTE AS DISPOSIÇÕES DO ART. 26, PARÁGRAFO ÚNICO, DO CP, NÃO SE PODENDO, DESTARTE, EQUIPARAR O INIMPUTÁVEL AO IMPUTÁVEL, O QUE ACONTECERIA NA HIPÓTESE DE TOMAR-SE COMO PARÂMETRO DE CÁLCULO PARA AQUELE O MÁXIMO DA SANÇÃO ABSTRATAMENTE COMINADA AO CRIME". (TACrimSP, Ap. nº 1292725/9, Rel. René Ricupiero, Décima Quarta Câmara Criminal, julgado em 05.03.2002.) A tendência do Supremo Tribunal Federal e do Superior Tribunal de Justiça, embora não esteja pacificado o assunto, é a de refutar a pena mínima (cominada em abstrato ao delito) como o módulo medidor prescricional. Assim demonstram as seguintes decisões: "RECURSO ORDINÁRIO EM *HABEAS CORPUS*. MEDIDA DE SEGURANÇA. LAUDO PERICIAL ASSINADO POR UM ÚNICO PERITO OFICIAL: VALIDADE. PRESCRIÇÃO PELA PENA MÍNIMA EM ABSTRATO: IMPOSSIBILIDADE. 1. A jurisprudência desta Corte firmou-se no sentido da validade do laudo

de prescrição partem da pena fixada na sentença e, na fixação, dificilmente será alcançado o máximo legal. Além disso, considerando que os semi-imputáveis, em razão de não serem inteiramente capazes de entender o caráter ilícito do fato ou de determinarem-se de acordo com esse entendimento, têm as suas penas reduzidas de um a dois terços, seria eqüitativo e proporcional que os inimputáveis, se recebessem pena, tivessem-nas reduzidas na mesma proporção (ou mais ainda).

Portanto, tendo em vista que a causa de diminuição existente para os semi-imputáveis reduz a pena e, conseqüentemente, o lapso prescricional, tornando a sua situação mais favorável que a dos imputáveis (por ser reduzida a sua culpabilidade), o prazo dos inimputáveis deveria ser menor que o dessas duas categorias.

Com isso, se não fosse considerada a pena mínima abstratamente prevista como parâmetro para o cálculo da prescrição retroativa, superveniente e executória cometer-se-ia grande desigualdade, tratando os inimputáveis com mais rigor que os imputáveis e os semi-imputáveis, quando, pela ideologia do sistema, deveriam aqueles ser tratados de modo mais benéfico.[364]

---

pericial assinado por um único perito oficial. 2. A medida de segurança é espécie do gênero sanção penal e se sujeita, por isso mesmo, à regra contida no artigo 109 do Código Penal. Impossibilidade de considerar-se o mínimo da pena cominada em abstrato para efeito prescricional, por ausência de previsão legal. O Supremo Tribunal Federal não está, sob pena de usurpação da função legislativa, autorizado a, pela via da interpretação, inovar o ordenamento, o que resultaria do acolhimento da pretensão deduzida pelo recorrente. Recurso ordinário em *habeas corpus* ao qual se nega provimento". (STF, RHC 86888/SP – Rel. Min. EROS GRAU, Primeira Turma, julgado em 08.11.2005.) Ainda: "CRIMINAL. HC. MEDIDA DE SEGURANÇA. CONVERSÃO DE TRATAMENTO AMBULATORIAL EM INTERNAÇÃO. PEDIDO PREJUDICADO. SENTENÇA ABSOLUTÓRIA DE RÉU INIMPUTÁVEL. PRESCRIÇÃO. NÃO OCORRÊNCIA. ORDEM DENEGADA. (...) Tratando-se de sentença absolutória, em razão da inimputabilidade do réu, o prazo da prescrição é regulado pelo máximo da pena prevista *in abstrato* para o delito, pois, sendo o réu absolvido, não tem pena concretizada em sentença. Precedentes. Não transcorrido o prazo de 4 anos entre nenhum dos marcos legais interruptivos previstos em lei, em feito cujo delito tem pena máxima prevista em 2 anos, é imprópria a alegação de ocorrência da extinção da punibilidade pela prescrição.Constrangimento ilegal não evidenciado.Ordem denegada". (STJ, HC 56980 / SP; Rel. Min. Gilson Dipp, Quinta Turma, julgado em 19.09.2006.) Ainda: "*HABEAS CORPUS*. DIREITO PENAL. MEDIDA DE SEGURANÇA. PRESCRIÇÃO. IMPOSSIBILIDADE DE COMPUTAR O MÍNIMO DA PENA COMINADA EM ABSTRATO. PRECEDENTES DO STF E DO STJ. 1. A medida de segurança se insere gênero sanção penal, do qual figura como espécie, ao lado da pena. Por tal razão, o Código Penal não necessita dispor especificadamente sobre a prescrição no caso de aplicação exclusiva de medida de segurança ao acusado inimputável, aplicando-se, assim, nestes casos, a regra inserta no art. 109, do Código Penal. 2. Não transcorrido o prazo prescricional previsto no art. 109, inc. III, entre nenhum dos marcos interruptivos, não assiste razão à alegação de ocorrência da extinção da punibilidade pela prescrição. 3. Precedentes do STF e do STJ. 4. Ordem denegada". STJ, (STJ, HC 41744 / SP; Rel.(a) Min.(a) Laurita Vaz, Quinta Turma, julgado em 02.06.2005.)

[364] Nesse sentido, o seguinte julgado: RHC – PENAL – MEDIDA DE SEGURANÇA – PRESCRIÇÃO – O IMPUTÁVEL RECEBE PENA; O SEMI-IMPUTÁVEL TAMBÉM, TODAVIA REDUZIDA DE UM A DOIS TERÇOS; O INIMPUTÁVEL, MEDIDA DE SEGURANÇA. CORRESPONDEM, POIS, A TRÊS CATEGORIAS DISTINTAS. O PRINCÍPIO DA PROPORCIONALIDADE RECLAMA TRATAMENTO DIFERENCIADO. CASO CONTRÁRIO, AFETAR-SE-A A ISONOMIA (NEM SEMPRE LEMBRADA PELOS PENALISTAS). O INIMPUTÁVEL RECLAMA TRATAMENTO DISTINTO. EVIDENTE, COMO O SEMI-IMPUTÁVEL E FAVORECIDO EM RELAÇÃO AO IMPUTÁVEL. URGE PONDERAR SITUAÇÕES DIFERENTES. SERA ODIOSO, O SEMI-IMPUTÁVEL (COMETE CRIME) RECEBER TRATAMENTO JURÍDICO MAIS FAVORÁVEL DO QUE O INIMPUTÁVEL. E MAIS. EQUIPARAR, PARA EFEITO DE PRAZO PRESCRICIONAL, O IMPUTÁVEL AO INIMPUTÁVEL. INSISTA-SE: DEPOIS DE FAVORECER O SEMI-IMPUTÁVEL. (STJ, RHC 6071/SP; Rel. Min. Luiz Vicente Cernicchiaro, Sexta Turma, julgado em 04.03.1997.) Assim se manifestou o relator, em seu voto: "Os autos debatem polêmica jurisprudencial, isto

Por outro lado, com relação à prescrição executória, há entendimento apregoando que, transcorrido o prazo mínimo imposto na sentença, a partir do trânsito em julgado, não poderá ser iniciada a execução sem que se realize nova perícia médica para constatar a persistência ou não da periculosidade. Isso porque, embora não se possa falar em prescrição da pretensão executória, pela inexistência

---

é, o prazo prescricional para os casos de inimputável, aplicada somente medida de segurança. O v. acórdão recorrido, como o douto parecer do Ministério Público Federal, indica dois acórdãos (os mesmos) para abonar a conclusão. O tema, contudo, é divergente. Inúmeros acórdãos apontam em sentido contrário. No 'Código Penal e sua interpretação jurisprudencial', coletânea de Alberto Silva Franco e outros, acham-se estampados arestos que sufragam entendimento diverso. Minha opinião, externei-a em trabalho doutrinário – 'Medida de Segurança – Prescrição'. Reproduzo-o, como razões de decidir, *verbis*: 'O Código Penal disciplina o instituto da prescrição, tomando, como referência, a infração penal e as medidas de segurança. A distinção ontológica entre os dois institutos, doutrinariamente, recomenda não existir quanto ao segundo. A pena reclama culpabilidade. O agente é reprovado porque, no momento da conduta, compreendia o caráter ilícito do fato, ou era capaz de determinar-se de acordo com esse entendimento. A medida de segurança é reservada aos inimputáveis. A reforma penal de 84 suprimiu-a para o imputável e institui o sistema vicariante. Abonou o duplo binário. Enquanto a pena é por prazo determinado, a medida de segurança, porque de caráter preventivo e assistencial, deve ser por prazo indeterminado. Persistentes os pressupostos, deveria continuar a ser aplicada. O legislador, todavia, ciente da realidade do sistema da execução da pena, por política criminal, resolveu, e fê-lo bem, limitá-la no tempo. O tratamento ambulatorial e a internação hospitalar, para esse fim, entre nós, é, praticamente, mero programa, propósito. Não passa disso. O art. 96, parágrafo único, depois de mencionar as espécies, encerra, no parágrafo único: 'Extinta a punibilidade, não se impõe medida de segurança nem subsiste a que tenha sido imposta'. *Legem habemus*. Adotado, outrosssim, o critério – crime mais grave/prazo prescricional maior. Sabido, toda infração penal, por exigência da individualização, tem pena cominada, variando do mínimo ao máximo. Os julgados são divergentes. Especificamente, para definir se, relativamente à medida de segurança, toma-se como referência o grau mínimo, ou máximo da sanção. Há acórdãos para ambos os gostos. A solução correta reclama interpretação sistemática. Impõe-se considerar o Código Penal como unidade; as partes estão logicamente relacionadas. Distingue, por sua vez, três categorias de pessoas: imputável, semi-imputável e inimputável. O semi-imputável, apesar da anomalia bio-psicológica, comete o crime. Todavia, a pena é reduzida de 'um a dois terços' (art. 26, parágrafo único). Quanto ao inimputável, ao contrário, sua conduta não é definida como infração penal, não sofre pena, submetido que é somente à medida de segurança. A mencionada causa especial de diminuição da pena repercute no prazo da prescrição, reduzindo-o em favor do semi-imputável. A orientação do Código é correta. Como, na dosagem da pena, a culpabilidade (reprovabilidade) é levada em conta. Sem dúvida, quem tem a capacidade de apreensão do caráter ilícito do fato, ou de determinar-se de acordo com esse entendimento, a pena (resposta jurídica) deve ser menos severa. A proporcionalidade, entretanto, não deve terminar aí. A mesma ideologia precisa ser considerada para o inimputável ('inteiramente incapaz de entender o caráter ilícito do fato, ou de determinar-se de acordo com esse entendimento' – art. 26). Os prazos do art. 109, CP, são reduzidos, na proporção mencionada, para os semi-imputáveis. Se esse importante pormenor não for considerado para fixar o prazo relativo aos inimputáveis, quebrar-se-á o sistema, colocando, no mesmo patamar, duas categorias diferentes. O inimputável reclama tratamento distinto. Evidente, como o semi-imputável é favorecido em relação ao imputável. Urge ponderar as situações diferentes. Será odioso, o semi-responsável (comete crime) receber tratamento jurídico mais favorável do que o inimputável. E mais. Equiparar, para efeito de prazo prescricional, o imputável ao inimputável. Insista-se: depois de favorecer o semi-imputável. Em sendo assim, jamais (por imperativo de coerência de interpretação do sistema e senso de justiça) a fluência da prescrição poderá ser a mesma para duas categorias (sentido lógico) diferentes. O máximo da pena cominada é a regra geral. O Código, expressamente, registra a exceção para os semi-imputáveis. Silencia quanto aos inimputáveis. O intérprete, entretanto, apreende a solução: sem dúvida, não pode ser o prazo regente das espécies literalmente disciplinadas. O princípio da proporcionalidade reclama que os inimputáveis gozam de prazo menor. Sem dúvida, o mínimo da cominação legal. Com isso, coerência absoluta: crime mais grave/prazo maior: crime menos grave/prazo intermediário; inexistência de crime/prazo menos. Outra solução conduzirá a embaralhar supostos fáticos distintos. E nunca é demais relembrar que fatos diferentes reclamam solução normativa distinta. Além disso, o princípio da isonomia (nem sempre considerado pelos penalistas) impõe tratamento diferenciado para os inimputáveis'. Assim, conheço do recurso e lhe dou provimento para o prazo prescricional, relativamente aos inimputáveis, corresponder ao mínimo da Cominação legal".

de condenação e aplicação de pena, não há como se deixar o réu absolvido sujeito eternamente à possibilidade de execução da medida.[365] [366] [367]

Acerca dos posicionamentos possíveis (relativos à prescrição [retroativa, intercorrente e executória] das medidas de segurança aplicadas aos inimputáveis), importa destacar, de início, que essas modalidades de prescrição devem ser aceitas. Primeiro, o não-reconhecimento feriria o princípio da igualdade (art. 5°, *caput*, da Constituição Federal), ocasionando que os inimputáveis fossem tratados com mais rigor que os imputáveis e os semi-imputáveis. Ademais, a sentença de absolvição imprópria, embora não aplique pena em sentido estrito, impõe medida de segurança, afetando e restringindo direitos fundamentais do indivíduo. Por fim, é de referir-se que o próprio art. 96, parágrafo único, do Código Penal, enseja o entendimento no sentido da viabilidade.[368]

---

[365] Cf. JESUS, Damásio Evangelista de. Prescrição penal, p. 91-2. No mesmo sentido, Antonio Lopes Baltazar (Prescrição penal, p. 135): "Tratando-se de medida de segurança imposta ao inimputável, nos termos do art. 26, *caput*, e 97, do Código Penal, após o decurso do prazo mínimo da medida de segurança estabelecida na sentença, com trânsito em julgado, sem que a medida tenha sido iniciada, há necessidade de nova perícia médica para verificar se o estado de periculosidade permanece. Sem o novo exame não se pode iniciar a execução da medida, pois, se a periculosidade que ensejou a aplicação da medida, cessou nesse período, não há mais razão para executá-la".

[366] O julgado a seguir reproduzido, embora indique a prescrição será regulada pela pena máxima cominada ao delito, reconhece a necessidade de se realizar novo exame de periculosidade transcorrido o prazo mínimo fixado na sentença: "PENAL. MEDIDA DE SEGURANÇA. PRESCRIÇÃO. TRATANDO-SE DE SENTENÇA ABSOLUTÓRIA, EM RAZÃO DE INIMPUTABILIDADE, O PRAZO DE PRESCRIÇÃO CONTINUA REGULADO PELA PENA EM ABSTRATO. NÃO HÁ PRAZO DE PRESCRIÇÃO ESPECÍFICO PARA MEDIDA DE SEGURANÇA, REGULANDO A MATÉRIA O PARÁGRAFO ÚNICO DO ART. 96 DO CP. SE ENTRE A DATA DA IMPOSIÇÃO DA MEDIDA E A CAPTURA DO INIMPUTÁVEL DECORRE TEMPO SUPERIOR AO PRAZO MÍNIMO DE DURAÇÃO DA MEDIDA, A EXECUÇÃO DEVERÁ SER PRECEDIDA DE EXAME DE VERIFICAÇÃO DA CESSAÇÃO DA PERICULOSIDADE. (STJ, REsp 2021/RJ; Rel. Min. Assis Toledo, Quinta Turma, julgado em 16.05.1990.)"

[367] No entanto, há julgados reconhecendo que a medida de segurança perdurará ainda que o paciente não inicie o cumprimento, até que haja novo exame comprovando a cessação da periculosidade. Nesse sentido: "MEDIDA DE SEGURANÇA – Inviabilidade de ocorrência de prescrição – Medida que deve perdurar até a apresentação de perícia que comprove a cessação de periculosidade do paciente – Acusado que não inicia o tratamento ambulatorial – Inexitência nos autos de laudo peridial que comprove se persiste ou não a sua periculosidade – Inteligência do art. 175 da Lei de Execução Penal. Ementa: "Decretada a medida de segurança, essa deve perdurar até a apresentação de perícia que comprove a cessação de periculosidade do paciente. Sendo assim, se se verificar que o paciente não iniciou o tratamento ambulatorial, além de não constar nos autos o laudo pericial que comprove se persiste ou não a prericulosidade, torna-se inviável a prescrição". (HC 13.687-SP 6ª T. – j. 18.09.2001 – rel. Min. Vicente Leal – DJU 15.10.2001). "É certo que o tempo de duração da medida de segurança é indeterminado, perdurando enquanto não apresentada por perícia a cessação da periculosidade, é o que dispõe o art. 175 da Lei da Execução Penal – "a cessação da periculosidade será averiguada no fim do prazo mínimo de duração da medida de segurança, pelo exame das condições pessoais do agente ...". *In casu*, o paciente não iniciou o tratamento ambulatorial, além de não constar nos autos o laudo pericial, o que torna impossível verificar se persiste ou não sua periculosidade, inviabilizando, desse modo, a ocorrência da prescrição. Nesse sentido, trago à colação o seguinte precedente desta Corte, *in verbis*: 'Penal. Medida de Segurança. Prescrição. Tratando-se de sentença absolutória, em razão de inimputabilidade, o prazo de prescrição continua regulado pela pena em abstrato. Não há prazo de prescrição específico para medida de segurança, regulando a matéria o par. ún. do art. 96 do CP. Se entre a data da imposição da medida e a captura do inimputável decorre tempo superior ao prazo mínimo de duração da medida, a execução deverá ser precedida de exame de verificação da cessação da periculosidade. Recurso especial conhecido e provido'. (REsp 2021-RJ, rel. Min. Assis Toledo, j. 16.05.1990, *DJ* 04.06.1990). Isso posto, denego a ordem de *habeas corpus*. É o voto." RT 802, agosto de 2002, 91° ano, p. 533-534.

[368] Assim dispõe o parágrafo único do art. 96: "Extinta a punibilidade, não se impõe medida de segurança nem subsiste a que tenha sido imposta".

Tendo em vista que não há sentença condenatória nos casos de inimputabilidade, que possa servir de base para o cálculo das prescrições retroativa, superveniente e executória, o mais correto parece tomar-se o mínimo legal cominado ao tipo penal. Isso porque tais modalidades prescricionais baseiam-se na pena aplicada, e a tendência é que a pena não se afaste do mínimo legal, exceto em casos excepcionais. Por outro lado, sabe-se que os semi-imputáveis, em razão dessa sua especial condição, têm as suas penas reduzidas de um a dois terços (com razão, já que, na dosagem da pena, é considerada a culpabilidade [reprovabilidade]: quem tem reduzida a capacidade de apreensão do caráter ilícito do fato ou de determinação de acordo com esse entendimento deve ter também a resposta jurídica menos severa). Ora, se os semi-imputáveis recebem tal benesse na fixação da pena, a fim de se atender à proporcionalidade, os inimputáveis (os quais possuem a capacidade de entendimento muito mais reduzida), se recebessem pena, deveriam tê-la reduzida mais ainda (ou, no mínimo, da mesma forma). Assim, o inimputável será favorecido em relação ao semi-imputável, assim como este é em relação ao imputável (três categorias distintas).

Além disso, essa causa de diminuição (prevista para os semi-imputáveis) acaba interferindo no lapso prescricional (já que reduz a pena). Com isso, os semi-imputáveis (possuem grau de culpabilidade reduzida) têm situação mais benévola que os imputáveis. Sob esse mesmo raciocínio, é natural que os inimputáveis (com nível de culpabilidade mais reduzido ainda) tenham posição mais benéfica que as outras duas categorias. Seria inadmissível que o semi-responsável (comete crime) recebesse tratamento mais favorável do que o inimputável.

Portanto, para que não se cometa grande desigualdade, tratando os inimputáveis com mais rigor que os imputáveis e os semi-imputáveis, quando, pela ideologia do sistema, devem ser tratados de modo mais brando, deverá ser considerada, como parâmetro para o cálculo da prescrição retroativa, intercorrente e executória das medidas de segurança aplicadas aos inimputáveis, a pena mínima abstratamente prevista.

Finalmente, importante referir-se que, no cálculo da prescrição, fluirá a contagem desde o recebimento da denúncia até o trânsito em julgado para ambas as partes, sem interrupção. Isso porque a sentença absolutória imprópria não é prevista no art. 117 do Código Penal como um marco interruptivo.[369]

6. CONCLUSÃO

As medidas de segurança, posto que não se confundam com a pena, fazem parte do gênero das sanções penais[370] e, ainda que tenham como fundamento pri-

[369] Cf. LOZANO JÚNIOR, José Júlio. Prescrição penal, p. 211.

[370] "Fato penalmente sancionável, em sentido lato, é aquele que pode resultar a imposição de pena ou medida de segurança. No primeiro caso, diz-se que o fato é punível; na segunda hipótese, fala-se que, embora não é punível,

mordial um tratamento terapêutico, impõem uma restrição a direitos fundamentais do homem, por conterem nítido caráter aflitivo. Por essa razão, bem como pela necessidade de tratamento isonômico entre imputáveis, semi-imputáveis e inimputáveis, e ainda pela expressa previsão legal (art. 96, parágrafo único, do Código Penal), não há como se negar a prescritibilidade das medidas de segurança.

A prescrição da pretensão punitiva propriamente dita (antes de haver sentença com trânsito em julgado para a acusação), obviamente, tendo em vista que sequer há definição sobre a aplicação da medida de segurança, será calculada pelo máximo previsto abstratamente ao delito, tanto nos casos de inimputabilidade, como nos de semi-imputabilidade – operada a redução de um terço prevista no art. 26, parágrafo único, do Código Penal.

A prescrição (retroativa, intercorrente e executória) das medidas de segurança aplicadas aos semi-imputáveis, uma vez que decorre de uma substituição de pena anteriormente imposta, será calculada com base nesta pena substituída.

Já no caso dos inimputáveis, as prescrições que levam em consideração a pena concretizada na sentença (retroativa, intercorrente e executória), ante a ausência de sentença condenatória, que possa servir de base para o cálculo das prescrições, deverão balizar-se pelo mínimo legal cominado ao tipo penal. Com isso, proporcionar-se-á um tratamento mais benigno aos inimputáveis (em relação aos imputáveis e aos semi-imputáveis), respeitando-se, assim, a ideologia do sistema, bem como atendendo-se ao princípio da isonomia e da proporcionalidade.

é ele sancionável preventivamente, com a aplicação de medida de segurança. A sancionalidade penal, em sentido estrito, é, portanto, a possibilidade de aplicação de medida de segurança". (MARQUES, José Frederico. Tratado de direito penal, p. 391-2.)

Do termo inicial da prescrição no delito de estelionato previdenciário[371]

1. INTRODUÇÃO

O presente estudo tem como objetivo determinar a exata classificação do delito de estelionato qualificado (art. 171, § 3º, do Código Penal), nas hipóteses de reiteração do recebimento do benefício previdenciário indevido, à luz dos qualificativos da instantaneidade ou permanência, a partir do que se poderá reconhecer, de forma precisa, a incidência do instituto da prescrição penal, cujo termo inicial passa, anterior e necessariamente, pela classificação desse tipo penal, determinando-se a sua exata configuração no plano conceitual-analítico.

A doutrina tem valido-se, fundamentalmente, de algumas interpretações dogmáticas mediante as quais visa à catalogação analítica desse delito; sustenta-se, assim, por vezes, que se trataria de um delito permanente; ou instantâneo, mas de efeitos permanentes; ou de um delito revestido da nota da continuidade;[372] ou, ainda, de um delito que permitiria a dupla classificação em se tratando da hipótese de co-delinqüência (instantâneo para um; permanente para outro).

---

[371] Tema desenvolvido conjuntamente com a advogada Marcela Fayet.

[372] No presente ensaio, não trataremos (salvo na conclusão) da classificação do delito de estelionato para fins previdenciários (envolvendo o recebimento indevido de várias parcelas de benefício) como crime continuado, pois a controvérsia que estudaremos se resume, essencialmente, à classificação do delito como instantâneo ou permanente. Mas, desde já, trazemos ao estudo um julgado que reconheceu a continuidade delitiva na fraude previdenciária: "DIREITO PENAL. ESTELIONATO QUALIFICADO. CRIME INSTANTÂNEO EM CONTINUIDADE DELITIVA. OCORRÊNCIA DA PRESCRIÇÃO. EXTINÇÃO DA PUNIBILIDADE. I – É de natureza instantânea o crime do art. 171, § 3º, do Código Penal, admitida a continuidade delitiva, consumando-se a cada saque mensal efetuado. II – Regula-se a prescrição pela pena *in concreto* se só há recurso da defesa e, no caso, será de 4 (quatro) anos tendo em vista que a pena aplicada na sentença foi de 1 (um) ano e 4 (quatro) meses. III – Configurada a prescrição retroativa quanto aos fatos praticados entre outubro de 1992 a julho de 1997 e a ocorrência da prescrição intercorrente quanto ao fato praticado em agosto de 1997. IV – Extinta a punibilidade do acusado com base no art. 107, IV, do Código Penal. V – Apelação provida". (ACR nº 1999.51.01.045304-5/RJ, 2ª Turma Especial do TRF da 2ª Região, Relator Juiz André Fontes, j. 16/05/2006.) Na doutrina, também encontramos alguns autores que se perfilam ao entendimento segundo o qual o recebimento de benefício previdenciário indevido tem característica de continuidade delitiva, porque, posto que instantâneo, se consuma a cada novo recebimento do benefício, atraindo, com isso, a incidência desse instituto. Nesse sentido, manifestou-se Cezar Roberto Bitencourt: "Em nossa concepção, com efeito, essa é a orientação correta, ou seja, via de regra o estelionato pode apresentar-se como crime instantâneo de efeitos permanentes e, na hipótese de repetição, quer com a utilização de certidões falsas perante o INSS, quer com o recebimento dos proventos, caracteriza-se somente crime continuado: repetição de ação não se confunde com permanência, a despeito do entendimento adotado pelo STJ no acórdão citado". (Tratado de direito penal: parte especial. 3. ed. São Paulo: Saraiva, 2006. v. 3, p. 290.) Ainda conferir: Guilherme de Souza Nucci (Código Penal comentado. 7. ed. São Paulo: Revista dos Tribunais, 2007, p. 731-2) e Leonardo Luiz de Figueiredo Costa (Curso básico de direito penal: parte especial. Rio de Janeiro: Lumen Juris, 2005. t. I, p. 252).

Sob tal enfoque, torna-se de *rigueur* estabelecermos as ferramentas conceituais a partir das quais se pode bem classificar essa modalidade delitiva, de cujo ponto se poderá, mais precisamente, determinar o marco de início do curso da prescrição.

A análise desse tema, sem dúvida, implica um estudo mais aprofundado do delito de estelionato qualificado que propriamente da prescrição; entretanto, a classificação que se lhe conceder repercutirá no termo inicial do prazo prescricional, na medida em que a controvérsia gira em torno de seu reconhecimento como delito instantâneo ou permanente. E o principal efeito dessa classificação encontra-se exatamente no termo inicial da prescrição da pretensão punitiva. Com efeito, nos termos do art. 111 do Código Penal,[373] localizam-se os marcos prescricionais, dos quais destacamos dois: o dia em que o delito se consumou e o dia em que cessou a permanência nos crimes permanentes.

O delito de estelionato, quando praticado para fins de fraude previdenciária, tem enquadramento típico no art. 171 do Código Penal, com a pena elevada em face da causa especial de aumento prevista no § 3º.[374] Queremos abordar, topicamente, contudo, as situações nas quais, uma vez concretizada a fraude previdenciária, o agente dela continua a se valer durante um determinado período de tempo, apresentando-se a questão da possível permanência delituosa. Em suma, o prolongamento do recebimento da vantagem indevida encarta-se como hipótese delitiva instantânea ou permanente? E a resposta diz respeito, diretamente, à maneira pela qual se computará a prescrição da pretensão punitiva.

2. DA DISTINÇÃO ENTRE CRIMES PERMANENTES E INSTANTÂNEOS

2.1. Da importância da distinção

A separação conceitual entre crimes instantâneos e permanentes tem relação direta com a duração do momento consumativo do crime,[375] vale indicar, com a "determinação do instante ou fase em que o fato punível considera-se integralmente realizado".[376] A par disso, essa distinção não tem implicações apenas e

[373] Art. 111. A prescrição, antes de transitar em julgado a sentença final, começa a correr: I – do dia em que o delito se consumou; II – no caso de tentativa, do dia em que cessou a atividade criminosa; III – nos crimes permanentes, do dia em que cessou a permanência; IV – nos de bigamia e nos de falsificação ou alteração de assentamento do registro civil, da data em que o fato se tornou conhecido.

[374] "A Lei 9.983/00, que entrou em vigor no último dia 15.10.2000, alterou profundamente o regramento dos crimes previdenciários no nosso país, porém não cuidou do estelionato previdenciário (percepção de benefício previdenciário mediante fraude), que continua sendo regido pelo art. 171 do CP, com a causa de aumento de pena do § 3º". (Cf. GOMES, Luiz Flávio. Crimes previdenciários. São Paulo: RT, 2001. v. 1. (Série: As ciências criminais no século XXI), p. 87.)

[375] Cf. BRANDÃO, Cláudio. Teoria jurídica do crime. Rio de Janeiro: Forense, 2001, p. 16.

[376] Cf. COELHO, Walter. Teoria geral do crime. 2. ed. Porto Alegre: Fabris, 1998. v. 1, p. 113. Na doutrina francesa, a divisão fundamental se estabelece entre "infractions instantanées et continues", como se pode ler em

tão-somente sobre o instituto prescricional; muitas são as construções jurídicas, tanto materiais como processuais – como o concurso intertemporal de tipos penais; a graduação da pena; a co-autoria; o flagrante delito; a legítima defesa; a imputabilidade etc –, que se consubstanciam ou não em virtude de sua demarcação.[377]

Desse modo, devemos apreender os aspectos conceituais por meio dos quais poder-se-á diferenciar os delitos permanentes dos instantâneos. E, somente a partir dessa análise, poderemos determinar a aceitabilidade da qualificação que propusemos ao delito de estelionato previdenciário (com reiteração do recebimento do benefício indevido). Antes, qualquer opção teórica, sem se saber dos fundamentos da classificação das infrações penais, se nos afigura prematura.

2.2. Do crime permanente

O delito permanente caracteriza-se pelo prolongamento, no tempo, determinado pela vontade do agente, da consumação delitiva,[378] ou seja, a "actividad criminosa persiste y, con ella, el estado de antijuridicidad que es su consecuencia".[379]

A doutrina especializada, quando aborda essa modalidade delitiva, em geral, cita, como exemplo, os crimes de seqüestro e cárcere privado[380] (art. 148 do

---

Jean-Claude Soyer (Droit pénal et procédure pénale. 15. ed. Paris: LGDJ, 2000, p. 48): "Les infractions instantanées sont celles qui s'exécutent en un instant plus ou moins long. Mais la durée d'exécution n'est pas incluse dans la définition légale juridique de l'infraction (par exemple l'escroquerie, art. 313-1 C.P.). Les infractions continues (dites encore successives) sont celles qui supposent, de par leur définition légale, une exécution qui s'étale dans le temps, et la persistance corrélative de la volonté coupable (par exemple la séquestration arbitraire, art. 224-1 suiv. C.P.)"

[377] Aponta para a importância da diferenciação Walter Coelho (Teoria geral do crime, p. 117.), para quem: "A perfeita distinção entre crime instantâneo e permanente é de capital importância, refletindo-se, direta ou indiretamente, em inúmeras questões penais e processuais, tais como no conflito de leis no tempo, na prescrição, na legítima defesa, no flagrante etc. (...)". No que diz respeito à sucessão de leis penais no tempo, deve-se atentar para o regramento na Súmula 711 do Supremo Tribunal Federal: "A lei penal mais grave aplica-se ao crime continuado ou ao crime permanente, se a sua vigência é anterior à cessação da continuidade ou da permanência".

[378] O Professor Paulo José da Costa Júnior ("Crime permanente". In: Justitia. São Paulo: Ministério Público de São Paulo, ano XXVII, v. 51, 4. trim., p. 87-93. 1965, p. 88) entende que essa dilação temporal da fase consumativa diz respeito ao evento do delito, e não da conduta do agente, assim resumindo a sua compreensão: "Concluindo: a essência, o 'proprium' do crime permanente está na protração do evento. Quando se fala em crime permanente pressupõe-se, entre o momento consumativo inicial e o termo final, uma 'distantia temporis'. No delito permanente, conseqüentemente, há um período consumativo, que se compõe de diversos momentos consumativos, aglutinados e subseqüentes uns aos outros. No crime instantâneo, pelo contrário, há momento consumativo único. Sem protração. Sem arrrastar-se indefinido do evento".

[379] Cf. GÓMEZ, Eusebio. Tratado de derecho penal. Buenos Aires: Compañia Argentina de Editores, 1939. t. I, p. 429. A seu turno, Ferrando Mantovani (Diritto penale: parte generale. Padova: CEDAM, 1979, p. 371) igualmente conceitua essa modalidade delitiva: "Sono reati permanenti quelli per la cui esistenza la legge richiede che l'offesa al bene giuridico si protragga nel tempo per effetto della persistente condotta del soggeto".

[380] "O crime permanente é constituído de um fato único, cuja consumação se prolonga no tempo, como por exemplo: o seqüestro, o cárcere privado. De acordo com o art. 111, III, do Código Penal, o início do prazo prescricional é o dia em que cessar a permanência, não o dia da ação delituosa". (Cf. BALTAZAR, Antônio Lopes. Prescrição penal. São Paulo: Edipro, 2003, p. 46.) Ney Moura Teles (Direito penal: parte geral. São Paulo: Atlas, 2004. v. 1, p. 232) também se valeu desse exemplo clássico para indicar o seu conceito: "O Crime Permanente é aquele cujo resultado continua no tempo, com a prolongação, no tempo, de seu momento de consumação. É o que acontece no tipo do seqüestro ou cárcere privado, definido no art. 148, 'privar alguém de sua liberdade, mediante seqüestro ou cárcere privado'. Seu momento consumativo perpetua-se, é permanente".

Código Penal) para melhor exemplificar e demonstrar a característica ímpar desses delitos: o momento consumativo[381] que se prolonga no tempo. Aníbal Bruno, conceituando os crimes permanentes, já destacava essa nota diferencial: "nos *crimes permanentes*, o momento da consumação não se esgota num só instante, prolonga-se por um período mais ou menos dilatado. Em todo esse período o crime se encontra em estado de consumação".[382] A esse traço conceitual não se lhe pode opor qualquer nota de contestabilidade, pois os crimes permanentes apresentam, como característica, uma extensão temporal consumativa, fazendo com que a lesão ao direito tutelado se mantenha atual. Para além disso, e essa seria uma outra característica do delito permanente, a mantença do estado ilícito deve resultar de uma "*persistente condotta volontaria* del soggetto, per cui egli è in grado di porre fine a tale situazione offensiva",[383] ou seja, a cessação do estado de consumação depende da determinação da vontade do agente. Como descreve Roxin, "*delitos permanentes* son aquellos hechos en los que el delito no está concluido con la realización del tipo, sino que se mantiene por la voluntad delictiva del autor tanto tiempo como subsiste el estado antijurídico creado por el mismo".[384]

Sob outro ângulo, alguns autores acrescentam que o delito permanente apresentaria traços característicos especiais não somente em relação à consumação (que se estenderia no tempo), mas também em relação à conduta, que seria dupla: haveria uma conduta inicial comissiva, que instauraria a situação ilícita, e uma conduta subseqüente omissiva, que manteria a situação ilícita produzida (*concezione bifasica*). Na doutrina brasileira, esse aspecto individualizador é adotado por Miguel Reale Jr.:

> Outro dado indicado como característico do crime permanente está na realização bifásica, havendo um momento inicial comissivo, instantâneo, e toda conduta comissiva é instantânea, a que se segue um comportamento omissivo que é essencialmente permanente. A conduta omissiva consiste em não fazer cessar a situação antijurídica criada, deixando perdurar a compressão sobre o bem jurídico tutelado, havendo preceito com dois comandos: o primeiro, que determina a não realização da conduta que dá início à situação de compressão do bem jurídico, o segundo, de remover esta situação antijurídica.[385]

---

[381] A consumação do crime deve ser bem definida em razão de vários institutos penais que a ela se encontram visceralmente ligados, como a questão da tentativa, o exaurimento, a prescrição, entre outros. José Cirilo de Vargas (Instituições de direito penal: parte geral. Belo Horizonte: Del Rey, 1997. t. I., p. 428-9.) assim conceitua a consumação do delito: "A consumação, sendo a última etapa do *iter criminis*, dá-se nas situações em que o agente consegue realizar integralmente o tipo, violando completamente o preceito normativo. A expressão 'reunir os elementos da definição legal' é uma engenhosa maneira de não se deixar frustrar a garantia do tipo, embora se saiba que o sucedido, causado pelo homem, pode ajustar-se ao esquema conceitual de formas diferentes".

[382] BRUNO, Aníbal. Direito penal. Parte geral: fato punível. 4. ed. Rio de Janeiro: Forense, 1984. t. 2, p. 220-1.

[383] Cf. MANTOVANI, Ferrando. Diritto penale: parte generale, p. 371.

[384] ROXIN, Claus. Derecho penal: parte general. Fundamentos. La estructura de la teoria del delito. Tradução e notas de Diego-Manuel Luzón Peña, Miguel Díaz y Garcia Conlledo y Javier de Vicente Remesal. Madrid: Civitas, 1997. t. I, p. 329.

[385] REALE JÚNIOR, Miguel. Instituições de direito penal: parte geral. 2. ed. Rio de Janeiro: Forense, 2004. v. 1, p. 273. Igualmente conceitua Rocío Cantarero Bandrés (Problemas penales y procesales del delito continuado. Barcelona: PPU, 1990, p. 50-1): "En el delito permanente se pone en funcionamiento una conducta típica que perdura en la medida en que también se mantiene el querer del sujeto y que asume dos consecuencias, descritas

Acerca desse aspecto, acreditamos que a concepção bifásica pode ser adotada como regra geral, em relação à qual apresentam-se exceções.[386]

De outro prisma, o estado de permanência delitiva pode cessar, quer pela vontade do agente, quer pela intervenção de terceiros (como a ação policial), quer, ainda, pela própria atuação da vítima.[387]

Finalmente, sobre o elemento subjetivo, a permanência decorre de um *non facere quod debetur*, pelo que o omitente se encontra "desobedecendo a norma que o manda remover a situação antijurídica que criou".[388]

Em que pese a esses critérios identificadores – por meio dos quais se pode encartar determinada conduta, cujos efeitos consumativos se projetam no tempo, como um delito permanente –, nem sempre se apresenta como tranqüilo o reconhecimento do estado de permanência ilícita, pois existem fatos delituosos – de que é exemplo o delito de estelionato previdenciário com reiteração da obtenção do benefício indevido – que se encontram numa zona gris de classificação, e somente com uma avaliação mais cautelosa do tipo legal poder-se-á estabelecer a sua qualificação apropriada (*in casu*, se se trata de delito permanente ou instantâneo). Passaremos, a seguir, à análise dos delitos instantâneos.

2.3. Do crime instantâneo

São delitos instantâneos aqueles nos quais a ofensa é imediata, consumando-se num determinado momento, sem projeção do estado ilícito no tempo. Com isso, não têm os crimes instantâneos por característica o prolongamento, no tempo, do momento consumativo, decorrendo daí que, uma vez perfectibilizada a ação punível, o estado antijurídico não se estenderá temporalmente. Em síntese, a consumação delitiva é instantânea, não se alongando no tempo.

Sobre as principais características dos crimes instantâneos, valiosas são as lições de Walter Coelho, quando refere:

> [O crime instantâneo] é aquele cuja consumação se realiza em momento preciso e perfeitamente delimitado no tempo. Tudo o que se segue serão efeitos, temporários ou permanentes, do crime praticado, ou o total exaurimento da conduta delituosa. A consumação, porém, é instantânea; ocorre

---

ya por la teoría bifástica del delito permanente, una, la que se produce en el momento de realizar el tipo del delito y otra, cuyo contenido consiste en no revertir aquella que se puso en marcha".

[386] José Frederico Marques (Tratado de direito penal. Campinas: Bookseller, 1997. v. II, p. 363) lembra da hipótese delitiva manter em 'cárcere privado' (art. 148 do Código Penal), que pode ocorrer sem a conduta inicial comissiva do seqüestro, como na situação em que se mantenha, contra a sua vontade, paciente que fora internado de forma regular numa casa de saúde, apesar de já ter recebido a alta hospitalar. Nesse caso, "o delito do art. 148, desde o início, se caracteriza como exclusivamente omissivo". A seu turno, Everardo da Cunha Luna (O resultado no direito penal. São Paulo: José Bushatsky, 1976, p. 104) também afirma que "não se trata de um misto de ação ou omissão, porque a conduta inicial tanto pode ser uma ação quanto uma omissão, e, às vezes, a permanência implica a continuação da atividade precedente".

[387] Cf. LUNA, Everardo da Cunha. O resultado no direito penal, p. 104.

[388] Cf. MARQUES, José Frederico. Tratado de direito penal, p. 366.

num exato ponto de percurso do 'iter criminis' e aí se esgota, marcando o êxito da fase anterior executória.[389]

Manzini, em linhas gerais, conceitua e exemplifica os delitos instantâneos:

a) Delitos instantáneos. – Son aquellos en los que, en el momento mismo en el cual se concretan todos los elementos constitutivos del delito (consumación), se produce un efecto positivo y directo, material o moral, que puede desaparecer inmediatamente o sobrevivir a la cesación de la actividad o inactividad misma, y la consiguiente constitución de un estado subjetivo u objetivo antijurídico duradero (ejemplos: homicidio, lesiones personales, difamación e injuria, violencia carnal, hurto, daños, etc.).[390]

A distinção entre tais classificações parece ser simples. Entretanto, existe uma subdivisão, dentro dos crimes instantâneos, que tem produzido certa confusão conceitual, especialmente com os delitos permanentes. Trata-se dos crimes instantâneos de efeitos permanentes, que merecerão agora nossa atenção.

2.4. Do crime instantâneo de efeitos permanentes

2.4.1. Noções gerais. Das possíveis categorias do crime instantâneo

Nos crimes instantâneos, sob o ângulo da simples produção de um estado ilícito que se pode manter após a realização típica instantânea, torna-se possível a diferenciação em três categorias específicas: (i) crimes instantâneos de efeitos instantâneos; (ii) crimes instantâneos de efeitos temporários; e (iii) crimes instantâneos de efeitos permanentes.

Nos crimes instantâneos de efeitos instantâneos, a consumação delitiva esgota integral e instantaneamente a lesão ao bem jurídico, não se verificando quaisquer outros efeitos para além daquela fase do *iter criminis*. Exemplos: no crime de omissão de socorro, na medida em que, com a omissão, se consuma e se esgota a conduta delituosa; ou no crime de injúria, que se realiza e se exaure numa só palavra ofensiva.

Nos crimes instantâneos de efeitos temporários, após a consumação delitiva instantânea, haverá efeitos, que se mantêm independentemente da vontade do agente, por um determinado período de tempo, os quais, entretanto, irão desaparecer, permitindo o retorno do bem jurídico a seu *status quo ante*. Exemplos: no crime de lesão corporal leve, cujas lesões desaparecem, inteiramente, após 20 dias, permitindo à vítima retornar às suas atividades normais, às suas ocupações habituais; ou, no crime de furto, com a recuperação, depois de alguns dias, da *res furtiva*.

Nos crimes instantâneos de efeitos permanentes, também denominados de delitos de estado, o resultado consiste na criação de uma situação antijurídica, mas

---

[389] COELHO, Walter. Teoria geral do crime, p. 113.

[390] MANZINI, Vincenzo. Tratado de derecho penal. Primeira parte: teorias generales. Traduzido por Santiago Sentís Melendo. Buenos Aires: Ediar, 1948. v. II. t. 2, p. 103.

o delito se já esgotara e se consumara com a produção daquele resultado.[391] Como escreve Roxin, nos crimes de estado, "los hechos que están concluídos con la provocación de un determinado estado (por regla general el resultado en el sentido de los delitos de resultado), y por tanto no son susceptibles de mantenimiento por el autor, ni lo necesitan".[392] Exemplos: os delitos de bigamia ou de falsificação de documento.

Nessas hipóteses (com referência especial, por óbvio, às duas últimas), preserva-se o caráter instantâneo da conduta punível, apesar de os seus efeitos prolongarem-se de forma temporária ou permanente. Em virtude disso, os delitos instantâneos (pouco importando a maior ou menor durabilidade de seus efeitos) devem ser havidos como produtores imediatos da fase consumativa do delito, encerrando-se, dessa sorte, integralmente, o *iter criminis*, cujos efeitos apenas poderão repercutir, em sendo o caso, na estruturação do apenamento.

2.4.2. Dos crimes de estado e dos crimes instantâneos de efeitos temporários

Para o nosso estudo, assumem especial importância os delitos de estado[393] (da mesma forma que os instantâneos de efeitos temporários), haja vista as possíveis aproximações com os permanentes, na medida em que se coloca aqui o ponto de conflito conceitual entre essas categorias. Dessa forma, devemos analisar as principais notas configuradoras dessas classificações para que não se confundam com os delitos permanentes, e se lhes dê tratamento adequado.

Tanto os delitos instantâneos de efeitos permanentes quanto os puramente instantâneos como, ainda, os instantâneos de efeitos temporários possuem o seu momento consumativo definido e delimitado, porque, como anota Aníbal Bruno, "é o momento da consumação que dá o caráter instantâneo ao fato criminoso. Pode a situação por ele criada prolongar-se depois da consumação, como acontece no furto. Mas aí o que é permanente é o efeito, não a fase da consumação".[394] Johannes Wessels, fazendo um paralelo entre os delitos de estado e os permanentes, assim frisou as principais diferenças:

> Segundo a manutenção ou a simples produção de um estado contrário ao Direito, diferenciam-se os *delitos permanentes e os de estado*. a) Nos *delitos permanentes* a manutenção do estado ilícito depende da vontade do autor, assim que não somente a sua produção, mas também a sua duração realiza o tipo legal (exemplos: supressão de liberdade § 239, violação de domicílio § 123). O fato punível, que aqui se renova continuamente de certo modo, já está "consumado" com a verificação do estado ilícito,

---

[391] Cf. JESCHECK, Hans-Heinrich. Tratado de derecho penal: parte general. Traduzido por José Luis Manzanares Samaniego. 4. ed. Granada: Comares, 1993, p. 237.

[392] ROXIN, Claus. Derecho penal: parte general. Fundamentos. La estructura de la teoria del delito, p. 329.

[393] Pedro Krebs (Teoria jurídica do direito. Noções introdutórias: tipicidade objetiva e subjetiva. Barueri - São Paulo: Manole, 2004, p. 104) assim os definiu: "Os crimes de estado (ou instantâneos de efeitos permanentes) são aqueles cujo tipo penal prevê um resultado duradouro, mas, ao contrário dos permanentes, não exige a sua manutenção, estando consumado o delito quando do surgimento dessa antijuridicidade. Exemplo: bigamia (art. 235), falsificação de documentos (art. 297)".

[394] BRUNO, Aníbal. Direito penal. Parte geral: fato punível, p. 220.

mas somente estará "acabado" com a abolição deste estado (importando para início da prescrição: § 78ª). b) Nos *delitos de estado* (por exemplo, lesão corporal § 223, dano § 303, falsa identidade § 169, bigamia § 171) o desvalor típico se esgota na *produção* do estado contrário ao direito; assim, o fato estará "consumado" e "acabado" com a verificação do resultado típico.[395]

Ainda sobre essa tênue distinção, são especialmente importantes as palavras de Santiago Mir Puig, para quem:

> En cambio, en el *delito de estado*, aunque crea también un estado antijurídico duradero, la consumación cesa desde la aparición de éste, porque el tipo sólo describe la producción del estado y no su mantenimiento (*ejemplos*: falsificación de documentos, arts. 390 y ss., matrimonios ilegales, arts. 217 y ss.).[396]

Nesse rumo, deve distinguir-se o crime de estado do permanente, pois naquele, como visto, o crime é instantâneo, mas seus efeitos perduram sem que o agente os possa fazer desaparecer,[397] porquanto a lesão ao direito protegido não se projeta no tempo, esgotando-se num único instante, perdurando apenas e tão-somente os efeitos do crime. Assim, na hipótese do crime de lesão corporal gravíssima pela deformidade permanente, o dano estético duradouro seriam os efeitos permanentes do crime instantâneo; entretanto, a integridade física – como objeto de proteção abstrata da norma penal – não continuaria a sofrer violação no decorrer do tempo, na medida em que a ofensa ao bem jurídico já estaria "concretizada e acabada, prolongando-se unicamente os efeitos".[398]

Em suma, não se pode confundir o estado consumativo que se estende no tempo (elemento configurador dos delitos permanentes) com os efeitos naturais de alguns crimes que, muitas vezes, podem perpetuar-se, temporária ou permanentemente, apesar de os crimes serem instantâneos.

Vistos os conceitos por meio dos quais se pode estabelecer a separação conceitual entre as diferentes categorias, passaremos à analise do delito de estelionato previdenciário, em face do qual iremos propor solução que se nos transparece como consentânea para bem equacionarmos a discussão (doutrinária e jurisprudencial) que o envolve.

3. DA CLASSIFICAÇÃO DO DELITO DE ESTELIONATO PREVIDENCIÁRIO

Denomina-se, doutrinariamente, delito de estelionato previdenciário à hipótese em que o agente pratica a fraude contra uma instituição previdenciária, visando à concessão de benefício previdenciário a que não tem direito. A capitulação

---

[395] WESSELS, Johannes. Direito penal: parte geral (aspectos fundamentais). Tradução do original alemão e notas por Juarez Tavares. Porto Alegre: Fabris, 1976, p. 09.

[396] MIR PUIG, Santiago. Derecho penal: parte general. 5. ed. Barcelona: Repertor S.L., 1998, p. 202.

[397] Cf. MARQUES, José Frederico. Tratado de direito penal, p. 366.

[398] Cf. PEDROSO, Fernando de Almeida. Direito penal: parte geral. Estrutura do crime. 3. ed. São Paulo: LEUD, 2000, p. 164.

jurídica dessa conduta se dá nos lindes do art. 171 do Código Penal, com a causa especial de aumento de pena prevista no § 3º.[399]

A conduta do agente que, por meio fraudulento, recebe por um período benefícios não se resume, apenas, no recebimento de aposentadoria indevida. A título de exemplificação, no art. 18 da Lei nº 8.213/91 (lei que dispõe dobre os Planos de Benefícios da Previdência Social), há uma lista de benefícios prestados pela Previdência Social, dos quais citamos alguns para que se tenha a dimensão em que as possíveis fraudes podem ocorrer: aposentadorias por invalidez, por idade, por tempo de contribuição, especial; auxílio-doença, salário-família, salário-maternidade; auxílio-acidente; pensão por morte *etc*. Como os benefícios são pagos periodicamente, a vantagem ilícita obtida pelo agente fraudador se prolonga no tempo, isto é, enquanto estiver auferindo os benefícios previdenciários indevidamente.

Em face disso, temos de estabelecer se essa vantagem ilícita, por exemplo, mensal e sucessiva, seria a consumação que se protrairia no tempo (sendo o caso de delito permanente), ou seriam meros efeitos do delito já consumado (delito instantâneo de efeitos permanentes).

Note-se que essa classificação influenciará no instituto da prescrição, pertinente ao seu termo inicial, e em outros institutos penais e processuais. Passemos, agora, aos posicionamentos doutrinários e jurisprudenciais.

---

[399] "Art. 171. Obter, para si ou para outrem, vantagem ilícita, em prejuízo alheio, induzindo ou mantendo alguém em erro, mediante artifício, ardil, ou qualquer outro meio fraudulento: Pena – reclusão, de 1 (um) a 5 (cinco) anos, e multa. § 3º A pena aumenta-se de um terço, se o crime é cometido em detrimento de entidade de direito público ou de instituto de economia popular, assistência social ou beneficência". A causa especial de aumento de pena a que nos referimos deve ser aplicada quando a vítima da fraude for entidade de direito público. Mas, o nosso ensaio focaliza a conduta fraudulenta daqueles casos de estelionato cometido para auferir benefício previdenciário. Assim, passaremos a retratar, exclusivamente, a figura do estelionato previdenciário, cuja vítima é entidade de previdência social. Diante da controvérsia acerca da aplicação do parágrafo 3º do art. 171 do Código Penal quando da tipificação do chamado estelionato previdenciário, o Supremo Tribunal de Justiça, em 1991, editou a Súmula nº 24, entendendo ser aplicável a majorante quando a vítima da fraude for a Previdência Social: "Aplica-se ao crime de estelionato, em que figure como vítima entidade autárquica da Previdência Social, a qualificadora do § 3º do art. 171 do Código Penal". Com o intuito de delimitarmos o campo de incidência do § 3º do art. 171 do Código Penal e da Súmula 24 do Supremo Tribunal de Justiça, vejamos alguns esclarecimentos sobre a definição da "Previdência Social" e a sua abrangência. Para tanto, vamos nos valer das lições de Sérgio Pinto Martins (Direito da seguridade social. 13. ed. São Paulo: Atlas, 2000, p. 292): "É a Previdência Social o segmento da Seguridade Social, composta de um conjunto de princípios, de regras e de instituições destinado a estabelecer um sistema de proteção social, mediante contribuição, que tem por objetivo proporcionar meios indispensáveis de subsistência ao segurado e a sua família, quando ocorrer certa contingência prevista em lei. (...) As principais regras são a Lei nº 8.213/91, que trata dos benefícios da Previdência Social, e o Decreto nº 3.048/99, que é o regulamento da Previdência Social. São as principais instituições o INSS e o Ministério da Previdência e Assistência Social. (...) As contingências previstas em lei são as seguintes: doença, invalidez, morte, velhice, maternidade, desemprego, conforme previsão do art. 201 da Constituição". Não estão excluídas, como vítimas deste delito, outras entidades destinadas a propiciar os benefícios, por exemplo aos servidores públicos (exemplo: IPERGS – Instituto de Previdência do Estado do Rio Grande do Sul).

3.1. Do delito de estelionato previdenciário como crime instantâneo

Para muitos, o delito de estelionato com fins previdenciários seria um crime instantâneo de efeitos permanentes,[400] pois o momento consumativo se deu quando houve a obtenção da vantagem ilícita em prejuízo alheio. Vale dizer, quando do recebimento da primeira parcela indevida, já haveria a consumação do delito; as posteriores seriam os efeitos do crime que o agente aproveita.

Os principais argumentos utilizados para embasar esse entendimento consistem na idéia de que os recebimentos reiterados dos benefícios são, em verdade, o exaurimento do crime – que se estenderia temporalmente –, e não a sua consumação. Isso se diz porque a perfectibilização do fato típico ocorre com a percepção da primeira parcela – que corresponde à obtenção da vantagem indevida. Nesse momento é que o agente consuma o delito. E, ao contrário do que dizem alguns, o sujeito ativo não estaria em uma permanente consumação do crime; apenas auferiria as vantagens do delito já consumado. Também se argumenta que a cessação da conduta do agente não permite o restabelecimento do bem lesado – característica também que excluiria a classificação do delito como permanente.

Outra questão interessante é no que diz respeito à situação de flagrância dos crimes permanentes. Nesses delitos, o sujeito pode ser preso em flagrante enquanto o delito estiver "se consumando".[401] No estelionato previdenciário, isso não pode ocorrer. Vejamos um exemplo para melhor elucidação: "A" obtém fraudulentamente a concessão de aposentadoria. Digamos que receba esse benefício todo o dia 05 de cada mês. Passado algum tempo, poderíamos aceitar que no dia 05, 06, 07 ou qualquer outro dia do mês fosse preso em flagrante? Acreditamos que não, pois não há circunstância de permanência na sua conduta. Quem entende ser o crime de estelionato com fins previdenciários, na hipótese de reiteração do pagamento de parcelas indevidas, permanente, permitiria a situação esdrúxula da

---

400 Compactuando do entendimento de ser o estelionato previdenciário um delito instantâneo, assim se pronunciou Luiz Flávio Gomes (Crimes previdenciários, p. 88-9): "Nossa posição sobre a matéria: na fraude na obtenção de benefício previdenciário não há como vislumbrar a existência de crime permanente, que apresenta uma característica particular: a consumação no crime permanente prolonga-se no tempo desde o instante em que se reúnem os elementos até que cesse o comportamento do agente. (...) No estelionato previdenciário (fraude na obtenção de benefício dessa natureza) a lesão ao bem jurídico (patrimônio do INSS) não se prolonga continuamente (sem interrupção) no tempo. Trata-se de lesão instantânea (logo, delito instantâneo: cf. TRF 3ª Região, AC 1999.03.99.005044-5, relator André Nabarrete, DJU de 10.10.2000, seção 2, p. 750)". Da mesma forma, se posicionou Guilherme de Souza Nucci (Código Penal comentado. 7. ed. São Paulo: Revista dos Tribunais, 2007, p. 731-2), para quem: "Estelionato como delito permanente: em nossa visão, o crime é sempre instantâneo, podendo, por vezes, configurar o chamado delito instantâneo de efeitos permanentes. Entretanto, há controvérsia a esse respeito. Ocorreria o estelionato instantâneo de efeitos permanentes quando alguém falsificasse certidão de nascimento para que outrem conseguisse receber, por vários meses, do INSS um valor indevido. (...) Ousamos sustentar que, em qualquer hipótese, o crime de estelionato é instantâneo, podendo produzir efeitos permanentes, no tocante ao agente que falsificou a certidão para ser usada contra o INSS, bem como pode adquirir a feição de crime continuado, quanto à pessoa do segurado que, mensalmente recebe o valor indevido, valendo-se da fraude".

401 Essa é a orientação dos arts. 302, I, e 303 do Código de Processo Penal: "Art. 302. Considera-se em flagrante delito quem: I – está cometendo a infração penal;" "Art. 303. Nas infrações permanentes, entende-se o agente em flagrante delito enquanto não cessar a permanência".

prisão em flagrante do sujeito "A" no dia 10, por exemplo, porque ele estaria em plena consumação do delito, na medida em que no próximo dia 05 receberia mais uma parcela de um benefício. *Data venia*, isso soa absurdo.

Em que pese a matéria não esteja pacificada nos tribunais pátrios, podemos citar julgados que dão guarida à concepção do delito de estelionato previdenciário como instantâneo:

> PRESCRIÇÃO – APOSENTADORIA – FRAUDE PERPETRADA – CRIME INSTANTÂNEO DE RESULTADOS PERMANENTES *VERSUS* CRIME PERMANENTE – DADOS FALSOS. O crime consubstanciado na concessão de aposentadoria a partir de dados falsos é instantâneo, não o transmudando em permanente o fato de terceiro haver sido beneficiado com a fraude de forma projetada no tempo. A óptica afasta a contagem do prazo prescricional a partir da concessão dos efeitos – artigo 111, inciso III, do Código Penal. (...) (HC nº 84.998-9/RS, 1ª Turma do STF, Relator Ministro Marco Aurélio, j. 02/08/2005.)

> PENAL. AUTARQUIA PREVIDENCIÁRIA. ESTELIONATO. ART. 171, § 3º, DO CÓDIGO PENAL OBTENÇÃO DE VANTAGEM ILÍCITA PARA OUTREM. CONFIGURAÇÃO DO DELITO. SUBSTITUIÇÃO DA PENA PRIVATIVA DE LIBERDADE. PRESCRIÇÃO. (...) Segundo recente entendimento do STF (HC nº 84.998-9/RS, 1ª T., Rel. Min. Marco Aurélio, julgado em 2-8-2005), o crime consubstanciado na concessão de aposentadoria a partir de dados falsos é instantâneo, não o transmudando em permanente o fato de terceiro haver sido beneficiado com a fraude de forma projetada no tempo. O marco inicial da prescrição é a data do recebimento da primeira parcela do benefício previdenciário. Recursos parcialmente providos. Prescrição retroativa decretada de ofício. (ACR nº 2001.71.08.006737-0, 7ª Turma do TRF da 4ª Região, Relatora Maria de Fátima Freitas Labarrère, j. 24/10/2006.)

> 1. Trata-se de *habeas corpus* impetrado em favor de GNS (abreviamos), contra ato do Superior Tribunal de Justiça nos autos do RE nº 668.980. Narra o impetrante que foi denunciado pela prática do crime descrito no artigo 171, § 3º, c.c. 29, ambos do Código Penal, porque, em 6 de agosto de 1984, teria requerido sua aposentadoria irregularmente, obtendo-a, em parcelas, de 14 de agosto de 1984 a agosto de 1998 (fls. 10). A denúncia foi recebida em 10 de janeiro de 2003. Segundo o impetrante, sendo o estelionato crime instantâneo, ter-se-ia consumado em 14 de agosto de 1984, quando concedida a aposentadoria. Aviou pedido de *habeas corpus* ao Tribunal Regional Federal da 3ª Região, o qual deferiu a ordem, para declarar extinta a punibilidade, em virtude da prescrição da pretensão punitiva em abstrato (fls. 25 e ss.). Contra essa decisão, interpôs, o Ministério Público, recurso especial, a que foi dado provimento, cassando-se a decisão do Tribunal Regional Federal. Daí, o presente *habeas*. Há pedido de liminar. 2. É caso de liminar. Embora a matéria seja controversa, como bem o demonstra este caso mesmo, a Primeira Turma desta Corte decidiu recentemente que: "A Turma deu provimento a recurso ordinário em *habeas corpus* para, declarando a prescrição da pretensão punitiva do Estado, julgar extinto o processo-crime instaurado contra o recorrente pela prática do delito de estelionato em prejuízo da Previdência Social, em decorrência da adoção de classe diversa ao benefício previdenciário a que terceiro teria direito. Entendeu-se, na espécie, que o ato de falsidade praticado consubstancia crime instantâneo de resultados permanentes, não alterando a sua natureza o fato de terceiro haver utilizado tal documento falso de forma prolongada no tempo, incidindo, por conseguinte, o prazo prescricional previsto no inciso I do art. 111 do CP ('A prescrição, antes de transitar em julgado a sentença final, começa a correr: I – do dia em que o crime se consumou;'). Precedentes citado: HC 80349/SC (DJU de 4.5.2001). RHC nº 83446/RS, rel. Min. Marco Aurélio, 28.10.2003". (HC 85.601-2, decisão monocrática, STF Relator Ministro Cezar Peluso, j. 10/03/2005).[402]

---

[402] Da mesma Corte e no mesmo sentido: RHC nº 83.446-9/RS (1ª Turma do STF, Relator Ministro Marco Aurélio, j. 28/10/2003), HC nº 80.349-1/SC (2ª Turma do STF, Relator Ministro Marco Aurélio, j. 18/12/2000), HC nº 79.744-0/SP (2ª Turma do STF, Relator Ministro Marco Aurélio, j. 14/03/2000) e HC nº 75.053-2/SP (2ª turma do STF, Relator Ministro Marco Aurélio, j. 17/03/98). Deve-se esclarecer que se trata de decisões relacionadas ao agente que pratica a falsidade da qual beneficia-se um terceiro. Recentissimamente, o STF, por meio de

PENAL. PROCESSO PENAL. ESTELIONATO PREVIDENCIÁRIO: CRIME INSTANTÂNEO. PRESCRIÇÃO. EXTINÇÃO DA PUNIBILIDADE. RECURSO DESPROVIDO. 1. Crime permanente é aquele cuja configuração depende da contínua atividade antijurídica do sujeito ativo, cuja cessação enseja o restabelecimento do bem lesado. É o que se verifica nos exemplos paradigmáticos adotados doutrinariamente (seqüestro, cárcere privado). 2. O estelionato não é crime permanente, pois o término da

---

sua composição plenária – no julgamento do HC n.º 86.467-8/RS, Relator Ministro Marco Aurélio, j. 23/04/2007 – consolidou, especificamente para o funcionário que pratica a fraude, o entendimento segundo o qual se cuida de delito instantâneo com repercussão permanente. Embora não tenha sido expressamente consignado, restou implícita a compreensão pela qual, *a contrario sensu*, em se tratando do beneficiário, o crime seria permanente, como se pode observar das considerações lançadas no acórdão que transcrevemos por comodidade: (...) "O SENHOR MINISTRO MARCO AURÉLIO (RELATOR) – Mas em relação àquele que teria praticado a fraude, ou em relação ao beneficiário que utilizou o quadro para perceber as prestações sucessivas? O SENHOR MINISTRO CARLOS BRITTO – Este processo tem essa particularidade. O SENHOR MINISTRO GILMAR MENDES (PRESIDENTE) – Neste caso, é o agente administrativo. O SENHOR MINISTRO CEZAR PELUSO – Agente administrativo que propiciou ao co-denunciado, que era o beneficiário. O SENHOR MINISTRO SEPÚLVEDA PERTENCE – A denúncia é no sentido de que o acusado, o paciente, concedeu a aposentadoria mediante corrupção passiva, apesar das irregularidades na instrução. O SENHOR MINISTRO MARCO AURÉLIO (RELATOR) – Quanto à corrupção, reconheceu-se a prescrição. É um paradoxo. O SENHOR MINISTRO CARLOS BRITTO – Nesses precedentes, houve isso mesmo. Vejam o que está dito: "EMENTA: HABES CORPUS. 2. Estelionato. Fraude na percepção de benefício previdenciário. 3. Crime permanente. Contagem de lapso prescricional a partir da cessação da permanência." - e não do pagamento do primeiro benefício – "4. Prescrição retroativa não configurada.5. Habeas corpus indeferido." A diferença é que, neste, há distinção quanto aos agentes. O SENHOR MINISTRO MARCO AURÉLIO (RELATOR) – Há distinção no tocante aos agentes. O SENHOR MINISTRO SEPÚLVEDA PERTENCE – Permita-me Vossa Excelência a recordação do que está cansado de saber: o critério do crime permanente é saber se o agente pode, a qualquer momento, cessar o estado de consumação do delito, que se protrai no tempo. Ora, o aposentado pode, após ter recebido diversas prestações, deixar de fazê-lo; mas o servidor, não. O SENHOR MINISTRO CARLOS BRITTO – Não há como retroceder. O SENHOR MINISTRO SEPÚLVEDA PERTENCE – O crime estava consumado com o deferimento da aposentadoria. Agora, o momento da consumação se prolonga, indefinidamente, até que a Administração o descubra e torne sem efeito a concessão ou o próprio aposentado cesse o recebimento. O SENHOR MINISTRO MARCO AURÉLIO (RELATOR) – Adotaria até a óptica do ministro Cezar Peluso quanto à configuração do dano que ocorreu no recebimento da primeira parcela. O SENHOR MINISTRO SEPÚLVEDA PERTENCE – Para o estelionato seria a primeira. Foi aí que se materializou o dano. O SENHOR MINISTRO CARLOS BRITTO – No caso dos autos, a fraude foi um meio para a perpetração do estelionato. Então, o estelionato absorveu o outro crime. O SENHOR MINISTRO SEPÚLVEDA PERTENCE – Não, porque ao agente, funcionário público do INSS, não se atribui nenhuma fraude; atribui-se-lhe ter concedido, mediante retribuição pecuniária, uma aposentadoria em que não havia contribuição na classe mais elevada, na qual deferida. Consta da peça acusatória: "(b) apresentou certidões da CIRETRAN de Tucunduva/RS com divergências de datas e espécies de veículos; e (c) embora sempre tenha contribuído nas CLASSES 02 e 03, a aposentadoria concedida, com atuação decisiva do co-denunciado Nilton, refletia valores de contribuição feitas na CLASSE 10 (sobre dez salários mínimos) etc." Na verdade, o que se lhe atribui foi ter, ilegalmente e mediante corrupção passiva, concedido uma aposentadoria que não deveria ser concedida com o benefício elevado. O SENHOR MINISTRO GILMAR MENDES (PRESIDENTE) – Mas estaria recebendo pelos dois crimes: corrupção e estelionato? O SENHOR MINISTRO SEPÚLVEDA PERTENCE – Sim. O SENHOR MINISTRO MARCO AURÉLIO (RELATOR) – No processo em que ele foi apenado, considerados os dois crimes. O pano de fundo é único: estelionato e corrupção. Quanto à corrupção, concluiu-se pela prescrição da pretensão punitiva. Daí eu ter consignado em meu voto o paradoxo. O SENHOR MINISTRO SEPÚLVEDA PERTENCE – Tenho até alguma dúvida sobre esse concurso. Trata-se de corrupção passiva especialmente agravada porque o agente praticou o ato de ofício. Mas isso não está em discussão; ele foi condenado e não se está discutindo a condenação. O SENHOR MINISTRO GILMAR MENDES (PRESIDENTE) – Só a prescrição.O SENHOR MINISTRO SEPÚLVEDA PERTENCE – Agora, só a prescrição. Não tenho dúvida de que, neste caso do funcionário, o crime é instantâneo, se consuma, pois se cogita de crime patrimonial, com a primeira recepção do benefício indevido. Se se cogita apenas do crime da corrupção que, à primeira vista, efetivaria a qualificação penal do fato, que é a corrupção passiva "consumada", pela prática do ato de ofício. O SENHOR MINISTRO MARCO AURÉLIO (RELATOR) - Mês a mês, ele não teve que praticar a fraude para o beneficiário alcançar a parcela. O SENHOR MINISTRO CEZAR PELUSO – Não estava falsificando a cada pagamento. O SENHOR MINISTRO CARLOS BRITTO – Ao contrário do beneficiário. Com esses esclarecimentos, acompanho o Relator". (...)

atividade ilícita do agente não ocasiona o simultâneo restabelecimento do bem lesado. Ao contrário do que sucede com a liberdade, que é restituída com a cessação da atividade criminosa nos delitos de seqüestro e cárcere privado, de incontroversa natureza permanente, o patrimônio da vítima não é a ela reintegrado pela interrupção da conduta do agente que está a cometer o delito de estelionato. (...) (RSE nº 2000.61.81.004014-2, 5ª Turma do TRF da 3ª Região, Relator Juiz André Nekatschalow, j. 23/10/2006).[403]

PENAL. PROCESSO PENAL. APELAÇÃO. ESTELIONATO. RENDAS MENSAIS DE BENEFÍCIO PREVIDENCIÁRIO. CRIME INSTATÂNEO. EXTINÇÃO DA PUNIBILIDADE PELA PRESCRIÇÃO RETROATIVA. EXAME DE MÉRITO PREJUDICADO. 1. O crime de estelionato, definido no art. 171 do CPB, constitui delito de consumação instantânea. É considerado consumado o crime no momento em que a vítima incorre em erro. 2. Não se deve considerar a continuidade do delito, para fins de demarcação do momento de sua consumação, mesmo que haja a apropriação indevida de várias parcelas por um longo período de tempo, pois apesar de haver resultados permanentes, a execução do crime é instantâ-

---

[403] Ainda deste Tribunal podemos citar as seguintes decisões no mesmo sentido: ACR nº 2001.61.81.006171-0, 5ª Turma do TRF da 3ª Região, Relator Juiz André Nekatschalow, j. 18/09/2006; ACR nº 1999.03.99.106601-1, 5ª Turma do TRF da 3ª Região, Relator Juiz André Nekatschalow, j. 14/03/2005 e ACR n. º 95.03.063025-8, 5ª Turma do TRF da 3ª Região, Relator Juiz André Nekatschalow, j. 21/06/2004. O Tribunal Regional Federal da 3ª Região tem acórdão que destacamos, pois disseca o tema com precisão: "PENAL. RECURSO EM SENTIDO ESTRITO CONTRA DECISÃO QUE JULGOU EXTINTA A PUNIBILIDADE DO ACUSADO, NOS TERMOS DO ART. 43, INC. II, DO CPP. ESTELIONATO É CRIME INSTANTÂNEO. CONSUMAÇÃO SE DÁ COM O RECEBIMENTO DA PRIMEIRA PARCELA. AS SUBSEQÜENTES SÃO EXAURIMENTO DO CRIME. RECURSO MINISTERIAL DESPROVIDO. – Recurso em sentido estrito ministerial contra a decisão que rejeitou a denúncia nos termos do art. 43, inc. II, do CPP, e declarou extinta a punibilidade da acusada pela ocorrência da prescrição da pretensão punitiva do Estado. – O *Parquet* Federal sustenta que, como o benefício foi recebido no intervalo entre outubro de 1987 e abril de 1995, desta última data iniciaria a contagem do prazo para a prescrição. – O estelionato objeto desta ação é crime instantâneo, porquanto sua consumação ocorreu com o recebimento da primeira parcela da prestação dos benefícios obtidos fraudulentamente. As demais que veio a receber constituem exaurimento da conduta criminosa. Conforme o art. 171, § 3º, do Código Penal, a pena máxima cominada em abstrato é de 05 anos somada a 1/3 que resulta em 06 anos e 08 meses de reclusão. O prazo da prescrição é de 12 anos (art. 109, inc. III, do CP). Assim, no caso concreto, a perda do *jus puniendi* estatal ocorreu em outubro de 1999. – Na estrutura básica do crime, apresentam-se quatro elementos que, no dizer de Nelson Hungria, 'se aglutinam em relação de causa e efeito': a) emprego de fraude (artifício, ardil ou qualquer outro meio fraudulento); b) induzimento ou manutenção em erro; c) locupletação ilícita; e d) lesão patrimonial de outrem. Dois são os núcleos do tipo: induzir e manter. O crime de estelionato é material; é delito de conduta e resultado, no qual o tipo exige a realização do fim visado pelo estelionatário – obtenção da vantagem ilícita – e se consuma no momento e lugar em que obtém o proveito a que corresponde o prejuízo. Inicia-se a execução com o processo de engano para a percepção do proveito ilícito e se conclui com a realização deste. – Não se pode confundir o momento em que a vítima sofre o desfalque patrimonial e aquele em que vem a ter conhecimento do prejuízo que lhe foi causado ou em que verifica ter sido enganada. Na prática do estelionato contra a Previdência Social, quando da obtenção da primeira parcela do benefício fraudulento, o delito já se consuma. É que a autarquia previdenciária, em casos que tais, é induzida em erro provocado pelo agente: a documentação falsa com que foi instruído o pedido provoca o logro, o equívoco ou o erro. Logo, o erro é provocado e não preexiste para ser mantido. – As parcelas subseqüentes pagas pela vítima são havidas como exaurimento do crime, porque todos os elementos constitutivos do delito foram realizados: induzimento em erro do INSS e a lesão do bem jurídico com o pagamento da vantagem indevida, traduzida na 1ª parcela. – Depois da primeira parcela de prestação previdenciária, não se realiza atividade criminosa. O agente usufrui do primeiro ato. Não há provocação ao erro, pois isso ocorreu anteriormente, nem há que se falar em manutenção em erro, pois, como se asseverou previamente, nesta deve preexistir a atuação do agente. – Também é verdadeiro que, com a fraude inaugural, o objetivo era a obtenção do benefício previdenciário. Deferido este, sua concretização no plano fático, em termos de lesão patrimonial, ocorre com a percepção da primeira parcela. Todas as demais são decorrência de um mesmo fato gerador, que já se consumou, realizou e concretizou. – A maior prova de fogo para a verificação da existência do crime permanente é a sua flagrância. Enquanto se realiza o delito, ela é factível. Não há solução de continuidade no crime permanente. No caso dos autos, recebida a primeira parcela, a beneficiária já não poderia ser flagrada em delito. Dentro do lapso temporal entre a 1ª parcela e a 2ª e as demais não há caracterização de flagrância criminosa. – Recurso ministerial desprovido". (RCCR nº 2003.03.99.025067-1, 5ª Turma do TRF da 3ª Região, Relator Juiz André Nabarrete, j. 04/10/2004.)

nea. 3. Verifica-se que entre a data da conduta delituosa e o recebimento da denúncia, transcorreu lapso de tempo suficiente para que se opere a prescrição retroativa da pretensão punitiva, estando portanto extinta a punibilidade, nos termos do artigo 107, inciso IV do CPB. 4. Apelação do MPF prejudicada. (ACR nº 2003.83.08.000977-4, 2ª Turma do TRF da 5ª Região, Relator Designado Desembargador Federal Napoleão Maia Filho, j. 13/12/2005).[404]

Com a exposição acima de alguns julgados, buscamos apontar que há jurisprudência acolhedora do entendimento – de ser o delito de estelionato previdenciário um crime de consumação instantânea – nos Tribunais Regionais Federais de todas as Regiões, o que demonstra ser uma compreensão sobre o tema que não é isolada, que tem respaldo em muitas decisões e que começa a delinear, *chi lo sa*, um novo panorama jurisprudencial.

3.2. Da classificação do delito de estelionato previdenciário como permanente

Trazemos ao nosso estudo, ademais, o entendimento jurisprudencial e doutrinário que concebe o estelionato para fins previdenciários como um crime permanente, cujo momento consumativo se prolonga enquanto houver o pagamento de benefícios da Previdência. Alguns o entendem como eventualmente permanente, ao passo que outros não chegam a fazer tal distinção, mas o resultado prático, que defendem, é o mesmo: o início da marcha prescricional só se dá quando cessado o recebimento dos valores indevidos. Segundo essa corrente, *in casu*, aplica-se a regra constante no art. 111, inc. III, do Código Penal, que preconiza que a prescrição só começa a correr no dia em que cessou a permanência, leia-se, quando o agente não mais receber os benefícios previdenciários indevidos.

Essa é a posição adotada por Fábio Bittencourt da Rosa, entendendo ser o crime sob análise eventualmente permanente:

> Na hipótese de fraude, assim, desenvolve-se a ação delituosa no procedimento, com a produção de prova baseada em documentos falsificados. Tal comportamento fraudulento se materializa e se esgota no procedimento administrativo destinado à concessão do benefício. Concluído o mesmo, considera-se acabada a fase executiva do crime que configura o estelionato. O primeiro recebimento de valores constitui o início da fase de consumação. No mês seguinte, o novo recebimento caracteriza ainda fase consumativa, e assim por diante. A hipótese, então, caracteriza perfeitamente o crime eventualmente permanente, como antes examinado.[405]

---

[404] Conferir na mesma esteira ACR nº 2004.05.00.003067-0, 2ª Turma do TRF da 5ª Região, Relator Desembargador Federal Paulo Roberto de Oliveira Lima, j. 19/10/2004; ACR nº 2001.84.00.004547-6, 2ª Turma do TRF da 5ª Região, Relator Desembargador Federal Paulo Machado Cordeiro, j. 13/04/2004; RCCR nº 1998.01.00.010066-4/PA, 3ª Turma do TRF da 1ª Região, Relator Juiz Tourinho Neto, j. 31/03/1998; ACR nº 2001.02.01.031806-9, 2ª Turma Especial, Relator Juiz Messod Azulay Neto, j. 13/12/2005; RCCR nº 2000.02.01.065259-7, 3ª Turma do TRF da 2ª Região, Relator Juiz Paulo Barata, j. 25/09/2001 e AGEPN nº 91.02.12607-9, 3ª Turma do TRF da 2ª Região, Relator Juiz Celso Passos, j. 03/10/1995.

[405] ROSA, Fábio Bittencourt da. "Estelionato contra o INSS: crime eventualmente permanente". In: Revista do Tribunal Regional Federal, Quarta Região, Porto Alegre: O Tribunal, a. 13, n. 45, p. 15-22, 2002, p. 18-9. Com mesmo entendimento, podemos citar José Júlio Lozano Jr. (Prescrição penal. São Paulo: Saraiva, 2002, p. 81): "Exemplo: suponha-se que Y pratique estelionato (CP, art. 171), em conseqüência do qual passe a receber rendas mensais, durante dois anos. Tal crime, em regra instantâneo, passa a ser, no caso concreto, em razão das inúmeras vantagens periódicas obtidas com o golpe, um crime eventualmente permanente, pelo que a prescrição começa a

Podemos citar algumas decisões que refletem esse entendimento sobre o tema:

> *HABEAS CORPUS*. PENAL. SENTENÇA CONDENATÓRIA. ESTELIONATO PRATICADO CONTRA A PREVIDÊNCIA SOCIAL (ART. 171, § 3º, DO CÓDIGO PENAL). CRIME PERMANENTE. PRESCRIÇÃO DA PRETENSÃO PUNITIVA. NÃO-OCORRÊNCIA. PRECEDENTES DO SUPREMO TRIBUNAL. *HABEAS CORPUS* DENEGADO. 1. A análise sobre a correta tipificação dos atos praticados pelo Paciente esbarra na inadequação da via eleita, em flagrante transformação do habeas corpus em revisão criminal. 2. A jurisprudência deste Supremo Tribunal Federal é no sentido de que o crime de estelionato praticado contra a previdência social tem natureza permanente, e, por isso, o prazo prescricional começa a fluir a partir da cessação da permanência e não do primeiro pagamento do benefício. 3. Não-ocorrência da prescrição retroativa. 4. *Habeas corpus* denegado. (HC nº 89925/RS, 1ª Turma do STF, Relatora Ministra Cármen Lúcia, j. 18/12/2006.)[406]

> *HABEAS CORPUS*. ESTELIONATO PRATICADO CONTRA A PREVIDÊNCIA SOCIAL. ART. 171, § 3º, DO CP. CRIME PERMANENTE. TERMO INICIAL PARA A CONTAGEM DO LAPSO PRESCRICIONAL. CESSAÇÃO DO RECEBIMENTO DAS PRESTAÇÕES INDEVIDAS. INOCORRÊNCIA DA PRESCRIÇÃO DA PRETENSÃO PUNITIVA. 1. Este Tribunal tem entendido que o estelionato praticado contra a Previdência Social é crime permanente, de ação contínua e indivisível, cuja consumação prolonga-se no tempo, cessando a permanência apenas com o recebimento da última prestação do benefício previdenciário obtido fraudulentamente. 2. Tendo o último recebimento dito fraudulento do benefício previdenciário ocorrido em janeiro de 1995, conclui-se não ter transcorrido o período de 12 anos necessário à configuração da prescrição da pretensão punitiva. 3. Ordem denegada. (HC nº 43353/SP, 6ª Turma do STJ, Relator Ministro Paulo Gallotti, j. 14/02/2006.)[407]

> PENAL. ESTELIONATO CONTRA O INSS. DIFICULADADES FINANCEIRAS. NÃO-CONFIGURAÇÃO. EXCLUDENTE DE CULPABILIDADE AFASTADA. MATERIALIDADE E AUTORIA COMPROVADAS. CRIME PERMANENTE. PRESCRIÇÃO RETROATIVA. RECONHECIMENTO. EXTINÇÃO DA PUNIBILIDADE. (...) 3. O crime de estelionato contra o INSS, em função do recebimento periódico de parcelas de benefício previdenciário, denota a sua natureza eventualmente permanente, contando-se a prescrição a partir da última parcela recebida, quando cessa a permanência (art. 111, III, CP). Precedentes deste Regional. (...) (ACR nº 2003.71.00.059091-0, 7ª Turma do TRF da 4ª Região, Relatora Juíza Federal Salise Monteiro Sanchotene, j. 03/10/2006.)[408]

---

correr não da consumação do delito, que ocorreu dois anos antes, com a obtenção do primeiro lucro ilícito, mas, ao contrário, da cessação da permanência".

406 Nesse sentido desta mesma Corte, conferir HC nº 83967/SP, 2ª Turma do STF, Relatora Ministra Ellen Gracie, j. 17/08/2004; HC nº 83252/GO, 2ª Turma do STF, Relator Ministro Gilmar Mendes, j. 28/10/2003.

407 Na mesma esteira desse entendimento, verificar o constante nos seguintes julgados do Superior Tribunal de Justiça: RESP nº 427601/SP (5ª Turma do STJ, Relator Ministro Arnaldo Esteves Lima, j. 27/09/2005); RESP nº 722131/SP (5ª Turma do STJ, Relator Ministro José Arnaldo da Fonseca, j. 28/09/2005); RESP nº 674117/PE (5ª Turma do STJ, Relator Ministro Felix Fischer, j. 07/12/2004); RESP nº 550237/PE (5ª Turma do STJ, Relatora Ministra Laurita Vaz, j. 25/05/2004) e HC nº 26601/RS (5ª Turma do STJ, Relator Ministro Gilson Dipp, j. 22/04/2003).

408 Com o mesmo entendimento: ACR nº 2005.04.01.046461-8 (7ª Turma do TRF da 4ª Região, Relator Des. Federal Néfi Cordeiro, j. 22/08/2006); ACR nº 2003.71.05.007046-5 (7ª Turma do TRF da 4ª Região, Relator Des. Federal Décio José da Silva, j. 01/08/2006); ACR nº 2003.71.00.016081-1 (8ª Turma do TRF da 4ª Região, Relator Des. Federal Luiz Fernando Wowk Penteado, j. 12/07/2006); ACR nº 2001.70.01.002266-7 (8ª Turma do TRF da 4ª Região, Relator Des. Federal Paulo Afonso Brum Vaz, j. 19/04/2006); RSE nº 2006.61.81.001334-7 (2ª Turma do TRF da 3ª Região, Relatora Juíza Cecília Mello, j. 07/11/2006); ACR nº 97.05.35880-0 (1ª Turma do TRF da 5ª Região, Relator Des. Federal Élio Wanderley de Siqueira Filho, j. 07/04/2005); ACR nº 2002.39.00.004937-6 (3ª Turma do TRF da 1ª Região, Relator Des. Federal Tourinho Neto, j. 05/12/2006) e RCCR nº 2003.33.00.010948-9 (4ª Turma do TRF da 1ª Região, Relator Juiz Federal Ney Barros Bello Filho, j. 31/10/2006).

Esses foram os argumentos usados por aqueles que entendem ser o delito em comento permanente, inclusive, podemos afirmar ser esse o entendimento majoritário na jurisprudência dos tribunais. Para os seus seguidores, enquanto o agente estiver recebendo as parcelas indevidas, ele encontra-se em um estado de permanência, razão pela qual o prazo prescricional não teve o seu curso iniciado em face da regra constante no art. 111, inc. III, do Código Penal.

3.3. Da classificação mista

Dentro desse tratamento dado à fraude previdenciária, destacaremos uma corrente jurisprudencial que entende ser possível classificar essa infração penal como instantânea para alguns participantes do intento criminoso e permanente para outros. Para melhor elucidação dessa variável, vejamos algumas decisões que acolhem esse entendimento:

> (...) Entendo, entretanto, que o crime em questão – estelionato cometido em detrimento de entidade previdenciária envolvendo o recebimento indevido de várias parcelas de benefício previdenciário – é instantâneo de efeito permanente em relação ao funcionário que concedeu o benefício. Sendo assim, a fluência do prazo prescricional começa a contar a partir do momento da consumação da conduta típica, que, no caso, é a partir da concessão do benefício. Como relatado em meu voto, a consumação do delito deu-se em 21 de janeiro de 1996 e o recebimento da denúncia em 14 de setembro de 2000, decorridos, portanto, quatro anos. Atente-se, ainda, ao fato de que a autoria da fraude é dos funcionários do INSS, não sendo eles os destinatários dos benefícios, enquadrando-se, o caso, no disposto no inciso I do art. 111 do Código Penal. (Agravo Regimental na Apelação Criminal nº 2000.39.00.008561-3/PA, 3ª Turma do TRF da 1ª Região, Rel. Des. Federal Tourinho Neto, j. 19/09/2006.)

> PENAL. ESTELIONATO CONTRA O INSS. PRAZO PRESCRICIONAL. PROVA. CONDENAÇÃO. – O estelionato contra o INSS para a percepção mensal de benefício é crime eventualmente permanente, sendo o termo inicial do prazo prescricional a data em que cessa a prestação indevida (art. 111, III, do CP). Quando, entretanto, a participação do agente na fraude limitar-se a colaborar para dita obtenção, sem chegar a perceber mensalmente o benefício, o ilícito a ele atribuído tem natureza de crime instantâneo, consumando-se no momento em que o beneficiário receber a primeira parcela, a partir de que corre o interregno prescricional. (...) (ACR nº 2002.84.00.004049-5, 1ª turma do TRF da 5ª Região, Rel. Des. Federal César Carvalho, j. 26/01/2006.)[409]

> PENAL E PROCESSO PENAL. APELAÇÃO CRIMINAL. DELITO DE ESTELIONATO PRATICADO CONTRA A PREVIDÊNCIA SOCIAL (ART. 171, § 3º, DO CP). AGENTES INTERMEDIÁRIOS E BENEFICIÁRIA DIRETA. CRIME INSTANTÂNEO DE EFEITOS PERMANENTES. EXTINÇÃO DA PUNIBILIDADE PELA PRESCRIÇÃO QUANTO AOS RÉUS INTERMEDIÁRIOS. INAPLICABILIDADE DO PRINCÍPIO DA INSIGNIFICÂNCIA. INSTITUTO DA PRESCRIÇÃO QUE NÃO ALCANÇA A

---

[409] No teor do voto constante no acórdão que colacionamos parte da ementa, destacamos o seguinte trecho: "Tem-se inferido que o estelionato para a obtenção de benefício previdenciário possui natureza de crime eventualmente permanente, estendo-se no tempo a sua consumação (que não se esgota na percepção da primeira das sucessivas parcelas). Consuma-se o crime, portanto, tão-só na cessação da permanência, ou seja, na suspensão do pagamento pela Previdência, e somente a partir daí começa a fluir o lapso prescricional, a teor do que comanda o art. 111, inciso III, do Código Penal. Isso, todavia, quanto ao agente que efetivamente tenha percebido a vantagem ilícita durante o período até a sua suspensão. Quanto, doutro lado, aos 'intermediários', aqueles que não auferiram, mês a mês, o benefício, a consumação do delito não se estende no tempo até a referenciada suspensão, mas se dá com a percepção da primeira parcela do benefício, sendo aplicável o art. 111, I, do Código Penal". No mesmo sentido: ACR nº 2001.05.00.040487-7, 1ª Turma do TRF da 5ª Região, Rel. Des. Federal José Maria Lucena, j. 15/09/2005.

BENEFICIÁRIA DIRETA DAS PRESTAÇÕES INDEVIDAMENTE PAGAS. APELO MINISTERIAL CONHECIDO E PROVIDO EM PARTE. 1. O delito de estelionato contra a Previdência Social, perpetrado por intermediário não agraciado com o benefício, não tem natureza permanente e sim instantânea, computando-se a prescrição pela regra do art. 111, I, do CP. Mas, relativamente à beneficiária direta da fraude, o crime é permanente, contando-se o prazo prescricional a partir do último recebimento da prestação indevida, pela regra do art. 111, III, do mesmo diploma legal. (...) (ACR nº 2002.05.00.010237-3, 1ª Turma do TRF da 5ª Região, Rel. Des. Federal Ubaldo Ataíde Cavalcante, j. 30/06/2005.)

Data venia, não compactuamos com tal entendimento. Essa compreensão afronta a teoria monista adotada no art. 29 do Código Penal.[410] Como se sabe, aqueles que de qualquer modo contribuem para a prática do delito, salvo as exceções legais,[411] incorrem nas mesmas penas, sofrendo as mesmas conseqüências legais. O partícipe em sentido estrito e o co-autor do delito respondem pelo mesmo tipo legal. Vale dizer, se o enquadramento legal é o mesmo, porque o crime é o mesmo, o momento consumativo também deve ser idêntico aos participantes da intentada criminosa.[412] A solução apontada pelos julgados aqui citados ofende o

[410] Art. 29. "Quem, de qualquer modo, concorre para o crime incide nas penas a este cominadas, na medida de sua culpabilidade". A teoria monista (unitária) foi adotada pelo Caderno Penal e está consubstanciada no referido artigo 29. Nesse sentido leciona Luiz Regis Prado: "c) Monística (unitária ou igualitária) – como corolário da teoria da equivalência das condições, não faz ela qualquer distinção entre autor, co-autor e partícipe:todos os que concorrem para o crime são autores dele. A participação não é entendida como acessória. (...) O Código Penal reformado (1984) adota essa teoria, ainda que de forma matizada ou temperada, já que estabeleceu certos graus de participação e um verdadeiro reforço do princípio constitucional da individualização da pena (na medida de sua culpabilidade)". (Curso de direito penal brasileiro. 6. ed. São Paulo: Revista dos Tribunais, 2006. v. 1, p. 471.) O Professor Paulo José da Costa Júnior assim se manifestou sobre o tema: "A teoria unitária ou monística entende que a pluralidade de delinqüentes e a diversidade de condutas não impedem a unidade do crime (um só crime e vários agentes). Para ela, não há autores principais e acessórios. Todos se nivelam, pois todos contribuíram para o evento. Chega-se a esta igualdade plena entre os agentes, partindo-se da equivalência das condições necessárias à produção do resultado. Se o evento criminoso é a conseqüência de um conjunto de causas e condições, todas elas igualmente necessárias e suficientes para produzi-lo, se cada um dos co-partícipes é o responsável por uma dessas causas ou condições, deflui que o delito é o resultado da conduta de cada um e de todos, sem distinção. Da unidade delitiva, chega-se fatalmente à unidade da sanção penal". (Código Penal comentado. 9. ed. São Paulo: DPJ, 2007, p. 122.)

[411] Podemos citar algumas exceções legais, uma delas está presente nos parágrafos do art. 29 do Código Penal: "§ 1º Se a participação for de menor importância, a pena pode ser diminuída de um sexto a um terço. § 2º Se algum dos concorrentes quis participar de crime menos grave, ser-lhe-á aplicada a pena deste; essa pena será aumentada até a metade, na hipótese de ter sido previsível o resultado mais grave". Rogério Greco fez as seguintes considerações sobre as exceções legais à teoria monista: "Além das mencionadas por Cezar Bitencourt, existem outras exceções à regra da teoria monista localizadas na Parte Especial do Código Penal, a exemplo do crime de aborto, em que a gestante pratica o delito do art. 124, se o crime é cometido com o seu consentimento, e aquele que nela pratica o aborto comete o delito do art. 126". (Concurso de pessoas. Belo Horizonte: Mandamentos, 2000, p. 25.)

[412] Nesse sentido são as lições de Antônio Rodrigues Porto, para quem: "A prescrição começa a ter curso ao mesmo tempo para todos os autores, isto é, no dia em que o crime é praticado. A circunstância de algum partícipe ter se desincumbido de sua parte no crime muito antes da prática deste (por instigação, mandato etc.) não faz começar sua prescrição antes dos outros. A mesma coisa, quando a participação seja a promessa de auxílio para depois do crime. Para este caso, Manzini observa que, a imputabilidade, é indiferente seja a proposta mantida ou não. Quando se trata de delito permanente e a participação de algum agente seja por atos instantâneos, o prazo tem início no dia em que cessa a permanência criminosa". (Da prescrição penal. 5. ed. São Paulo: Revista dos Tribunais, 1998, p. 57.) Na mesma esteira de compreensão do tema estão os ensinamentos de Nelson Ferraz, dos quais destacamos o seguinte: "Desse modo, os crimes de seqüestro e cárcere privado (art. 148 do C. Pen.) e bando ou quadrilha (art. 288 do C. Pen.), que se consumam, o primeiro, ao momento da privação da liberdade, e o

disposto no Caderno Penal e toda a sua sistemática legal no que diz respeito à co-delinqüência. Ora, se aceitássemos esse entendimento, passaríamos a preconizar momentos consumativos diferentes para cada participante do delito, e isso não é possível. *Mutatis mutandis*, seria o caso do sujeito que empresta a sua residência como cativeiro para o delito de seqüestro, sabendo-o para esse fim, e que como a sua ação esgotou-se no ato de ceder o imóvel para o cárcere, para ele não se consideraria o delito de seqüestro como permanente, já que sua conduta cessou antes mesmo da captura da vítima, por exemplo. Essa solução não é possível de ser aceita, tal como àquela dada nas decisões aqui colacionadas. Ora, se o delito é um só, para todos os que dele participaram, o seu momento consumativo também deve ser único, para todos os fins legais, inclusive para início do lapso prescricional. Nesse sentido é a decisão que a seguir transcrevemos, a qual afastou a possibilidade de diferentes termos iniciais da prescrição para cada participante do estelionato:

> PENAL. ESTELIONATO PREVIDENCIÁRIO. ART. 171, § 3º, DO CP. NULIDADE DA SENTENÇA. CERCEAMENTO DE DEFESA. INOCORRÊNCIA. MATERIALIDADE E AUTORIA COMPROVADAS. DESCONHECIMENTO DA ILICITITUDE DA CONDUTA. INVIABILIDADE. CRIME EVENTUALMENTE PERMANENTE. PRESCRIÇÃO. MARCO INICIAL. CESSAÇÃO DA PERMANÊNCIA (ART. 111, III, DO CP). (...) 4. Nos termos da iterativa jurisprudência desta Corte, do STJ, e de precedentes do STF, o delito de estelionato previdenciário, consubstanciado no percebimento mensal e sucessivo do benefício, protrai a consumação do delito no tempo, razão pela qual o marco inicial da prescrição é o da cessação da permanência (art. 111, III, do CP). 5. Inviável falar-se em uma possível contagem prescricional diferenciada, se estamos diante de uma mesma infração penal, apenas em razão de que um dos réus tenha sido responsável pela falsificação, mas não tenha auferido lucro, considerando-se que o tipo penal insculpido no art. 171 do Código Penal determina expressamente que a vantagem ilícita pode ser destinada para si ou para outrem. (ACR nº 2001.71.00.000265-0, 7ª Turma do TRF da 4ª Região, Relator do acórdão Des. Federal Tadaaqui Hirose, j. 29/11/2005.)[413]

último, ao momento da associação que se traduza por atos e organização do bando, ou pelo ingresso em quadrilha já existente, não terão deflagrado o lapso prescricional senão quando cessar a permanência, com a liberdade da pessoa seqüestrada ou encarcerada, ou com a dissolução do bando ou quadrilha. Esta regra é aplicável, mesmo em relação ao co-autor que tenha participado tão-somente por atos instantâneos". ("Da prescrição no sistema penal brasileiro". In: Revista dos Tribunais, São Paulo: RT, ano 78, v. 279, p. 107-127, jul.-ago.-set. 1982, p. 110-1.) Com o que foi aqui transcrito não estamos nos perfilando àqueles que entendem ser o delito de estelionato com fins previdenciários um crime permanente, apenas queremos frisar que o delito ou é permanente para todos, ou ele é instantâneo, jamais poderá sê-lo instantâneo para um participante e permanente para outro.

[413] No teor do acórdão do qual transcrevemos parte da ementa, assim se manifestou o Relator sobre essa problemática: "Verifica-se na decisão retro que o eminente Relator, em seu voto, consignou que o paciente teria sido denunciado em razão de que, valendo-se da condição de servidor do Instituto Nacional do Seguro Social, teria perpetrado a fraude visando à concessão de aposentadorias, que vieram a ser cassadas. Sendo assim, citando precedentes anteriores, afirmou que o paciente respondeu apenas pela fraude, que se revelaria como crime instantâneo, embora com repercussões no tempo, na medida em que terceiro obteve a concessão de benefício e sua satisfação em prestações periódicas, razão pela qual a consumação do crime atribuído ao paciente teria se consumado com a falsificação, o que atrairia o disposto no art. 111, inc. I, do Código Penal. O precedente citado, salvo melhor juízo, não estabelece se este critério de contagem do prazo prescricional, repise-se, daquele que seria em tese responsável apenas pelo meio fraudulento, também se aplicaria ao caso do terceiro que obteve a vantagem ilícita em prejuízo alheio. De qualquer sorte, entendo que não se pode fazer uma distinção quanto à infração penal, em razão de que um dos denunciados tenha, por exemplo, apenas sido responsável pela fraude, na medida em que não existe uma autonomia do crime de falsum que, como evidenciou a prova colhida nos autos, e reconhecido pela ilustre Relatora em seu voto, foi direcionado justamente para a obtenção da vantagem ilícita em detrimento do INSS (o que justifica, inclusive, a existência da Súmula nº 17 do STJ). Diante destas circunstâncias, entendo que não se pode falar em uma possível contagem prescricional diferenciada, se estamos diante

Assim, entendemos não ser admissível a alegação de ser o delito de estelionato previdenciário permanente para aquele que recebe o benefício, e instantâneo de efeitos permanentes para aquele funcionário da Previdência que concorreu para a fraude mas não auferiu benefícios previdenciários. Repudiamos tal entendimento, pois essa compreensão não encontra guarida legal e fere frontalmente o sistema adotado pelo Código Penal no tratamento dado à co-autoria e à participação no delito, qual seja a teoria monista. Ora, se existe a unidade de crime, isto é, se todos respondem pelo art. 171, § 3º, do Código Penal, também a todos deve ser oferecido o mesmo tratamento legal, e aqui, no nosso enfoque, quer se destacar que deve também existir a unidade do momento consumativo; caso contrário, não estaríamos diante de crime único para todos que dele participaram. Além do mais, o início do prazo prescricional de forma diferenciada para os co-delinqüentes não é exceção prevista expressamente em lei e sendo assim não podemos fazer tal distinção, por força do art. 29 do Código Penal.[414]

3.4. Da classificação que se adota

Apesar de haver uma contínua polêmica entre os seguidores das diferentes abordagens, entendemos como correta, à luz do procedimento categorial-classificatório, a que concebe o delito de estelionato previdenciário (com reiteração do recebimento de benefício indevido) como crime instantâneo, mas de efeitos permanentes, e não como um delito permanente ou duradouro. E isso por força de alguns argumentos, todos de força e expressão.

Em primeiro lugar, quando a doutrina disseca, analiticamente, o tipo fundamental do estelionato (art. 171, *caput*, do Código Penal), de um modo geral, o classifica como um delito instantâneo,[415] ou, dependendo da hipótese, instantâneo

---

de uma mesma infração penal, apenas em razão de que o falsificador não tenha auferido lucro, considerando-se que o tipo penal insculpido no art. 171 do Código Penal determina expressamente que a vantagem ilícita pode ser destinada para si ou para outrem".

[414] Nilo Batista (Concurso de agentes. Uma investigação sobre os problemas da autoria e da participação no direito penal brasileiro. 3. ed. Rio de Janeiro: Lumen Juris, 2005, p. 39) traz algumas lições no que diz respeito ao concurso de agentes: "A cláusula acrescentada à disciplina do concurso pela reforma de 1984, segundo a qual a punibilidade de cada concorrente se determina segundo sua própria culpabilidade, parece responder a essa inclinação: monismo no injusto, pluralismo na reprovabilidade". As palavras do Professor Nilo Batista nos levam a uma reflexão: o tratamento diferenciado aos co-delinqüentes somente pode ser operado no que diz respeito à reprovabilidade (pois neste ponto o Código permitiu expressamente) e, é claro, naquelas exceções antes comentadas, apontadas pela própria lei. No mais, o tratamento é o mesmo – e aqui se inclui o termo inicial da prescrição da pretensão punitiva.

[415] Nesse sentido Luiz Regis Prado (Curso de direito penal brasileiro, p. 548): "Quanto à tentativa, não se pode olvidar que o iter criminis do delito de estelionato inicia-se com a prática do meio fraudulento e termina com o resultado, expresso pela vantagem ilícita e o prejuízo alheio (crime instantâneo)". Damásio de Jesus (Código Penal anotado. 18. ed. São Paulo: Saraiva, 2007, p. 648) fez apontamentos sobre o *caput* do art. 171 do Código Penal e assim o classificou: "Qualificação doutrinária Delito instantâneo. Nesse sentido: STF, HC 69.592, 2ª Turma, DJU, 2 abr. 1993, p. 5620; RT 708:353". Álvaro Mayrink da Costa (Direito penal: parte especial. 5. ed. Rio de Janeiro: Forense, 2001, p. 917), comentando a objetividade jurídica do art. 171, teceu as seguintes considerações: "Trata-se de crime comum, material, de lesão, instantâneo, plurissubsistente, de ação múltipla ou de conteúdo variado, unitateral". Celso Delmanto e outros (Código Penal comentado. 6. ed. Rio de Janeiro: Renovar, 2002, p. 396) ao tecerem comentários ao *caput* do art. 171 do Código Penal, assim classificaram o delito: "Classificação: Crime comum quanto ao sujeito, doloso, material e instantâneo".

de efeitos permanentes.[416] Ora, esse é um dado bastante relevante, pois, segundo sustentamos, a causa de majoração da pena (§ 3º) não apresenta qualquer *plus* capaz de alterar, de modo estruturalmente importante, a natureza ontológica do tipo básico. Com efeito, a causa de aumento de pena não traz outros componentes ao modelo incriminador fundamental aptos para modificarem-lhe a essência; apenas acrescenta uma particularização da vítima (ou seja, ser entidade pública). Não há, portanto, qualquer inovação na natureza do tipo por meio da qual pudéssemos conceber a modificação classificatória do crime. Somente haveria uma alteração, se o tipo derivado contivesse elementos vinculados, implícita ou explicitamente, à durabilidade consumativa, por meio dos quais se pudesse estabelecer uma nova feição conceitual àquele tipo. Contudo, essa modificação não se implementou, sendo, por todos os títulos, válida a interpretação segundo a qual a derivação típica *in casu* não se descolou da construção fundamental. Não existe, igualmente, outra forma de execução ou de consumação do crime estranha àquela prevista no *caput* do art. 171.

Em segundo lugar, e se insiste no argumento, a causa especial de aumento de pena somente trouxe uma especialização para o sujeito passivo. Desta forma, não existem motivos lógicos ou dogmáticos para se sustentar que, em não tendo havido alteração de essência na construção típica, haja diferenças entre a figura delitiva fundamental e a derivada. Com isso, por qual razão o estelionato do *caput* é considerado instantâneo e a sua combinação com o § 3º, permanente? Ao nosso sentir, não há motivo plausível para que ocorra essa diferenciação no tratamento do estelionato praticado contra entidade de previdência social de caráter público.

De outro curso, se levarmos em linha de conta a própria essência dos delitos instantâneos, chegaremos facilmente à conclusão segundo a qual todos os seus requisitos se fazem presentes no que se vincula à figura típica do art. 171, § 3º, do Código Penal, ou seja, a consumação se dá de modo instantâneo, apesar de os efeitos poderem se perpetuar no tempo. A par disso, não restam configuradas duas características do delito permanente, qual sejam: a cessação do estado de consumação do delito é determinada pela vontade do agente e com término da conduta do sujeito ativo ocorre o restabelecimento do bem lesado. Ora, nem uma nem outra se encontram presentes no delito de estelionato previdenciário: primeiro, porque a cessação do recebimento das parcelas não depende, exclusivamente, do agente fraudador, segundo, porque no momento em que a entidade lesada deixar de conferir o benefício ao agente não se tem de pronto o restabelecimento do patrimônio lesado.

Também como dissemos anteriormente, outra nota que distancia a fraude previdenciária dos crimes permanentes é a impossibilidade de o agente fraudador

[416] Essa classificação doutrinária mais específica é trazida por Rogério Greco (Curso de direito penal: parte especial. Niterói: Impetus, 2006. v. III, p. 263), quando afirma: "Analisando a figura típica fundamental, podemos concluir que o estelionato é um crime comum tanto com relação ao sujeito ativo quanto ao sujeito passivo; doloso; material; comissivo e omissivo (tendo em vista ser possível esse raciocínio através da conduta de manter a vítima em erro); de forma livre (pois que qualquer fraude pode ser usada como meio para a prática do crime); instantâneo (podendo, ocasionalmente, ser reconhecido como instantâneo de efeitos permanentes, quando houver, por exemplo, a perda ou destruição da coisa obtida por meio de fraude); de dano; monossubjetivo; plurissubsistente".

ser preso em flagrante após o recebimento da primeira parcela, pois, como se trata de fase posterior ao encerramento do *iter criminis*, não se está diante de uma situação de flagrante delito. Como se sabe, o exaurimento não é contemplado pelo nosso ordenamento processual como circunstância ensejadora desta modalidade de prisão.

4. CONCLUSÃO

Feitas, então, as contas, percebe-se claramente que a matéria suscita importantes controvérsias. Entretanto, vimos de pontuar que a classificação conceitual do delito de estelionato previdenciário como instantâneo mas de efeitos permanentes é a que melhor atende à técnica e à dogmática. Com efeito: realçamos que não se localizam nem se percebem diferenças ontológicas entre as figuras típicas do *caput* e do § 3° do art. 171 do Código Penal, e que, quanto à primeira, a doutrina, sem qualquer discordância analítica, tem-na proclamado e classificado como um crime instantâneo; ora, ao não se agregarem quaisquer outros elementos à figura típica *majorada* do § 3°, não se apresentam razões para ser havida e catalogada como estrutural e organicamente diversa, como se delito permanente fosse. O fato simplesmente de a vítima ser especial e, em função disso, haver uma causa de aumento de pena, não opera *ipso facto* qualquer alteração de substância na estrutura orgânica do tipo, não se compreendo, pois, o porquê de parte da doutrina, em casos tais, sustentar que o delito passa a ser permanente. Não se ajuntou, na estrutura descritiva dessa causa de aumento, qualquer fator que se relaciona à (maior ou menor) duração delitiva; nem se exigiu, como *conditio sine qua non* da perfectibilização típica, qualquer coeficiente temporal ou de perpetuação das condutas, de cujo quadro se poderia, em tese, extrair algum traço de permanência.

Para além disso, como vimos, o delito de estelionato previdenciário (com reiteração do recebimento da vantagem indevida) se encarta, sem quaisquer dificuldades, à classificação de crime instantâneo, ainda que de efeitos duradouros. O mesmo, entretanto, não se pode afirmar em relação a seu entendimento como delito permanente, pois existem obstáculos (tais como: a cessação do recebimento das parcelas não depende, exclusivamente, do agente fraudador, ou porque, no momento em que a entidade lesada deixar de conferir o benefício ao agente, não se tem de pronto o restabelecimento do patrimônio lesado, ou, ainda, porque não se está em face de uma situação de flagrante delito) absolutamente intransponíveis para essa avaliação.

Em virtude disso, por mais dispendiosos que tenham sido para o Estado as conseqüências do estelionato, e por maior que seja o período de tempo em que o agente tenha recebido os benefícios indevidamente, não podemos direcionar a classificação do delito para que seja punido a qualquer custo. Ou, em outras palavras, o sentimento de *justiça* do operador do Direito não pode alterar as características do tipo de injusto, e conduzir o procedimento categorial-classificatório para haver como permanente um delito que se apresenta como instantâneo, apenas para impedir que a marcha prescricional se inicie da data da primeira *consumatio* delitiva, isto é, da data do recebimento da primeira parcela previdenciária indevida.

Finalmente, não se coloca a figura do crime continuado,[417] porque, segundo pensamos, os efeitos (temporários ou permanentes) dos crimes instantâneos são, simplesmente, o seu esgotamento, motivo pelo qual não se apresentariam à espécie, um dos elementos objetivos essenciais para a configuração do delito continuado (pluralidade de ações típicas homogêneas). Trata-se apenas do exaurimento do crime, com reflexos, no máximo, no setor da punibilidade. Com isso, sendo o delito de estelionato previdenciário com repetição da obtenção da vantagem indevida em delito instantâneo, o curso prescricional começa a se desenvolver a partir do instante do recebimento da primeira parcela, sendo as subseqüentes apenas a fase de exaurimento da conduta típica.

[417] Penal. Estelionato previdenciário. Crime instantâneo. "O estelionato praticado com o objetivo de se obter benefícios previdenciários sucessivos é crime instantâneo, visto que a consumação ocorre com o recebimento da primeira parcela. Não se pode confundir o momento em que a vítima sofre o desfalque patrimonial com aquele em que vem a ter conhecimento do prejuízo que lhe foi causado ou em que verifica ter sido enganada. Inexiste continuidade delitiva entre os saques mensais. As demais parcelas constituem exaurimento da primeira conduta criminosa. Os efeitos do crime não alteram a sua estrutura quanto à instantaneidade da consumação. Apelo provido (TRF 3ª R. – 5ª T. – Ap 2000.61.05.003575-8 – Rel. Ferreira da Rocha – j. 05.02.2007 – DJU 13.03.2007). Boletim IBCCRIM. Jurisprudência: Publicação oficial do Instituto Brasileiro de Ciências Criminais. São Paulo, n. 174, p. 1084, mai. 2007.

Tema VIII

Dos fundamentos da prescrição antecipada[418]

1. INTRODUÇÃO

Nesse ensaio, passaremos a analisar a prescrição antecipada, também comumente denominada de prescrição pela pena em perspectiva, ou prescrição virtual.[419] Trata-se de matéria que tem atraído a atenção (cada vez mais crescente) dos operadores jurídico-penais, especialmente em face de seu poder concreto de dinamização da engrenagem jurídica. Mas isso não implica aceitação fácil ou geral; antes pelo contrário, a resistência que se lhe impõem – notadamente os tribunais superiores – demonstra que nos encontramos bastante afastados de uma compreensão minimamente harmoniosa dessa matéria. Nessa lógica das coisas, o tema, sob todos os títulos, deve, portanto, ser abordado com certo vagar, a fim de que sejam bem expostos os argumentos que se colocam à base de sua sustentação (ou de refutação).

Desse modo, para uma melhor apresentação da prescrição antecipada, iremos, num primeiro momento, ainda que *en passant*, avaliar a prescrição retroativa, em cujo seio se localiza o tema,[420] para, em seguimento, focalizarmos os seus

[418] Capítulo desenvolvido juntamente com a advogada Marcela Fayet.

[419] Além dessas denominações, existem outras ("prescrição em perspectiva", "prescrição precalculada" ou "prognose prescricional") das quais a doutrina tem se valido para nomear essa modalidade prescricional. (Cf. LOPES, Maurício Antônio Ribeiro. "Reconhecimento antecipado da prescrição da pretensão punitiva". In: Revista dos Tribunais, ano 85, v. 724, São Paulo: RT, p. 522-36, fev. 1996, p. 523.)

[420] A doutrina e a jurisprudência têm-se pronunciado, como se demonstrará ao longo da apresentação deste ensaio, no sentido de considerar a prescrição antecipada como prescrição da pretensão punitiva retroativa, que se prevê e reconhece antecipadamente; entretanto, já se produziu decisão (a seguir transcrita) que reconheceu a prescrição abstrata mesmo antes de ter-se implementado o lapso prescricional. Por tratar-se, ao nosso sentir, de decisão pioneira, e compatível com o nosso entendimento, damos o nosso destaque: "CONFLITO DE COMPETÊNCIA. RECURSO ESTRITO. PRESCRIÇÃO ANTECIPADA DECLARADA. Falta menos de um mês para extinguir-se a punibilidade pela prescrição da pretensão punitiva "in abstrato", o que é possível reconhecê-la antecipadamente, pois o processo busca um fim útil. Não há justa causa para o prosseguimento da ação penal quando se vislumbra a extinção da punibilidade". (...) "No caso concreto, trata-se de delito cuja pena não pode ser superior a dois anos, ocorrendo a prescrição em quatro anos. A denúncia foi recebida em 29.09.98 (fl. 44), portanto, a pena *in abstrato* prescreve em 29.09.2002, daqui a vinte e cinco dias, contando-se da data de hoje. O processo encontra-se na fase instrutória. Até final de setembro, é impossível finalizá-la e realizar o julgamento".(...) "Pelo exposto, voto no sentido de declarar a extinção da punibilidade pela prescrição e julgar prejudicado o presente conflito e o Recurso em Sentido Estrito". (Conflito de Competência e Atribuição nº 70004701025, 8ª Câmara Criminal do TJRS, Rel. Des. Nereu José Giacomolli, j. 04/09/2002.) Na mesma senda conferir Notícia-Crime 198.000373-5, Pleno do TJPB, Rel. Des. Raphael Carneiro Arnaud, j. 22/08/2001. Dessa forma, tal como o acórdão antes citado reconheceu a prescrição antecipada da pretensão punitiva pela pena abstratamente cominada, podemos, em tese, projetar idêntica solução em se cuidando da prescrição intercorrente (superveniente). Com efeito, a prescrição intercorrente baseia-se, para fins de cálculo do lapso prescricional, na pena concretizada na sentença, possuindo, como termo inicial, a publicação da sentença condenatória. A doutrina elenca (entre outros) como requisitos para averiguação da prescrição superveniente o trânsito em julgado para a acusação, ou o improvimento de seu recurso (nesse sentido: BARROS, Flávio Augusto Monteiro de. Direito pe-

fundamentos. Igualmente, ao longo de nossa pesquisa, buscamos trazer, além do posicionamento doutrinário e jurisprudencial sobre o tema, as conseqüências, quer sejam processuais, quer materiais, do reconhecimento da prognose prescricional.

2. CONCEITO

De uma forma abrangente, a prescrição antecipada tem sido entendida como uma construção jurídica que permite o reconhecimento, de modo antecedente, dos efeitos da prescrição retroativa (conjecturando-se o *decisum* condenatório e a pena que lhe seria correspondente), por intermédio dos quais se poderia extinguir o processo penal (ou mesmo o inquérito policial) em curso. (Entretanto, vamos, no desenvolvimento desse artigo, ofertar um conceito e, de conseqüência, uma razão diferente, por meio dos quais imaginamos poder contribuir para a maior legitimação processual dessa *modalidade* de prescrição.) Em poucas palavras, a prescrição antecipada, como modernamente se define, é o reconhecimento antecipado da prescrição retroativa.[421] Com efeito, como a prescrição retroativa se

nal: parte geral. 5. ed. São Paulo: Saraiva, 2006, v.1, p. 646; e BITENCOURT, Cezar Roberto. Tratado de direito penal: parte geral. 10. ed. São Paulo: Saraiva, 2006. v. 1, p. 881.) Assim, fixada a pena e transitada em julgado essa matéria, pode haver recursos (tanto da acusação quanto da defesa) aguardando o julgamento pelos tribunais, os quais, se não se referirem ao *quantum* da pena, já poderiam ser manejados para a aferição da ocorrência prescricional. A título de exemplo, poderíamos imaginar a situação na qual, na hipótese de demora de apreciação dos recursos interpostos (bem como a possibilidade de recorribilidade aos tribunais superiores), se estivermos em face do quase implemento do lapso necessário para a decretação da prescrição intercorrente, não haveria necessidade de se esperar que esta efetivamente se implemente, podendo ser declarada, antecipadamente, sempre que se vislumbrar, a partir dos trâmites legais – inerentes a qualquer recurso – e do tempo que se faz necessário para que seja julgado (entenda-se o tempo para relatório e voto do relator, bem como a espera de data para a sessão de julgamento pelo órgão colegiado) que a pretensão punitiva será atingida pela prescrição, em sua modalidade intercorrente – regulada pelos arts. 109 e 110 do Código Penal. Não estamos pretendendo inovar dentro de uma perspectiva imponderável; apenas entendemos ser possível estender a mesma solução apontada pela decisão antes indicada aos casos de prescrição intercorrente que se avizinha, especialmente nas situações em que o processo ainda oferece um leque de recursos a serem interpostos. Evitar-se-iam processos nos tribunais (especialmente nos superiores) que seriam, inexoravelmente, atingidos por essa modalidade de prescrição. Igor Teles Fonseca de Macedo (Prescrição virtual ou em perspectiva. Salvador: JusPODIVM, 2007, p. 82-3) remarca no mesmo sentido, ao sustentar que o âmbito de abrangência da prescrição em perspectiva se estende à intercorrente.

[421] Ainda em linhas conceituais, Antônio Rodrigues Porto assim definiu a prescrição da pena em perspectiva: "Quando for possível prever, devido a alguma circunstância ocorrida no processo, qual a pena máxima a que poderá o réu estar sujeito, pode acontecer de já haver decorrido o prazo prescricional relativo àquela pena em concreto, com caráter retroativo. Em tal situação, têm surgido decisões judiciais no sentido de antecipar desde logo, antes da sentença final, o reconhecimento da prescrição; o principal intuito dessas decisões é o de aliviar o grande volume do serviço criminal, e também para abreviar o desfecho da ação penal". (Da prescrição penal. 5. ed. São Paulo: RT, 1998, p. 64.) Também conceituou o instituto sob análise Osvaldo Pallotti Júnior ("Considerações sobre a prescrição retroativa antecipada". In: Revista dos Tribunais, ano 83, v. 709, São Paulo: RT, p. 302-6, nov. 1994, p. 304): "Para os defensores dessa corrente, se o Juiz constatar, no caso concreto, que à vista das circunstâncias do fato e das condições pessoais do réu – especialmente sua primariedade e bons antecedentes – a pena, no caso de condenação, seria atingida pela prescrição, pode reconhecer o desaparecimento do interesse de agir do Estado e, por conseqüência, declarar extinta a punibilidade do réu pelo reconhecimento antecipado da prescrição retroativa". Igualmente, esclarecedor é o conceito de José Júlio Lozano Jr. (Prescrição penal. São Paulo: Saraiva, 2002, p. 181), intitulando o tema de prescrição retroativa antecipada: "Consiste no reconhecimento da prescrição retroativa antes mesmo do oferecimento da denúncia ou queixa e, no curso do processo, anteriormente à prolação de sentença, sob o raciocínio de que eventual pena a ser aplicada em caso de hipotética condenação traria alume

baseia na pena concretizada na sentença condenatória, a prescrição antecipada operaria com a projeção das possíveis condenação e pena a serem impostas ao réu. Cuida-se, portanto, de uma avaliação hipotética do possível desfecho da lide penal, de cuja avaliação, também abstratamente, se projetariam os efeitos para, a seguir, declará-los, *in casu*, em virtude dos fatores de estruturação da pena criminal, insubsistentes.

Nem sempre, por óbvio, será possível fazer esse raciocínio de antecipação da provável pena e prematuramente reconhecer a prescrição da pretensão punitiva pela pena virtual porque, por vezes, não estão disponíveis todos os elementos para a projeção da pena dentro de parâmetros reais, isto é, há casos em que não se provaram ou definiram as circunstâncias judiciais, agravantes, atenuantes, qualificadoras ou privilegiadoras e causas de aumento e diminuição de pena. Nessas situações, em que a fase instrutória contribuirá substancialmente para bem definir os fatores que influenciarão na dosimetria da reprimenda penal, não admitimos a prescrição antecipada, porque não a entendemos como um instituto aleatório e sem plausibilidade jurídica. Contudo, pretendemos demonstrar que, em muitos casos, a solução mais adequada, possível e menos dispendiosa ao Estado seria a aceitação da prescrição antecipada. Assim, antes de analisarmos os fundamentos teóricos da prescrição virtual, avaliaremos, conceitualmente, a prescrição retroativa, nicho de ocorrência da quase totalidade dos casos de prognose prescricional.

3. DA PRESCRIÇÃO RETROATIVA

A prescrição retroativa tem fundamento legal no art. 110, §§ 1º e 2º, do Código Penal.[422] Quando não ocorre a prescrição da pretensão punitiva pela pena em abstrato, que deve ser analisada antes de qualquer outra modalidade de prescrição,[423] passa-se à análise do instituto levando-se em consideração a pena *in concreto*, vale dizer, concretizada na sentença condenatória. Para que isso ocorra, a doutrina elenca alguns pressupostos para aferição da prescrição pela pena imposta

---

um prazo prescricional já decorrido". Por fim, trazemos à colação os ensinamentos se Ney Moura Teles (Direito penal: parte geral. São Paulo: Atlas, 2004. v. I, p. 558): "Como se extrai de seu conceito, essa prescrição ocorreria sempre que o juiz, diante de um caso concreto, verificando as circunstâncias que cercaram o fato típico e as condições pessoais do acusado – mormente sua condição de primário, de portador de bons antecedentes, boa conduta social, personalidade reveladora de inexistência de perigo de delinqüir –, pudesse vislumbrar que a pena que seria imposta, caso viesse a condená-lo, é em quantidade autorizadora da verificação da prescrição retroativa; deverá, portanto, reconhecê-la, antecipadamente, extinguindo-se a punibilidade". Conferir ainda o conceito de Fernando Galvão (Direito Penal: parte geral. 2. ed. Belo Horizonte: Del Rey, 2007, p. 919-20).

[422] Art. 110 § 1º: "A prescrição, depois da sentença condenatória com trânsito em julgado para acusação, ou depois de improvido seu recurso, regula-se pela pena aplicada". § 2º: "A prescrição, de que trata o parágrafo anterior, pode ter por termo inicial data anterior à do recebimento da denúncia ou da queixa".

[423] "Antes de se analisar a possibilidade da ocorrência da prescrição retroativa, faz-se necessário verificar se já decorreu ou não prazo suficiente a alcançar a prescrição abstrata. Se isto aconteceu, estará impedido o reconhecimento da retroativa, pois a punibilidade já se extinguiu". (BALTAZAR, Antônio Lopes. Prescrição penal. Bauru, São Paulo: EDIPRO, 2003, p. 81.)

ao réu, quais sejam: sentença condenatória, trânsito em julgado para a acusação ou improvimento do seu recurso e não-ocorrência da prescrição da pretensão punitiva pela pena abstratamente cominada.[424]

Pois bem, presentes tais requisitos, é mister verificar se ocorreu a prescrição pela pena concretizada, e, para isso, devemos nos valer dos períodos prescricionais. Quando se calcula a prescrição – com base na pena imposta – e se consideram os períodos prescricionais anteriores à sentença condenatória, estamos diante da prescrição retroativa.[425]

4. DOS FUNDAMENTOS E CONSEQÜÊNCIAS DO RECONHECIMENTO DA PRESCRIÇÃO ANTECIPADA

Os fundamentos e as repercussões da prescrição antecipada projetam-se para diferentes planos, tanto de direito material como de processual; passando por linhas argumentativas que abarcam o interesse de agir, a justa causa para a ação penal, a economia processual, o princípio da razoabilidade e até mesmo o direito fundamental à celeridade processual. Por outro lado, existem posturas avessas à sua aceitação, as quais também lançam mão de argumentos de peso como, por exemplo, a ausência de previsão legal do instituto; a necessidade de uma sentença condenatória para o reconhecimento da prescrição retroativa; a ofensa a princípios constitucionais como da ampla defesa, do contraditório, do devido processo legal e da presunção de inocência; a impossibilidade de formação de título executivo, a possível *mutatio libelli* e ainda por ser um instituto que afrontaria o princípio da obrigatoriedade da ação penal.

Ao longo da construção (doutrinária e jurisprudencial) dessa modalidade prescricional, alguns argumentos se foram consolidando como mais expressivos,[426] angariando, pode-se dizê-lo, a maior preferência dos operadores jurídicos. E é exatamente por este prisma que pretendemos, agora, encaminhar o estudo, ao pas-

---

[424] Nesse sentido: Antônio Lopes Baltazar (Prescrição penal, p. 79 e segs.); Andrei Zenkner Schmidt (Da prescrição penal. Porto Alegre: Livraria do Advogado, 1997, p. 125 e segs.) e Cezar Roberto Bitencourt (Tratado de direito penal: parte geral, p. 880.)

[425] Para melhor compreensão do tema, vejamos os ensinamentos de José Júlio Lozano Jr. (Prescrição penal, p. 168): "Então, considerando que a prescrição retroativa ocorre somente da primeira decisão condenatória para trás, ela pode sobrevir entre os seguintes marcos: a) da data da publicação da sentença condenatória à do recebimento da denúncia ou queixa; b) da data do recebimento da denúncia ou queixa à do início do prazo prescricional; c) da data do acórdão condenatório à do recebimento da denúncia ou queixa, tendo havido absolvição em grau inferior". Importa trazer à baila os esclarecimentos de Luiz Regis Prado (Curso de direito penal brasileiro: parte geral. 6. ed. São Paulo: Revista dos Tribunais, 2006. v. 1, p. 738): "Assim, se entre a data da consumação do crime e a do recebimento da denúncia ou da queixa, ou se entre a data do recebimento da denúncia ou da queixa e a da publicação da sentença condenatória excede-se o lapso prescricional – aferido com base na pena *in concreto* –, aplica-se a extinção da punibilidade pela prescrição retroativa".

[426] Além dos argumentos que vamos analisar no curso desse ensaio, a doutrina ainda elenca outros, como: a instrumentalidade do processo, a economia material, a preservação do prestígio da justiça, a dignidade da pessoa humana e a duração razoável do processo penal. (Cf. MACEDO, Igor Teles Fonseca de. Prescrição virtual ou em perspectiva, p. 111 e segs.)

so que analisaremos os fundamentos da prescrição antecipada e apontaremos a conseqüência prática de cada fundamentação.

4.1. Do interesse de agir

Parte da doutrina, seguida de boa jurisprudência, entende que a prescrição antecipada representa a falta de interesse de agir do Estado em face da prescrição que se avizinha, ou que fatalmente será decretada no futuro.[427] Ao falarmos em interesse para ação, temos de nos reportar à uma categoria do processo civil ("condições da ação") e transportá-la ao processo penal.

No processo civil, segundo a teoria de Liebman, adotada no Código de Processo Civil de 1973,[428] são três as condições da ação: possibilidade jurídica do pedido, legitimidade para agir e interesse de agir. No processo penal, podemos dizer ser possível o uso de tais nomenclaturas com os devidos ajustes à dinâmica processual penal. E isto porque, no processo penal, a legitimidade acusatória é privativa do Ministério Público, salvo nos casos de ação penal privada,[429] a possibilidade jurídica do pedido se traduz, para parte da doutrina, na existência de previsão típica do fato imputado,[430] e, por fim, o interesse de agir que, na esfera criminal, é

[427] José Antônio Paganella Boschi (Ação penal: denúncia, queixa e aditamento. 3. ed. Rio de Janeiro: Aidê, 2002, p. 138), quando tratou especificamente do interesse de agir como condição da ação penal, também fez o questionamento e a devida relação deste tema com a prescrição antecipada: "No campo da prescrição e do interesse de agir, questão de máxima relevância consiste em saber se poderia ou não ser declarada a 'ausência de interesse' para o efeito de obstar o 'desencadeamento da ação' e o conseqüente início do processo, na hipótese fato com 'prazo prescricional em curso', mas 'em vias de esgotar-se' ou, ainda, quando 'a projeção de processo, de condenação e de pena' também possibilitar a projeção da 'prescrição'". Ainda podemos nos valer das ponderações de Luciano Feldens e Andrei Schmidt (Investigação criminal e ação penal. 2. ed. Porto Alegre: Livraria do Advogado, 2007, p. 88): "Para os que admitem a prescrição retroativa antecipada (prescrição em perspectiva), faltaria interesse de agir na propositura de uma ação que, evidentemente, estaria fadada à extinção da punibilidade". Citaremos um julgado peculiar, que equaciona a falta de interesse de agir do Estado em razão da prescrição antecipada com o interesse das partes na prolação da sentença, quando o processo encontra-se na fase decisória, vejamos: "RECURSO EM SENTIDO ESTRITO. PRESCRIÇÃO ANTECIPADA. A prescrição antecipada é criação jurisprudencial aplicável em caráter excepcional quando identificada a ausência de interesse do Estado na persecução penal tendo em vista a inviabilidade de cumprimento de eventual pena que venha a ser imposta. Trabalha-se, portanto, com a projeção de pena e o fator prescrição como causa de extinção da punibilidade tendo em vista o tempo do processo. Inviável, entretanto, a aplicação da prescrição antecipada quando o que falta para o processo é apenas a sentença. Por outro lado, nesse caso há interesse tanto da acusação quanto da defesa para que o Estado-Juiz se manifeste. RECURSO PROVIDO". (RSE 7000899367, 5ª Câmara Criminal do TJRS, Relatora Desa. Genacéia da Silva Alberton, j. 22/12/2004.)

[428] "O Código de Processo Civil prevê as referidas condições em virtude da teoria chamada de eclética, devida a Enrico Tullio Liebman, brilhante processualista e professor italiano que viveu alguns anos no Brasil". (ARENHART, Sérgio Cruz; MARINONI, Luiz Guilherme. Manual do processo de conhecimento. 3. ed. São Paulo: RT, 2004, p. 69.)

[429] Sobre a legitimidade, podemos destacar: "Parte ativa legítima para a causa, em matéria penal, é, exclusivamente, o Estado, titular que é do *jus puniendi*. Sua representação em juízo para a defesa desse direito é realizada, ordinariamente, pelo órgão do Ministério Público (art. 129, inc. I, e art. 5º, inc. LIX, da CF) e, extraordinariamente, pelo ofendido, que ao moverem a jurisdição e convocarem o acusado ao processo exercem o *jus persequendi in juditio*". (BOSCHI, José Antônio Paganella. Ação penal: denúncia, queixa e aditamento, p. 151-2.)

[430] Nessa esteira conceitual, podemos citar Luciano Feldens e Andrei Schmidt (Investigação criminal e ação penal, p. 87), quando justificam: "A possibilidade jurídica do pedido verifica-se, pois, ante a adequação do fato narrado na denúncia à definição legal do delito. Por outro lado, Afrânio Silva Jardim (Direito processual penal.

essencialmente de caráter público, isto é, analisado a partir do interesse estatal no feito e não do interesse do ofendido ou de qualquer outro interessado.

O interesse de agir, para um processo como um todo (leia-se civil ou penal), traduz-se na combinação de adequação com necessidade[431] (adequação do meio escolhido para a garantia do seu direito, e a necessidade do provimento jurisdicional para se alcançar esse direito). Não basta que o meio seja adequado, se não há necessidade da jurisdição penal, ou se ela se apresenta inútil no caso concreto. Essa condição de interesse legítimo para agir possui conteúdo multifário, pois exige a perfectibilização dos requisitos de adequação, necessidade e, sobretudo, utilidade[432] do processo.

Com a abstração necessária à transposição ao processo penal[433] do que aqui foi comentado, podemos afirmar que a condição da ação "interesse de agir" deve estar presente quando do recebimento da denúncia ou da queixa pelo juiz. E, em matéria processual penal, daremos uma ênfase ao interesse da acusação no que diz respeito à utilidade do processo, destacando os seguintes ensinamentos:

---

11. ed. Rio de Janeiro: Forense, 2005, p. 96), assim se posicionou sobre o conteúdo da possibilidade jurídica do pedido: "(...) a ausência de tipicidade e a extinção de punibilidade não configuram impossibilidade jurídica do pedido, mas dizem respeito ao próprio mérito da pretensão punitiva deduzida na denúncia ou queixa".

[431] "No que diz respeito ao interesse de agir, este repousa sobre o binômio necessidade + adequação. A parte tem 'necessidade' quando seu direito material não pode ser realizado sem a intervenção do juiz. Contudo, além da 'necessidade', exige-se a 'adequação'. Se a parte requer providência jurisdicional incapaz de remediar a situação por ela narrada na fundamentação do seu pedido, também falta o interesse de agir". (ARENHART, Sérgio Cruz; MARINONI, Luiz Guilherme. Manual do processo de conhecimento, p. 68.) "Localiza-se o interesse processual não apenas na utilidade, mas especificamente na necessidade do processo como remédio apto à aplicação do direito objetivo no caso concreto, pois a tutela jurisdicional não é jamais outorgada sem uma necessidade, como adverte Allorio". (THEODORO JÚNIOR, Humberto. Curso de direito processual civil. 38. ed. Rio de Janeiro: Forense, 2002. v. I, p. 52.) Ainda, sobre o conteúdo da condição da ação "interesse de agir", podemos citar os ensinamentos de Cândido Rangel Dinamarco (Instituições de direito processual civil. 2. ed. São Paulo: Malheiros, 2002. v. 2, p. 302-3), para quem: "Como conceito geral, interesse é utilidade. Consiste em uma relação de complementariedade entre a pessoa e o bem, tendo aquela a necessidade deste para a satisfação de uma necessidade e sendo o bem capaz de satisfazer a necessidade da pessoa (Carnelutti). Há o interesse de agir quando o provimento jurisdicional postulado for capaz de efetivamente ser útil ao demandante, operando uma melhora em sua situação na vida comum – ou seja, quando for capaz de trazer-lhe uma verdadeira tutela, a tutela jurisdicional".

[432] Sobre a utilidade do processo, preciosos são os ensinamentos de Ada Pellegrini Grinover e outros (GRINOVER, Ada Pellegrini; FERNANDES, Antônio Scarance; GOMES FILHO, Antônio Magalhães. As nulidades no processo penal. 9. ed. São Paulo: Revista dos Tribunais, 2006, p. 73): "O interesse-utilidade significa que o provimento pedido deve ser eficaz: de modo que faltará interesse de agir, na ação penal condenatória, quando se verifique que o provimento condenatório seria inútil, porque não poderá ser aplicado (como, por exemplo, no caso de a denúncia ou queixa ser oferecida na iminência de consumar-se a prescrição da pretensão punitiva. Sem aguardar-se a consumação desta, já se constata a falta de interesse de agir)".

[433] Acerca do intercâmbio entre os conceitos usuais utilizados nos processos penal e civil, José Frederico Marques (Estudos de direito processual penal. 2. ed. Atualização e prólogos: Ricardo Dip e José Renato Nalini, Campinas: Millennium, 2001, p. 09-10) já defendia tal integração: "Hoje é quase pacífico o admitir-se essa unidade doutrinária e a existência de uma teoria geral do processo, comum a ambos os ramos do direito processual. O isolamento em que alguns penalistas pretendiam manter o processo da justiça penal, em face do processo civil, nem mesmo entre os cultores do direito penal é atualmente sustentado. Angelotti e Grispigni, Leone e Guarneri, para só citar alguns, constituem disso eloqüente testemunho. E isso sem trazer à colação o nome excelso de Carnelutti, o catedrático de Processo Penal da Universidade de Roma, cujas idéias a respeito do assunto são bastante conhecidas e datam de tempo bem recuado em que o mestre insigne regia a cadeira de processo civil".

> Admite-se também o interesse-utilidade que se resume na idéia de eficácia da prestação jurisdicional, de forma que inexistirá a condição em questão, quando se observar, por exemplo, que a sentença condenatória não poderá se concretizar.[434]
>
> No que tange à utilidade, expressa-se ela no caso concreto na idoneidade do processo para ensejar, em seu final, os efeitos que dele se deseja. A ação penal tem por finalidade impor determinada pena ao acusado. Se por qualquer motivo existente no caso concreto essa pena não mais possa ser imposta (*v.g.*: a ocorrência de prescrição da pretensão punitiva), então o ajuizamento da ação será inútil, de modo que será inexistente o interesse de agir.[435]

Visto o conceito de interesse de agir, nos resta averiguar se a decretação da prescrição antecipada tem como justificativa a falta de interesse de agir, ou se se sustenta por outro fundamento.

Como se disse anteriormente, parte da doutrina e parte da jurisprudência entendem como plausível o argumento segundo o qual a prognose prescricional, pela possível pena *in concreto*, quando decretada, reflete a falta do interesse na ação por inutilidade do processo.[436]

Nesse sentido, é o entendimento de Boschi, que assim se manifestou sobre a controvertida matéria:

> Contudo, a pergunta que se impõe é uma só: no exemplo dado, identifica-se algum sentido prático que justifique o desencadeamento da persecução penal? A resposta, a nosso ver, só pode ser negativa porque, mesmo que o suposto denunciado, como imaginamos, viesse a ser condenado à pena projetada, a sentença, ante a prescrição da pretensão punitiva, não teria nenhuma força executória e não geraria quaisquer efeitos primários ou secundários(...).[437]

---

[434] Cf. HORA, Pompílio da; MARTINS, Nilo César. Ação penal: retrospectiva penal. Rio de Janeiro: Lumen Juris, 2001, p. 18.

[435] Cf. BONFIM, Edílson Mougenot. Curso de processo penal. São Paulo: Saraiva, 2006, p. 139.

[436] Usando o mesmo embasamento teórico, temos o seguinte julgado: "RECURSO EM SENTIDO ESTRITO. AMEAÇA E LESÃO CORPORAL DE NATUREZA GRAVE. PRESCRIÇÃO ANTECIPADA, PROJETADA, VIRTUAL OU DA PENA EM PERSPECTIVA. Inconformidade oposta pelo Ministério Público contra a decisão que decretou extinta a punibilidade do réu. Prescrição projetada. Possibilidade. A pena projetada, na hipótese de condenação do recorrido, não ultrapassaria dois anos, por serem francamente favoráveis ao réu as circunstâncias judiciais do artigo 59 do Estatuto Repressivo. Decurso de mais de quatro anos (artigo 109, inciso V, do Código Penal) entre a data do recebimento da denúncia e a data da prolação da decisão hostilizada. Inutilidade em prosseguir-se no feito. Por maioria, negaram provimento ao recurso interposto pelo Ministério Público, vencido o Des. Relator. Redator para o acórdão o Des. Mangabeira". (RSE 70011951829, 2ª Câmara Criminal do TJRS, Redator Des. Antônio Carlos Netto Mangabeira, j. 25/08/2005.) No mesmo sentido é o recente julgado que a seguir destacamos a ementa e parte do voto, que, por unanimidade, estendeu à pessoa jurídica a prescrição virtual: "PENAL. PROCESSO PENAL. *HABEAS CORPUS*. DELITOS AMBIENTAIS. PRESCRIÇÃO EM PERSPECTIVA. PESSOA JURÍDICA. CONFIGURAÇÃO. É cabível o reconhecimento da prescrição em perspectiva, em casos excepcionais, quando evidente que o prosseguimento da ação penal redundará em nada. Inexiste extensão temporal às penas restritivas de direito fixadas às pessoas jurídicas. A solução menos prejudicial é limitar o aspecto temporal aos limites mínimo e máximo da pena privativa de liberdade prevista no dispositivo de cada tipo da Lei nº 9.605/98. Declara-se extinta a punibilidade da pessoa jurídica, pela prescrição, se transcorrido lapso temporal suficiente à sua decretação entre a data do fato e do recebimento da exordial acusatória". (...) "Esclareço que o reconhecimento da prescrição se estende também à pessoa jurídica Petróleo Brasileiro Ltda. – PETROBRÁS, co-ré na ação penal". (HC nº 2007.04.00.004863-5/RS, 8ª Turma do TRF da 4ª Região, Impetrante Ney Fayet Júnior, Rel. Des. Federal Paulo Afonso Brum Vaz, j. 07/03/2007.)

[437] Essa questão foi analisada pelo autor em tópico de sua obra denominado "INTERESSE E PRESCRIÇÃO", e o exemplo a que se refere é o que a seguir transcrevemos: "Suponhamos que alguém pratique um crime de rixa qualificada (parágrafo único do art. 137 do Código Penal), cuja pena em abstrato varia entre 6 (seis) meses e 2 (dois) anos de detenção e que em razão da demora na fase pré-processual a denúncia só tenha sido oferecida 2 (dois)

A posição da jurisprudência também espelha essa orientação de que a prognose prescricional deve ser reconhecida por representar a falta de interesse de agir do Estado. Vejamos algumas decisões nesse sentido:

> PRESCRIÇÃO ANTECIPADA. POSSIBILIDADE. O processo, como instrumento, não tem razão de ser, quando o único resultado previsível levará, inevitavelmente, ao reconhecimento da ausência de pretensão punitiva. O interesse de agir exige da ação penal um resultado útil. Se não houver aplicação possível de sanção, inexistirá justa causa para a ação penal. Assim, só uma concepção teratológica do processo, concebido como autônomo, auto-suficiente e substancial, pode sustentar a indispensabilidade da ação penal, mesmo sabendo-se que levará ao nada jurídico, ao zero social. E a custas de desperdício de tempo e recursos materiais do Estado. Desta forma, demonstrado, em análise final do processo, cuja prova acusatória já foi toda produzida, que a pena aplicada ao réu, com o mínimo cominado em dois anos, jamais ultrapassaria os quatro anos, deve-se declará-la, pois a submissão do acusado ao processo decorre de interesse estatal em proteger o inocente e não intimidá-lo, numa forma de adiantamento de pena. Aqui, destaca-se que entre o último ato interruptivo da prescrição, recebimento da denúncia, e a decisão judicial ora atacada já se passaram onze anos. DECISÃO: Recurso ministerial desprovido. Unânime. (RSE 70013568217, 7ª Câmara Criminal do TJRS, Rel. Des. Sylvio Baptista Neto, j. 22/12/2005.)[438]

> PRESCRIÇÃO ANTECIPADA. POSSIBILIDADE. TRANSCURSO DE MAIS DE CINCO ANOS ENTRE A DATA DO FATO E O RECEBIMENTO DA DENÚNCIA POR CRIME CAPITULADO NO ART. 171, *CAPUT* DO CP. Se dos autos se percebe, desde logo, não ter resultado útil a ação penal pela impossibilidade da aplicação de eventual sanção, carece o Estado de interesse de agir. A previsão de que o processo não terá qualquer efeito prático a não ser o desperdício de tempo dos envolvidos e de recursos públicos, justifica a não movimentação da máquina judiciária. Circunstâncias objetivas e subjetivas a indicar que, na pior das hipóteses, em caso de condenação, a pena não seria superior a 02 anos, regulando-se a prescrição pelo art. 109, V, do CP que prevê lapso temporal de 04 anos. Período já transcorrido entre a data do fato e o recebimento da denúncia. RECURSO IMPROVIDO, POR MAIORIA. (RSE nº 70009567181, 8ª Câmara Criminal do TJRS, Redatora Dra. Vanderlei Teresinha Tremeia Kubiak, j. 03/11/2004.)

> PRESCRIÇÃO RETROATIVA – Reconhecimento antecipado considerada a pena em perspectiva – Trancamento da ação penal sob tal fundamento – Persecução penal sem nenhum efeito, com dispêndio de tempo e desgaste do prestígio da Justiça Pública, faltando, na hipótese, o teleológico interesse de agir – "Habeas corpus" concedido de ofício – Declaração de voto. (RT 669/315.)[439]

---

anos e 1 (um) dia depois do fato. Nesse caso, não há dúvida que o processo, ante o recebimento da denúncia, continuará sua marcha até a sentença, porque a prescrição, no caso da rixa, cuja pena máxima, em abstrato, é de 2 (dois) anos, ocorre no prazo de 4 (quatro) anos (inc. V do art. 109 do CP). Se o autor da rixa, todavia, vier a ser condenado à pena de 10 (dez) meses de detenção (um pouco acima de mínimo legal), a sentença 'não reunirá aptidão e força para ser executada'. É que ante a quantidade de pena nela concretizada, o prazo prescricional reduz-se para 2 (dois) anos (inc. VI do mesmo art. 109), prazo esse que, no exemplo dado, já teria se verificado entre a data do fato e a data do primeiro marco interruptivo, que é a decisão de recebimento da denúncia (inc. I do art. 117)". (BOSCHI, José Antônio Paganella. Ação penal: denúncia, queixa e aditamento, p. 138-9.)

[438] Note-se que nesse julgado foi ressaltado o aspecto do processo como instrumento. Sobre instrumentalidade do processo penal e a sua relação com a prescrição antecipada, podemos citar as lições de Aury Lopes Jr. (Sistemas de investigação preliminar no processo penal. 4. ed. Rio de Janeiro: Lumen Juris, 2006, p. 8-10.): "Existe uma injustificada resistência em admitir a possibilidade de uma extinção imediata do feito ou mesmo uma sentença absolutória antecipada. Nada justifica, por exemplo, manter-se um processo penal quando vislumbra-se uma prescrição pela provável pena a ser aplicada, ou ainda quando a prova é absolutamente insuficiente (e o inquérito já é um indicativo de que dali nada mais poderá ser extraído). A instrumentalidade do processo é toda voltada para impedir uma pena sem o devido processo (princípio da necessidade), mas esse nível de exigência não existe quando se trata de não aplicar pena alguma. Logo, para não aplicar uma pena, o Estado pode prescindir completamente do instrumento, absolvendo sem processo algum".

[439] Ainda, na mesma linha de entendimento, em sede jurisprudencial, podemos transcrever ementa de acórdão muito citado pela doutrina e por outros julgados: RECURSO EM SENTIDO ESTRITO. LEGITIMIDADE DA

Partindo da mesma base de raciocínio, mas enaltecendo a possibilidade de rejeição da denúncia por carência de ação, quando faltar uma das condições específicas da ação, assim orienta Paulo Rangel:

> No despacho liminar positivo, exercendo o juízo de prelibação, o juiz deve analisar se estão presentes os pressupostos processuais, bem como as condições para o regular exercício da ação penal, inclusive a justa causa (*suporte probatório mínimo que deve lastrear toda e qualquer acusação penal*, cf. Afrânio Silva Jardim, Direito Processual Penal, 6ª ed., p. 95), pois, ausente qualquer um dos requisitos exigidos em lei (pressupostos processuais e/ou condições para o regular exercício da ação penal), a petição inicial penal deve ser indeferida como garantia do cidadão de não ser processado temerariamente, portanto, sem respeito ao devido processo legal.[440]

Da mesma forma, encontramos respaldo na jurisprudência:

> PRESCRIÇÂO RETROATIVA – Reconhecimento antecipado considerada a pena em perspectiva – Denúncia rejeitada sob tal fundamento – Admissibilidade – Disposições dos arts. 41 e 43 do CPP que não limitam sob exclusividade o exame da peça introdutora da ação penal – Interesse de agir inexistente, por falta de utilidade do provimento jurisdicional.[441] (RSE nº 589.413-0, Rel. Juiz Walter Theodósio, 4ª Câmara, TACrimSP, j. 12.03.90, RT 668/290.)

> FALSIDADE IDEOLÓGICA. REJEIÇÃO DA DENÚNCIA. PRESCRIÇÃO ANTECIPADA. Possível rejeitar a denúncia quando se verifica "a priori" o reconhecimento da prescrição em caso de eventual condenação. (...) (APELAÇÃO CRIME nº 70008739526, 5ª Câmara Criminal do TJRS, Relatora Desa. Genacéia da Silva Alberton, j. 23/03/2005.)

> PRESCRIÇÃO ANTECIPADA. REJEIÇÃO DA DENÚNCIA. POSSIBILIDADE. TRANSCURSO DE MAIS DE SETE ANOS ENTRE A DATA DA INFRAÇÃO E O OFERECIMENTO DA DENÚNCIA POR CRIME CAPITULADO NO ART. 171, § 2º, III CP. Se dos autos se percebe, desde logo, não ter resultado útil a ação penal pela impossibilidade da aplicação de eventual sanção, carece o Estado de interesse de agir. A previsão de que o processo não terá qualquer efeito prático a não ser o desperdício de tempo dos envolvidos e de recursos públicos, justifica a não movimentação da máquina judiciária com a rejeição da denúncia com fundamento no art. 43, III do CPP. Circunstâncias objetivas

---

VÍTIMA. A vítima tem interesse processual em recorrer da decisão que extingue a punibilidade do indiciado, porque de natureza diversa da que decreta o arquivamento do inquérito. PRESCRIÇÃO PELA PENA EM PERSPECTIVA. Princípio de direito administrativo, voltado para a necessidade de boa aplicação do direito público, recomenda que não seja instaurada a ação penal, por falta de interesse de agir, quando, em razão da provável pena, que é uma realidade objetivamente identificável pelo Ministério Público e pelo Juiz, a partir das considerações inerentes ao artigo 59 do Código Penal, for possível a percepção de que a sentença, se condenatória, não se revestiria de força executória, em face das regras que regulam a prescrição. Doutrina e jurisprudência sobre a matéria. Negaram provimento. (RSE nº 70001569318, 7ª Câmara Criminal do TJRS, Rel. Des. José Antônio Paganella Boschi, j. 02/08/2001.)

[440] RANGEL, Paulo. Direito processual penal. 11. ed. Rio de Janeiro: Lumen Juris, 2006, p. 438-9. Possuem mesmo entendimento Fernando da Costa Tourinho Filho (Manual de processo penal. São Paulo: Saraiva, 2001, p. 140) e Edílson Mougenot Bonfim (Curso de processo penal, p. 145.)

[441] Esse talvez tenha sido o primeiro julgado de tribunal a admitir a rejeição da denúncia por reconhecimento da falta de interesse de agir em face da prescrição projetada. E daí a sua importância histórica, pois é datado de 1990 e com certeza inovou a jurisprudência e permitiu um novo enfoque ao tema. Em sentido contrário, entendendo não ser possível a rejeição da inicial acusatória em face da prescrição virtual, podemos citar: "DENÚNCIA – Rejeição – Fundamentação na tese da punição retroativa antecipada – Inadmissibilidade – Punição a ser imposta ao acusado é possibilidade que simplesmente se projeta – Recebimento determinado – Inteligência do art. 110 do CP". (RT 704/318.) "DENÚNCIA – Rejeição – Alegação de ausência de interesse e justa causa, tendo em vista futuro reconhecimento da prescrição – Inadmissibilidade – Ação penal que não visa unicamente a imposição de sanção, mas substancialmente a busca da verdade – Recebida a denúncia, devendo o processo prosseguir nos termos da lei". (RT 725/669.)

e subjetivas a indicar que, na pior das hipóteses, em caso de condenação, a pena não seria superior a 02 anos, regulando-se a prescrição pelo art. 109, V do CP que prevê lapso temporal de 04 anos. Período já transcorrido desde a possível data do fato indicada na denúncia. RECURSO IMPROVIDO. (APELAÇÃO CRIME nº 70005745039, Câmara Especial Criminal do TJRS, Relatora Dra. Vanderlei Teresinha Tremeia Kubiak, j. 20/01/2004.)

Cumpre deixar claro que, se oferecida a denúncia, nos casos da iminência da prescrição abstrata (ou pela provável prescrição retroativa que se perpetrará em razão do *quantum* de pena a ser imposta ao réu), se sugere que esta seja rejeitada.[442] Se por ventura o procedimento penal já tenha tomado o seu curso – com o recebimento da denúncia –, pode a defesa valer-se de *habeas corpus* para fim de trancamento da ação penal,[443] em face da falta de interesse de agir. Por óbvio, pelos mesmos motivos, pode o inquérito policial ser arquivado, bem como não ser oferecida a peça acusatória pelo Ministério Público.[444]

---

[442] A rejeição da denúncia ocorre nos casos do art. 43 do Código de Processo Penal. Fernando da Costa Tourinho Filho (Manual de processo penal, p. 140), sobre a rejeição da exordial acusatória, faz as seguintes considerações: "Pode o Magistrado rejeitar a denúncia ou a queixa. Quando? Se ausente qualquer das condições da ação especificadas no art. 43 do CPP; se não houver interesse processual (falta de justa causa), previsto no art. 648, I, do CPP; se ausente eventual condição de procedibilidade exigida para a hipótese; e, finalmente, se a peça acusatória desatender ao aspecto formal de que trata o art. 41 do CPP".

[443] Nesse sentido, citamos as seguintes decisões: "*HABEAS CORPUS*. TRANCAMENTO DA AÇÃO PENAL. PRESCRIÇÃO ANTECIPADA. POSSIBILIDADE. Possível acolher a alegação de coação ilegal e determinar o trancamento da ação penal quando se antevê o reconhecimento da prescrição em caso de eventual condenação. Ordem concedida". (HC 70007581358, 5ª Câmara Criminal do TJRS, Relatora Desa. Genacéia da Silva Alberton, j. 03/12/2003.) "Prescrição antecipada. Constatação com base na previsível quantidade de pena que virá a ser fixada. Não superior àquela aplicada ao co-réu, na menoridade relativa do acusado e na fluência ininterrupta do curso prescricional. Trancamento da ação penal por falta de justa causa. Admissibilidade. É admissível o trancamento da ação penal, por falta de justa causa, na hipótese em que a prescrição da pretensão punitiva pode ser antecipadamente constatada com base na previsível quantidade de pena que virá a ser fixada – não superior àquela aplicada ao co-réu –, na menoridade relativa do acusado e na fluência ininterrupta do curso prescricional". (HC 408022/1, 7ª C TACRIMSP, Rel. Juiz Corrêa Moraes, j. 16.05.2002.)

[444] Assim posicionou-se o promotor de justiça Rômulo de Andrade Moreira, coordenador do Centro de Apoio Operacional das Promotorias Criminais do Estado da Bahia, em parecer ao Procurador-Geral de Justiça Adjunto. Vejamos trecho de sua manifestação: "ARQUIVAMENTO DE INQUÉRITO POLICIAL – FALTA DE JUSTA CAUSA PARA A AÇÃO PENAL – PRESCRIÇÃO IMINENTE DA PRETENSÃO PUNITIVA – AUSÊNCIA DE INTERESSE DE AGIR" (...) "Em sendo assim, entendemos que: primeiro, não há nenhum elemento para denúncia por crime de furto, por falta de prova da respectiva autoria; segundo, no que concerne à receptação dolosa, tampouco tais elementos exsurgem; terceiro, se possibilidade há de atribuir-se ao indiciado JMV (abreviamos) a receptação culposa, ainda assim, faltaria uma das condições da ação penal, qual seja, o interesse de agir, considerando-se a prescrição iminente à vista da pena a ser concretamente aplicada". (In Ciência Jurídica, ano XII, volume 75, maio/junho de 1997, p. 346-355.) Compactua com as razões acima expostas Luiz Flávio Gomes (Direito penal: parte geral, culpabilidade e teoria da pena. São Paulo: RT, 2005. v. 7, p. 174): "Não se oferece denúncia neste caso, ao contrário, deve o órgão acusador pedir o arquivamento das investigações, por falta de interesse processual. Se pela pena em perspectiva assim como pelo tempo transcorrido já se vislumbra, com segurança, que a punibilidade concreta já foi alcançada pela prescrição retroativa, não se justifica movimentar a máquina judiciária para se alcançar nada no final". No mesmo sentido são as lições de Eugênio Pacelli de Oliveira (Curso de processo penal. 3. ed. Belo Horizonte: Del Rey, 2004, p. 78-9): "No campo processual penal, tal concepção é bastante proveitosa, sobretudo no que respeita às hipóteses de reconhecida e incontestável probabilidade de aplicação futura da prescrição retroativa". (...) "Por isso, entendemos perfeitamente possível o requerimento de arquivamento do inquérito policial ou de peças de investigação por ausência de interesse – utilidade – de agir".

Guilherme de Souza Nucci, da mesma forma, aponta como solução o arquivamento do inquérito policial ou a rejeição da denúncia nos casos em que se vislumbrar a prescrição virtual:

> Ao invés de julgar extinta a punibilidade, o que não encontra previsão legal, pode o magistrado, acolhendo pedido do Ministério Público, determinar o arquivamento do inquérito policial, por falta de interesse de agir, na medida em que este se constitui, dentre outros fatores, na utilidade do processo. Se não houver requerimento do órgão acusatório nesse sentido, pode o juiz rejeitar a denúncia ou queixa, pelo mesmo fundamento.[445]

Contudo, a falta de interesse de agir não é o único argumento em favor da prognose prescricional, embora seja de grande peso, como se procurou demonstrar. Podemos a ele outros agregar, o que bem reforça a importância do reconhecimento da prescrição antecipada. Assim, passaremos à análise da relação existente entre a economia processual e a prescrição pela pena projetada.

4.2. Da economia processual

Outra linha de compreensão do tema que se coloca *pari passu* da anterior exposta é a da economia processual[446] (que haveria a partir da decretação da prescrição antecipada). Nessa esteira e visceralmente ligado ao conteúdo da condição da ação "interesse de agir", temos um dos princípios norteadores do processo penal moderno: o princípio da economia processual, cuja ligação foi sintetizada por Ada Pellegrini Grinover, Antônio Scarance Fernandes e Antônio Magalhães Gomes Filho:

> Nessa colocação, o interesse de agir é uma imposição do princípio da economia processual, significando, na prática, que o Estado se nega a desempenhar a atividade jurisdicional quando o processo, no caso concreto, não é necessário e quando o provimento pedido não é adequado para atingir o escopo de atuação da vontade da lei.[447]

Podemos ainda citar, em sede doutrinária, as referências ao princípio da economia processual feitas por Sérgio Habib e Fabiano Pimentel:

> Apesar de tantas modalidades de prescrição, surge no cenário jurisprudencial e doutrinário, ainda de forma tênue, a chamada prescrição virtual ou antecipada, esta com base no princípio da economia

---

[445] NUCCI, Guilherme de Souza. Código Penal comentado. 7. ed. São Paulo: Revista dos Tribunais, 2007, p. 517.

[446] Não podemos nos furtar de citar, mais uma vez Ada Pellegrini Grinover, Antônio Scarance Fernandes e Antônio Magalhães Gomes Filho (As nulidades no processo penal, p 35), sobre a economia processual: "A exigência de que a atividade processual seja realizada segundo os modelos legais sofre temperamentos, ditados sobretudo por razões de economia processual; não apenas no processo, mas em todas as atividades, é sempre desejável obter-se o máximo de resultados como mínimo de esforço". Também temos a ligação das categorias 'justa causa' e 'interesse de agir' na seguinte decisão: "RECURSO EM SENTIDO ESTRITO. PRESCRIÇÃO ANTECIPADA. 'Se o processo não for útil ao Estado, sua existência é jurídica e socialmente inútil'. O interesse de agir é categoria básica para a noção de 'justa causa', no processo penal, e exige da ação penal um resultado útil. Sem aplicação possível de sanção, inexiste justa causa para a ação penal. Recurso prejudicado". (RSE 70003944857,8ª Câmara Criminal do TJRS, Rel. Des. Tupinambá Pinto de Azevedo, j. 22/05/2002.)

[447] GRINOVER, Ada Pellegrini; FERNANDES, Antônio Scarance; GOMES FILHO, Antônio Magalhães. As nulidades no processo penal, p. 73.

processual e no intuito de não se movimentar a máquina estatal por uma punição que não se efetivará na prática.[448]

Temos ainda julgados que apontam esse princípio como norteador das razões por meio das quais se poderá decretar a prescrição pela pena projetada:

> PRESCRIÇÃO. FURTO SIMPLES DOS IDOS DE 1995. 1. Possível o julgamento antecipado no processo penal, em favor do acusado, mormente quando vislumbrada a ausência das condições e/ou pressupostos ao desenvolvimento válido do processo. Vislumbrada a prescrição, desaparece o interesse de agir. Recurso desprovido. (...) assim, prescrição virtual nada mais é do que o reconhecimento da prescrição, ainda na fase extrajudicial, com base na provável pena mínima, que será fixada pelo juiz. Fundamenta-se no princípio da *economia processual* (grifamos), uma vez que de nada adianta movimentar inutilmente a máquina jurisdicional com processos que já nascem fadados ao insucesso, nos quais, após condenar o réu, reconhece-se que o Estado não tinha mais o direito de puni-lo, devido à prescrição. (...) (RSE nº 70009900101, 7ª Câmara Criminal do TJRS, Rel. Des. Nereu Giacomolli, j. 29/12/2004.)

Quando se puder estabelecer essa prognose (de prescrição), estaremos nitidamente em face de um caso de falta de interesse de agir; entretanto, o processo poderá ser extinto também em virtude da economia processual, na medida em que a pena (a ser aplicada e executada) não mais poderá ser efetivada pela ocorrência da prescrição. Reconhecendo-se a prescrição antecipada, além de se realçar a necessidade da existência de processos em relação aos quais exista o "real" interesse de agir, contribui-se para a redução do tempo (economia processual) e dos gastos da Justiça (economia material) com processos penais faltos de qualquer condição de possibilidade jurídica.

Sob outro prisma, também podemos analisar a prescrição antecipada, como causa de extinção da punibilidade. Isto é, para alguns, a prescrição virtual não só extingue o processo, como também a própria punibilidade. Esse é o próximo foco que lançaremos ao nosso estudo, qual seja: a prognose prescricional como causa extintiva da punibilidade.

4.3. Da extinção da punibilidade

Outro enfoque que pode se dar à prescrição antecipada é considerá-la uma causa extintiva da punibilidade. Vale dizer, seria uma causa atípica de extinção da punibilidade e, posto que não esteja elencada no taxativo rol constante no art. 107

[448] HABIB, Sérgio; PIMENTEL, Fabiano. "Prescrição antecipada: acertos e desacertos". In: Revista Jurídica Consulex, Brasília: Consulex, ano VIII, n. 179, p. 46-7, 30 jun. 2004, p. 46. Celso Delmanto e outros (Código Penal comentado. 6. ed. Rio de Janeiro: Renovar, 2002, p. 217-8) também trazem o princípio da economia processual, entre outros fundamentos, como justificativa para o reconhecimento da prognose prescricional: "Na prática forense são comuns as situações em que, mesmo antes de recebida a denúncia ou a queixa, já se vislumbra que, na pior das hipóteses, eventual condenação encontrar-se-á prescrita (prescrição em concreto). Isto, levando-se em consideração o lapso de tempo já transcorrido entre o fato e o momento do recebimento da denúncia ou da queixa, diante da pena que seria aplicada (computando-se qualificadoras, causas de aumento de pena e agravantes) nos termos dos arts. 59 e 68 do CP, que, na prática, jamais é a máxima. Nessas situações, por questões de economia processual ou da própria utilidade do processo penal, tem sido suscitada a possibilidade de se declarar, desde logo, extinta a punibilidade com base nessa eventual pena".

do Código Penal, poderia ser levada a efeito, pois seria como a prescrição retroativa (prevista no Código Penal) reconhecida antecipadamente. Em verdade, a jurisprudência que reconhece a prescrição virtual tem-na, na sua maioria, decretado como causa de extinção da punibilidade. São raros os julgados que, ao legitimar esse instituto, o tratam de outra forma. Em grande escala, é a jurisprudência que ao projetar a prescrição retroativa, já a decreta, extinguindo a punibilidade do acusado.

Trazemos à colação algumas decisões que se moldam à compreensão da prescrição antecipada como causa extintiva da punibilidade:

> RECURSO EM SENTIDO ESTRITO. PRESCRIÇÃO ANTECIPADA. POSSIBILIDADE. Correta a decisão que julga extinta a punibilidade do réu quando se antevê o reconhecimento da prescrição em caso de eventual condenação. RECURSO IMPROVIDO. (RSE nº 70009120130, 5ª Câmara Criminal do TJRS, Relatora Desa. Genacéia da Silva Alberton, j. 22/09/2004.)

> FURTO QUALIFICADO. PRESCRIÇÃO ANTECIPADA. CABIMENTO. Denúncia rejeitada em 2001 pela prescrição de pena projetada. Fato ocorrido em 1992. O prognóstico de eventual pena aplicada não alcançará quatro anos, mesmo reconhecendo a qualificadora do repouso noturno e negando o reconhecimento do pequeno valor do furto. A pretensão não deve gerar o desperdício da energia processual. Recurso recebido como apelação e improvido, mantida a decisão que extinguiu a punibilidade pela prescrição antecipada. (RSE nº 70003955812, 6ª Câmara Criminal do TJRS, Rel. Des. Alfredo Foerster, j. 1º/08/2002.)

> RECURSO EM SENTIDO ESTRITO. PRESCRIÇÃO EM PERSPECTIVA. POSSIBILIDADE. Projetada a pena a ser aplicada, em cada caso, examinadas todas as circunstâncias, criteriosamente, e decorrido lapso, sem marco interruptivo, que demonstre a presença de prescrição, deve, desde logo, ser decretada a extinção da punibilidade. (...) (RSE nº70003497922, 8ª Câmara Criminal do TJRS, Rel. Des. Roque Miguel Fank, j. 19/12/2001.)[449]

Filiando-se ao entendimento de que ao reconhecer a prescrição antecipada o juiz está declarando extinta a punibilidade, podemos citar Ricardo Teixeira Lemos, para quem:

> Realmente, seria salutar toda vez que o juiz perceber a prescrição retroativa deixasse de receber a denúncia, com base no art. 43-III e combinado com o art. 107-IV declarasse extinta a punibilidade pela prescrição penal da pretensão punitiva retroativa antecipada. E deveria fazer a pedido do Ministério Público ou de ofício, com base no art. 61 do CPP que o autoriza.[450]

A decretação da extinção da punibilidade em face da prescrição antecipada é argumento que encontra guarida em muitos julgados, tendo ainda acompanhamento doutrinário. Ao lado dessas considerações, podemos ainda lançar mão do princípio da razoabilidade como justificativa para a prognose prescricional.

---

[449] No mesmo sentido, ainda conferir: RSE nº 70011184207 (2ª Câmara Criminal do TJRS, Redator Des. Antônio Carlos Netto Mangabeira, j. 23/06/2005) e RSE nº 7000942998 (2ª Câmara Criminal do TJRS, Relatora Desa. Laís Rogéria Alves Barbosa, j. 30/09/2004).

[450] LEMOS, Ricardo Teixeira. Prescrição penal retroativa e antecipada face à competência: doutrina e jurisprudência. São Paulo: BH, 2003, p. 179.

4.4. Do princípio da razoabilidade

Também desponta, neste contexto de razões para que se legitime a prescrição antecipada, o princípio da razoabilidade.[451] E, a fim de reforçarmos a logicidade do instituto em comento, trazemos à pesquisa os seguintes julgados, que se valem da razoabilidade como argumento nuclear para justificar a prescrição antecipada:

> RECURSO CRIMINAL EM SENTIDO ESTRITO. PRESCRIÇÃO PELA PENA EM PERSPECTIVA. CABIMENTO. EXTINÇÃO DA PUNIBILIDADE. (...)
>
> Pois bem, não desconheço o posicionamento desta 7ª Turma no sentido de rejeitar a prescrição pela pena projetada. Contudo, estou convencida da necessidade da aplicação desse mecanismo, muito embora a ausência de previsão legal. Aqui, importa pôr em prática princípios da ciência jurídica, visto embasarem todo o sistema. Assim, "a prescrição pela pena em perspectiva pode ser reconhecida, em face do caráter finalístico do processo e da utilidade do seu resultado" (TRF 4ª Região, 2ª Turma, ACR nº 1999.04.01.0543991/RS, Rel. Juiz João Pedro Gebran Neto, DJU 17/01/01). Também não se deve esquecer a razoabilidade que deve permear todas as decisões emanadas do Poder Judiciário, de modo a se evitar dispêndio de tempo e desgaste das partes quando a persecução penal mostrar-se incapaz de gerar qualquer efeito sancionador. (RSE nº 2004.70.02.008183-9/PR, 7ª Turma do TRF 4ª Região, Relatora Juíza Federal Salise Monteiro Sanchotene, DJU 04/10/2006).
>
> CRIMES DE ESTELIONATO, UM CONSUMADO, E OUTRO NA FORMA TENTADA. DENÚNCIA RECEBIDA HÁ MAIS DE 4 ANOS. PRESCRIÇÃO PELA PENA PROJETADA. PRECEDENTES DESTE TRIBUNAL. CRITÉRIO DA RAZOABILIDADE. Sensata previsão do Magistrado, ao considerar absolutamente improvável que, em caso de condenação, possa a pena ser fixada em patamar superior a 2 anos, em relação a cada delito. Recurso ministerial improvido (grifamos). (RSE nº 70003634714, 5ª CC do TJRS, Rel. Des. Paulo Moacir Aguiar Vieira, j. 16/10/2002).[452]

Nessa esteira, a razoabilidade é um critério justificante da prognose prescricional, que se agrega a outros argumentos para trazer mais solidez a esse instituto. Da mesma forma, temos como forte situação legitimante da prescrição antecipada, a falta de justa causa para a ação penal.

---

[451] A razoabilidade é tratada pela doutrina pátria sob diversos enfoques. Inicialmente, utilizaremos as lições de Humberto Ávila (Teoria dos princípios: da definição à aplicação dos princípios jurídicos. 4. ed.; 3. tiragem. São Paulo: Malheiros, 2005, p. 103) que os distinguiu: "Relativamente à razoabilidade, dentre tantas acepções, três se destacam. Primeiro, a razoabilidade é utilizada como diretriz que exige a relação das normas gerais com as individualidades do caso concreto, quer mostrando sob qual perspectiva a norma deve ser aplicada, quer indicando em quais hipóteses o caso individual, em virtude de suas especificidades, deixa de se enquadrar na norma geral. Segundo, a razoabilidade é empregada como diretriz que exige uma vinculação das normas jurídicas com o mundo ao qual elas fazem referência, seja reclamando a existência de um suporte empírico e adequado a qualquer ato jurídico, seja demandando uma relação congruente entre a medida adotada e o fim que ela pretende atingir. Terceiro, a razoabilidade é utilizada como diretriz que exige a relação de equivalência entre duas grandezas". Por fim, trazemos um conceito de razoabilidade de Luís Roberto Barroso (Interpretação e aplicação da constituição. São Paulo: Saraiva, 1996, p. 204-5), que com clareza e abrangência o sintetizou: "O princípio da razoabilidade é um parâmetro de valoração dos atos do Poder Público para aferir se eles estão informados pelo valor superior inerente a todo ordenamento jurídico: a justiça. Sendo mais fácil de ser sentido do que conceituado, o princípio se dilui em um conjunto de proposições que não o libertam de uma dimensão excessivamente subjetiva. É razoável o que seja conforme à razão, supondo equilíbrio, moderação e harmonia; o que não seja arbitrário ou caprichoso; o que corresponda ao senso comum, aos valores vigentes em dado momento ou lugar".

[452] No mesmo sentido e evocando o princípio da razoabilidade: RSE nº 70005840152, 6.ª Câmara Criminal do TJRS, Rel. Des. Jaime Piterman, j. 15/05/2003 e RSE nº 70003494408, 5.ª Câmara Criminal do TJRS, Rel. Des. Paulo Moacir Aguiar Vieira, j. 27/03/2002.

4.5. Da falta de justa causa para a ação penal

A falta de justa causa para a ação penal é lembrada por alguns doutrinadores como situação autorizadora da prescrição antecipada.[453] No Código de Processo Penal, explicitamente, a justa causa desponta do art. 648, que elenca as hipóteses de coação ilegal, que autoriza o *habeas corpus*. Entretanto, a justa causa, em sede doutrinária, também é tratada como condição da ação penal. Afrânio Silva Jardim entende ser esta a quarta condição para o exercício regular da ação penal, quando leciona:

> Finalmente, veremos a justa causa como quarta condição para o regular exercício da ação penal condenatória. Julgamos que a justa causa funciona como uma verdadeira condição para o exercício da ação penal condenatória, consoante adiantamos em momento anterior. Tal se depreende do sistema, resultante da conjugação dos vários dispositivos legais apontados. Na verdade, levando em linha de conta que a simples instauração do processo penal já atinge o chamado *status dignitatis* do réu, o legislador exige do autor o preenchimento de mais esta condição para se invocar legitimamente a tutela jurisdicional.[454]

A jurisprudência, de certa forma, compactua do entendimento segundo o qual, se reconhece a falta de justa causa quando estivermos diante da prescrição precalculada:

> Assim, é totalmente lícita a rejeição de denúncia por falta de interesse de agir ou falta de justa causa, pois esta condição da ação não se resume à tipicidade da conduta, mas abrange também a utilidade do processo.[455]

---

[453] Trazendo à análise a justa causa como suporte para a prescrição antecipada, Jader Marques ("Ação penal – pena projetada – hipótese de condenação – prescrição antecipada – possibilidade". In: Revista Síntese de Direito Penal e Processual Penal. São Paulo: Síntese, n. 22, p. 73-7, out.-nov. 2003, p. 74) fez as seguintes considerações: "Em contrapartida, a corrente favorável sustenta a falta de justa causa para a ação penal, o que enseja o seu imediato trancamento por força do que dispõe o art. 648, I, do CPP. Por óbvio, os conceitos de utilidade e funcionalidade do processo tornam-se comprometidos quando, de antemão, observa-se a impossibilidade de qualquer aplicação de uma pena ao final do julgamento". Ney Moura Teles (Direito penal: parte geral, p. 559) também fez referências à justa causa quando defendeu o instituto da prescrição pela pena em perspectiva: "Pensamos que, apesar de todos os argumentos contrários, respeitáveis, sempre que for possível antever-se a prescrição retroativa com base na pena vislumbrada, deve o juiz reconhecer a prescrição, porque seria absolutamente inútil a instauração ou continuidade do processo, com enorme custo para o Estado, e sem qualquer utilidade, sem justa causa".

[454] JARDIM, Afrânio Silva. Direito processual penal, p. 97. Sobre a exigência da justa causa para o início da ação penal, Luciano Feldens e Andrei Schmidt (Investigação criminal e ação penal, p. 90-1) justificam: "Tudo isso porque o art. 648, I, do CPP considerou, como hipótese de constrangimento ilegal, a propositura de ação penal sem justa causa. A justa causa exige prova da materialidade do delito e indícios suficientes da autoria para a propositura da ação penal". (...) "De ver-se, outrossim, que a jurisprudência brasileira vem ampliando o conceito de justa causa para o fim de reconhecer a sua ausência não só nos casos em que inexiste suporte probatório mínimo à propositura da ação penal, mas, também, para as hipóteses de evidente atipicidade ou de extinção da punibilidade". Ainda no mesmo sentido se pronunciou Maurício Antônio Ribeiro Lopes ("Reconhecimento antecipado da prescrição da pretensão punitiva". In: Revista dos Tribunais, p. 528), em artigo doutrinário sobre a prescrição virtual: "A justa causa confunde-se com o legítimo interesse do órgão acusatório. Ela não é apenas a justa causa legal, como querem alguns, pois o contrário seria tautológico o texto que considera a falta de justa causa como coação ilegal, que legitima pedido de *habeas corpus*. Justa causa é a causa *secundum jus*. Ela tem de ser examinada, portanto em face de toda a ordem jurídica, cabendo a invocação da analogia e os suplementos dos princípios gerais do direito para demonstrar-se a falta de justa causa".

[455] Ação Penal nº 01/2002 TRE 1ª Zona Eleitoral – Bela Vista/SP, Juiz Eleitoral José Joaquim dos Santos (IBCCRIM 129 – ago.2003 ano 11.)

PENAL. DESCAMINHO. ARTIGO 334 DO CP. VIÁVEL A EXTINÇÃO DA PUNIBILIDADE PELA PRESCRIÇÃO EM PERSPECTIVA. EXCEPCIONALIDADE. FALTA DE INTERESSE PROCESSUAL. AUSÊNCIA DE JUSTA CAUSA.

1. A prescrição pela pena em perspectiva, embora não prevista na lei, é construção jurisprudencial tolerada em casos excepcionalíssimos, quando existe convicção plena de que a sanção aplicada não será apta a impedir a extinção da punibilidade.

2. Na hipótese dos autos, há elementos corroborando tal inteligência eis que, considerando o período transcorrido desde o fato delituoso (mais de 04 anos) sem que a peça acusatória tenha sido recebida, a prescrição fatalmente incidirá sobre a pena aplicada em eventual sentença condenatória – que, provavelmente, muito não se afastará do mínimo legal cominado ao delito por que responde a acusada (01 ano de reclusão).

3. Na espécie, tal causa extintiva da pretensão punitiva certamente restará caracterizada, na medida em que já decorrido o lapso temporal inscrito no art. 109, inciso V, do CP.

4. Em resumo, falece interesse processual (art. 43, inc. II, CPP) na continuidade do feito, ocasionando, assim, *a ausência de justa causa* face à prescrição antecipada. (RSE nº 2004.70.02.005717-5, 8ª Turma do TRF 4ª Região. Rel. Des. Élcio Pinheiro de Castro, DJU 11/05/20050).[456]

HABEAS CORPUS. TRANCAMENTO DO PROCESSO PENAL. JUSTA CAUSA. PRESCRIÇÃO ANTECIPADA. (...)

4. Possível é o reconhecimento da prescrição, antecipadamente, sem necessidade de instrução do feito quando, dos autos, houver demonstração inequívoca de que, mesmo havendo condenação, em face da pena aplicada, esta resultaria sem utilidade.

5. Não há punibilidade concreta quando o processo é utilizado para instrumentalizar o nada, o vazio, o inócuo e para maquiar situações cujo resultado será ineficaz. Nesses casos, é dever do magistrado julgar antecipadamente o feito, prestando jurisdição efetiva.

6. Mesmo após ter sido firmada a ação em juízo e viabilizado o seu trâmite, pela inutilidade superveniente da situação processual, é de ser extinto o processo. (...) (HC nº 70017025438, 7ª Câmara Criminal do TJRS, Rel. Des. Nereu Giacomolli, j. 26/10/2006.)

A justa causa, tal como o interesse de agir, quando ausente, enseja tanto o trancamento da ação penal como o arquivamento do inquérito policial ou peças de informações. Nesse rumo, são as razões contidas no despacho exarado pelo Procurador Geral de Justiça de São Paulo José Emmanuel Burle Filho:

Ementa: Falta de justa causa para a ação penal. Lesões corporais culposas. Fato ocorrido há mais de um ano. Indiciado menor de 21 anos à época. Se a certeza da impossibilidade de fixação de pena no máximo legal à constatação antecipada de que ocorrerá prescrição retroativa, não há sentido em acionar a máquina estatal para um esforço persecutório inútil. Seja porque falta interesse de agir, seja porque possível em juízo provisório a respeito do mérito da ação penal para verificação da extinção da punibilidade, a ocorrência é a de que falta justa causa para a propositura de denúncia. Despacho: insisto no pedido de arquivamento.[457]

Nota-se que a fundamentação usada para reconhecer a prognose prescricional pela falta de justa causa para a ação penal não discrepa daqueles argumentos utilizados quando tratamos do interesse de agir no Processo Penal. Trata-se de uma justificativa viável com guarida doutrinária e jurisprudencial, razão pela qual não

[456] No mesmo sentido RSE nº 2004.70.02.005125-2, 8ª Turma do TRF 4ª Região. Rel. Des. Élcio Pinheiro de Castro, DJU 01/06/2005.

[457] BURLE FILHO, José Emmanuel. "Se é certa a prescrição antecipada, falta justa causa para a denúncia". In: Boletim IBCCRIM. nº 15, abril de 1994, p. 48.

poderíamos nos olvidar de aqui tratá-la. Como última fonte de justificativa para a prescrição antecipada, traremos ao estudo o direito à celeridade processual.

4.6. Do direito fundamental à celeridade processual

Iniciaremos o fechamento da argumentação em prol da prescrição precalculada, trazendo uma citação que nos faz refletir sobre uma das funções deste instituto, que aqui defendemos (a prescrição antecipada), no cenário do atual Poder Judiciário assoberbado de processos:

> Fácil de ver que praticamente na totalidade dos processos, com culpa leve de réus primários, será impossível a aplicação da pena máxima, levando o magistrado a conclusão de que inescapável a ocorrência futura da prescrição retroativa. Absolutamente inútil daí o continuar do feito, sujeitando o réu a constrangimento ilegal, e o que é pior, despendendo esforços inúteis, *em prejuízo de outros processos*, que por tal fato, também se defrontarão com a prescrição.[458]

Vê-se que o reconhecimento da prescrição retroativa antecipada traz, além de reflexos intraprocessuais – como a extinção da punibilidade, como sustentam alguns, a rejeição da denúncia, a extinção do feito e o possível arquivamento do inquérito policial –, efeitos extraprocessuais. Com efeito, atinge a marcha processual de outros feitos; ao permitir que a atividade judiciária concentre seus esforços naqueles processos em que a pretensão punitiva poderá deveras concretizar-se em pretensão executória, evita que se perca valioso tempo num feito sem condição de possibilidade jurídica.

Disto que afirmamos, alguns poderiam indagar-se com qual fundamento legal esse argumento se sustentaria. A nossa resposta não pode ser outra a não ser indicar como base para tal assertiva a própria Constituição Federal de 1988, especificamente um novo direito fundamental trazido pela Emenda Constitucional nº 45/2004: o direito à celeridade processual.[459]

Para dar-se vazão à celeridade processual – que se pretende assegurar às partes – será necessário o uso de mecanismos inovadores que se ponham em funcionamento para um novo rumo do Direito Processual como um todo. Algumas estratégias, o ordenamento jurídico já vem implementando, antes mesmo da citada Emenda Constitucional, como, por exemplo, a Lei dos Juizados Especiais

---

[458] BRANDÃO, Edison Aparecido. ("Prescrição em perspectiva". In: Revista dos Tribunais, ano 83, v. 710, São Paulo: RT, p. 391-2, dez. 1994, p. 391.)

[459] Ao art. 5º da Constituição Federal foi acrescentado o inciso LXXVIII pela Emenda Constitucional nº 45, de 08 de dezembro de 2004 (DOU 30/12/2004): "a todos, no âmbito judicial e administrativo, são assegurados a razoável duração do processo e os meios que garantam a celeridade de sua tramitação". Muitos autores alertam para o dado que a garantia constitucional do processo célere já fazia parte do nosso ordenamento jurídico em face do Pacto de São José da Costa Rica (Convenção Americana sobre Direitos Humanos), nesse sentido: "Assim, já reconhecíamos que por força do artigo 5º, § 2º, *in fine* da CF e do artigo 8º, primeira alínea da Convenção Americana sobre Direitos Humanos, era imprescindível o processo rápido, sem delongas, de duração razoável". (PACHECO, José da Silva. "Dos acréscimos feitos ao artigo 5º da Constituição Federal, pela EC nº 45, de 2004". In: Informativo Adv Advocacia Dinâmica. Rio de Janeiro: COAD, ano 24, Boletim semanal nº 04, p. 70-2, 2005, p. 71.) No mesmo sentido entende Juvêncio Vasconcelos Viana ("Nova sistemática do processo à luz da 'reforma do poder judiciário'. (EC nº 45/2004)". In: Revista Dialética de Direito Processual. São Paulo: Dialética, nº 42, p. 69-88, set. 2006, p. 81.)

Cíveis e Criminais (Lei nº 9.099/95), as Leis nºs 9.756/98 e 10.358/01, que trouxeram reformas ao Código de Processo Civil em busca da celeridade e agilização do procedimento, entre outras medidas.[460] Mas qualquer meio de que se valha para atingir tal escopo da presteza da atividade jurisdicional, ainda devemos equacioná-lo com os outros direitos constitucionalmente assegurados aos litigantes, como os da ampla defesa, do devido processo legal e do contraditório (entre outros), o que torna uma tarefa difícil e nem sempre de pronta solução prática.

Nesse ponto é que pretendemos destacar a prescrição antecipada e demonstrar a possibilidade de um fundamento constitucional, ainda que reflexo, para decretá-la. É que esta modalidade de prescrição, assim como outras medidas, é um instrumento que possibilita contornar o acúmulo de processos no Judiciário porque ao reconhecê-la, o que se faz é priorizar os processos que tenham viabilidade e desprezar aquele que, em face de situações peculiares, se apresentam desprovidos de efetividade. Isto é, a prescrição antecipada permite àqueles que laboram em torno do processo, despenderem seu tempo em outro feito, por sua vez não predestinado à inutilidade.[461]

Pensar que o argumento evocado não é capaz de ter um significado de monta quanto aos inúmeros processos que atingiria (e, por via própria de conseqüência, reduziria) é, em verdade, um pensamento simplista. Ora, a prescrição antecipada colocar-se-ia como um meio (entre tantos outros que pode haver) por intermédio do qual se pode concretizar o direito à celeridade processual; e, sobretudo, trata-se um meio que não implica derrogação de garantias (como aqueles que pretendem a redução dos prazos, dos meios de impugnação ou instâncias dos próprios processos em andamento, da diminuição do número de testemunhas, *etc.*). Outros institutos e meios poderão ser reconhecidos, doutrinária ou jurisprudencialmente,

---

[460] Exemplos colacionados nos comentários de Juary C. Silva. ("Inteligência e alcance do princípio da razoável duração do processo". In: Revista Magister de Direito Penal e Processual Penal. v. 7, Porto Alegre: Magister, p. 87-91, ago.-set. 2005, p. 87-91.) Embora distante do tema da prescrição antecipada, podemos dizer que a legislação processual civil está mais avançada e madura no que diz respeito à lepidez do processo que o nosso processo penal. Tanto é assim que as reformas já possuem certa data. Para Cândido Rangel Dinamarco ("Nasce um novo processo civil". In: Min. TEIXEIRA, Sálvio de Figueiredo (coord.) Reforma do Código de Processo Civil. São Paulo: Saraiva, 1996, p. 7), os objetivos das alterações no Código de Processo Civil foram: "a) simplificar e agilizar o procedimento; b) evitar ou pelo menos minimizar os males do decurso do tempo de espera pela tutela jurisdicional; c) aprimorar a qualidade dos julgamentos; e d) dar efetividade à tutela jurisdicional".

[461] Sobre essa ligação existente entre o número de processos e a morosidade do Judiciário, trazemos à colação os ensinamentos de Aury Lopes Júnior e Gustavo Henrique Badaró (Direito ao processo penal no prazo razoável. Rio de Janeiro: Lumen Juris, 2006, p. 134): "Deve-se considerar, ainda, que existe uma clara relação entre o aumento do número de processos com a duração que eles acabarão tendo, onde a panpenalização, gerada por movimentos como *law and order* e tolerância zero, sobrecarregam a justiça penal, muitas vezes com condutas penalmente irrelevantes (eis que passíveis de resolução em outras esferas, como cível e direito administrativo sancionador), entupindo juízes e tribunais com volumes absurdos de trabalho e, em última análise, aumentando a duração dos processos". Trazendo uma relação entre a prescrição virtual e a duração razoável do processo penal, Igor Teles Fonseca de Macedo (Prescrição virtual ou em perspectiva, p. 138) fez as seguintes ponderações: "Com a adoção da tese da prescrição em perspectiva, é fora de dúvida que se dará uma maior efetividade ao comando constitucional discutido, tanto no plano específico quanto no plano genérico. Na primeira hipótese, porquanto aquele determinado processo que for atingido pelo instituto epigrafado terá uma tramitação mais célere, havendo a possibilidade de sequer ser iniciado, garantindo ao réu o seu direito de ser julgado num tempo razoável; e, na segunda hipótese, porque com o reconhecimento da prescrição em perspectiva nos processos inúteis abrir-se-á espaço para que os processos com probabilidade de condenação sejam julgados em tempo hábil".

como capazes de fazer valer, na prática, esse novo ditame constitucional. Contudo, a prescrição antecipada já se apresenta como uma realidade (não havendo a necessidade de que se discipline, legislativamente, a sua existência. Vimos que, sistemicamente, o instituto se justifica na falta de interesse de agir do Estado), que se vai pouco a pouco incorporando à *praxis* forense. *In casu*, não precisa recordar-se, por sua obviedade, que se trata de um instituto *favor rei*, cuja aplicação não sofre, portanto, em face de toda a principiologia penal, qualquer limitação *a priori*.

De mais a mais, as normas constitucionais devem regular todas as atividades estatais, não apenas a legislativa; dessa forma, na atividade jurisdicional, deve-se, primeiramente, tornar efetivos os comandos que emanam da Constituição Federal. Se tais comandos, claramente, consagram a necessidade da celeridade processual, cabe a todos os operadores jurídicos o seu atingimento. Se para tanto deverão se valer de instrumentos ainda não agasalhados pela legislação[462] – desde que não ofensivos aos princípios constitucionais, por óbvio –, não se lhe pode censurar o comportamento, na medida em que se encontram respaldados constitucionalmente.

Humberto Theodoro Júnior, em resenha sobre os reflexos processuais da EC 45/2004, assim lecionou sobre a necessidade de se efetivar o escopo da celeridade processual:

> A inovação da Emenda Constitucional nº 45 de nossa Carta tem exatamente o mesmo propósito da reforma operada na Constituição Italiana, qual seja, proclamar, como direito fundamental, a garantia de um processo célere, *impondo à justiça proporcionar a completa tramitação dos processos* num prazo que seja razoável no contexto social em que o litígio eclodiu. É claro que não é possível matematicamente prefixar um prazo que atenda a essas exigências de maneira exata.[463]

Se assim começar a proceder a jurisprudência, decretando a prescrição precalculada, teremos um Poder Judiciário aberto e disposto a cumprir os mandamentos constitucionais de forma efetiva, sem que necessite uma lei que disponha sobre a matéria especificamente. Ao nosso juízo, tais digressões são necessárias e fundamentais para a busca da justiça e a melhor aplicação do direito.[464]

---

[462] Não há a necessidade de regulamentação da nova garantia constitucional para que seja aplicada, pode o ser de pronto, por isso se permite, ao nosso ver, o uso de mecanismos que embora não estejam regulados em lei infraconstitucional, encontram respaldo no direito à celeridade processual. Nesse passo são os ensinamentos de Juary C. Silva ("Inteligência e alcance do princípio da razoável duração do processo". In: Revista Magister de Direito Penal e Processual Penal, p. 88), para quem: "A vigência da regra é imediata, instantânea, não apenas porque se cuida de matéria processual, como ainda porque o art. 5º, § 2º, da Constituição, empresta aplicação imediata às normas definidoras dos direitos e garantias individuais".

[463] THEODORO JÚNIOR, Humberto. "Alguns reflexos da Emenda Constitucional nº 45, de 08.12.2004, sobre o processo civil". In: Revista Síntese de Direito Civil e Processual Civil. Ano VI, nº 35, São Paulo: Síntese, p. 17-29, maio-jun. 2005, p. 27. Em consonância com os ensinamentos acima expostos são as lições de José Afonso da Silva (Comentário contextual à Constituição. São Paulo: Malheiros, 2005, p. 176) que comentando o novel inciso do art. 5º da CF/88 fez as seguintes considerações: "É aqui que a garantia de celeridade da tramitação tem sua importância, já que o que se tem não é uma garantia abstrata da celeridade, mas o dever de preordenar meios para ser alcançada".

[464] Compactuando com o nosso entendimento de que o Judiciário deve agir para cumprir o mandamento constitucional se pronunciou José Carlos Barbosa Moreira ("Reflexos da Emenda Constitucional nº 45, de 2004, no processo civil". In: Revista da EMERJ. Rio de Janeiro: EMERJ, v. 8, n. 32, p. 31-44, 2005, p. 33): "É muito questionável a influência prática, o impacto concreto que disposições desse tipo possam exercer no dia-a-dia forense, mas eu não gostaria de enfileirar-me entre aqueles que vão considerar, ou já estão considerando, esta

Por tudo o que foi dito a respeito da celeridade processual, agora explícita no texto constitucional, podemos afirmar que a extinção do processo em face da futura prescrição retroativa – leia-se prescrição antecipada – é um dos meios pelos quais o Judiciário pode optar para começar a se desfazer de processos inúteis e focalizar os seus esforços naqueles outros que são sadios, pode-se assim dizer, emprestando-se-lhes a devida celeridade.

Estes foram os argumentos trazidos em nossa pesquisa para a defesa da prescrição pela pena projetada. Acreditamos que, diante de todas as fundamentações sistematicamente apresentadas, se deve ter a prescrição antecipada como uma realidade forense reconhecida e aplicada.

5. POSICIONAMENTOS CONTRÁRIOS AO RECONHECIMENTO DA PRESCRIÇÃO ANTECIPADA

Neste tópico do presente ensaio, demonstraremos os argumentos usados pela doutrina e jurisprudência em desabono ao instituto da prescrição virtual. Passaremos a elencá-los e refutá-los, usando os nossos maiores esforços, pois acreditamos, pelas razões acima expostas, ser um mecanismo que oferece um leque de vantagens para todas as partes (leia-se Acusação, Poder Judiciário e Defesa) quando devidamente reconhecido.

Pois bem, como dito, parte da doutrina, ao nosso ver em uma visão conservadora e formalista do processo, seguida pelos Tribunais Superiores, não aceitam a prescrição antecipada por diversas razões. Passaremos à exposição daquelas mais usuais:

5.1. Da falta de previsão legal

Alega-se para impedir prognose prescricional a falta de previsão legal, isto é, em face dela não estar contemplada no Código Penal, quando trata da prescrição e suas modalidades.

Esse é o entendimento contido em alguns julgados:

> RECURSO ORDINÁRIO EM *HABEAS CORPUS*. PRESCRIÇÃO ANTECIPADA OU PRESCRIÇÃO EM PERSPECTIVA. FALTA DE PREVISÃO LEGAL. REJEIÇÃO. A tese dos autos já foi apreciada pelo Supremo Tribunal Federal, cuja orientação é no sentido de refutar o instituto ante a falta de previsão legal. Precedentes. (...) (RHC 86.950-5/MG, 2ª Turma do STF, Rel. Min. Joaquim Barbosa, j. 07/02/2006.)

---

disposição como norma puramente programática, sem impacto direto na realidade do foro". José Afonso da SILVA (Aplicabilidade das normas constitucionais. 4. ed. São Paulo: Malheiros, 2000, p. 137) ao comentar a classificação das normas constitucionais,assim se manifestou sobre as normas programáticas: "Muitas normas são traduzidas no texto supremo apenas em princípio, como esquemas genéricos, simples programas a serem desenvolvidos ulteriormente pela atividade dos legisladores ordinários. São estas que constituem normas constitucionais de princípio programático, que estudaremos nesta seção".

QUESTÃO DE ORDEM. PRESCRIÇÃO PELA PENA EM PERSPECTIVA. AUSÊNCIA DE PREVISÃO LEGAL. A prescrição pela pena em perspectiva, também chamada de virtual ou antecipada, não encontra guarida na legislação penal vigente, estando prevista só a prescrição pela pena concretamente aplicada ou, ainda, pelo máximo de sanção abstratamente previsto. (INQUÉRITO 2005.04.01.023900-3, 4ª Seção do TRF da 4ª Região. Relatora Desa. Maria de Fátima Freitas Labarrère, DJU 18/08/2006.)[465]

Essa premissa de falta de previsão legal só poderia ser considerada como argumento de alguma valia se sustentássemos ser a prescrição antecipada uma causa de extinção de punibilidade atípica.[466] Ocorre que, como comentado em tópico anterior, se ausente uma das condições da ação, se autoriza a rejeição da denúncia ou o trancamento da ação em curso, por carência de ação. E, essas duas possibilidades encontram respaldo no art. 43, inc. III, do Código de Processo Penal.[467] Eis aí o fundamento legal por que tantos questionam. Também, aqui, cabe fazer referência àqueles defensores da tese de ser a prescrição virtual uma causa extintiva da punibilidade e que sustentam não estar sendo violado o princípio da legalidade, em que pese o Caderno Penal em nenhum de seus artigos à essa espécie de prescrição se refira. Em decisão que transcreveremos a seguir parte do corpo do acórdão deu, ao nosso ver, uma boa resposta à alegação de falta de fundamento legal:

> (...) O princípio da legalidade não está sendo violado, neste caso, até porque a prescrição em perspectiva está sendo aplicada dentro de parâmetro previsto em lei, ou seja, caso tramitasse o processo com seus atos normais, se chegaria a uma condenação, em tese, mas esta condenação não alcançaria sua efetividade, já que se encontraria extinta a punibilidade pela prescrição retroativa. (...) (Apelação Crime nº 70005396353, 7ª Câmara Criminal do TJRS, Rel. Des. Alfredo Foerster, j. 07/08/2003.)

Cumpre trazer à colação as lições de Paulo Queiroz sobre a matéria, que ao defender a possibilidade de prognose prescricional, também refutou a ausência de previsão legal como argumento capaz de impedir o reconhecimento dessa espécie de prescrição:

---

465 No mesmo sentido: ROHC 9964-SP, 6ª Turma do STJ, Rel. Min. Hamilton Carvalhido, j. 04/10/2001; RESP nº 636142, 5ª Turma do STJ, Relatora Min. Laurita Vaz, j. 23/11/04; HC nº 53349, 5ª Turma do STJ, Rel. Min. Arnaldo Esteves Lima, j. 03/08/2006; ACR nº 2004.04.01.005010-8, ,7ª Turma do TRF da 4ª Região, Rel Des. Décio José da Silva, DJU 16/08/2006; ACR nº 2001.04.01.011347-6, ,7ª Turma do TRF da 4ª Região, Rel. Des. Fábio Rosa, DJU 03/10/2001; APELAÇÃO CRIME nº 70010736817, 8ª Câmara Criminal do TJRS, Relatora Dra. Lúcia de Fátima Cerveira, j. 23/08/2006 e EMBARGOS INFRINGENTES nº 70003407582, 2º Grupo Criminal, Redator Des. José Antônio Hirt Preiss, j. 08/03/2002.

466 Ao reconhecer a prescrição antecipada, o Juiz Eleitoral José Joaquim dos Santos (Ação Penal nº 01/2002 TRE 1ª Zona Eleitoral – Bela Vista/SP, Juiz Eleitoral José Joaquim dos Santos (IBCCRIM 129 – ago. 2003 ano 11), assim se manifestou: "O Código Penal não trata da prescrição virtual ou antecipada. Este instituto é uma criação doutrinária e jurisprudencial e, portanto, não pode ser usado como causa extintiva da punibilidade por mera analogia. Conforme ressaltado na sentença, a prescrição antecipada é o reconhecimento da inutilidade do processo". Veja-se que a previsão legal, que sustentamos como embasadora da prescrição pela pena ideal, é o art. 43, inc. III, do Código de Processo Penal, pois a falta de interesse de agir se configura, também, quando o processo se mostra inútil aos seus fins ordinários, isto é, à imposição da sanção penal.

467 "Art. 43. A denúncia ou queixa será rejeitada quando": (...) "III – for manifesta a ilegitimidade da parte ou faltar condição exigida pela lei para o exercício da ação penal". Nesse mesmo sentido apontado por nós, podemos citar Sérgio Habib e Fabiano Pimentel ("Prescrição antecipada: acertos e desacertos". In: Revista Jurídica Consulex, p. 47): "A primeira delas está fulcrada na ausência de previsão legal, alguns autores afirmam que ao instituto faltaria a base legal para a sua sustentação, uma vez que não há dispositivo legal específico tratando do tema. Tal crítica, porém, não pode engessar o uso do instituto, já que o seu fundamento, data máxima venia, existe e está relacionado ao art. 43 do Código de Processo Penal, já que faltaria para o Estado uma das condições da ação, a saber o interesse de agir".

Sem razão, porque, em primeiro lugar, o fato de não existir previsão legal – argumento próprio de quem confunde a lei com o direito e supõe um sistema jurídico hermético e sem lacunas – não impede que se reconheça, por analogia (analogia *in bonam partem*), tal possibilidade, desde que compatível com as garantias inerentes ao direito e processo penal".[468]

5.2. Da afronta aos princípios constitucionais da ampla defesa, do contraditório, do devido processo legal e da presunção de inocência

Apontam, ainda, como sendo a prognose prescricional um meio que macula princípios constitucionalmente previstos como da ampla defesa, do contraditório, do devido processo legal e da presunção de inocência. Nesta esteira é o entendimento de Cezar Roberto Bitencourt:

> Finalmente, não há suporte jurídico para o *reconhecimento antecipado da prescrição retroativa*, como se está começando a apregoar, com base numa *pena hipotética*. Ademais, o réu tem direito a receber uma decisão de mérito, onde esperava ver reconhecida a sua inocência. Decretar a prescrição retroativa, com base em uma hipotética pena concretizada, encerra uma presunção de condenação, conseqüentemente de *culpa*, violando o princípio constitucional da *presunção de inocência* (art. 5º, LVII, da CF).[469]

Nesse mesmo pórtico de raciocínio, vejamos acórdão cuja ementa a seguir transcrevemos:

> RECURSO EM SENTIDO ESTRITO. RECEPTAÇÃO. PRESCRIÇÃO ANTECIPADA PELA PENA EM PERSPECTIVA. SENTENÇA CONDENATÓRIA HIPOTÉTICA. INVIABILIDADE. Não contemplando no ordenamento jurídico vigente a prescrição antecipada pela pena em perspectiva, não se pode reconhecê-la. A prescrição retroativa pela pena concretizada na sentença pressupõe a efetiva existência de sentença condenatória, que vai conferir ao réu o *status* de condenado, com aplicação da pena correspondente, e o trânsito em julgado daquela para a acusação. Fora destes critérios legais, não se pode admitir a ocorrência de prescrição, especialmente quando tem em conta ato jurídico inexistente, futuro e totalmente imprevisível. Entendimento contrário afronta os princípios constitucionais do *due process of law*, porque aborta prematuramente o regular processamento do feito, impedindo o esgotamento das etapas processuais previstas em lei, que vão sustentar o édito condenatório; da ampla defesa e da presunção da inocência, de vez que o acusado tem, efetivamente, o direito ao decreto absolutório, com a proclamação de sua inocência, após o percurso processual devido, com ampla possibilidade de produção de provas. (...) (RSE nº 70013365804, 8ª Câmara Criminal do TJRS, Relatora Desa. Fabianne Breton Baisch, j. 11/01/2006.)

Veja-se que tal argumento não pode ser considerado a ponto de impedir o reconhecimento da prescrição antecipada. Não há condenação de fato, o que há é uma projeção de possível pena a ser aplicada. Jamais a sentença, hipoteticamente idealizada, produzirá algum efeito em desfavor do réu. Pelo contrário, apenas possibilitará a extinção do feito pela prescrição virtual. Acreditamos, que se questionados os réus sobre a possibilidade de verem-se livres de um processo pela

---

[468] QUEIROZ, Paulo. Direito penal: parte geral. 3. ed. São Paulo: Saraiva, 2006, p. 454. Por outro viés, Francisco Afonso Jawsnicker (Prescrição penal antecipada. Curitiba: Juruá, 2006, p. 106) afastou o princípio da legalidade, na defesa da prescrição virtual: "Contra o argumento de que a prescrição antecipada viola o princípio da legalidade, pode-se invocar ainda o histórico da prescrição retroativa, criação jurisprudencial que acabou sendo acolhida pela lei".

[469] BITENCOURT, Cezar Roberto. Tratado de direito penal: parte geral, p. 881.

prescrição antecipada, cujos efeitos são idênticos aos da absolvição, com certeza concordariam prontamente com essa solução.

5.3. Da afronta ao princípio da obrigatoriedade da ação penal

Tem-se tentado alegar o princípio da obrigatoriedade da ação penal para deslegitimar a prescrição virtual. Alguns entendem que o Ministério Público não poderia pedir o arquivamento do Inquérito Policial, pois presentes os requisitos exigidos em lei não poderia hesitar em acusar.

Assim argumentou Marcellus Polastri Lima, valendo-se do princípio da obrigatoriedade da ação penal pública para não reconhecer a prognose prescricional como causa ensejadora da extinção do processo:

> Apesar de respeitáveis posições em contrário, entendemos que a chamada prescrição da pena ideal não tem fundamento jurídico, sendo que seu reconhecimento afronta o princípio da obrigatoriedade da ação penal pública.[470]

A ação penal pública, de fato, está vinculada ao principio da obrigatoriedade; ocorre que isso só se faz presente quando perfectibilizadas as condições da ação. Vale dizer, se ausente uma das condições para o exercício regular da ação penal, não há como se falar em obrigatoriedade. Se a prescrição antecipada é, em nosso entendimento, situação caracterizadora da falta de interesse de agir, não pode o Ministério Público, ao mesmo tempo, estar obrigado a denunciar. Isso seria uma contradição, e constituiria abuso de poder denunciatório.

5.4. Dos efeitos civis da sentença penal

Também se vale parte da doutrina das repercussões da sentença penal condenatória na esfera cível, para não aceitar a prescrição pela pena projetada. Sustentam alguns que a prescrição antecipada impediria a perfectibilização de título executivo para ressarcimento de danos causados pelo intento criminoso,[471] e outros, que a prognose prescricional, por considerar a suposta condenação, com ela o réu sofreria todos os seus efeitos secundários,[472] dentre eles a necessidade de reparação cível.

---

[470] LIMA, Marcellus Polastri. Curso de processo penal. 3. ed. Rio de Janeiro: Lumen Juris, 2006. v. 1, p. 185.

[471] Assim considerou como argumentação válida para não reconhecer a prescrição antecipada trecho do acórdão, que destacamos: "Além disso, faz-se mister o processamento do feito de forma regular, pois o crime praticado implica em importantes conseqüências no Juízo Cível, considerando que a sentença condenatória faz coisa julgada no referido Juízo, constituindo-se em título executivo. É cediço que a sentença que julga extinta a punibilidade não faz coisa julgada no Cível, porém diante da ausência de exame do mérito no Juízo Criminal, implicará em necessária ação de conhecimento no Juízo Cível, o que não ocorreria em caso de eventual condenação, posto que a parte poderia diretamente liquidar os danos, apurando o *quantum debeatur*". (HC nº 70010428373, 2ª Câmara Criminal do TJRS, Rel. Des. Marco Aurélio de Oliveira Canosa, j. 28/12/2004.)

[472] Ricardo Pieri Nunes ("Considerações em abono do reconhecimento antecipado da prescrição retroativa". In: Boletim IBCCRIM, nº 119, ano 10, p. 9-11, out. 2002, p. 9), partidário da prognose prescricional, aponta os fundamentos elegidos pela jurisprudência para se repelir a prescrição antecipada: "c) o reconhecimento antecipado da prescrição retroativa violaria a garantia do devido processo legal, pois os efeitos da sentença condenatória,

Defensor da prescrição antecipada, Luiz Sérgio Fernandes de Souza analisa esse argumento impeditivo e ainda o rebate:

> Argumentam seus opositores com a existência de outros efeitos da sentença condenatória; com a inviabilização da ação civil *ex delicto* e, por último, com o direito que teria o suspeito ou acusado em se ver absolvido. Nenhum dos argumentos colhe. A partir da posição adotada pelo legislador, reconhecida a prescrição retroativa, não há que se falar em efeitos principais e acessórios da ação ou da condenação. Quanto ao malogro da ação de indenização, observe-se que tanto o arquivamento do inquérito como a rejeição da denúncia não implicam exame de mérito. É certo que a sentença penal serve como título executivo. Porém, em termos práticos, isto pouco representa, visto que, de qualquer forma, o ofendido, seus representantes ou herdeiros terão de prover a liquidação no juízo cível. Ora, sendo assim, em nada lhes prejudica o exercício do processo de conhecimento, com o qual já se poderá obter sentença líquida, se o pedido for formulado nestes termos.[473]

Há na jurisprudência quem refute esse argumento obstativo da prescrição antecipada, com muita lógica. Vejamos tais ensinamentos em acórdão do Tribunal de Justiça gaúcho:

> (...) De logo, observo que o Superior Tribunal de Justiça parte de premissa equivocada. Diz que o *status* de condenado depende de sentença, sob pena de ofensa ao devido processo legal. E acrescenta: "Impor-se-iam, ademais, todas as conseqüências de que são exemplos configuração de antecedente penal e título executivo no cível". (cfr. RSTJ 68/97). Ora, se há prescrição retroativa, nenhuma seqüela resulta da sentença condenatória, inteiramente retirada do mundo jurídico. Não há falar em antecedente negativo ou título executivo cível, em ocorrendo a extinção da punibilidade pela prescrição retroativa. O que permite dizer, em conclusão, que inexiste prejuízo na extinção da pretensão punitiva, seja qual for a fase em que venha a ocorrer. Diferentemente ocorre, na extinção da pretensão executória, em que subsiste o conteúdo condenatório do pronunciamento judicial. (...) (RSE nº 70003543303, 8ª Câmara Criminal do TJRS, Rel. Des. Tupinambá Pinto de Azevedo, j. 20/03/2002.)

Perfeito é o pensamento esboçado na decisão supra, pois se a prescrição retroativa será de qualquer forma decretada, antes, ou depois de um processo, a sentença, de qualquer forma não terá força de título executivo, o efeito é o mesmo: o ofendido deverá ingressar com ação de conhecimento na esfera cível, sem

---

como a formação de título executivo e do antecedente penal, seriam impostos ao acusado sem que ocorresse sua efetiva condenação (STJ RHC nº 2.926, rel. min. Vicente Cernicchiaro, in RSTJ 68/97)". Antônio Lopes Baltazar (Prescrição penal, p. 116) rebate a premissa de que o reconhecimento antecipado da prescrição retroativa, dificultaria o ressarcimento do ofendido na esfera cível, trazendo um dado histórico que nos interessa: "Assim, a extinção da punibilidade pela prescrição retroativa, na redação antiga, só atingia a pena principal, subsistindo todos os demais efeitos da sentença condenatória. Talvez seja por isso a interpretação de que a sentença condenatória, com trânsito em julgado para a acusação (pressuposto da prescrição retroativa), seja passível de execução no cível. Contudo, com a reforma penal de 1984, que alterou o referido dispositivo, não mais subsiste qualquer efeito secundário. A sentença condenatória, com trânsito em julgado para a acusação, só tem um único efeito, que é o de regular a prescrição pela pena imposta. Essa orientação é predominante na doutrina e na jurisprudência. Logo, não havendo título executório como efeito da condenação na prescrição retroativa, não constitui óbice ao reconhecimento da prescrição antecipada".

[473] "A prescrição retroativa e a inutilidade do provimento jurisdicional". In: Revista dos Tribunais, ano 81, v. 680, São Paulo: RT, p. 435-8, jun. 1992, p. 436.) Outro autor que se dedicou ao estudo do tema, concluindo ser este um instituto viável, e também respondeu com eficiência a esse argumento impeditivo, foi Antônio Lopes Baltazar (Prescrição penal, p. 115), para quem: "Primeiramente, há de se observar que a declaração de extinção da punibilidade, por qualquer motivo previsto em lei, não tranca as portas do civil para o ressarcimento dos danos. Assim, o reconhecimento da prescrição, antes da condenação, obviamente, proíbe a constituição do título judicial, mas não proíbe a propositura da ação civil de conhecimento para pleitear os mesmos prejuízos decorrentes do fato criminoso. O autor da ação civil terá que provar apenas a culpa do réu".

poder valer-se de título pré-constituído em processo-crime. Tanto num momento, quanto em outro, a sentença condenatória não produz seus efeitos: num, porque atingida pela prescrição retroativa, nos moldes previstos no Código Penal; noutro, porque a sentença não foi prolatada e a pena que se considera para fins de cálculo de prescrição é apenas uma projeção e não há sentença de mérito condenatória.

5.5. Do impedimento da absolvição do réu

Existe entendimento de que a prescrição antecipada impediria a absolvição do réu,[474] isto é, se presumiria uma condenação, uma pena hipotética sem, contudo, que o acusado tenha se defendido à luz do devido processo legal, do contraditório e da ampla defesa.

A possibilidade de absolvição não pode ser considerada um fator impeditivo para a prescrição antecipada, pois qualquer dos institutos que ensejam a extinção da punibilidade e extinguem o processo, também impedem que o réu busque a absolvição e nem por isso se deixa de reconhecê-los.

Mas alguns, utilizando-se dessa última argumentação e de outras justificativas (ausência de previsão legal e a presunção de condenação que contraria princípios constitucionais) poderiam dizer que a prescrição antecipada não é causa extintiva da punibilidade, e nem se encontra prevista no Código Penal, e por isso não poderíamos nos valer do mesmo raciocínio usado quando se reconhece uma causa legal de extinção da punibilidade. Ora, o que sempre aqui se sustentou foi a falta de interesse de agir do Estado, na sua faceta que revela a utilidade do feito. Esses critérios de utilidade do processo são auferidos pelo Estado quando presta jurisdição e não pelo réu. Se o processo é incapaz de produzir efeitos para o Estado (detentor do *jus puniendi*) também o será para o acusado. Não se pode permitir o curso processual com todos os aspectos que nele se envolvem de custo e serviço, unicamente porque o acusado quer uma sentença em um certo sentido. Se isso fosse possível, ao se decretar a prescrição retroativa ou intercorrente também poderia o réu preferir ver-se absolvido, após um longo processo.

Se ainda os resistentes à nossa tese não se convenceram, poderíamos sugerir, uma solução intermediária, de parecida providência com aquela constante no instituto da suspensão condicional do processo.

O *sursis* processual, como também é chamado, veio disciplinado na Lei dos Juizados Especiais.[475] Tem o objetivo de impedir a continuidade da ação penal se

---

474 Esse é o entendimento de Edílson Mougenot Bonfim (Curso de processo penal, p. 139-40): "A chamada 'prescrição virtual' ou 'prescrição antecipada' – hipótese em que, embora não tenha efetivamente ocorrido a prescrição, seria ela provável (ou possível) com base na provável pena in concreto a ser aplicada ao autor do fato (se condenado) – não afeta o interesse de agir, uma vez que 'é impossível a rejeição da denúncia face ao reconhecimento antecipado da prescrição retroativa, vez que isso implicaria em antecipação de tutela jurisdicional, que, no domínio penal, é inadmissível, configurando verdadeiro prejulgamento, em detrimento do réu, que poderia vir a ser absolvido'".

475 "Art. 89. Nos crimes em que a pena mínima cominada for igual ou inferior a 1 (um) ano, abrangidas ou não por esta Lei, o Ministério Público, ao oferecer a denúncia, poderá propor a suspensão do processo, por 2 (dois)

acontecer de o acusado aceitar a suspensão do procedimento penal mediante algumas condições. Permite ao acusado escolher em responder um processo e ao final provar a sua inocência, conseguir uma sentença penal absolutória, ou acordar em cumprir algumas condições e livrar-se do fardo de um processo-crime.[476]

Poderíamos idealizar o mesmo para a prescrição antecipada, no sentido de antes de extinguir o processo ou rejeitar a denúncia, o magistrado abrisse prazo[477] para a defesa se manifestar acerca da extinção do feito em face da prescrição pela pena em perspectiva. Desse modo, o juiz analisa a utilidade do processo no caso concreto para todas as partes e poderá dar uma solução sem prejudicar "a vontade do réu em ver-se absolvido".

5.6. A prescrição retroativa somente pode ser decretada após a sentença penal condenatória

Desponta-se outra premissa em desabono à prescrição virtual. É o entendimento de que a prescrição retroativa só pode ser decretada após a sentença condenatória e nunca antecipadamente, por depender desta para ser declarada. Assim, por essa razão, entendem que não é possível o seu reconhecimento antecipado. Essa é a justificativa de Damásio de Jesus, para quem:

> A declaração da extinção da punibilidade pela prescrição retroativa pressupõe a existência de uma sentença condenatória. Em face disso, não pode ser reconhecida antes da condenação.[478]

---

a 4 (quatro) anos, desde que o acusado não esteja sendo processado ou não tenha sido condenado por outro crime, presentes os demais requisitos que autorizam a suspensão condicional da pena (art. 77 do Código Penal)". (...) "§ 7° se o acusado não aceitar a proposta prevista neste artigo, o processo prosseguirá em seus ulteriores termos".

[476] Dentro dessa compreensão de que o processo criminal, por si só, já traz infortúnios ao réu, trazemos as lições de Aury Lopes Jr. (Introdução crítica ao processo penal: fundamentos da instrumentalidade garantista. 3. ed. Rio de Janeiro: Lumen Juris, 2005, p. 34): "Entendemos adequado falar-se em uma nova pena processual, decorrente desse atraso, onde o tempo desempenha uma função punitiva no processo. É a demora excessiva, que pune pelo sofrimento decorrente da angústia prolongada, do desgaste psicológico (o processo como gerador de depressão exógena), do empobrecimento do réu, enfim, por toda estigmatização social e jurídica gerada pelo simples fato de estar sendo processado. O processo é uma cerimônia degradante e, como tal, o caráter punitivo está diretamente relacionado com a duração desse ritual punitivo".

[477] Tal como ocorre no *sursis* processual, o magistrado teria participação ativa, pelo menos nesse sentido é o posicionamento de Nereu José Giacomolli (Juizados especiais criminais. Lei 9.099/95. Porto Alegre: Livraria do Advogado, 2002, p. 216), quanto àquele instituto: "Por se tratar de benefício, de um direito público subjetivo do acusado, uma vez que extingue a pretensão punitiva do Estado, havendo inércia do Ministério Público, improcedência das razões da acusação, ausência de requerimento do acusado, é dever do magistrado propor a suspensão".

[478] JESUS, Damásio de. Prescrição penal. 13. ed. São Paulo: Saraiva, 1999, p. 144-5. A argumentação de que o reconhecimento da prescrição retroativa antes da sentença condenatória, afronta os ditames estabelecidos no Código Penal é trazida por Heleno Cláudio Fragoso (Lições de direito penal: parte geral. 16. ed. Atualizado por Fernando Fragoso. Rio de Janeiro: Forense, 2003, p. 521): "Enquanto não proferida sentença penal condenatória, a prescrição regula-se, sempre, pela pena máxima cominada ao crime imputado. Não há que se falar em prescrição calculada a partir de uma determinada pena que se presume poderia vir a ser aplicada, na hipótese de eventual condenação, por se tratar de resultado futuro e incerto. É inadmissível buscar-se a declaração da prescrição com base em uma pena idealizada, obtida através de um exame prognóstico das circunstâncias do crime e seu autor; por constituir clara violação ao art. 109, *caput*, CP". No mesmo sentido, conferir RSE 31940873/4 – 3ª Câmara Criminal do TJSP, Rel. Des. Gonçalves Nogueira, j. 12/09/2000.

O estudioso da prescrição em matéria penal, Antônio Rodrigues Porto, também é partidário da mesma explicação:

> Entretanto, cremos que tal procedimento vem violentar o texto legal, pois, somente após uma sentença condenatória é que se pode cogitar da prescrição em concreto, retroativa. Acresce, que poderia a sentença final vir a absolver o acusado, o que seria mais benéfico para ele.[479]

A essa argumentação em desfavor da prescrição pela pena ideal, podemos responder nos valendo de argumento já usado: não é necessário pensar na prescrição retroativa nos exatos moldes do Caderno Penal para reconhecer a prescrição virtual. Basta que se utilize dos conceitos de interesse de agir, carência de ação e extinção do processo para que se ponha em prática a prognose prescricional.

5.7. Da possibilidade de *mutatio libelli*

Por fim, existe também como impedimento à prescrição antecipada, como referem alguns autores, a possibilidade de *mutatio libelli.*[480] Isto é, pode ocorrer a nova definição jurídica do delito, quando do momento da sentença, e a pena ser mais grave, o que mudaria o seu *quantum* e conseqüentemente, o prazo prescricional. E por essa razão não se poderia fazer uma prognose da pena e da prescrição retroativa, já que o enquadramento típico do fato pode mudar e alterar os parâmetros da reprimenda penal.

Quando iniciamos a exposição desse controvertido tema, frisamos que não pensamos em uma prescrição antecipada temerária e sem alicerces seguros. Isto é, sempre que se estiver diante de um processo, cujo fato criminoso imputado ao réu, for passível de desclassificação, ou porque duvidosa é a capitulação oferecida, ou porque conforme se vê pela marcha instrutória, algumas circunstâncias não constantes na denúncia se mostram presentes, não se recomenda o reconhecimento da prescrição virtual.[481] Mas não podemos tomar como argumentação impeditiva a possibilidade de *mutatio libelli*, pois até mesmo a prescrição abstrata seria atingida por esse instituto processual. Vale dizer, quando se decreta a prescrição da pretensão punitiva, levando–se em consideração o máximo da pena também se corre o risco da ocorrência da *mutatio,* mas nem por isso se impede de calcular a prescrição pela pena abstratamente cominada e decretá-la.

---

[479] PORTO, Antônio Rodrigues. Da prescrição penal, p. 64.

[480] Sob essa ótica obstativa expôs seu ponto de vista Rogério Felipeto ("Prescrição antecipada". In: Boletim IBCCRIM. São Paulo, n. 25, p. 6, jan. 1995, p. 6): "Admitindo-se, por absurdo, que a prescrição antecipada pudesse verificar-se, não satisfaria ela à possibilidade da mutatio libelli, eis que inexistindo coisa julgada, a nova tipificação penal alteraria o prazo prescricional". José Júlio Lozano Jr. (Prescrição penal, p. 184-5), partidário da prognose prescricional, elencou em sua obra alguns fundamentos contrários à prescrição virtual, entre eles podemos indicar: "Vários são os argumentos que criticam a prescrição retroativa pela pena em perspectiva, podendo-se citar, dentre outros, os seguintes": (...) "f) desconsidera a possibilidade de eventual *mutatio libelli* durante o curso do processo (CPP, arts. 383 e 384)".

[481] No mesmo sentido são as considerações feitas por Paulo Queiroz (Direito penal: parte geral, p. 455): "Finalmente, porque a possibilidade de mudança do libelo é aplicável a toda e qualquer modalidade de prescrição. Além disso, se houver fundada dúvida ou incerteza quanto à definição jurídica dos fatos constantes da denúncia ou da queixa, devem as partes e o juiz diligenciar no sentido de esclarecê-lo previamente, para a seguir decidir a seu respeito com segurança".

6. CONCLUSÃO

Pelo estudo que fizemos das ponderações da doutrina e jurisprudência, pudemos entender melhor o instituto sob análise e nos convencer que a sua aceitação é medida que se impõe como aplicação inteligente do Direito. Respeitamos as razões contrárias, tanto que não poupamos espaço para apontá-las, na tentativa de enriquecer o debate. O leitor pode, ao final do nosso ensaio, se perfilar a qualquer dos pólos, mas nós estamos comprometidos com a prescrição antecipada, ao ponto de defendê-la e almejar o seu reconhecimento pelos nossos tribunais.

Com a devida *venia* àqueles que de nós discordam, lançamos algumas conclusões, ao longo da nossa apresentação, que agora as elencamos para o desfecho do ensaio.

Defendemos a possibilidade da prognose prescricional, mas entendemos não se tratar de uma causa de extinção da punibilidade, e sim causa que enseja a rejeição da denúncia ou queixa, ou extinção do feito em face da falta do interesse de agir do Estado diante das circunstâncias concretas da inutilidade que o processo apresenta (art. 43 do Código de Processo Penal).[482] Não vemos prejuízo algum ao réu, quando se decreta a extinção da punibilidade pela prescrição antecipada, e por isso louvamos tais decisões, pois, independente do argumento usado – vale dizer, da destinação prática –, o resultado será um só: evitar um processo com todos os custos que ele importa ao Estado, que ao final fatalmente seria atingido pela prescrição retroativa e não teria força executória.

As teses contrárias ao reconhecimento da prescrição virtual, ao nosso sentir, esbarram em uma questão preliminar, que é o interesse de agir do Estado. E diante dessa constatação pudemos refutar os argumentos de nossos opositores. Não acreditamos ser o interesse processual o único embasamento para a prescrição antecipada, pois podemos a esse agregar outros, como o da economia processual, do direito fundamental ao processo célere (trazido para o texto constitucional pela EC 45/2004) entre outros de menor relevo que abordamos.

---

[482] Em nossas conclusões, temos que citar dois julgados que também compactuam com o nosso entendimento no que diz respeito à conseqüência prática da prescrição antecipada: "Esta é a proposta da prescrição em perspectiva, que, em que pese a denominação prescrição, trata-se, na sua essência, de falta de interesse de agir, ou falta de justa causa para o início ou prosseguimento da ação penal". (RSE nº 70009900101, 7ª Câmara Criminal do TJRS, Rel. Des. Nereu José Giacomolli, j. 29/12/2004.) "Fomento jurídico haveria na decisão que, com base em princípios de direito processual, determinasse o arquivamento das peças de informação (inquérito policial ou parlamentar, v.g.), ou que não recebesse a denúncia, por falta de justa causa, diante da ocorrência da prescrição iminente e inequívoca". (RSE nº 70014890917, 3ª Câmara Criminal do TJRS, Rel. Des. Vladimir Giacomuzzi, j. 24/08/2006.) Na mesma esteira interpretativa do assunto se posiciona Igor Teles Fonseca de Macedo (Prescrição virtual ou em perspectiva, p. 87): "Insta quadrar que é ponto quase unânime na doutrina a correlação da idéia de prescrição em perspectiva com a carência de ação, não obstante, ainda assim, de uma forma totalmente contraditória, há quem reconheça a ausência de interesse de agir e aponte como corolário o reconhecimento da prescrição retroativa, ou seja, a extinção da punibilidade. Tal atitude é explicável pelo demasiado apego à fase inicial da prescrição em perspectiva, que já foi alvo de discussão linhas acima. Parte-se, destarte, de uma premissa verdadeira (constatação da carência de ação) para elaboração de uma conclusão inadmissível (extinção da punibilidade), conformando um verdadeiro sofisma".

Por fim, quando utilizamos expressões como "reconhecer", "declarar" ou "decretar" a prescrição antecipada, não estávamos nos vinculando à conseqüência de decretação da extinção da punibilidade, porque entendemos que a falta do interesse de agir não é causa extintiva da punibilidade. Usamos tais nomenclaturas, para admitir a prescrição antecipada, mas o seu reconhecimento tem o deslinde que o leitor eleger (extinção da punibilidade, extinção do feito, arquivamento do inquérito policial, trancamento da ação penal, *etc.*). O que se procurou configurar foi a logicidade do instituto.

Referências Bibliográficas

A. MERKEL *Derecho penal.* Traduzido por P. Dorado. Madrid: [s/d]. t. I.

AMBROSETTI, Enrico Mario. Problemi attuali in tema di reato continuato. Dalla novella del 1974 al nuovo codice di procedura penale. Pádua: Cedam, 1991.

AMERICANO, Odin I. do Brasil. *Manual de direito penal*: parte geral. De acordo com a Lei n. 7.209, de 11-7-1984. São Paulo: Saraiva, 1985. 1 vol.

AMIN, Andréa Rodrigues. *Curso de direito da criança e do adolescente*: aspectos teóricos e práticos. Rio de Janeiro: Lumen Juris, 2006.

ANDRADE, Christiano José de. *Da prescrição penal.* São Paulo: RT, 1979.

ANDREUCCI, Ricardo Antonio. *Legislação penal especial.* São Paulo: Saraiva, 2005.

ANDREUCCI, Ricardo Antunes. *Direito penal e criação judicial.* São Paulo: RT, 1989.

ARENHART, Sérgio Cruz; MARINONI, Luiz Guilherme. *Manual do processo de conhecimento.* 3. ed. São Paulo: RT, 2004.

ÁVILA, Humberto. *Teoria dos princípios*: da definição à aplicação dos princípios jurídicos. 4. ed.; 3. tiragem. São Paulo: Malheiros, 2005.

BADARÓ, Gustavo Henrique Righi Ivahy. *Correlação entre acusação e sentença.* São Paulo: Revista dos Tribunais, 2000. v. 3. (Coleção de Estudos de Processo Penal Prof. Joaquim Canuto Mendes de Almeida.)

BALESTRA, André Augusto. "Da prescrição nos crimes falimentares". In: *Revista dos Tribunais*, v. 440, ano 61, p. 303-7, jun. 1972.

BALTAZAR, Antonio Lopes. *Prescrição penal.* São Paulo: Edipro, 2003.

BARROS, Antônio Milton de. "Aditamento da denúncia e da queixa: forma e alcance de cada uma das modalidades prevista no Código de Processo Penal". In: *Revista da Associação Paulista do Ministério Público*, São Paulo, ano IV, n. 35, p. 30-3, out.-nov. de 2000.

BARROS, Flávio Augusto Monteiro de. *Direito penal*: parte geral. 5. ed. São Paulo: Saraiva, 2006, v.1.

BARROS, Taís Culau de. "O ato infracional e a prescrição". In FAYET JÚNIOR, Ney; WEDY, Miguel Tedesco (orgs.). *Estudos críticos de direito e processo penal.* Porto Alegre: Livraria do Advogado, 2004.

BARROSO, Luís Roberto. *Interpretação e aplicação da Constituição.* São Paulo: Saraiva, 1996.

BATISTA, Nilo. "Sobre o aditamento à denúncia". In: *Discursos sediciosos.* Crime, direito e sociedade, Rio de Janeiro: Instituto carioca de criminologia, ano 1, n. 2, p. 285-9, 2. sem. 1996.

——. *Concurso de agentes.* Uma investigação sobre os problemas da autoria e da participação no direito penal brasileiro. 3. ed. Rio de Janeiro: Lumen Juris, 2005.

——. *Lições de direito penal falimentar.* Rio de Janeiro: Revan, 2006.

BATISTA, Weber Martins. *Direito penal e direito processual penal.* 2. ed. Rio de Janeiro: Forense, 1997.

BATTAGLINI, Giulio. *Direito penal*: parte geral. Traduzido por Paulo José da Costa Júnior e Armida Bergamini Miotto. São Paulo: Saraiva, 1973. 2. v.

BECCARIA, Cesare. *Dos delitos e das penas.* Traduzido por José de Faria Costa. Lisboa: Calouste Gulbenkian, 1998.

BERISTAIN IPIÑA, Antonio. "El bienestar social ante las Reglas Mínimas de las Naciones Unidas". In: *Cuaderno del Instituto Vasco de Criminología*, San Sebastián, n. 2, 1988.

BETTIOL, Giuseppe. *Direito penal.* Tradução brasileira e notas de Paulo José da Costa Júnior e Alberto Silva Franco. São Paulo: RT, 1976. V. III.

——. *El problema penal.* Buenos Aires: Hammurabi, 1995.

BEZERRA FILHO, Manoel Justino. *Jurisprudência da nova lei de recuperação de empresas e falências.* São Paulo: RT, 2006.

——. *Nova lei de recuperação e falências comentada.* São Paulo: Revista dos Tribunais, 2005.

BITENCOURT, Cezar Roberto. "Aspectos procedimentais e político-criminais dos crimes disciplinados na nova lei falimentar". In: *Revista Brasileira de Ciências Criminais*, IBCCrim, ano 12, nº 148, p. 07-10, mar. 2002.

——. *Tratado de direito penal*: parte geral. 10. ed. São Paulo: Saraiva, 2006. v. 1.

——. *Tratado de direito penal*: parte especial. 3. ed. São Paulo: Saraiva, 2006. v. 3.

BOCKELMANN, Paul; VOLK, Klaus. *Direito penal:* parte geral. Tradutora Gercélia Batista de Oliveira Mendes. Belo Horizonte: Del Rey, 2007.

BONCHRISTIANO, Carlos Augusto. "Aplicação do princípio do *in dubio pro reo* nos tribunais". In: *Revista de Julgados do Tribunal de Alçada Criminal do Estado de São Paulo*, Fiúza, p. 13-27, 1996.

BONFIM, Edílson Mougenot. *Curso de processo penal.* São Paulo: Saraiva, 2006.

BORDALLO, Galdino Augusto Coelho. "A prescrição da pretensão socioeducativa". In: *Revista do Ministério Público do Rio de Janeiro*, nº 22, p. 81-103, jul.-dez. 2005.

BOSCHI, José Antônio Paganella. *Ação penal*: denúncia, queixa e aditamento. 3. ed. Rio de Janeiro: Aidê, 2002.

BRANDÃO, Cláudio. *Teoria jurídica do crime.* Rio de Janeiro: Forense, 2001.

BRANDÃO, Edison Aparecido. "Prescrição em perspectiva". In: *Revista dos Tribunais*, ano 83, v. 710, São Paulo: RT, p. 391-2, dez. 1994.

BRUNO, Aníbal. *Direito penal.* Parte geral: fato punível. 4. ed. Rio de Janeiro: Forense, 1984. t. 2.

——. *Direito penal*: parte geral. 4. ed. Rio de Janeiro: Forense, 1984. t. 3.

——. *Perigosidade criminal e medidas de segurança.* Rio de Janeiro: Rio, 1977.

BURLE FILHO, José Emmanuel. "Se é certa a prescrição antecipada, falta justa causa para a denúncia". In: *Boletim IBCCRIM.* nº 15, abril de 1994.

BUSTOS RAMÍREZ, Juan J.; HORMAZÁBAL MALARÉE, Hermán. *Lecciones de derecho penal.* Madrid: Editorial Trotta, 1997. v. 1.

CANTARERO BANDRÉS, Rocío. *Problemas penales y procesales del delito continuado.* Barcelona: PPU, 1990.

CAPEZ, Fernando. *Curso de direito penal*: parte geral. São Paulo: Saraiva, 2002. v. 1.

CARDOSO, Armando. "Direito penal tributário: nova lei de falências e *abolitio criminis* em matéria de crime falimentar". In: *Revista Tributária e de Finanças Públicas*, ano 14, nº 68, p. 247-58, mai.-jun. 2006.

CARRARA, Francesco. *Programa de derecho criminal*: parte general. Bogotá: Temis, 1998. v. I.

CARVALHO FILHO, Aloysio de; ROMERO, Jorge Alberto. *Comentários ao Código Penal.* Arts. 102 a 120. 5. ed. Rio de Janeiro: Forense, 1979. v. IV.

CARVALHO, Américo Taipa de. "Condicionalidade sócio-cultural do direito penal: análise histórica. Sentido e limites". Separata do número especial do *Boletim da Faculdade de Direito de Coimbra* – Estudos em Homenagem aos Profs. Manuel Paulo Merêa e Guilherme Braga da Cruz. Coimbra:1983, 1985.

CARVALHO, Luis Gustavo Grandinetti Castanho de. *Processo penal e (em face da) Constituição, princípios constitucionais do processo penal.* 3. ed. Rio de Janeiro: Lumen Juris, 2004.

CASTIÑEIRA, Maria T. *El delito continuado.* Barcelona: Bosch, 1977.

CHOCLÁN MONTALVO, José Antonio. *El delito continuado.* Madrid: Marcial Pons, 1997.

CHOUKR, Fauzi Hassan. *Processo penal à luz da Constituição.* Temas escolhidos. Bauru, São Paulo: Edipro, 1999.

COBO DEL ROSAL, Manuel; VIVES ANTÓN, Tomás. S. *Derecho penal*: parte general. 5. ed. Valencia: Tirant lo Blanch, 1999.

COELHO, Fábio Ulhoa. Comentários à nova lei de falências e recuperação de empresas. São Paulo: Saraiva, 2005.

COELHO, Walter. *Teoria geral do crime.* 2. ed. Porto Alegre: Sergio Antonio Fabris e Fundação Escola Superior do Ministério Público do Rio Grande do Sul, 1998. v. I.

COSTA, Álvaro Mayrink da. *Direito penal*: parte especial. 5. ed. Rio de Janeiro: Forense, 2001.

——. *Direito penal*: parte geral. Rio de Janeiro: Forense, 1998. v. I, t. III.

COSTA, Ana Paula Motta. *As garantias processuais e o direito penal juvenil como limite na medida socioeducativa de internação.* Porto Alegre: Livraria do Advogado, 2005.

COSTA, Fernando José da. *Direito penal:* parte geral. (Arts. 1º a 120). São Paulo: Atlas, 2006.

COSTA, José de Faria. "O Direito Penal e o Tempo. (Algumas reflexões dentro do nosso tempo e em redor da prescrição.)" In: *Boletim da Faculdade de Direito da Universidade de Coimbra*, Volume Comemorativo do 75° Tomo do Boletim da Faculdade de Direito, p. 1152-53. Coimbra: Coimbra, 2003.

COSTA, Leonardo Luiz de Figueiredo. *Curso básico de direito penal*: parte especial. Rio de Janeiro: Lumen Juris, 2005. t. I.

COSTA JUNIOR, Paulo José da. *Código Penal comentado.* 9. ed. São Paulo: DPJ, 2007.

——. "Crime permanente". In: *Justitia.* São Paulo: Ministério Público de São Paulo, ano XXVII, v. 51, 4. trim., p. 87-93. 1965.

DARGÉL, Alexandre Ayub. "Princípio da lesividade, garantismo e direito penal mínimo". In: *Revista de Estudos Criminais,* Porto Alegre, ITEC, nº 02, p. 104-9, 2001.

DELMANTO, Celso *et al. Código Penal comentado.* 6.ed. Rio de Janeiro: Renovar, 2002.

DELMANTO, Roberto e outros. *Leis penais especiais comentadas.* Rio de Janeiro: Renovar, 2006.

DESPORTES, Frédéric; LE GUNEHEC, Francis. *Le nouveau droit penal.* Droit pénal général. 7. éd. Paris: Economica, 2000. t. 1.

DIAS, Jorge de Figueiredo. *Direito penal português*: parte geral II: as conseqüências jurídicas do crime. Lisboa: Aequitas, 1993.

——. *Questões fundamentais do direito penal revisitadas.* São Paulo: RT, 1999.

DIGIÁCOMO, Murillo José. *Breves considerações sobre a proposta de lei de diretrizes sócio-educativas.* Disponível em: <http://www.mp.pr.gov>. Acesso em: dez. 2006.

DINAMARCO, Cândido Rangel. "Nasce um novo processo civil". In: Min. TEIXEIRA, Sálvio de Figueiredo (coord.) *Reforma do Código de Processo Civil.* São Paulo: Saraiva, 1996.

——. *Instituições de direito processual civil.* 2. ed. São Paulo: Malheiros, 2002. v. 2.

DOTTI, René Ariel. "A retroatividade da *lex mitior* e o critério da combinação das leis". In: PENTEADO, Jaques de Camargo. *Justiça Penal 6.* São Paulo: Revista dos Tribunais, 1999.

——. *Curso de direito penal.* Rio de Janeiro: Forense, 2001.

FAYET, Ney. *A sentença criminal e suas nulidades.* Lei, doutrina e jurisprudência. 5. ed. Rio de Janeiro: Aidê, 1987.

FELDENS Luciano; SCHMIDT Andrei. *Investigação criminal e ação penal.* 2. ed. Porto Alegre: Livraria do Advogado, 2007.

FELIPETO, Rogério. "Prescrição antecipada". In: *Boletim IBCCRIM.* São Paulo, n. 25, p. 6, jan. 1995.

FERNANDES, Antônio Scarance. *A reação defensiva à imputação.* São Paulo: RT, 2002.

——. *Processo penal constitucional.* São Paulo: RT, 1999.

——; GOMES FILHO, Antônio Magalhães; GRINOVER, Ada Pellegrini. *As nulidades no processo penal.* 9. ed. São Paulo: Revista dos Tribunais, 2006.

FERRARI, Eduardo Reale. *Prescrição da ação penal.* Suas causas suspensivas e interruptivas. São Paulo: Saraiva, 1998.

FERRAZ, Nelson. "Da prescrição no sistema penal brasileiro". In: *Revista dos Tribunais,* São Paulo: RT, ano 78, v. 279, p. 107-127, jul.-ago.-set. 1982.

FERRAZ JUNIOR, Tércio Sampaio. *A ciência do direito.* São Paulo: Atlas, 1980.

FERREIRA, Manuel Cavaleiro de. *Direito penal português*: parte geral I. Lisboa: Editorial Verbo, 1982.

FERRI, Enrico. *Princípios de direito criminal*: o criminoso e o crime. Traduzido por Paolo Capitanio. Campinas: Bookseller, 1996.

FIANDACA, Giovanni; MUSCO, Enzo. *Diritto penale*: parte generale. Bologna: Zanichelli, 1990.

FONTÁN BALESTRA, Carlos. *Tratado de derecho penal*: parte general. 2. ed. Buenos Aires: Abeledo-Perrot, 1970. t. III.

FRAGOSO, Heleno Cláudio (org.). *Revista de Direito Penal.* Rio de Janeiro: Borsoi, 2: 120, abr.-jun., 1971.

——. *Lições de direito penal*: parte geral. 16. ed. Atualizado por Fernando Fragoso. Rio de Janeiro: Forense, 2003.

FRANCO, Alberto Silva. *Código de Processo Penal e sua interpretação jurisprudencial.* São Paulo: RT, 1999. v. 2.

FREITAS, Jayme Walmer de. "Direito criminal na recuperação de empresas e falência. Lei nº 11.101 de 2005". In: *Revista dos Tribunais,* v. 838, p. 429-45, ago. 2005.

FREUD, Sigmund. *Esquema del psicoanálisis.* Traduzido por Luis López-Ballesteros y de Torres. Madrid: Editorial Debate, 1998.

GALVÃO, Fernando. *Direito penal:* parte geral. 2. ed. Belo Horizonte: Del Rey, 2007.

GARCIA, Basileu. *Comentários ao Código de Processo Penal.* Rio de Janeiro: Forense, 1945.

GARCÍA-PABLOS DE MOLINA, Antonio. *Derecho penal*: introducción. Madrid: Servicio de publicaciones de la Facultad de Derecho de la Universidad Complutense de Madrid, 2000.

GIACOMOLLI, Nereu José. *Juizados especiais criminais.* Lei 9.099/95. Porto Alegre: Livraria do Advogado, 2002.

GOLDSCHMIDT, James. "Princípios gerais do processo penal". In: *Conferências proferidas na Universidade de Madrid nos meses de dezembro de 1934 e de janeiro, fevereiro e março de 1935.* Traduzido por: Hiltomar Martins Oliveira. Belo Horizonte: Líder, 2002.

GOMES, Luís Flávio. "Duração das medidas de segurança". In: *Revista dos Tribunais,* ano 80, v. 663, p. 257-67, jan. 1991.

——. "Medidas de segurança e seus limites". In: *Revista Brasileira de Ciências Criminais*, ano 1, nº 2, p. 64-72, abr.-jun. 1993.

——. *Crimes previdenciários*. São Paulo: RT, 2001. v. 1. (Série: As ciências criminais no século XXI.)

——. *Direito penal*: parte geral, culpabilidade e teoria da pena. São Paulo: RT, 2005. v. 7.

——. *Direito penal*: parte geral. Teoria constitucionalista do delito. São Paulo: RT, 2004.

——. *Nova lei de falências e suas repercussões criminais*. Disponível em: <http://www.lfg.com.br>. Acesso em: nov. 2006.

GOMES FILHO, Antônio Magalhães. *Direito à prova no processo penal*. São Paulo: RT, 1997.

GÓMEZ, Eusebio. *Tratado de derecho penal*. Buenos Aires: Compañia Argentina de Editores, 1939. t. I.

GRECO, Rogério. *Curso de direito penal*: parte especial. Niterói: Impetus, 2006. v. III.

——. *Concurso de pessoas*. Belo Horizonte: Mandamentos, 2000.

GRINOVER, Ada Pellegrini; FERNANDES Antônio Scarance; GOMES FILHO Antônio Magalhães. *As nulidades no processo penal*. 9. ed. São Paulo: Revista dos Tribunais, 2006.

GUZMÁN DALBORA, José Luis. "Las medidas de seguridad. Distinción y relaciones entre penas y medidas de seguridad". In *Direito penal contemporâneo: estudos em homenagem ao Professor José Cerezo Mir*. Luiz Regis Prado (coord.). São Paulo: RT, 2007, p. 71-88.

HABIB, Sérgio; PIMENTEL, Fabiano. "Prescrição antecipada: acertos e desacertos". In: *Revista Jurídica Consulex*, Brasília: Consulex, ano VIII, n. 179, p. 46-7, 30 jun. 2004.

HAMILTON Sérgio Demoro. "A técnica da denúncia". In: *Revista do Ministério Público*, Rio de Janeiro, n. 16, p. 187-212, jul.-dez. 2002.

HASSEMER, Winfried; MUÑOZ CONDE, Francisco. *Introducción a la criminologia*. Valencia: Tirant lo Blanch, 2001.

HORA, Pompílio da; MARTINS, Nilo César. *Ação penal*: retrospectiva penal. Rio de Janeiro: Lumen Juris, 2001.

HUNGRIA, Nélson. *Comentários ao Código Penal*. Rio de Janeiro: Forense, 1959. v. III.

JAKOBS, Günther. *Derecho penal*: parte general. Fundamentos y teoría de la imputación. Traduzido por Joaquin Cuello Contreras e Jose Luis Serrano Gonzáles de Murillo. 2. ed. Madrid: Marcial Pons, 1997.

JARDIM, Afrânio Silva. *Direito processual penal*. 11. ed. Rio de Janeiro: Forense, 2005.

JAWSNICKER, Francisco Afonso. *Prescrição penal antecipada*. Curitiba: Juruá, 2006.

JESCHECK, Hans-Heinrich. *Tratado de derecho penal*: parte general. 4. ed. Traduzido por José Luis Manzanares Samaniego. Granada: Comares, 1993.

JESUS, Damásio de. *Código Penal anotado*. 18. ed. São Paulo: Saraiva, 2007.

——. *Prescrição penal*. 16. ed. São Paulo: Saraiva, 2003.

JORGE, Alline Pedra. "O princípio da obrigatoriedade da ação penal pública no direito constitucional comparado". In: *Revista Jurídica Consulex*, Brasília: Consulex, ano VI, n. 122, p. 25-30, 15 fev. 2002.

KONZEN, Afonso Armando. *Pertinência socioeducativa*: reflexões sobre a natureza jurídica das medidas. Porto Alegre: Livraria do Advogado, 2005.

KREBS, Pedro. *Teoria jurídica do direito*. Noções introdutórias: tipicidade objetiva e subjetiva. Barueri - São Paulo: Manole, 2004.

LANDROVE DÍAZ, Gerardo. *Las consecuencias jurídicas del delito*. Madrid: Tecnos, 1991.

LEITE, Luís Fernando Copetti. *Aspectos criminais da nova lei de falências*. Disponível em: <http://www.mp.rs.gov.br/criminal/doutrina>. Acesso em: nov. 2006.

LEMOS, Ricardo Teixeira. *Prescrição penal retroativa e antecipada face à competência*: doutrina e jurisprudência. São Paulo: BH, 2003.

LESCH, Heiko H. "La función de la pena". Traduzido por Javier Sánchez-Vera Gómez-Trelles. In: *Colección de Estudios*, Bogotá: Centro de Investigaciones de Derecho Penal y Filosofía del Derecho de la Universidad Externado de Colombia, nº 17, p. 69, 2000.

LIBERATTI, Wilson Donizetti. *Comentários ao Estatuto da Criança e do Adolescente*. São Paulo: Malheiros, 2004.

LIMA, Marcellus Polastri. *Curso de processo penal*. 3. ed. Rio de Janeiro: Lumen Juris, 2006. v. 1.

——. *Ministério Público e persecução criminal*. Rio de Janeiro: Lumen Juris, 1997.

LOPES JÚNIOR, Aury. *Introdução crítica ao processo penal*: fundamentos da instrumentalidade garantista. 3. ed. Rio de Janeiro: Lumen Juris, 2005.

——. *Sistemas de investigação preliminar no processo penal*. 4. ed. Rio de Janeiro: Lumen Juris, 2006.

——; BADARÓ, Gustavo Henrique. *Direito ao processo penal no prazo razoável*. Rio de Janeiro: Lumen Juris, 2006.

LOPES, Maurício Antônio Ribeiro. "Reconhecimento antecipado da prescrição da pretensão punitiva". In: *Revista dos Tribunais*, ano 85, v. 724, São Paulo: RT, p. 522-36, fev. 1996.

——. In: PENTEADO, Jaques de Camargo (coord.). *Justiça Penal*. 4 críticas e sugestões, provas ilícitas e reforma pontual. São Paulo: Revista dos Tribunais, 1997.

LOZANO JUNIOR, José Júlio. *Prescrição penal*. São Paulo: Saraiva, 2002.

LUNA, Everardo da Cunha. *O resultado no direito penal*. São Paulo: José Bushatsky, 1976.

LYRA FILHO, Roberto; CERNICCHIARO, Luiz Vicente. *Compêndio de direito penal*: parte geral. São Paulo: José Bushasky, 1973.

MACEDO, Igor Teles Fonseca de. *Prescrição virtual ou em perspectiva*. Salvador: JusPODIVM, 2007.

MACEDO, Raimundo. *Da extinção da punibilidade*. Rio de Janeiro: Forense, 1964.

MACHADO, Fábio Guedes de Paula. *Prescrição penal*: prescrição funcionalista. São Paulo: Revista dos Tribunais, 2000.

MAGGIORE, Giuseppe. *Derecho penal*. Traduzido por José J. Ortega Torres. Bogotá: Temis, 1954. v. II.

MALAN, Diogo Rudge. In: PRADO, Geraldo (coord). *A sentença incongruente no processo penal*. Rio de Janeiro: Lumen Juris, 2003. (Coleção Pensamento Crítico.)

MANTOVANI, Ferrando. *Diritto penale*: parte generale. Padova: Cedam, 1979.

——. *El siglo XIX y las ciencias criminales*. Santa Fe de Bogotá: Editorial Temis, 2000.

MANZINI, Vincenzo. *Tratado de derecho penal*. Primeira parte: teorias generales. Traduzido por Santiago Sentís Melendo. Buenos Aires: Ediar, 1948. v. II. t. 2.

——. *Tratatto di diritto penale italiano*. Torino: Unione Tipográfico-Editrice Torinense, 1948. Volumen Terzo.

MARCHEWKA, Tânia Maria Nava. "As contradições da medida de segurança no contexto do direito penal e da reforma psiquiátrica no Brasil". In: *Revista de Ciências Penais*, ano 01, nº 00, p. 175-89, 2004.

MARCUSE, Herbert. *Eros e civilização*: uma interpretação filosófica do pensamento de Freud. 8. ed. Rio de Janeiro: Zahar, 1981.

MARQUES, Jader. "Ação penal – pena projetada – hipótese de condenação – prescrição antecipada – possibilidade". In: *Revista Síntese de Direito Penal e Processual Penal*. São Paulo: Síntese, n. 22, p. 73-7, out.-nov. 2003.

MARQUES, José Frederico. "Prescrição e crime continuado". In: *Revista Brasileira de Criminologia e Direito Penal*. Rio de Janeiro: Instituto de Criminologia da Universidade do Estado da Guanabara, IV (13): 85-92 abr.-jun., 1966.

——. *Elementos de direito processual penal*. São Paulo: Millennium, 2000. v. III.

——. *Estudos de direito processual penal*. 2. ed. Campinas: Millennium, 2001. Atualização e prólogos: Ricardo Dip e José Renato Nalini.

——. *Tratado de direito penal*. Campinas: Bookseller,1997. v. I.

——. *Tratado de direito penal*. Campinas: Bookseller, 1997. v. II.

MARTINS, Sérgio Pinto. *Direito da seguridade social*. 13. ed. São Paulo: Atlas, 2000.

MARTY, Diego Viola. "O Estatuto do Idoso, o Código Penal brasileiro e o princípio constitucional da igualdade: qual 'o conceito de idoso' para fins penais?" In: *Boletim IBCCRIM*, Ano 13, nº 153, ago. 2005.

MAURACH, Reinhart e outros. *Derecho penal*: parte general 2. Traduzido por Jorge Bofill Genzsch. Buenos Aires: Astrea, 1995.

MENDES, Nelson Pizzotti. *Súmulas de direito penal*: parte geral. São Paulo: Saber, 1969.

MESQUITA JÚNIOR, Sidio Rosa de. *Prescrição penal*. 3. ed. São Paulo: Atlas, 2003.

MESSUTI, Ana. *O tempo como pena*. São Paulo: RT, 2003.

MESTIERI, João. *Manual de direito penal*: parte geral. Rio de Janeiro: Forense, 1999.

MEZGER, Edmundo. *Tratado de derecho penal*. Traduzido por José Arturo Rodríguez Muñoz. Madrid: Editorial Revista de Derecho Privado, 1949. t. II.

MICHELMAN, Marina de Aguiar. "Da impossibilidade de se aplicar ou executar media socioeducativa em virtude da ação do tempo". In: *Revista dos Tribunais*, ano 7, n. 27, p. 211-15, jul.-set. 1999.

MIGLIARI JÚNIOR, Arthur. "Os crimes falenciais no direito intertemporal". In: *Revista da EMERJ*, v. 8, nº 31, p. 300-35, 2005.

——. *Crimes de recuperação de empresas e de falências*. De acordo com a Lei nº 11.101/2005. São Paulo: Quartier Latin, 2006.

——. *Crimes falimentares*. São Paulo: CS Edições Ltda., 2002.

MIR PUIG, Santiago. *Derecho penal*: parte general. 5. ed. Barcelona: Repertor S.L., 1998.

——. *Introducción a las bases del derecho penal*. Buenos Aires: B de F Ltda., 2002.

MIRABETE, Julio Fabbrini. *Código de Processo Penal interpretado*. Referências doutrinárias, indicações legais, resenha jurisprudencial. 10. ed. São Paulo: Atlas, 2003.

——. *Manual de direito penal*: parte geral. 21. ed. São Paulo: Atlas, 2004.

MORAES, Bianca Mota de; RAMOS, Helane Vieira. *Curso de direito da criança e do adolescente*: aspectos teóricos e práticos. Rio de Janeiro: Lumen Juris, 2006.

MOREIRA, José Carlos Barbosa. "Reflexos da Emenda Constitucional nº 45, de 2004, no processo civil". In: *Revista da EMERJ*. Rio de Janeiro: EMERJ, v. 8, n. 32, p. 31-44, 2005.

MORILLAS CUEVA, Lorenzo. *Teoría de las consecuencias jurídicas del delito*. Madrid: Editorial Tecnos, 1991.

MUÑOZ CONDE, Francisco. *Derecho penal y control social*. 2. ed. Santa Fe de Bogotá: Editorial Temis, 1999.

——. *Introduccion al derecho penal*. Barcelona: Bosch, 1975.

NACIF, Mauro Otávio. "Dois estudos de direito penal: da prescrição somente do acréscimo no crime continuado". In: *Revista da Ajuris*, Porto Alegre, ano II, nº 5, nov., 1975.

NASCIMENTO, Adilson de Oliveira. *Impossibilidade de prescrição da medida sócio-educativa*: Solução Jurídica. Disponível em: <http://www.mp.sc.gov>. Acesso em: dez. 2006.

NORONHA, E. Magalhães. *Direito penal*. 34. ed. rev. e atual. por Adalberto Camargo Aranha. São Paulo: Saraiva, 1999. v. 1.

NOVOA MONREAL, Eduardo. "El delito continuado en Chile: un fetiche jurídico". In: *Revista de Ciencias Penales*. Santiago do Chile, p. 139-53, enero-abril, 1964.

NUCCI, Guilherme de Souza. *Código Penal comentado*. 7. ed. São Paulo: Revista dos Tribunais, 2007.

NUNES, Ricardo Pieri. "Considerações em abono do reconhecimento antecipado da prescrição retroativa". In: *Boletim IBCCRIM*, nº 119, ano 10, p. 9-11, out. 2002.

OLIVEIRA, Edmundo. *Comentários ao Código Penal*: parte geral. Rio de Janeiro: Forense, 1994.

OLIVEIRA, Eugênio Pacelli de. *Curso de processo penal*. 3. ed. Belo Horizonte: Del Rey, 2004.

OSCAR STEVENSON. "Prescrição do crime e da pena em pedido de extradição". In: Parecer publicado na *Revista Jurídica*, nº 99, out.-dez. 1967.

PACAGNAN, Rosaldo Elias. "Prescrição e remissão no Estatuto da Criança e do Adolescente". In: *Revista Jurídica*, ano XLIII, nº 211, p. 22-7, maio. 1995.

PACHECO, José da Silva. "Dos acréscimos feitos ao artigo 5º da Constituição Federal, pela EC nº 45, de 2004". In: *Informativo Adv Advocacia Dinâmica*. Rio de Janeiro: COAD, ano 24, Boletim semanal nº 04, p. 70-2, 2005.

PAGLIARO, Antonio. *Principi di diritto penale*: parte generale. Milano: Dott. A Giuffrè, 1980.

PALLOTTI JÚNIOR, Osvaldo. "Considerações sobre a prescrição retroativa antecipada". In: *Revista dos Tribunais*, ano 83, v. 709, São Paulo: RT, p. 302-6, nov. 1994.

PANCHERI, Ivanira. "Medidas de segurança". In: *Revista Brasileira de Ciências Criminais*, ano 5, n. 20, p. 105-12, out.-dez. 1997.

PAULA, Paulo Afonso Garrido de. *Direito da criança e do adolescente e tutela jurisdicional diferenciada*. São Paulo: RT, 2002.

PEDROSO, Fernando de Almeida. *Direito penal*: parte geral. Estrutura do crime. 3. ed. São Paulo: LEUD, 2000.

——. *Processo penal*. O direito de defesa: repercussão, amplitude e limites. 3. ed. São Paulo: RT, 2001.

PENTEADO, Jaques de Camargo; RIBAS, Júlio César; UZEDA, Clovis Almir Vital de. *O aditamento no processo penal*. São Paulo: Saraiva, 1992.

PIERANGELI, José Henrique; ZAFFARONI, Eugenio Raúl. *Manual de direito penal brasileiro*: parte geral. 6. ed. São Paulo: Revista dos Tribunais, 2006. v. 1.

PIMENTEL, Manoel Pedro. *Do crime continuado*. São Paulo: RT, 1969.

POGLIA, Eleonora; ALICKE, José Luís; SARAIVA, João Batista *et al*. *Proposta de lei de diretrizes sócio-educativas*. Disponível em <http://www.abmp.org.br>. Acesso em: dez. 2006.

PORTO, Antônio Rodrigues. *Da prescrição penal*. 5. ed. São Paulo: Revista dos Tribunais, 1998.

POZZER, Benedito Roberto Garcia. *Correlação entre acusação e sentença no processo penal brasileiro*. São Paulo: IBCCrim, 2001.

PRADO, Luiz Regis. *Curso de direito penal brasileiro*. 6. ed. São Paulo: Revista dos Tribunais, 2006. v. 1.

PRADO, Geraldo. *Sistema acusatório*. A conformidade constitucional das leis processuais penais. 4. ed. Rio de Janeiro: Lumen Juris, 2006.

PRINS, Adolphe. *Ciência penal e direito positivo*. Tradução de Henrique Carvalho. Lisboa: Livraria Clássica Editora de A. M. Teixeira, 1915.

QUEIROZ, Paulo. *Direito penal*: parte geral. 3. ed. São Paulo: Saraiva, 2006.

QUINTERO OLIVARES, Gonzalo; et al. *Comentarios al nuevo Código Penal*. 2. ed. Navarra: Editorial Aranzadi, 2001.

RANGEL, Paulo. "O garantismo penal e o aditamento à denúncia". In: *Revista dos Tribunais*, ano 90, v. 785, São Paulo: RT, p. 439-61, mar. 2001.

——. *Direito processual penal*. 11. ed. Rio de Janeiro: Lumen Juris, 2006.

REALE JÚNIOR, Miguel. *Instituições de direito penal*: parte geral. 2. ed. Rio de Janeiro: Forense, 2004. v. 1.

REIS, Julio Francisco dos. *Denúncia e queixa crime*: doutrina, jurisprudência, nulidades e modelos. Indianápolis: J.F. dos Reis, 1999.

RIBAS, Júlio Cesar. "O aditamento no processo penal". In: *RT* 464, São Paulo, ano 63, p. 295-318, jun. 1974.

ROSA, Fábio Bittencourt da. "Estelionato contra o INSS: crime eventualmente permanente". In: *Revista do Tribunal Regional Federal, Quarta Região*, Porto Alegre: O Tribunal, a. 13, n. 45, p. 15-22, 2002.

ROSSETTI, Janora Rocha. "Da prescrição da medida de segurança". In: *Revista dos Tribunais*, ano 81, v. 679, p. 301-7, maio. 1992.

ROXIN, Claus. *Derecho penal*: parte general. Fundamentos. La estructura de la teoria del delito. Tradução e notas de Diego-Manuel Luzón Peña, Miguel Díaz y Garcia Conlledo y Javier de Vicente Remesal. Madrid: Civitas, 1997. t. I.

——. *Derecho procesal penal.* Tradução da 25. ed. alemã por Gabriela E. Córdoba e Daniel Pastor, revisada por Julio B. J. Maier. Buenos Aires: Editores del Puerto s.r.l., 2000.

RUFINO, Alberto. *Estado de necessidade*: um conceito novo e aplicações mais amplas. Rio de Janeiro: Forense, 1979.

SANTOS, Juarez Cirino dos. *Direito penal*: parte geral. Curitiba: Lumen Juris, 2006.

SARAIVA, João Batista Costa. *Compêndio de direito penal juvenil*: adolescente e ato infracional. Porto Alegre: Livraria do Advogado, 2006.

——. *Direito penal juvenil*: adolescente e ato infracional. Porto Alegre: Livraria do Advogado, 2002.

SCHMIDT, Andrei Zenkner. *Da prescrição penal.* Porto Alegre: Livraria do Advogado, 1997.

SILVA FRANCO, Alberto e outros. *Código Penal e sua interpretação jurisprudencial.* 6. ed. São Paulo: RT, 1997.

SILVA, Antonio Fernando do Amaral e. "O mito da inimputabilidade e o Estatuto da Criança do Adolescente". In: *Revista da Escola Superior da Magistratura do Estado de Santa Catarina*, Florianópolis, v. 5, AMC, p. 263-73, 1998.

SILVA, Antônio José da Costa e. *Código Penal dos Estados unidos do Brasil comentado.* São Paulo: Companhia Editora Nacional, 1938. v. II.

SILVA, Cristiano Socas da. "Da prescrição do ato infracional". In: *Revista da ESMESC*, v. 14, p. 117-92, dez. 2002.

SILVA, José Afonso da. *Aplicabilidade das normas constitucionais.* 4. ed. São Paulo:Malheiros, 2000.

——. *Comentário contextual à Constituição.* São Paulo: Malheiros, 2005.

SILVA, Juary C. "Inteligência e alcance do princípio da razoável duração do processo". In: *Revista Magister de Direito Penal e Processual Penal.* v. 7, Porto Alegre: Magister, p. 87-91, ago.-set. 2005.

SILVEIRA, Daniel Prado da; OZAKI, Hideo. *Prática de execução criminal.* São Paulo: Saraiva, 1991.

SIQUEIRA, Galdino. *Tratado de direito penal*: parte geral. Rio de Janeiro: José Konfino, 1947. t. I.

SOUZA, Luiz Sérgio Fernandes de. "A prescrição retroativa e a inutilidade do provimento jurisdicional". In: *Revista dos Tribunais*, ano 81, v. 680, São Paulo: RT, p. 435-8, jun. 1992.

SOUZA, Moacyr Benedicto de. *O problema da unificação da pena e da medida de segurança.* São Paulo: Bushatsky, 1979.

SOUZA NETTO, José Laurindo de. *Processo penal*: sistemas e princípios. Curitiba: Juruá, 2003.

SOYER, Jean-Claude. *Droit pénal et procédure pénale.* 15. ed. Paris: LGDJ, 2000.

SPOTA, Alberto G. *O juiz, o advogado e a formação do Direito através da jurisprudência.* Tradução, prefácio e notas por Jorge Trindade. Porto Alegre: Fabris, 1985.

STRANTENWERTH, Günter. *Derecho penal*: parte general I. El hecho punible. Traducción de la 2. ed. alemana de Gladys Romero. Madrid: EDERSA, 1982.

SZNICK, Valdir. *O delito continuado.* São Paulo: Lejus, 1994.

TEIXEIRA, Alexandre César Fernandes. *Prescrição da ação que apura infração praticada por adolescente.* Disponível em <http://www.jusnavigandi.com.br>. Acesso em: dez. 2006.

TELES, Ney Moura. *Direito penal*: parte geral. São Paulo: Atlas, 2004. v. I.

THEODORO JÚNIOR, Humberto. "Alguns reflexos da Emenda Constitucional nº 45, de 08.12.2004, sobre o processo civil". In: *Revista Síntese de Direito Civil e Processual Civil.* Ano VI, nº 35, São Paulo: Síntese, p. 17-29, maio-jun. 2005.

——. *Curso de direito processual civil.* 38. ed. Rio de Janeiro: Forense, 2002. v. I.

THOMPSON, Augusto F. G. "O trabalho da FUNABEM com menores infratores numa visão crítico-criminológica". In: *Revista de Direito Penal.* Rio de Janeiro, v. 26, p. 63-77, jul.-dez. 1979.

THUMS, Gilberto. *Crimes falimentares.* Disponível em: <http://www.mp.rs.gov.br/criminal/doutrina.> Acesso em: nov. 2006.

TOURINHO FILHO, Fernando da Costa. *Apreciação sobre o procedimento dos crimes falimentares.* Disponível em: <http://www.saraicajur.com.br>. Acesso em: nov. 2006.

——. *Manual de processo penal.* 3 ed. São Paulo: Saraiva, 2001.

TOVO, Paulo Cláudio. *Apontamentos e guia prático sobre a denúncia no processo penal brasileiro.* Porto Alegre: Fabris, 1986.

TUCCI, José Rogério Cruz. *Tempo e processo.* São Paulo: RT, 1997.

VABRES, H. Donnedieu de. *A justica penal de hoje.* Tradução de Fernando de Miranda. São Paulo: Saraiva, 1938.

VARGAS, José Cirilo de. *Instituições de direito penal*: parte geral. Rio de Janeiro: Forense, 1998. v. I, t. II.

VELÁSQUEZ, Fernando. *Derecho penal*: parte general. Santa Fe de Bogotá: Temis, 1997.

VIANA, Juvêncio Vasconcelos. "Nova sistemática do processo à luz da 'reforma do poder judiciário' (EC n° 45/2004)". In: *Revista Dialética de Direito Processual.* São Paulo: Dialética, nº 42, p. 69-88, set. 2006.

VIANNA, Guaraci de Campos. "Prescrição infracional ou ineficácia pedagógica?" In: *ID – Instituto de Direito*, p. 187-95, 1996.

WEINGARTNER NETO, Jayme; TEIXEIRA, Daiana Pereira. "Entre o Estatuto da Criança e do Adolescente e o Código Penal: por uma negociação de fronteiras, navegando pela prescrição da medida sócio-educativa". In: *Revista Ibero-americana de Ciências Penais*, ano 3, n. 7, p. 93-114, set.-dez 2002.

WESSELS, Johannes. *Direito penal*: parte geral (aspectos fundamentais). Tradução do original alemão e notas por Juarez Tavares. Porto Alegre: Fabris, 1976.

ZAFFARONI, Eugenio Raúl. *Tratado de derecho penal*: parte general. Buenos Aires: Ediar, 1987.

—— *et al. Derecho penal*: parte general. Buenos Aires: Ediar, 2000.

——; PIERANGELI, José Henrique. *Manual de direito penal brasileiro*: parte geral. 6. ed. São Paulo: RT, 2006.

ZUGALDÍA ESPINAR, José Miguel. *Fundamentos de derecho penal.* 3. ed. Valencia: Tirant lo Blanch, 1993.